陈志斌教授与其博士后指导老师
葛家澍教授

陈志斌与其博士后导师
葛家澍教授讨论

陈志斌在国际会议上与诺贝尔经济学奖
获得者Spencer先生合影留念

陈志斌和台湾政治大学前校长
郑丁旺教授在全国会计领军人才培训班

陈志斌与美国伊利诺伊大学
陈立奇教授在一起学术交流

全国会计领军人才学术一期小组合影

全国会计领军人才特殊支持计划人才
在厦门国家会计学院集训

全国会计领军人才学术一期集训期间
与时任财政部副部长王军合影

政府会计与国家治理现代化丛书

政府会计概念框架论

陈志斌 著

中国财经出版传媒集团
中国财政经济出版社

图书在版编目（CIP）数据

政府会计概念框架论/陈志斌著 . —北京：中国财政经济出版社，2017. 12
政府会计与国家治理现代化丛书
ISBN 978 – 7 – 5095 – 7903 – 9

Ⅰ. ①政… Ⅱ. ①陈… Ⅲ. ①预算会计 – 研究 – 中国 Ⅳ. ①F812. 3

中国版本图书馆 CIP 数据核字（2017）第 297905 号

责任编辑：杨 骁等　　责任校对：刘 靖
封面设计：王 颖　　版式设计：录文通

中国财政经济出版社 出版
URL：http：//ckfz. cfeph. cn
E – mail：cfeph@ cfeph. cn

社址：北京市海淀区阜成路甲 28 号 邮政编码：100142
营销中心电话：88191537
天猫网店：中国财政经济出版社旗舰店
网址：https：//zgczjjcbs. tmall. com
北京财经印刷厂印刷 各地新华书店经销
787 × 1092 毫米 16 开 22. 25 印张 400 000 字
2017 年 12 月第 1 版 2017 年 12 月北京第 1 次印刷
定价：99. 00 元
ISBN 978 – 7 – 5095 – 7903 – 9
（图书出现印装问题，本社负责调换）
本社质量投诉电话：010 – 88190744
打击盗版举报热线：010 – 88191661 QQ：2242791300

序言

十八届三中全会首次提出推进国家治理体系和治理能力现代化，这势必要求相关重要领域进行突破性改革。其中，政府会计作为综合反映政府治理活动的信息系统，它的改革是上述突破性改革中的一个重要组成部分。开展政府会计理论研究，是有序推进政府会计改革的基础和保障。完善的政府会计概念框架是建立和评价政府会计规范、正确编制政府综合财务报告体系的基础，也是处理政治体制改革和公共治理完善过程中出现新的会计业务的准绳。因此，立足于中国国情，研究如何构建一套能够得到公认的政府会计概念框架，并借助于这一概念框架深化政府会计理论研究与推进政府会计改革，成为摆在我国会计学术界面前的一项艰巨任务和重大课题。

陈志斌教授长期以来密切关注我国政府会计改革中的热点和难点问题，他所撰《政府会计概念框架论》一书是政府会计理论研究领域的又一力作，是结合导师葛家澍教授指导完成的博士后研究报告和国家自然科学基金项目研究报告形成的综合成果，具有较高的理论深度和视野广度。该书构建了能够指导中国政府会计理论研究与改革实践的政府会计概念框架体系，丰富了我国政府会计的理论体系，开拓了政府会计理论研究的新格局。

《政府会计概念框架论》一书围绕政府会计概念框架的基本理论及框架构成展开研究。该书借鉴国际上政府会计理论研究成果和中国企业会计改革经验，借助公共管理学、经济学、管理学、会计学等学科的分析思想和分析工具，运用理论演绎、问卷调查、实地访谈等手段方法，通过构建政府会计概念框架的整体分析模型，结合我国实际，对政府会计在公共治理中的定位与功能界定、政府会计概念框架的要素选择等问题进行系统研究，以解决有关公共治理变革与政府会计发展、廉洁透明政府建设对会计信息需求及相应的政府会计宗旨、信息质量标准、会计要素、确认与计量、报告内容、格式与范式选择等理论问题；回答了政府会计概念框架的整体分析模型应该包括哪些方面、政府会计改革与政治体制改革、与公共治理变革之间的关系等问题，并就相应的政府会计目标选择、政府会计信息质量标准规划、政府会计报告要素确定、政府会计确认与计量特征界定、政府会计报告内容与范式等理论问题作出了符合中国国情、理论联系实际的回答。

《政府会计概念框架论》一书在诸多方面具有特色和创新。在研究设计上，从政治、经济、科技、社会等多角度出发，体现多学科交叉的特点；在研究方法上，采用实地调查研究、问卷调查研究和案例研究等方法，注重理论分析和演绎推理，力求更为客观地分析和解决问题：在研究对象选择上，强调多角度、全方位，不仅从政府管理者的角度进行分析，更重视从利益相关者的视角运用哲学思维对政府会计的基本理论问题进行系统的研究。

《政府会计概念框架论》一书具有广阔的应用前景，研究成果将有利于丰富我国政府会计理论研究、指导我国政府会计规范建设和政府会计实践，有助于政府履行公共受托责任、完善公共治理、提高政府管理效率和行政效率、推进反腐倡廉建设，对中国政治体制改革、公共治理的发展以及问责政府、高效政府、和谐政府、透明政府的建设等诸多方面产生深远的影响。

《政府会计概念框架论》是一部具有理论贡献与社会影响的力作。为此，我欣然为此书作序。当然，政府会计理论研究是一项持续的工作，也希望作者能够以此为进一步研究的起点，不断丰富、完善、发展政府会计理论研究，更好地服务于我国政府会计的改革实践。

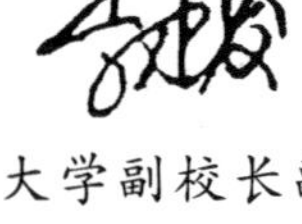
教授

厦门大学副校长副书记

中国会计学会政府与非营利组织会计专业委员会主任委员

2017年11月26日

前言

本书围绕政府会计概念框架的基本理论及框架构成展开研究。通过构建政府会计概念框架的整体分析模型，结合我国实际，对政府会计在公共治理中的定位与功能界定、政府会计概念框架的要素选择等问题进行系统研究，以解决有关公共治理变革与政府会计发展、廉洁透明政府建设对会计信息需求及相应的政府会计宗旨、信息质量标准、会计要素、确认与计量、报告内容与报告范式的选择等理论问题。研究成果不但有利于推进和贡献于中国政府会计理论发展，而且对政府会计规范的建设具有重要的意义。

本书分成十章，第一章对本书研究问题加以界定，并对研究目标，研究的理论价值和实践意义、研究思路和研究方法等进行了论述。本书研究中所确定的政府会计是一个与企业会计具有同等地位的会计学分支，核算、反映和监督中央及地方政府及其部门资金运动及其受托责任履行情况、绩效情况、资源配置和使用情况，以利于会计信息使用者作出政治、经济、社会等各项判断和决策的会计信息系统，同样具备会计是规则化经济信息系统的共性。

第二章就本研究的基本理论进行了阐述，分别从人性因素所决定的人性分类理论、本位因素所决定的公共治理理论、综合因素所决定的系统论和结构主义哲学观三个角度进行了研究。从核心层来看，人是最核心的影响因素，我们首先要研究人性，依据对人性的理解寻找相应的理论依据。对人性的不同理解，产生了相应的管理理论。在政治领域就产生了公共受托责任理论、公共选择理论等。从本位层来看，政府组织是政府会计的主要影响因素，按照政府有机论的观点，相应的政府核算要符合计划经济的要求。按照政府机械论的观点，“政府是一个信托机构，政府官员则是受托人，信托机构和受托人都是为了人民的利益而设立的。”相应的研究就要依据公共治理理论。从综合层来看，大社会是影响会计或政府会计的主要因素。这些因素相互联系相互作用并形成一系列系统，在分析这一层次的因素对政府会计的影响时就要用到系统论和结构主义哲学观等。

第三章构建了政府会计概念框架的整体分析模型，本课题的研究认为整体模型由触发器、结构变量、实施与实践四个模块构成。首要模块触发器感知变化，具有直接导致或提供一个改革规制、开始概念框架建设契机的功能。第二模块主要分析政府会计所处的环境因素以及政治者、公共管理者等环境中主体的行为如何影响概念框架的建设或改革。这一模块中包含环境结构变量和行为结构变量，我们统称之为结构变量。第三模块是要关注政府会计概念框架构建或改革过程中，各利益相关者的行为和态度是如何影响政府会计概念框架的，进一步还要验证所创建的概念框架是不是能得到各利益相关者的认可。第四模块是反馈子系统。当新的会计概念框架建立起来，按照其制定的会计准则是否符合客观实际的要求？按照会计准则所提供的会计信息是否满足信息使用者的需要？新的会计概念框架的建立是否对结构变量产生影响，对环境结构变量和行为结构变量发生正向的派生作用还是负向派生作用等问题，通过新的概念框架的实施结果来加以反馈，检验会计改革实施的效果，找出需要改进的地方并加以完善。依据这个模型系统地研究政府会计概念框架以及相应的政府会计改革。

第四章探讨了我国政府会计的职能与定位。本书认为政府会计功能具有信息系统功能观、反映预算执行功能观、财政管理基础功能观、解除公共受托责任功能观、公共治理基石功能观等几种理解；具有定位于政府经济信息系统、定位于新公共管理改革基石、定位于政治体制改革促进者等几种定位选择。

第五章就政府会计概念框架结构分别从基本理论推导、国际政府会计概念框架的比较、企业会计概念框架的借鉴、借助整体分析框架分析等几个方面进行了研究。研究认为，我国政府会计概念框架应包括政府会计主体、政府会计目标、质量特征、会计要素、确认与计量、会计报告等内容。

第六章就我国政府会计的主体和相应的目标展开了研究。研究认为，政府会计主体应该区分为会计主体和报告主体，分别包括基金主体、政府部门主体以及政府整体主体等。根据中国实际国情，中国政府会计目标应该包括以下三个方面：一是“管控治理观”，中国政府会计信息应该能够为上级政府部门评价下级政府部门绩效服务，为经济、社会和政治管控与治理服务。为此，政府会计要提供帮助使用者评价政府服务努力、成本和业绩的信息、政府掌握资源的信息、政府财务状况的信息、政府现金流信息等。二是“解除受托责任观”，中国政府会计信息还要能够帮助公众确定政府履行的受托责任，帮助公众评价政府提供服务水平及其绩效，帮助公众评估政府履行到期职责的能力等。为此，政府会计要提供资源是否符合法律或合同要求的信息、政府资源使用和占用的信息以及政府财物状况的信息等。三是“决策有用观”，中国政府会计信息应该能够提供外部资源提供人或潜在的资源提供人正确决策的信息。为此，政府会计要提供包括偿债能力信息、财政收支信息、现金流信息等在内的政府财务状况信息。

第七章就政府会计质量特征进行了研究。在比较借鉴企业会计质量特征、国外政府会计质量特征的基础上，运用整体分析模型探讨我国政府会计的质量特征。本书认为，政府会计信息质量特征分为主要质量特征、次要质量特征、总体约束条件等三个层次。主要质量特征主要是透明性，涵盖信息的公开性和信息的可理解性。次要质量特征主要包括真实性、相关性、一致性等。真实性进一步分解为：如实反映、可验证性、中立性。相关性进一步分解为：预测价值、证实价值和及时性等。总体约束条件主要是成本效益原则。

第八章研究了政府会计要素。依据现阶段中国预算会计制度现状而言，我国还离不开收付实现制基础的预算信息，但是，随着中国政府公共治理改革的发展和政府会计改革的深化，迫切需要以权责发生制为基础反映政府财务状况以及服务于政府绩效评价和公共治理的政府会计信息。为此，中国政府会计要素至少应该基本包含资产、负债、净资产、收入、费用等五个要素。

第九章研究了政府会计要素的确认与计量。本书认为政府会计现阶段的确认标准应该包括：（1）符合定义；（2）满足透明性要求；（3）满足可计量性要求；（4）满足相关性要求；（5）满足可靠性要求。按照现时政府会计人员的素质与能力、政府财务管理的环境、公共治理与政府管理的现实等约束条件，我国政府会计理性的确认基础应该选择修正的收付实现制或修正的权责发生制。同样的理由，我国政府会计现时的计量属性应该以历史成本为主，辅之适当的公允价值计量。

第十章研究了政府会计报告的有关问题。我国政府财务报告体系的改进既要立足于中国国情，更应借鉴已有的国际经验，构建适合国家治理现代化的财务报告体系。按照财务报告的一般范式，政府财务报告大体包括财务报表、附注与分析报告、审计报告三个部分。第一部分，我国的政府会计报表大体上包括政府财务状况表、财务绩效表、现金流量表等；第二部分是报表附注与分析报告；第三部分是审计报告，为了政府会计信息的公信力，新的财务报告体系中还应该包括审计报告。

陈志斌

2017年1月

目 录

第一章

导　　言

中国政府会计理论的研究不但落后于相关理论和实践的国际进程以及我国企业会计理论的发展，而且也越来越不适应坚持科学发展观、着眼于可持续发展、实现国家治理体系和治理能力现代化的我国政治体制改革、政府职能转变、廉洁透明政府建设的需要。政府会计基本理论问题的研究水准决定和制约着政府会计理论发展。

本书借鉴国际上政府会计理论研究成果和中国企业会计改革经验，运用理论演绎等手段方法，通过构建政府会计概念框架的整体分析模型，结合我国实际，对政府会计在公共治理中的定位、功能界定、政府会计概念框架的要素选择等问题进行系统研究，以解决有关公共治理变革与政府会计发展、廉洁透明政府建设对会计信息的需求及相应的政府会计宗旨、信息质量标准、报告要素、确认与计量特征、报告内容与报告范式的选择等理论问题。

研究成果不但有利于推进或贡献于中国政府会计理论发展，而且对政府会计规范的建设具有重要的意义。

第一节　研究背景与问题提出

一、研究背景

本书拟研究政府会计概念框架及其分析模型，这一问题是基于以下背景提出的，对这一问题的研究正是顺应相应环境的变化。

（一）十八届三中全会提出的战略部署

党的十八届三中全会审议通过的《中共中央关于全面深化改革若干重大问题的决定》，明确提出了“加快建立国家统一的经济核算制度，编制全国和地方资产负债表”，并且要“建立跨年度预算平衡机制，建立权责发生制的政府综合财务报告制度，建立规范合理的中央和地方政府债务管理及风险预警机制”的重要战略部署。这表明我国将要进一步规范政府经济核算制度，也指出了深入推进政府会计改革的方向。

“建立国家统一核算制度”要求政府会计核算制度能够顺应经济社会发展的需要，科学、全面、准确反映政府资产负债和成本费用。但是，多年来我国在政府会计领域实行的是以收付实现制为核算基础的预算会计体系，主要反映政府年度预算执行情况。尽管对准确反映预算收支情况、加强预算管理和监督发挥了重要作用，但是不利于强化政府资产管理、降低行政成本、提升运行效率、有效防范财政风险，难以满足建立现代财政制度、促进财政长期可持续发展和推进国家治理现代化的要求。因此，根据党的十八届三中全会提出的战略部署，亟需建立健全权责发生制的政府综合财务报告制度。

（二）国家发展规划提出建立中国政府会计准则体系

为了规范政府会计核算与报告工作，从“十一五”规划开始，我国在“十一五”“十二五”“十三五”规划中连续提出推进政府会计改革，建立中国政府会计准则体系。2006 年，“十一五”规划纲要中明确提出“调整和规范中央与地方、地方各级政府间的收支关系，建立健全与事权相匹配的财税体制”“改革预算编制制度，提高预算的规范性和透明度。继续深化部门预算、国库集中收付、政府采购和收支两条线管理制度改革”，并要求“建立国库现金管理和国债余额管理制度，推进政府会计改革。加强预算执行审计，提高预算执行的严肃性。建立财政预算绩效评价体系，提高财政资金使用效率”和“加强政府债务管理，防范政府债务风险。完善非税收入管理制度”。

2011 年，“十二五”规划纲要再次提出，一方面要深化财政体制改革，“按照财力与事权相匹配的要求，在合理界定事权基础上，进一步理顺各级政府间财政分配关系，完善分税制”，另一方面要完善预算管理制度，“实行全口径预算管理，完善公共财政预算，细化政府性基金预算，健全国有资本经营预算，在完善社会保险基金预算基础上研究编制社会保障预算，建立健全有机衔接的政府预算体系。深化部门预算、国库集中收付、政府采购及国债管理制度改革”，同时“强化预算支出约束和预算执行监督，健全预算公开机制，增强预算透明度”，进一步推进政府会计改革，逐步建立政府财务报告制度。

2016 年 3 月，“十三五”规划纲要更进一步地提出“建立事权和支出责任相适应的制度，适度加强中央事权和支出责任”，确立有序的财力格局。同时要求“完善政府预算体系，加大政府性基金预算、国有资本经营预算与一般公共预算的统筹力度，完善社会保险基金预算编制制度。实施跨年度预算平衡机制和中期财政规划管理。全面推进预算绩效管理”，明确提出“建立政府资产报告制度，深化政府债务管理制度改革，建立规范的政府债务管理及风险预警机制。建立权责发生制政府综合财务报告制度和财政库底目标余额管理制度”和“扩大预算公开范围，细化公开内容”。这一系列规划要求不断推进政府会计改革，是建立政府会计准则体系的应有之意。

（三）国务院批转财政部政府综合财务报告制度改革方案

为了贯彻落实党的十八届三中全会精神，2014 年 12 月国务院批转财政部制定的《权责发生制政府综合财务报告制度改革方案》（以下简称《方案》）。《方案》提出“建立健全政府会计核算体系和政府财务报告体系”的改革任务，指出“政府财务报告主要包括政府部门财务报告和政府综合财务报告”，其中“政府部门编制部门财务报告，反映本部门的财务状况和运行情况；财政部门编制政府综合财务报告，反映政府整体的财务状况、运行情况和财政中长期可持续性”。

（四）中国现行的预算会计体系还存在诸多问题

我国预算会计体系还存在许多问题，诸如缺乏统一规范的会计准则体系和会计制度体系，预算会计系统以现金制为核算基础存在一定局限性，核算范围偏窄，缺乏政府财务报告制度，等等。

（五）政府会计改革面临许多严峻挑战

我国政府会计体系中面临许多严峻的挑战：一是政府单位界定，也就是政府单位划分问题，二是现行预算会计制度整合问题，三是实行权责发生制和重大事项会计处理问题，四是政府会计信息系统建设问题等。

本书需要研究的问题就是在这些背景下产生的，我们从这些现实背景中凝练研究主题进行理论研究，以期为解决现实问题提供参考。

二、问题提出

为了顺应以上环境的需要，本书拟解决的关键问题主要是构建中国政府会计概念框架体系，具体包括以下相互关联的三个方面：

第一，研究如何构建一套能够得到公认的政府会计基本概念框架的整体分析模型。其中最重要的是建立一套评判标准，这一评判标准要能够促进政府会计概念框架与国家的政治体制、民族文化、行政路径依赖、社会变迁、科技进步影响之间应答关系的建立。

第二，探讨中国政治体制改革、公共治理变迁以及和谐政府、透明政府、高效政府建设与政府会计信息需求的关联机制，试图解决有关公共治理变迁与政府会计发展的关系、中国政府会计的功能界定、中国政府会计的地位、中国政府会计信息需求等问题。

第三，基于以上的研究结果，运用政府会计基本概念框架的整体分析模型，研究政府会计概念框架的要素选择，试图对中国政府会计概念框架中相应的政府会计宗旨选择、信息质量标准规划、报告要素确定、确认与计量特征界定、报告内容与格式设置范式设计以及如何增强政府会计信息透明度等基本理论问题有一个较为全面的回答。

三、研究意义

本书主要结合我国实际，研究有关政府会计在公共治理中的定位、功能界定以及相应的政府会计概念框架的要素选择问题。解决有关政府公共治理与政府会计关系、政府预算改革与政府会计规范建设、廉洁透明政府建设对政府运行中的会计信息需求、财政与财务关系以及相应的政府会计宗旨选择、政府会计信息质量标准规划、政府会计（财务）报告要素确定、政府会计确认与计量特征界定、政府会计报告内容与报告范式设计等理论问题。这一研究具有重大的理论价值和现实意义。

（一）该问题的研究有利于推进或贡献于中国政府会计理论发展

美国等许多国家为顺应政府公共治理的需要建立了完整的政府会计理论体系和概念框架，相应地建立了完善的政府会计规范。而我国政府会计理论的发展不但落后于国际先进水平，与我国企业会计理论发展水准相比也相差很远，而且越来越不适应坚持科学发展观、着眼于可持续发展、实现国家治理体系和治理能力现代化的我国政治体制改革、政府职能转变、廉洁透明政府建设的需要。

政府会计在公共治理中处于什么地位、应该具有怎样的职能、履行什么样的义务是建立政府会计的基本前提，理清其中的逻辑关系才能确定政府会计理论的发展方向。而政府会计基本理论问题的研究深度和广度又是决定和制约政府会计理论发展、政府会计规范建立健全的关键。本书借鉴国际上政府会计理论研究的先进成果和成熟经验，学习中国企业会计概念框架在顺应国际接轨和中国经济发展而实施的改革中取得的成果和经验，探讨中国公共治理改革需要怎样的政府会计以及政府会计的概念框架选择等基本理论问题，研究成果对中国政府会计理论的发展具有重大的贡献和现实的推动作用。

（二）该问题的研究有利于政府会计规范建设和政府会计实践的完善

政府会计在公共治理中的定位、功能界定是政府会计概念框架选择的依据，政府会计概念框架的选择决定了政府会计规范的模式。完善的政府会计概念框架有利于政府会计实践，它是建立和评价会计规范的基础和标准，也是处理政治体制改革和公共治理完善过程中出现新的会计业务的准绳。Vde J. M. and Fuertes（2000）和 Pallot J（1997）等认为政府会计概念框架是丰富和完善政府会计理论的一项基础性工作。扎实的基础研究有利于政府会计规范建设和政府会计实践完善。本书针对这些基础问题进行研究，实际上从事的是一种基础性研究。

政治体制改革和完善有赖于政府会计体系的完善，政府会计体系的完善有赖于政府会计规范的健全，政府会计规范的健全有赖于政府会计概念框架的正确选择。政府会计概念框架研究有助于理清具体准则之间的相互协调关系，防范相互之间可能出现的抵触与漏洞，提高政府会计规范的效率，更好地实现政府会计目标。我国会计界泰斗葛家澍教授认为会计概念框架是制定和评价会计准则的理论基础，是解决会计准则尚未涉及问题的理论依据。概念框架的目的是为财务报表中的内容提供合理的理由。政府会计概念框架还有助于具体政府会计准则的发展和演化的连续性，研究政府会计概念框架是丰富和完善政府会计理论的一项基础性工作，也是建立健全政府会计准则的基础。

（三）完善的政府会计体系是履行政府受托责任、完善公共治理、提高政府管理效率和行政效率、反腐倡廉的基础和支撑

“天下未乱计先乱，天下未治计先治”，政府会计体系的建立意义深远：

1. 我国目前财政支出比重很大，需要有相应的会计体系对政府在履行行政

职能过程中耗费的资源、取得的成效加以确认、计量、记录和报告，以如实反映各级政府和部门履行政府职责和实现政府职能的情况，监督、评价政府工作，优化政府机构设置和政府职责配备，建立高效的政府，实现政府的政治效应。

2. 根据委托代理理论和公共选择理论，建立高效政府的关键在于形成有利于政府资源合理利用的责权利明确的良好布局，而这有赖于相应的政府会计体系和预算机制。贯彻落实科学发展观，建立透明政府、绩效政府无不需要完善的会计信息系统全面反映政府的各项活动，评价活动业绩，并形成有效的制约和监督机制，从而解脱政府的公共受托责任。

3. 政治体制的改革如政府职能的转换、公共财政体制的改革、政府收支分类科目的变化、政府绩效评价制度的建设、政府监督的加强、公共治理理念的深入以及科学发展观的落实，都对反映政府经济活动的政府会计信息提出了更高要求。

四、应用前景

本书的研究试图构建一套公认的政府会计基本概念框架的整体分析模型，并运用这一整体分析模型研究中国政府会计中的若干理论问题，这一研究成果将有利于中国政府会计理论发展、中国政府会计规范建设和中国政府会计实践，而且对中国政治体制改革、公共治理的发展以及问责政府、高效政府、和谐政府、透明政府的建设，对提高中国政府的行政效率，有效地反腐倡廉等诸多方面产生深远的影响。

第二节　概念界定与研究思路

一、概念界定

（一）预算会计

所谓预算会计一般是指核算、反映和监督政府预算执行情况的会计。在企业中，反映预算执行情况的会计是企业管理会计中的预算会计，它核算和反映企业在一定期间内生产经营活动的全面预算执行情况，诸如经营预算会计、财务预算会计等。在政府与非营利组织中，预算会计通过设立一套自我平衡的预算账户体系，运用会计的程序和方法，对预算执行情况进行确认、计量和记录，反映立法机构批准的预算及政府执行预算的情况及结果。运用预算会计加强预算的会计控制，通过预算与实际执行情况的比较分析评价和考核政府当局执行预算收支的财务责任（李建发，2001）。中国的预算会计是以预算管理为中心的宏观管理信息系统和管理手段，是核算、反映和监督中央和地方预算以及行政、事业单位收支预算执行情况的会计（盖地，2001）。可以从狭义和广义两个角度去理解预算会计。狭义的预算会计是指财政总预算会计，财政总预算会计是各级政府财政部门核算、反映、监督政府预算执行和各项财政性资金活动的专业会计，通常也称为“财政总会计”“财政会计”。它是政府会计的重要组成部分，也是国家预算管理体系中的一项基础工作。广义的预算会计就是指中国的政府会计，其体系包括由各级人民政府财政总预算会计、行政单位会计、事业单位会计和参与预算执行的国库会计、收入征解会计、基本建设拨款会计等。

本书所称的预算会计一般特指狭义的政府预算会计，为了与国际接轨，我们把广义的预算会计归入政府会计中加以研究。

（二）政府会计

什么是政府会计？不论是中国还是西方关于政府会计基本上没有一致的定义。由于各个国家政治经济体制的不同，政府会计的内涵也存在着一定的差别。

政府会计概念，在很大程度上取决于对政府或非营利组织概念的界定。有关政府与非营利组织的概念，学术界和实务界中存在广泛的理解。美国 Free 和 Shoulder 两位教授在其 1996 年合著的《政府与非营利组织会计——理论与实务》一书中认为：“政府与非营利组织的特征主要有：（1）在其组建和运行过程中，没有内在的营利动机；（2）所有权归全体选民，不存在可以出售或者转让的个人权益份额；（3）向组织捐献财务资源的人不一定会直接收到相应份额的货品或服务；（4）这些组织的运行政策主要由选举或任命的权力机构来决定。”国际会计师联合会公立单位委员会将类似于政府或非营利组织的社会组织称为公立单位或公共部门，并在其 1994 年 10 月发布的第 4 号研究报告《利用其他审计人员的工作——公立单位观》中认为：“公立单位是指中央政府、地区政府、地方政府以及相应的政府主体。”尽管目前国外对于政府或非营利组织的称谓并不统一，但其所包含主要组织或单位却基本相同。这些组织或单位主要有：政府机构、教育机构、卫生福利机构、宗教组织与机构、基金会、政府企业或者说公立企业、国有企业、国营企业。目前国外在上述组织或单位中，通常将诸如教育机构、卫生福利机构、宗教组织、慈善组织和各种基金会等组织合称为非营利组织。对于公立非营利组织和公立企业，通常也将它们视为政府的一个组成单位。《财政透明度手册》的定位是“广义政府”，并将其定义为“所有以履行政府职能为主要活动的机构”，因此“包括所有中央政府单位和次级政府单位，预算外基金以及所有主要提供非市场性服务、由政府单位控制并提供主要资金来源的非营利机构”。“将政府与其他公共部门机构（即中央银行、公共金融机构和非金融公共企业）区分开来”，“如果其他公共部门从事了广泛的准财政活动，则应在涵盖公共部门的财政报告中予以反映”。上述部门间的关系见图 1－1。

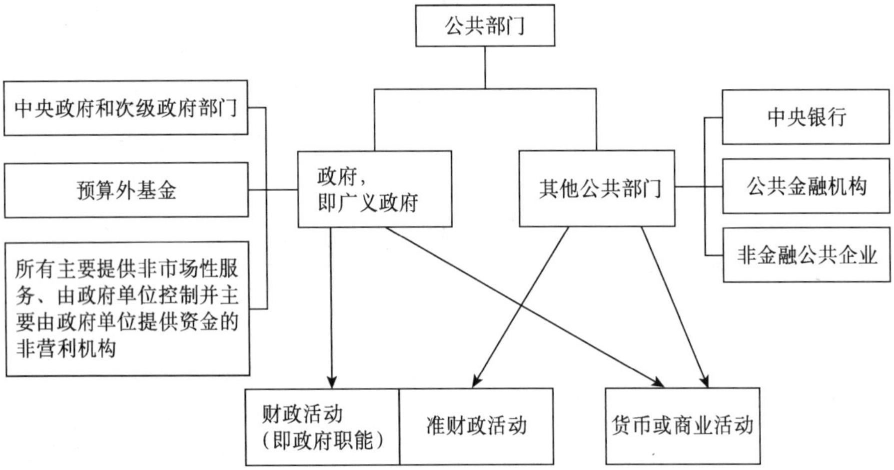

图 1－1　公共部门之间的关系图

政府会计一方面是一门研究会计主体确认、计量、记录、报告政府部门管理国家公共事务、政府公共财务资源抑及国家资源的运用，政府职责履行，以及组织收入、安排支出情况的学科。另一方面是对政府管理国家公共事务、公共资源、履行职责等进行确认、计量、记录、报告的事务。在我国历史上，政府会计曾被称为“官厅会计”，其任务是核算、反映和监督中央和地方政府财政预算以及行政、事业单位预算执行的管理活动。但这一概念远没有得到公认。美国财政学家 B. J. 理德与约翰·W. 斯韦恩将其表述为：“是指对在预算执行阶段发生的财政行为进行记录”。在这一个阶段形成的对预算收支的记录，是评估预算执行结果、准备下一轮预算编制以及预算执行过程中财政决策的基础。法国在 1962 年 8 月颁布的有关法律认为：“公共会计记录行政部门（国家、地方政府和行政事业单位）的账目，公共会计的目的是为能了解和控制预算和资金流动的步骤、财产状况、成本和年终结果。公共会计与企业会计一起构成国民会计的一部分。”在美国，政府会计包括州和地方政府会计与联邦政府会计两者。

我国学者在对比我国政府预算会计体系与国外政府会计体系的基础上，界定出我国政府会计的范围和功能，以此来定义政府会计。李定清（2002）认为政府会计是一个与企业会计具有同等地位的会计学分支，是以政府预算管理为中心的宏观管理信息系统和管理手段，核算、反映和监督中央及地方政府业务活动的营运情况，不以营利为目的，提供反映政府单位受托责任的会计信息，以使会计信息使用者作出经济、社会和政治决策的会计体系。贝洪俊（2004）认为，现代政府会计与传统预算会计不只是名称不同，更主要的是内容不同、职能作用不同。预算会计是反映政府的预算收支及其结果的会计，现代政府会计就是现代政府财务会计，即以财务收支为主导的政府会计。也就是说，现代政府会计除了包括传统预算会计的内容外，还要完整、系统、连续地反映预算收支对政府财务活动产生的累积影响。

我国还没有明确的政府会计，但我国预算会计的核算除了追踪预算执行过程的资金流动和特定财政年度发生的财政资金流量，还部分或间接地记录了资产和负债。因而在实务上已经构成与“政府会计”相对应的概念，但这种记录极不完整，这一事实表明我国已事实上存在了政府会计，只是极不完善需要改进。西方发达国家大多有清晰的预算会计和政府会计概念①。预算会计主要用于记录和报告法定预算的执行情况，而政府会计则主要用于确认、计量、记录和报告公共部门的财务交易或事项，是与企业会计相对应的会计系统。对这些发达国家而言，预算会计既相对独立于政府会计，又是政府会计的一个有机组成部分（刘笑霞，2007）。由于“政府”的含义不同，政府会计的含义也不相同。如果按照美国等国家对“政府”的界定，其政府会计的适用范围包括政府行政机关及其公营企业、公立非营利组织。我国现阶段的政府会计包括财政总预算会计、行政单位会计、事业单位会计和参与预算执行的国库会计、收入征解会计等。

本书所称的政府会计是一个与企业会计具有同等地位的会计学分支，是以政

① 预算会计与政府会计的主要区别如下表所示：

	预算会计	政府会计
职能、作用	加强政府预算管理和控制	反映政府财务状况和受托责任履行情况
核算对象	预算资金运动（局限于报告年度的预算收支情况和结果）	资金价值运动（全面反映财务收支和财务状况情况、例如成本、运营业绩、使用效率等）
	侧重于预算执行情况	侧重于财务状况

府预算管理为中心的宏观管理信息系统和管理手段，核算、反映和监督中央及地方政府及其部门受托责任履行情况、绩效情况、资源配置和使用情况的会计信息，方便会计信息使用者作出政治、经济、社会等各项判断的会计信息系统。

（三）会计概念框架

按照美国财务会计准则委员会的解释，财务会计概念框架是一个由相互联系的目标和基本原则构成的具有内在逻辑的体系，这个体系能导致前后一贯的会计准则，并指出财务会计与财务报表的性质、作用和局限性。也就是说，财务会计概念框架是一套把目标和有关联的基本概念连接起来的体系，是用来指导并评价会计准则的基本理论框架。财务会计概念框架（Conceptual Framework for Financial Accounting，CF）作为一个专门术语，最初出现于1976年12月美国财务会计准则委员会（FASB）公布的《财务会计概念结构：财务报表的要素及其计量》。西方会计学界认为，研究概念框架可以为分析、评估和指导会计准则的发展提供一个“规范性”的理论基础，同时减少因会计准则不能随环境条件变化而带来的制定成本。人们普遍认为，以“概念框架”为基础制定的会计准则，比没有这一“概念框架”所制定的会计准则，彼此之间会有更多的一致性；依据“概念框架”，会计人员还可以用来解决会计准则所没有规定而出现的若干新的会计问题。

在建立新型政府会计体系过程中，政府会计概念框架构建的必要性得到了会计主管机构及理论界的高度认同。美国GASB前主席唐艾伦曾指出，GASB从一开始就认识到健全的概念框架在政府会计准则发展中的重要性。为此，GASB先后专门发布了《联邦财务报告目标》（第1号概念公告）及《主体与揭示》两份概念公告，它们对随后发布的准则作用很大。GASB坦言，“概念公告为发布准则提供了一个理论参考，从而引导了委员会的工作。它们也帮助建立了合理的判断范围，同时对公众了解财务报告的性质和局限性大有帮助。”

本书所讨论的会计概念框架主要是指政府会计概念框架。当然，在研究过程中会充分借鉴企业财务会计概念框架。

（四）概念框架的分析模型

为了探讨模型，有必要先讨论一下结构，模型不过是结构的形象表现。所谓结构是指各个组成部分的搭配和排列[①]。一方面它是指一事物究竟由哪些部分组

① 《现代汉语词典》，商务印书馆1981年版，第568页。

成，或一事物有哪些要素；另一方面是指这些要素在整体中处于什么位置、彼此之间是如何排列组合的，也就是说明这些要素相互之间的内在联系及其联系方式。任何事物都是由若干相互联系、彼此依存的要素所构成的，会计概念框架也不例外。研究会计概念框架需要了解清楚它与哪些因素有关，这些因素及其相互之间与会计概念框架有什么样的关系，它们之间如何相互影响。所以，概念框架的分析模型就是界定哪些因素影响会计概念框架，是怎么影响的，在这些因素及其影响模式下，大家可以接受和认可的政府会计概念框架是什么？

二、研究思路

（一）主要研究内容

本书的主要内容包括以下几个方面（如图 1－2 所示）：

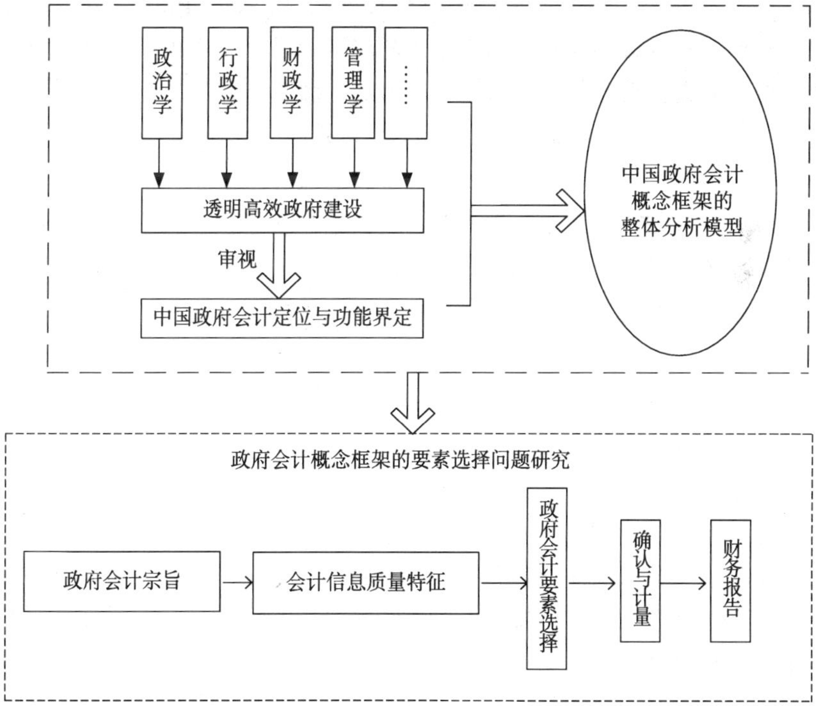

图 1－2 研究框架图

1. 中国政府会计概念框架的整体分析模型研究

从人文、宗教、政治、经济、科技、社会等基本视角出发，结合传统与现实的中国实际，从利益相关者的角度，借助于哲学思维，研究如何构建一套能够得到公认的政府会计概念框架的整体分析模型，探讨基本概念的整体分析模型应该包括哪几个部分，每部分之间是什么关系等。其中最重要的是建立一套评判标准，这一评判标准要能够促进政府会计概念框架与国家的政治体制、民族文化、行政路径依赖、社会变迁、科技进步影响之间的应答关系的建立。

建立一套整体分析模型有助于结束概念性问题的纷争，为尽快建立公认的中国政府会计理论体系和中国政府会计准则体系铺平道路。这一整体分析模型也将为后续的研究提供有价值的工具。

2. 中国政治体制改革、公共治理变迁与政府会计定位、功能界定、信息需求分析研究

借助于政治学、公共管理学、财政学、行政学、社会学、信息经济学、管理学、会计学等学科的分析思想和分析工具，探讨中国政治体制改革、公共治理变迁以及和谐政府、透明政府、高效政府建设对政府会计信息需求之间的关联机制，试图解决有关公共治理变革与政府会计发展关系、中国政府会计的功能界定、中国政府会计定位等问题，回答中国政府会计是仅仅解决政府行政开支核算报告的问题，还是要确认计量记录报告政府的行政资产，抑或需要反映整个国家的财产与资源等问题，并对政府会计信息需求进行深入分析。政府会计的功能、定位与政府公共治理的水平、政府职能的履行、政府绩效管理要求等是密切相关的。中国政府会计与中国政治体制改革、公共治理变迁、政府职能的实现、政府财务风险的控制、廉政建设等之间的关系问题是建立政府会计概念框架的基础问题。如果没有搞清楚这一问题，就不可能对中国政府会计概念框架的建设问题有切实的理解，就不可能找到中国政府会计概念框架建设的方向。

3. 中国政府会计概念框架的要素选择及其信息透明度研究

运用政府会计基本概念框架的整体分析模型，研究政府会计概念框架的要素选择，试图解决相应的政府会计宗旨选择、信息质量标准规划、报告要素确定、确认与计量特征界定、报告内容与格式设置范式设计等理论问题。

中国政府会计的宗旨是为政府决策者提供决策信息，还是为公众提供决策、监督和公共评价的信息；是解除委托代理责任的工具还是进行政府绩效评价的武器，政府会计的宗旨和政府财务报告的目标是否一致等问题是本书对中国政府会计概念框架研究要借助于整体分析模型解决的首要问题。

中国政府会计提供的信息质量如何？能不能满足政府行政管理和公共决策的需要？如何实现政府会计信息的透明？有没有照顾社会公众对政府财务信息的需要？是追求决策有用性还是追求可靠性？应该是一个单一的标准还是一个标准体

系？如果是标准体系的话，那第二层次、第三层次的标准应该包括哪些？这是本书研究中国政府会计概念框架时要借助于整体分析模型解决的第二个问题。

中国政府会计的会计要素应该包括哪些，它与现有的总预算会计、行政单位会计、事业单位会计的要素是否一致、能否一致？政府会计报告、政府财务报告要素分别是什么？他们之间以及与政府会计要素之间是否相同？这是本书研究中国政府会计概念框架时要借助于整体分析模型解决的第三个问题。

中国政府会计的确认与计量特征是什么？与企业会计的确认与计量是否相同？企业会计确认与计量的基本原理能否适用于政府会计？政府会计（假如是对外报告会计）与政府内部管理会计的确认和计量如何联系？诸如此类的问题是本书研究中国政府会计概念框架时要借助于整体分析模型解决的第四个问题。

中国政府会计（财务）报告的基本内容应该包括哪些？是仅仅报告政府的行政开支还是包括政府所掌握的行政资产？政府所有的资产存量、流量、经营情况等是否要报告？国家的资源资产，包括自然资源、文物资源、环境资源等是否要列入报告的范围？如果包括，是否是一步到位式的囊括？诸如此类的问题是本书研究中国政府会计概念框架时要借助于整体分析模型解决的第五个问题。

（二）拟解决的关键问题

本书拟解决的关键问题包括以下相互关联的三个方面：

第一，研究如何构建一套能够得到公认的政府会计基本概念框架的整体分析模型。其中最重要的是建立一套评判标准，这一评判标准要能够促进政府会计概念框架与国家的政治体制、民族文化、行政路径依赖、社会变迁、科技进步影响之间应答关系的建立。

第二，探讨中国政治体制改革、公共治理变迁以及和谐政府、透明政府、高效政府建设对政府会计信息需求的关联机制，试图解决有关公共治理变迁与政府会计发展的关系、中国政府会计的功能界定、中国政府会计的地位、中国政府会计信息需求等问题。

第三，基于以上的研究结果，运用政府会计基本概念框架的整体分析模型，研究政府会计概念框架的要素选择，试图对中国政府会计概念框架中相应的政府会计宗旨选择、信息质量标准规划、报告要素确定、确认与计量特征界定、报告内容与格式设置范式设计以及如何增强政府会计信息透明度等基本理论问题有一个较为全面的回答。

三、研究目标

本书的研究目标是希望构建一套能够得到公认的有关政府会计基本概念框架的整体分析模型，并运用这一整体分析模型研究中国政治体制改革、公共治理变革对政府会计信息的需求特征，以及适应这种需求特征的政府会计概念框架的要素选择等若干基本理论问题。

通过本书的研究试图回答政府会计概念框架的整体分析模型应该包括哪些方面、政府与企业的关系、政府会计与企业会计的异同、政府会计的主体、政府会计的对象—是不是公共财政开支—包括不包括由此派生的财务活动、政府会计的职能、政府会计改革与政治体制改革之间的关系、政府会计改革与公共治理变革之间的关系等问题，并就相应的政府会计宗旨选择、政府会计信息质量标准规划、政府会计（财务）报告要素确定、政府会计确认与计量特征界定、政府会计报告内容与格式设置范式设计等理论问题做出符合中国国情的、理论联系实际的回答。

希望本书的研究成果能够为中国政府会计理论研究、中国政府会计概念框架建设、政府会计准则的建设以及政府会计实践提供有价值的理论支持。

第三节　研究方法与可能的创新

一、研究方法

本书综合运用理论演绎、问卷调查、实地访谈、局部测试、数据模拟等手段和方法构建政府会计基本概念框架的整体分析模型，研究政府会计中的若干理论问题。主要研究方法包括以下几个有机结合的方面。

（一）综合运用理论演绎与归纳方法

本书从人文、民族、宗教、政治、经济、科技、社会各基本条件出发，结合传统与现实的中国实际，从利益相关者的视角出发借助哲学思维，运用理论演绎与归纳方法，研究如何构建一套能够得到公认的政府会计基本概念框架的整体分析模型。

研究中首先根据人文、民族、宗教、政治、经济、科技、社会各基本约束条件，推演出政府会计基本概念框架的整体分析模型应包括的要素，进而探讨各要素对这一分析模型的影响强度，最后运用从中国人文、民族、宗教、政治、经济、科技、社会各基本约束条件演绎出的综合的价值观建立整体分析模型优劣评判标准，进而进行基本理论分析以论证其科学性和适用的广泛性。

（二）问卷调查、统计与计量模型分析

本书准备运用问卷调查或现场座谈等方法，辅之于统计与计量模型分析方法研究三方面的问题，调查研究分三个步骤进行。

首先由课题组成员参考国内外相关资料拟定调查问卷。问卷包括中国政府会计基本概念框架的整体分析模型的认可度调查，政治体制改革和公共治理改革对政府会计及其信息的需求状况调查，政府会计宗旨选择、信息质量标准规划、报告要素确定、确认与计量特征界定、报告内容与格式设置范式设计等基本内容调查。拟定的调查问卷首先对在职学生中进行试调查，根据试调查中反映出来的问题修改问卷。

正式进行问卷调查时采用分层抽样方法在政府官员、理论工作者和行政管理人员以及在校学生中抽取调查对象，为保证调查的信度由课题组委托调查员上门发放问卷，现场答题，答完即收。

回收问卷后，组织专人对回收的问卷进行筛选，剔出不合格问卷。在课题负责人的统一协调下组织特别工作组对问卷进行统计分析，分析本书所构建的中国政府会计基本概念框架的整体分析模型的认可度，政治体制改革和公共治理改革对政府会计及其信息的需求状况，以及中国政府会计的概念框架选择的基本内容选择的恰当性、完整性、匹配性和领先性等。

二、研究设计与技术路线

本书研究中首先根据人文、宗教、政治、经济、科技、社会各基本约束条件，推演出政府会计基本概念框架的整体分析模型应包括的要素，进而探讨各要素对这一分析模型的影响强度，最后运用从中国人文、民族、宗教、政治、经济、科技、社会各基本约束条件演绎出的综合的价值观建立概念框架的优劣评判标准，进而进行基本理论分析以论证其科学性和适用的广泛性。

接着运用问卷调查或现场座谈等方法，辅之以统计与计量模型分析方法研究以下三个问题：一是在政府官员、理论工作者和行政管理人员以及在校学生中调

查分析我们构建的中国政府会计基本概念框架的整体分析模型的认可度，征求修改意见；二是在政府官员和行政管理人员中通过调查，辅之以数量经济学的有关工具探讨政治体制改革和公共治理改革对政府会计及其信息的需求状况；三是调查分析中国政府会计的概念框架选择，通过统计和计量模型分析得出有关政府会计宗旨选择、信息质量标准规划、报告要素确定、确认与计量特征界定、报告内容与格式设置范式设计等的基本结论。

根据调查研究得到的基本结论，综合运用政治学、行政学、社会学、公共治理学、财政学、信息经济学、管理学、会计学等学科的分析思想和分析工具进行理论演绎，试图得到中国政府会计的诸如政府会计宗旨选择、信息质量标准规划、报告要素确定、确认与计量特征界定、报告内容与格式设置范式设计等若干理论问题的研究结果。通过相关部门的协助将这一成果进行局部测试，同时辅之以更大范围的数据模拟，为修正和建议提供实践支持。

另外，政府会计概念框架会受到客观环境的影响，因此在可能的情况下有必要研究中国政府会计概念框架的变动与反馈机制，在上述工作的基础上，形成最终研究报告（整个研究技术路径如图 1－3 所示）。

三、可能的创新

1. 内容创新

（1）构建政府会计概念框架的整体分析模型以及相应的能够促进政府会计概念框架与国家的政治体制、民族文化、行政路径依赖、社会变迁、科技进步影响之间的建立应答关系的评判标准。为讨论和研究中国政府会计问题提供共同讨论的平台。

（2）加强制度安排中的协调机制、信息应用机制等机制方面的研究，突出中国政府会计理论发展的基础性研究。在研究政府会计概念框架的要素选择问题之前，先搞清楚政府会计的职能、定位与政治体制改革、公共治理变迁、透明高效政府建设之间的关系，在确定了中国政府会计的基本定位的基础上更为综合、透彻地解决政府会计宗旨选择、信息质量标准规划、报告要素确定、确认与计量特征界定、报告内容与格式设置范式设计等理论问题。

2. 研究设计和方法创新

（1）从人文、民族、政治、经济、科技、社会等多角度出发，体现多学科交叉的特点。中国政府会计概念框架的整体分析模型的建立、中国政府会计概念框架要素的选择、中国政府会计规范的建立、以至于中国政府会计改革，绝不是一

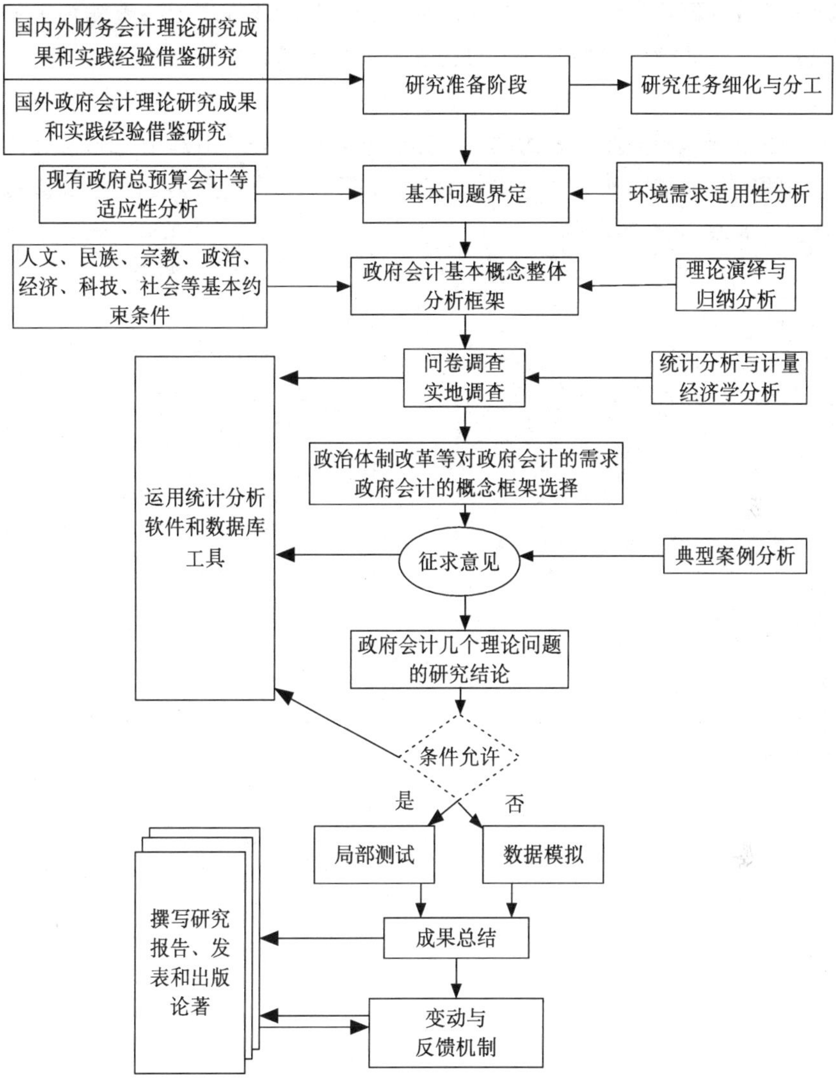

图 1－3 研究技术路线示意图

个单纯的会计学问题，涉及诸多方面，需要多学科联合攻关。本书从政府会计与政治、经济发展水平、财政、民族文化等之间的关系探讨政府会计的定位，从公共治理改革、透明高效政府建设、社会发展对政府会计信息要求的角度探讨政府会计的职能设计，从人文习俗、原有的行政制度的沿革、国际的比较以及管理学、政府会计的发展角度等确定概念框架的选择。

（2）研究方法上采用实地调查研究、问卷调查研究和案例研究以及局部测试和数据模拟等研究方法。既重视中国政府会计与政治体制改革、行政路径依赖、文化习俗、经济发展等因素之间的理论分析和演绎推理，又重视对实际问题的发现和深层次原因的挖掘，力求更为客观的分析和解决问题。

（3）研究对象选择上更强调多角度、全方位。不仅从政府管理者的角度进行分析，更重视从利益相关者的视角运用哲学思维对公共治理中的政府会计的基本理论问题进行系统的研究。从本质的起点出发，综合运用多学科的分析模型研究政府会计的基本理论问题。

第二章

政府会计研究的理论体系

第一节　概　　述

一、建立政府会计研究的范式

会计作为一个人造的信息系统，不管是探讨其实务操作，进行学术研究，抑或制定相应的规制，构建基本的概念框架，都应确定科学的思考范式，或称研究范式。会计学的思考范式基本是确定会计的目标，考虑环境及相关因素的影响和制约，分析探讨会计概念框架的构建，建立相应的公认会计规制，优化实务操作，研究反馈与评价。

葛家澍、林志军（1990）提出："美国的财务会计概念结构是以目标作为研究起点，用于指导所有其他项目的研究，并作为整个概念结构的基础。"著名管理学家德鲁克认为管理首要的工作是确定目标，没有目标就没有管理。C. T. Deuine（1960）就认为："企业在构造一种起服务职能的理论体系中，第一个程序是建立职能的目的和目标。随着时间的推移，目的和目标是会改变的，但在任何时期，目的和目标都必须规定明白或有可能明白地予以规定。"亨德里克森也认为："任何研究领域的起点都是提出研究的界限和确定它的目标"。所以，我们认为会计作为一项重要的经济管理工作，首先必须明确目标。

按照唯物主义的观点，物质决定精神。按照本体论中实在主义的观点，实在性存在于客体中。按照哲学中普遍联系的观点，世界是处于普遍联系中的。从这些哲理中我们发现不管是研究会计的目标还是确定会计的规制，都要考量环境的影响。所以，我们的研究范式：一是要坚持从客观实际出发，二是要坚持普遍联系的观点，要考量环境因素的影响，三是要构建一个分析模型，建立结构主义思维。本章我们首先思考影响因素的层次，再按照这种层次观去考量如何去思考这些因素，哪些理论可以作为思考依据。

二、分析政府会计影响因素的层次

一般地，会计被认为是确认、计量、记录和综合报告组织经济活动以及与外部实体进行交流活动的活动。不管是企业财务会计、还是政府会计或者是非营利组织会计都是随着业务活动的发展逐渐产生和发展的，并对业务活动以及其周围环境产生作用，同时也会受到本组织及其周围环境的影响。分析对会计有影响的各种因素，我们可以发现他们是分为一定层次的，我们将其划分为三个层次：综合层、本位层和核心层。

首先，会计是广泛受到各种环境因素制约的，这些环境因素包括政治、经济、社会及文化等因素，我们总称其为大社会因素。这一层次的影响因素是综合的、包罗万象的，所以把它划为最高的综合层影响因素。

其次，组织本身及其内部的结构与规制对其也产生各种各样的影响。企业财务受到企业的经营形式、组织结构、内部规章制度及其运行特征的影响，同样，政府会计受到政府本身的组织结构、制度与运行特性的影响，这种影响对于会计是最基本的影响，我们把它划为本位层影响因素。

其实，仔细思考可以发现，不管是综合层的影响因素还是基本层影响因素，其中起作用的是人，由于人的各种各样的行为最终产生了各种各样的影响，所以说，人是最根本的影响因素，称之为核心层影响因素。

三、寻求分析各因素影响的理论依据

按照美国著名科学哲学家库恩范式理论观点，范式是建立在“科学共同体”的概念基础上的。按照“科学共同体”的理解，研究相关问题时应该有共同的研究目标，共同的概念、共同的依据等，所以，我们在研究过程中需要寻求共同的理论基础，依据能广为认可的理论进行研究容易达成共识或共同理解。从上文可以看出，不同层次的影响因素作用根源不同，所以，应分层次寻找各种影响因素的理论依据。

从核心层来看，人是最核心的影响因素，根据马克思的观点，“人在本质上是一切社会关系的总和。”不论是政府会计改革实践，还是政府会计理论体系的发展，说到底都是由人的行为来完成。所以，我们首先要研究人性，依据对人性的理解寻找相应的理论依据。从现有理论和学者对于各种人性的分类与解释来看，大致有政治人、经济人、社会人、文化人、道德人、自我实现人、复杂人、自然人等多种类别。对人性的不同理解，产生了相应的管理理论。比如，对经济人性的认识在经济领域就产生了相关的委托代理理论，成本效益理论，价值最大化理论等；在政治领域就产生了公共受托责任理论、公共选择理论等。对政治人性的认识就要求我们在分析相关问题时要运用政治学与政治经济学等相关理论。对社会人性的认识促使我们在分析有关问题时要运用社会责任理论等。

从本位层来看，政府组织（公司、企业）是政府（企业）会计的主要影响因素，所以要对政府有一个清晰的认识，依据对政府的认识寻找相应的分析政府会计的理论依据。关于什么是政府（国家），有两种不同的典型观点。第一种将政府视为有机体，即“政府有机论”；第二种把政府看作机械体，即“政府机械论”（罗森，2002）。按照政府有机论的观点，社会被看作是一个自然的有机体，每一个人都是这个有机体中的一部分，而政府可看作是该有机体的心脏。个人只有作为社会的一部分才有意义，个人利益必须服从集体利益，政府（国家）利益是至高无上的。因此，社会凌驾于个人之上。计划经济理论就是这一理论的派生运用，相应的政府核算要符合计划经济的要求。按照政府机械论的观点：政府不是社会的一个有机组成部分，相反，它是个人为了更好地实现其目标而人为创立的东西。正如美国政治家亨利·克莱所指出的：“政府是一个信托机构，政府官员则是受托人；信托机构和受托人都是为了人民的利益而设立的。”因此，处于舞台中心的不是群体，而是个人。依照这一认识，就产生了公共治理理论。

从综合层来看，大社会是影响会计或政府会计的主要因素。所以要对大社会有一个客观的认识，依据对大社会的认识寻找分析政府会计的理论依据。我们所说的大社会是指组织之外的所有影响因素，包括政治、经济、社会及文化、技术等。按照联系论的观点，这些因素是相互联系相互作用并形成一系列系统，大系统包含中系统，中系统包含小系统，同层系统之间还有交叉或重叠。按照哲学物理学的观点：事物总是以一定的结构形式存在的，不管是大系统还是小系统也同样是以一定的结构形式存在。依照这一认识，我们在分析这一层次的因素对政府会计的影响时就要用到系统论和结构主义哲学观等。

第二节　人性因素所决定的人性分类理论

一、认识人性

被誉为二十世纪最重要哲学家之一的德国哲学家恩斯特·卡西尔，在其《人论》开篇的第一段话就指出："认识自我乃是哲学探究的最高目标——这看来是众所公认的。在各种不同哲学流派之间的一切争论中，这个目标始终未被改变和动摇过。它已被证明是阿基米德点，是一切思潮的牢固而不可动摇的中心。"（恩斯特·卡西尔，1985）① "认识你自己"，是数千年前先哲们铭刻在古希腊阿尔卑斯山特尔斐神殿上的一句指明人类前行方向的箴言。社会科学的一切领域都离不开对人性的认识，对人性的解读是社会科学各个学科最基础、最本质、最重要的任务。同时，从不同角度、不同层次对人性的解读，也是社会科学各个学科得以形成、发展的根本依据。政府会计学是一门应用性很强的社会科学，他的形成和发展同样也是以人性及其由人性决定的理论影响的。

人们依据不同的分类标准，对人性进行了不同形式的分类。传统的人性理论对人性采取"两分法"，即把人性分为"善"与"恶"两种。毛寿龙（2001）依据"人性冲动的理论"，对人性采取了"四分法"，即"政治性的冲动与政治人假设""经济性的冲动与经济人假设""道德性的冲动与道德人假设""审美与情感的冲动与审美人假设"，按照人性将现实社会中的人分为"政治人""经济人""道德人""审美人"等四类。② 其他人还有不同的划分，现有理论和学者大致将现实中的分为政治人、经济人、社会人、文化人、道德人、自我实现人、复杂人、自然人等类别。

政治人的基本假设是人类对于人性本质的第一个认识，由古希腊思想家亚里斯多德提出。二十世纪美国著名政治学家拉斯韦尔和卡普兰认为政治人就是指追求权利最大化的人。他们在其合著的《权利与社会》一书中指出："政治人是这样的一种人，他们要求关乎他们所有价值的权力最大化，希望以权力决定权力，还把别人也当作提高权利、地位和影响力的工具。"就政治体系而言，政治人是

① 恩斯特·卡西尔：《人论》，上海译文出版社 1985 年版。

② 参见 2001 年 11 月 4 日在中国科学院自然科学与社会科学交叉研究中心、中国科学院科技政策与管理科学研究所研究生会联合举办的第二次学术报告会上的演讲报告。

最基本的政治主体单元和最活跃的政治活动单位。美国政治学家罗伯特·达尔认为：政治体系是指任何在重大程度上涉及控制、影响力、权力或权威的人类关系的持续模式。

经济人是指那些崇尚经济、鄙夷道德、重利轻义，求富求乐的人。他们一切着眼于经济，凡事讲效率和效益，但往往缺乏“人情味”，过于迷信金钱和经济力量，轻视以致否认道德作用。

社会人是指人的社会属性或人在社会化过程中不断生成的变动状态。这一概念是由美国哈佛大学教授梅奥在霍桑试验中提出，霍桑试验认为人类工作的主要动机，除了经济利益还在于工作的社会关系，只有满足人的社会要求并有良好的人际关系，才能有效地调动人的积极性。马克思主义认为，社会属性是人的本质属性。“人的本质不是单个人所固有的抽象物，在其现实性上，它是一切社会关系的总和。”社会人的主要特征是活动的自觉性和目的性。

道德人是指那些崇尚道德，鄙夷经济，重义轻利，安贫乐道的人。这种道德人把实践某一道德理想作为自己行为的出发点和归宿点。他们崇尚道德，知耻知荣，往往把道德放在至尊地位。

当今时代，研究政府会计抑或构建政府会计概念框架的分析模型，需要特别关注的两种人性：一是政治人，二是经济人。政府受托责任的广泛性、政府活动利益相关者复杂性导致各利益相关者比如政府首脑、政府职员、纳税人、立法机关、监察机关、国际组织等在价值判断、内心需求、目标取向、行为方向上存在极大的差别，因而，可能表现不同的人性特征。但政治人倾向和经济人倾向在政府行为中影响最大，因而对政府会计影响也最需要引起关注。与这两种人性联系最为紧密的分析理论是公共受托责任理论和公共选择理论，而且更多的受到经济人假设的影响。

二、公共受托责任理论

（一）委托代理关系与经济代理责任和公共受托责任

委托代理的概念来源于法律规定，最初这一问题的研究主要集中在保险市场上投保人与承保人之间的关系上。后来，这一理论广泛应用于新制度经济学中的企业理论、产权理论和交易成本理论以及公共选择学派的党派和官僚理论的研究。契约经济学家詹森和麦克林将委托代理关系定义为一个人或一些人（委托人）委托其他人（代理人）根据委托人利益从事某些活动，并相应授予代理人某些决策权的契约关系（M. C. Jensen and W. H. Meckling）[①]。在经济生活中，这种关系基于所有权和控制权的分离；不确定性和分散投资风险；层级组织结构中的信息不对称；有限理性和个人能力的约束等原因而产生。这主要是因为人是以政治人或经济人而不是道德人的面貌来行事所造成的。

这种由于委托代理关系而使代理人对委托人承担的责任被称之为受托责任。受托责任是一种较为广泛的责任，从纵向上看，它广泛的存在于一切社会和民族之中。著名会计史学家里查德·爱德华兹教授在其名著《财务会计发展简史》中指出："在每一个有组织的社会里，某个人或某一伙人总是代表另一些人持有财物……，这一问题之所以日益重要，原因之一就是在国民生产总值中，委托代理人的比例在持续扩大。"从横向上看，它包括国家治理、公司治理以及社会秩序等方面的责任。

（二）公共受托责任与财务受托责任

公共受托责任是受托责任的一个分支，被视为具有现代政治学和经济学的制度性特征，是当代政治学和经济学中最为重要的概念之一，政府权力的行使因公共受托责任的要求而合法（Stewart，1984）。政府所承担的公共受托责任是政府职能的集中体现。20 世纪 80 年代后，出现了多种关于政府责任的观点，对政府责任的实质和形式给予了不同的回答，其中，占主导地位的责任概念是政治责任、管理责任和法律责任。希尔德（1983）在形成和发展其观点的过程中将以上三种类型的责任和由史密斯（1980）划分的九种类型的责任相结合，给出了关于政府责任划分的新思路（如表 2－1 所示）。

表 2－1　　公共部门责任的概念

类别	再分类	
政治责任	（1）宪法责任	议会制度的特性
	（2）分权责任	控制权和责任的转移，如向地方权威机构的转移
	（3）咨询责任	受益方和压力集团的参与
管理责任	（1）商业责任	公有组织、其资金来源于使用者缴费而不是来源于预算拨款
	（2）资源管理责任	采纳将会提高非商业团体效率和效益的管理惯例
	（3）职业责任	公共部门雇佣的职业团体的自我调节

① M. C. Jensen and W. H. Meckling, "Theroy of the Firm: Managerial Behavior Agency Costs and Ownership Structure," Journal of Financial Economics, Vol. 3, No. 4.

续表

类别	再分类	
法律责任	（1）司法责任	在受伤害的个人的鼓动下执行行为的评价，决议不应当超过法定的权限
	（2）准司法责任	行政处理权的控制，如通过检查裁决
	（3）诉讼责任	由一个外部的代理人，通常是由一个国会案情调查委员会所做的评论

政府以上的责任在财务上集中体现为财务受托责任，它是政府承担的广泛受托责任中最基本、最重要的一种责任。从一般意义上讲，“政府的财务受托责任是指各项收入来源或债券发行取得的财政资源应按照其运用方面的限制来使用、依从预算、有效运用财政资源和资本资产的保全等方面的责任”（R. J. Freeman，C. D. Shoulders，1993）。政府代表国家征集、分配和再分配国民收入或资源，这种资源的征集和运用受国家法律、法规、信托协议以及其他约定的限制。

（三）信息不对称及其政府会计的角色

不管是公司经理人对所有者的代理责任还是政府官员对人民的受托责任，由于他们可能是经济人或政治人，可能由于信息不对称出现逆向选择和道德风险。从信息经济学角度看，受托责任一经产生必然在委托方与代理方之间存在信息不对称，通常受托责任的承担方拥有信息优势，而受托责任的授予方则为信息劣势方（张维迎，1996）。因此，作为信息劣势方的委托人便要求拥有信息优势的受托责任方提供有关受托责任履行情况的信息。如果没有有效的机制保证信息透明，公共受托责任机制就会失效，就可能产生许多问题，如政府官员贪污受贿、公共服务提供不当、公共资金被滥用或偷窃以及社会秩序陷入混乱等，整个民主制度和社会将面临危险（王光远，2005）。

委托代理理论认为有效解决这一问题的关键在于组织能否可靠的界定受托责任。当委托人的代理责任能够清晰、准确、及时的加以界定并奖罚分明时，相应的委托代理风险就会大幅度降低（陈志斌，2003）。Boyne 和 Law（1991）认为，政府财务报告是社会公众可以获得的、关于政府财产保管责任的唯一综合性报告。政府就其公共财政资源的取得和运用情况提供财务报告，实际上就是向纳税人（资源提供者）、立法机关、社会公众和其他利益相关者报告其财务受托责任的履行情况。而政府财务信息披露是界定和反映受托责任一种重要途径（石英华，2007）[①]。

构建政府会计概念框架的分析模型当然要充分考虑政府会计是否从经济人角度并兼顾对政治人的理解加以构建。政府会计能否客观、可靠、公允、及时地反映政府受托责任的履行情况，能否正确反映政府对资源提供者及其代表负有受托责任，并按照限定经济地、有效地使用、产生应有的效果，能否反映政府对立法机构负有责任，能否反映政府对社会公众和各利益相关者负有的责任以及各级政府及政府各单位向上级政府的责任，一定程度上有赖于政府会计概念框架的质量。政府会计概念框架应能确保政府会计作为一种界定、反映和控制机制有效地处于公共受托责任的解除体系中。

三、公共选择理论

公共选择理论是一门介于经济学和政治学之间的新的交叉学科。它以新古典经济学的基本假设（尤其是理性人假设）、原理和方法作为分析工具，来演绎和刻画政治市场上的主体（选民、利益集团、政党、官员和政治家）的行为和政治市场的运行。美国马里兰大学教授丹尼斯·缪勒将其概括为："非市场决策的经济研究，将经济学应用于政治科学，用经济学的方法研究和探讨包括国家理论、投票规则、投票者行为、政党政治学、官员政治等与政治科学主题一样的公共选择主题，其基本行为假设是将人看作自利的、理性的、追求效用最大化的人。"

公共选择理论认为，人类社会由两个市场组成，一个是经济市场，另一个是政治市场。在经济市场上活动的主体是消费者（需求者）和厂商（供给者），在政治市场上活动的主体是选民、利益集团（需求者）和政治家、官员（供给者）。在经济市场上，人们通过货币选票来选择能给他带来最大满足的私人物品；在政治市场上，人们通过民主选票来选择能给其带来最大利益的政治家、政策法案和法律制度。前一类行为是经济决策，后一类行为是政治决策，个人在社会活动中主要是做出这两类决策。但在经济市场和政治市场上活动的是同一个人，没有理由认为同一个人会根据两种完全不同的行为动机进行活动；同一个人在两种场合受不同的动机支配并追求不同的目标，是不可理解的，在逻辑上是自相矛盾的；这种政治、经济截然对立的"善恶二元论"是不能成立的。"经济"和"政

---

① 石英华："我国政府会计改革取向研究——比较分析的视角"，《中央财经大学学报》，2007年第2期。

治”是相互依从、相互影响的。经济市场上存在供求双方力量的相互作用，政治市场上也同样存在供求双方力量的相互作用。公共选择理论试图把人的行为的这两个方面重新纳入一个统一的分析模型或理论模式，用经济学的方法和基本假设来统一分析人的行为的这两个方面，从而拆除传统的西方经济学在经济学和政治学这两个学科之间竖起的隔墙，创立使二者融为一体的新政治经济学体系。

依照这一逻辑，政府会计应该大有用处。不但政府活动需要了解经济信息，而且公民投票也需要了解政府的相关经济信息。如果能够用经济的视角思考政治问题，那么，财务会计中的许多内容就可以顺利借鉴过来。

第三节 本位因素与公共治理理论

一、政府组织及其对政府会计的影响

构建政府会计概念框架的分析模型、研究政府会计概念框架不考虑政府的影响肯定是不行的。关于什么是政府，有两种不同的典型观点。第一种将政府视为有机体，即“政府有机论”；第二种把政府看作机械体，即“政府机械论”。（罗森，2002）

（一）政府有机论

按照政府有机论的观点：社会被看作是一个自然的有机体，每一个人都是这个有机体中的一分子，而政府是该有机体的主宰，其利益至高无上，并凌驾于个人之上。其观点与阶级国家观有异曲同工之妙。在这种观念下社会目标由国家确定，并引导社会去实现。当然目标的选择有很大的差异。柏拉图认为国家的目标是要进入一个黄金时代，在那时，人类的活动受完美理性的指导。在希特勒看来，国家的目标是要达到种族的净化：“国家是实现目标的手段。它的目标就是维护和促进一个从生理到心理都具有同质的人种组成的社会。”但是按照列宁所说，无产阶级国家的目标是：“作为工人阶级和被剥削人民的导师、领路人和领袖……引导工人阶级和被剥削的全体人民走向社会主义。”由于社会目标可以不同，因此一个关键的问题就是如何选择这些目标。

依据有机论的要求，政府会计应该反映计划的实现，其服务的对象是绝对的国家。相应的政府会计目标、质量特征、对象、职能、要素以及确认计量等都要

与绝对的国家相一致。

（二）政府机械论

按照政府机械论的观点：政府不是社会的一个有机组成部分，相反，它是个人为了更好地实现其目标而人为创立的。正如美国政治家亨利. 克莱所指出的：“政府是一个信托机构，政府官员则是受托人；信托机构和受托人都是为了人民的利益而设立的。”因此，处于舞台中心的不是群体，而是个人。在这一观点下，什么是人民的利益，怎么衡量人民的利益，怎么评判人民的利益实现的好坏是最为令人关心的问题。现实中人们对什么是人民的利益问题有着广泛一致的看法：政府应保护个人免遭暴力侵害。政治家必须独家行使强制性权力，防止出现无政府状态。亚当·斯密在《国富论》中主张政府应该保护“社会免受其他独立社会的暴力和侵犯”，并且“尽可能使社会的每一个成员免受该社会中其他成员的欺侮和压迫。”

依据政府机械论的观点，政府会计的服务对象是社会大众，政府会计的目标和质量特征等也要从人民作为终极委托人的角度去思考。

二、政治学与政治经济学

政治和经济是相互联系，难以分开的。劳埃德·雷诺兹就精辟的指出：“现代经济学主要是在西欧和美国培育出来的，尽管它渴望具有普遍性，它却带有这地区所特有的制度和问题的印记。”唐斯在《民主的经济理论》提出：“为了在规范或实证层面上解释政府在经济中的地位和作用，经济学家必须考虑社会的政治体制；因此，经济学和政治学必须综合为统一的社会行为理论。”

政治经济学中的“政治”是一个国家制度和政策的统称。制度是约束人们行为的一系列规则或人与人之间的一种契约关系。从层次上看，可以划分为宪法规章、制度安排和伦理道德规则。从构成上看，又可以划分为非正式规则、正式规则等。国家的政策和政治作用总是要影响财富的生产和分配，不同的制度划分并不影响制度对经济的影响。政党和利益集团的行动也是会影响资源的配置、影响经济活动的成本和利润分配等。

政治主要涉及到权利行使、决策程序的安排和社会利益的平衡等，政府会计应反映这种权利的行使，决策程序公正与否，社会利益分配公平状况等。政府会计要能满足这些要求，构建其基本概念框架时就应充分考虑政治特别是相关制度、规范的影响。

三、新公共治理理论

新公共治理运动也称为“管理主义运动”、“以市场为本的公共行政改革运动”、“企业型政府或重塑政府运动”等。波及世界的新公共治理运动的主要观点包括：（1）重视管理绩效评估和效率评价，明确产出目标、合同期限、货币激励和自主管理的公共管理风格，强调产出控制而非过程控制；（2）关注行政成本，削减行政费用；（3）将科层制组织转换为相互协调的代理机构，广泛运用公共服务代理化；（4）政府部门引入竞争机制，借用准市场化或合同外包等手段促进竞争。这种新公共治理运动矛头直接指向公共行政范式下的公共管理实践（张钢，2003）。新公共治理改变了公共事业由庞大的组织控制，管理严密，集权化的科层制组织操纵的局面，改由基于经济学为理论基础，符合公共选择理论所描述的状况分权、参与、多中心的公共事物治理模式。

新公共管理要求政府会计能够反映当代治理模式的基本理念：适应公共事务管理的分权导向，从一元化到多元化。在当代治理主义的行动逻辑下，政府组织在整个社会中依然充当着非常重要的角色，但不应是实施社会管理功能的唯一权力核心，非政府组织、非盈利组织，公民自组织等第三部门和私营机构将与政府一起共同承担管理公共事务、提供公共服务的责任，这些组织的权力也将得到社会和公民的认可，适应社会导向和新型国家—社会关系。市场经济的普遍建立要求政府承担更多服务职能。适应市场导向，重构政府与市场的关系。既重视政府的力量可以弥补市场缺陷，纠正市场的失灵；也注重用市场机制来改造政府或用企业家精神重塑政府，在公共物品和服务的提供上选用市场方法，确立节约成本和提高效益的激励机制（聂平平、王章华，2006）。

第四节　综合因素与系统论和结构主义哲学观

一、综合因素的理解

会计作为一个应用性社会科学，在其实践过程中或研究时一定会受到众多相关因素影响，分析众多社会因素影响时，我们可以借鉴 PEST 分析思路。PEST 分析是指宏观环境的分析，主要包括对政治（Political）、经济（Economic）、技术

(Technological) 和社会 (Social) 等四大类主要外部环境影响因素进行分析。[①] 如图 2－1 所示。

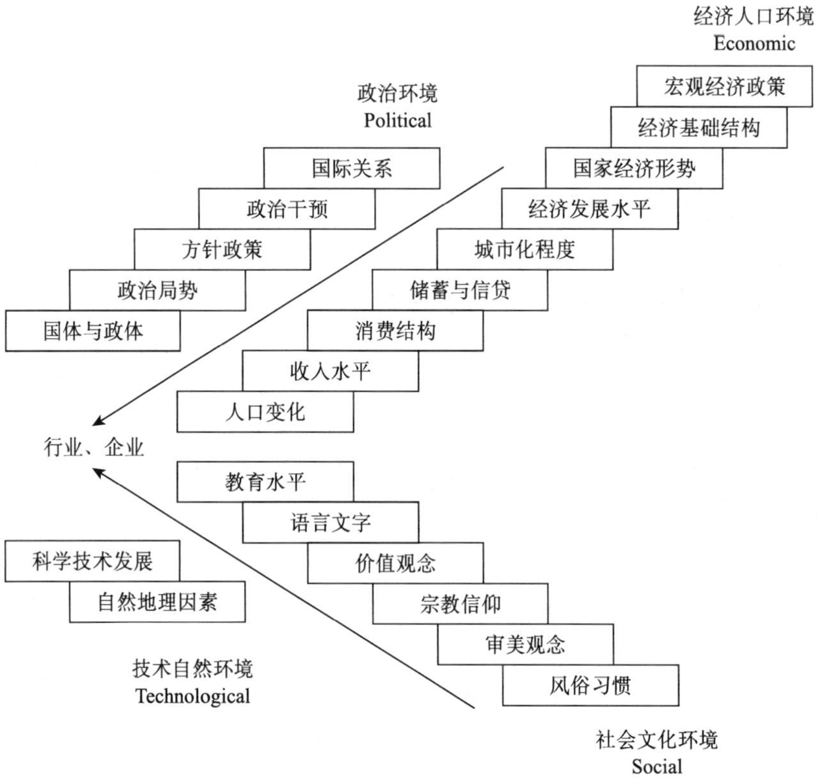

图 2－1　PEST 分析法

(一) 政治法律因素 (Political Factors)

政治环境包括一个国家的社会制度，执政党的性质，政府的方针、政策、法令等。不同的国家或同一国家的不同时期，政府方针、政策倾向对组织活动的态度和影响是不断变化的。一般地，我们要考虑的重要政治法律因素包括：执政党性质、政治体制、经济体制、政府的管制、法律状况、政治行动、产业政策、投资政策、国防开支水平、政府补贴水平、与重要大国关系、地区关系、对政府进行抗议活动的数量、民众参与政治行为等。

① http://wiki.mbalib.com/wiki/PEST.

（二）经济因素（Economic Factors）

经济环境主要包括宏观经济环境和微观经济环境两个方面。宏观经济环境主要指一个国家的人口数量及其增长趋势、国民收入、国民生产总值及其变化情况以及这些指标反映的国民经济发展水平和发展速度。微观经济环境主要指组织及其所在地区的消费者的收入水平、消费偏好、储蓄情况、就业程度等因素。这些因素直接决定着企业目前及未来的市场大小。需要关注的关键经济因素包括：GDP 及其增长率、工业化水平、贷款状况、可支配收入水平、居民消费（储蓄）倾向、利率、通货膨胀率、规模经济、政府预算赤字、消费模式、失业趋势、劳动生产率水平、汇率、证券市场状况、外国经济状况、进出口因素、不同地区和消费群体间的收入差别、价格波动、货币与财政政策等。

（三）社会文化因素（Sociocultural Fators）

社会文化环境包括一个国家或地区的居民教育程度和文化水平、宗教信仰、风俗习惯、审美观点、价值观念等。关键的社会文化因素包括：妇女生育率、特殊利益集团数量、婚姻状况、人口自然状况、社会保障计划、人均收入、生活方式、平均可支配收入、对政府的信任度、工作态度、购买习惯、道德水准、种族平等状况、平均教育状况、社会活动项目、社会责任、宗教信仰状况等。

（四）技术因素（Technological Factors）

技术环境包括组织所处领域的活动直接相关的技术手段的发展变化以及国家对科技开发的投资和支持重点、技术发展动态和研究开发费用总额、技术转移和技术商品化速度、专利及其保护情况等等。

在研究中，有时需要考虑更多的影响因素，比如 SLEPT、STEEPLE 等要素，STEEPLE 要素包括社会/人口（Social/demographic）、技术（Technological）、经济（Economic）、环境/自然（Environmental/Natural）、政治（Political）、法律（Legal）、道德（Ethical）等。更多的因素包括 PESTLE/PESTEL（Political，Economic，Sociological，Technological，Legal，Environmental），PESTLIED（Political，Economic，Social，Technological，Legal，International，Environmental，Demographic），STEEPLE（Social/Demographic，Technological，Economic，Environmental，Political，Legal，Ethical），SLEPT（Social，Legal，Economic，Political，Technological）等。

（五）整体的理解

这些因素之间或内部是存在各种各样的联系的，他们或者构成一个或一系列系统，或者形成一定的结构，所以，分析这些要素的影响要坚持系统论的观点，可以运用结构主义哲学观。

二、系统论

美籍奥地利人、理论生物学家 L. V. 贝塔朗菲（L. Von. Bertalanffy）创立的系统论①是研究系统的一般模式、结构和规律的学问，它研究各种系统的共同特征，用数学方法定量地描述其功能，寻求并确立适用于一切系统的原理、原则和数学模型，是具有逻辑和数学性质的一门新兴的科学。所谓系统，就是由相互联系和相互作用的若干要素组成的具有特定功能和运动规律的有机整体。任何一个系统，它的构成必须具备四个条件：（1）要有两个以上的要素组成系统，单一要素不能组成系统；（2）具有一定的结构，要素之间相互联系，相互作用，具有规律性；（3）要素之间的联系与作用必须在整体上产生效应，即产生整体功能；（4）要有一定的环境。系统是一定环境中的系统，它在一定的环境作用下，又作用于一定的环境，没有环境，也就没有系统。整体性是系统的最显著特点之一，关联性，等级结构性、动态平衡性、时序性等是所有系统的共同的基本特征。系统的整体功能是各要素在孤立状态下所没有的性质。贝塔朗菲用亚里斯多德的“整体大于部分之和”的名言来说明系统的整体性。系统中各要素不是孤立地存在着，每个要素在系统中都处于一定的位置上，起着特定的作用。如果将要素从系统整体中割离出来，它将失去要素的作用。

政府会计不仅处于政府或国家这个直接的系统中而且处于整个环境大系统中。不管是完善政府会计实践还是解决政府会计相关问题（诸如构建政府会计概念框架等），不但需要对系统、要素、结构、功能、环境等概念有一个清晰的认识，而且要在其中贯彻系统的观点和结构主义理念。实现系统的某种功能而无须进一步再分的单元，称为系统的元素。实现系统的某种功能的主要元素，称为系

① 他在 1952 年发表“抗体系统论”，提出了系统论的思想。1973 年提出了一般系统论原理，奠定了这门科学的理论基础。但是他的论文《关于一般系统论》，到 1945 年才公开发表，他的理论到 1948 年在美国再次讲授“一般系统论”时，才得到学术界的重视。1968 年贝塔朗菲发表的专著：《一般系统理论基础、发展和应用》《General System Theory：Foundations，Development，Applications》被公认为是这门学科的代表作。

统的要素。要素是系统的主要组成部分。系统，总是由要素组成的系统；要素，总是组成系统的要素。一方面，政府会计是政府系统中的一个要素，政府系统的完善需要政府会计的有效作用。另一方面，研究政府会计概念框架及其分析模型不仅要联系环境系统中相关因素的影响和作用，而且要用系统的观点、整体的观点、联系的观点去分析这些因素的影响。再一方面，分析环境因素时要探求这些外部因素共同构成的结构。所谓结构，是指诸要素在该系统范围内的秩序，也就是皆要素相互联系、相互作用的内在方式，系统的整体功能就是由结构实现的，功能是系统结构的反映和体现。要了解相关因素对研究问题的影响应以结构化的思路来全面考虑相关因素。

三、结构主义哲学观

结构主义可溯源到20世纪初的“俄国形式主义”（朱晓斌，2000），及二三十年代“捷克结构主义”，在第二次世界大战时由于雅各布逊等人的移居而传入美国；20世纪40年代末，由于列维·斯特劳斯的努力，结构主义得以重返欧洲大陆，并终于在法国达到顶峰。20世纪60年代初，在法国哲学界出现了一股强大的人文科学思潮，其代表者宣称是与第二次世界大战后统治法国哲学界近20年之久的现象学和存在主义等所谓的“意识”哲学相对立。由于这个思潮的思想家们都使用“结构”或与结构相近的概念来从事自己具体的研究，因此，被称为结构主义。结构主义有其独特的发展过程，它的观点和方法来源于语言学。著名语言学家索绪尔、雅各布逊等在语言研究中提出了“结构”理论。而法国的拉康将其应用于心理学，形成“结构主义的心理学”。

按照《新帕尔格雷夫经济学大词典》的释义，结构主义从根本上说是向经验主义和实证主义的假定进行挑战的一种研究方法，其主要特征是把考察对象当作一种“体系”，即考察一个整体的各个部分之间的相互联系，而不是孤立地研究各个部分，从更特殊的意义上说，这个概念被这样一些理论家所使用，他们主张存在着不可能观察到但能产生可以观察到的社会经济现象的一组社会经济结构。结构主义是关于世界的整体思维关系的学说。这一学说认为世界由各种关系而不是由事物构成的，人们在整体关系中寻求恒定模式或法则，并将这种结构当作固定的模式或法则去分析世界。他也是一种方法（认识和理解对象的一种思维方式），即在人文科学（人类学、心理学、语言学、文学批评等）中运用结构分析方法所形成的一股研究潮流或倾向。其目标是“永恒的结构”：个人的行为、感觉和姿态都纳入其中，并由此得到它们最终的本质。即“明确地寻找心灵本身的永恒的结构，寻找心灵赖以体验世界的，或把本身没有意义的东西组成具有意义的东西所需要的那种组织类别和形式。”正如约翰·斯特洛克所说：“结构主义只不过是一种考察问题的方法，是一种处理问题的特殊方式，只有这样，结构主义者才能在某个特定的研究领域合理地组织有关材料。”英国的迈克尔·莱恩在《结构主义入门》一书中就说：结构主义认为坚持只有存在于部分之间的关系才能适当的解释整体和部分。结构主义方法的本质和它的信条在于，它力图研究联结和结合诸元素。”在德里达看来，结构主义作为一种方法，也是一种哲学历史的隐喻。

“结构（structure）”是结构主义学说的核心，也是结构主义的本质和思维方式。结构一词来源于拉丁文“structura”，由动词“构成”（Struere）演化而来，原意是指统一体内各部分、各要素、各单元之间的关系或由本质联系所构成的总体，它侧重于对象形式方面的规定。然而，由于索绪尔结构主义语言学产生以来，其理论被应用到美学、符号学、社会学、历史学、文学等领域并作了现实实践性的创新，因此，结构主义者们对结构的理解不尽相同。结构概念的演变有一种从可见到不可见，从实体性结构到关系性结构，再到规范性结构，或者说，从现实性结构转向了逻辑性的抽象结构趋势。

根据结构的不同解释，学者对结构主义有不同的观点。帕森斯时代的形构主义，形构的概念在这里主要包括两方面的涵义：其一，指结构本身类似几何学或建筑学的模型框架，实体性结构（如家庭结构、群体结构、社区结构和年龄结构等），大多属于此类；其二，指相似于几何模型的建构，研究者能够运用思维进行组合与抽象，在想象中构成社会的关系结构，以帮助认识者把握，作为共同讨论的基础。

列维·斯特劳斯认为结构主义基本上是关于世界的一种思维方式，事物的真正本质不在于事物本身，而在于我们在各种事物之间构造，然后又在它们之间感觉到的那种关系，“结构”具有先验性质。他只重视用主观的、先验的、心灵的结构去对客观事物的内在组织形式（结构关系）作出解释，并由此建立起自己的社会科学研究方法。所谓结构是那种决定历史、社会与文化中的具体事件和行为的基本的规则整体。如果结构确有“深层结构”与“表层结构”之分的话，那么，这种规则整体显然意指“深层结构”，即与语言行为相对的语法结构，与社会行为相对的经济基础的结构，以及与意识活动相对的无意识机制等，是心灵的永恒的、逻辑的结构。结构也指现象的表面秩序（可观察、可分析归纳的诸社会现象的秩序）是基本精神过程的表层显现，由深层结构决定的各种表层结构。结构具有封闭性和整体性，整体优于部分，结构通过差异而达到可理解性。结构展示出一些系统的特征。它由几个要素构成，其中没有哪一个要素是能够经历一种变化而不在所有其他的要素中引起变化的。对于任何一种给定的模型有一种能安排一系列变形的可能。模型使得全部观察到的事实成为直接可以理解的东西。

瑞士心理学家J·皮亚杰认为，所谓结构就是由具有整体性的若干转换规律组成的一个具有自身调整性质的图式系统。他将“结构”方法与“起源”或“发生”的方法联系在一起，并认为是辩证互补的。结构包括三个特征：整体性、转换性和自身调整性。整体性是指按一定规律组合的具有内在有机联系的整体系统；转换性即同构性，是结构内部各要素按一定规律交换，其结构内部各要素相互制约、互为条件不能被外部影响的性质。结构的自我调整主要有三种形式，即节律、调节和运演。这是结构的本质特性，它涉及结构的内在动力，具有守恒性和某种封闭性。一个结构具有的各种转换都不会超越结构的边界而导致结构的解体，只会产生属于这个结构并保存这个结构规律的要素。

在“后帕森斯时代”，英国社会学家吉登斯无疑占据了中心位置。他希望社会结构的概念能够脱离帕森斯和列维—斯特劳斯思路的宏观与微观、主体与客体、个人与社会、行动与结构的二元对立的困境走向综合。吉登斯认为：“结构是潜在于社会系统不断再造过程中的规则和资源，结构可以在实践中表现出来，但不是具体实践的外显模式，而是一些记忆中的原则。结构本身也不是具体的存在，它没有时间和空间的边界，它必须以知识的延续（记忆）或实践的延续才能存在，结构对于实践，如同语言规则（语法）对于说话行为的差异。结构，恰似某种抽象的规则，它是能使某种构造性行为成为可能的虚幻的存在（Giddens, A. , 1984）。

布洛克曼（Claudia Brugman）认为：结构主义推崇科学精神，批判主观至上和人本主义，注重深层结构分析和系统分析。纪本篙（Rex Gibson）认为：注重结构分析是结构主义最基本的原则，这个原则包括整体、关系、消解主体中心、自律和转换等五个方面。

依据结构主义哲学观，在政府会计研究中有几个基本的观点需要明确：一是研究政府会计所处的外部环境应考察整体的各个部分之间的相互联系，而不是孤立地研究某个部分。政府会计所处的政治环境、经济环境、社会环境等也是具有一定结构的整体。二是政府会计本身也是具有一定结构的整体，要系统的分析其结构。三是不但要考察已经主观化的结构，更主要的是要研究客观存在的结构。四是要坚持整体结构的观点。

第三章

政府会计概念框架整体分析模型

概念框架是相互联系的目标与基本概念协调一致的体系。这一体系可引出前后一贯的准则，并对财务会计和报告的性质、作用和局限性作出规定。它是制定和评价会计准则的理论基础，是解决会计准则尚未涉及问题的理论依据。但是，概念框架不是天然存在的，需要人们去建立。那么，概念框架受到哪些因素的影响呢？如何建立概念框架呢？如何评价一套概念框架是否对准则制订起到指导作用，以及这种指导作用是否符合环境的要求呢？一般来说，要构建一个权威的、综合的、内在一致的框架，使之具有普遍适用性和广泛认可度，首先需要让这一概念框架的建立思路和研究方法得到大家的认可。受结构主义哲学观的影响，本章我们试图建立一个整体分析模型来展示或讨论概念框架的分析思路，通过分析模型提供一个表达不同思想和观点的平台。如果一个整体分析模型得到高度认可那就有可能带来概念框架的高认同度。

第一节　文献回顾

虽然许多国家都建立了有关的会计概念框架，但通用的概念框架分析模型更为重要，我们在进行研究之前试图从会计改革的分析模型、政府会计改革或公共部门改革的分析模型、系统改革的分析模型或者分析思路中寻找我们可以借鉴的部分。

一、一般社会改革和公共政策模型与思路分析

（一）改革压力和改革系统的结构

童星在《社会改革控制论》中阐述了社会改革的压力和改革系统的结构。改革系统是社会系统的一个特殊子系统，它是在社会系统常规运行发生严重障碍时，为了摆脱这种困境而形成的子系统。当社会系统内外部的压力扩张到一定程度，社会系统的常规运行就会发生障碍，当这种障碍发展到一定程度，社会系统就面临变化、超稳定与不持续这三种前途的选择。社会系统的生命力，一般表现为及时选择第一种前途，社会系统以本身的变化来适应已经涨大了的内外部压力。改革系统本身的结构，又由四个子系统构成：利益系统、决策系统、转换系统、校验系统。改革系统在社会系统中产生与运行，由国内社会环境与国外社会环境不断地输入压力与支持。需求和缺陷一旦输入改革系统，就成为改革系统加工的对象。而支持一旦输入改革系统就成为改革系统运行的一种能源。改革系统运行以后，输出改革政策与改革行动，从而孕育与形成新体制以及改革行动的后果（新情势）（童星，1990）。改革系统运行的简单模型见图 3－1。

图 3－1　改革系统运行的简单模型（童星，1990）

（二）改革系统论

浦再明（2007）通过科学发展观的“三维结构”改革系统模型，分析我国经济体制改革，认为中国经济体制改革，应该是一个多组分系统整体协同共变的演化过程。在新形势下，树立和落实科学发展观，必须创新改革模式，拓展改革空间，致力于建设“三维结构”的现代市场经济大系统（见图 3－2），全面完善社会主义市场经济体制。从科学发展观出发，创新改革思维模式或改革模式，从多维度考虑市场经济体制的完备性问题，重点是三个基本维度。

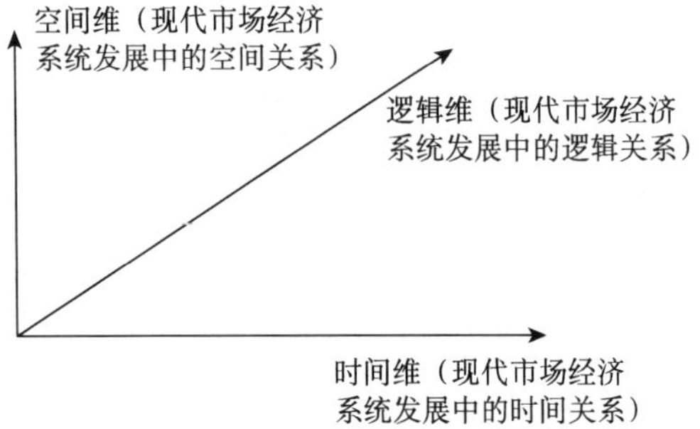

图 3－2　三维结构的现代市场经济系统（浦再明，2007）

从实践看，“三维结构”改革系统模式（见图 3－3），其主要内容可以概括为“五个现代，十二大体系”。从科学发展观和系统科学理论上讲，完善社会主义市场经济体制，就是要建立由这些诸多体系构成的现代市场经济大系统。

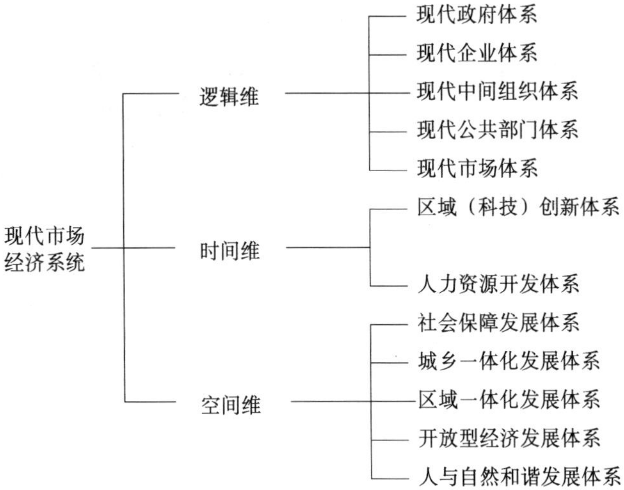

图 3－3　三维结构的现代市场经济系统结构（浦再明，2007）

（三）公共政策制定的模型和机制

贺卫，王浣尘（2000）介绍了公共政策分析的 10 种理论模型，旨在提高对公共政策制定过程的全面认识和理解。同时指出对任何一项公共政策制定过程的分析，都不应只局限于某一种理论模型。只有用多种模型进行综合分析，才能得出正确的结论。这十种模型包括：组织体制模型、利益集团模型、精英决策模型、意识形态模型、理性决策模型、渐进决策模型、理想决策模型、博弈论模型、系统决策模型、公共选择模型。

（四）公共政策制定的模型和方法

苏孔孝，谭豹，蔡竞（2001）认为政府从本质意义上讲是一个公共服务与管理机构，其作用于公共领域的模式如图 3 -4 所示。

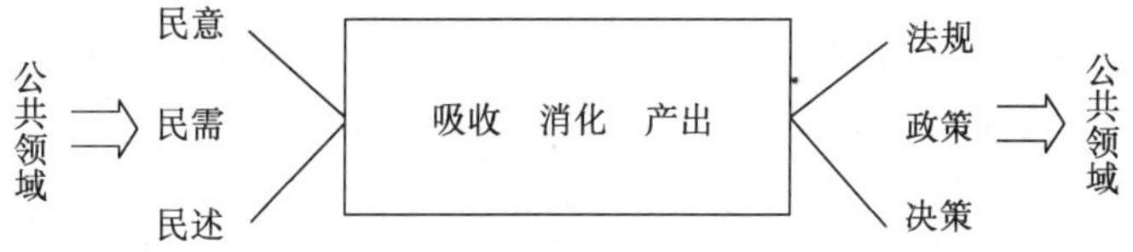

图 3 -4　公共政策制定的模型

政府作用于公共领域实际上是一个系统过程，作为政府公共管理重要输出方式之一的政府公共政策的制定同样也存在一个过程。上述模式虽简单地把政府公共政策制定过程概括为“吸纳—转化—产出”。但是这一过程的具体动作机制要复杂得多。换句话说，政府公共政策的制定按照“吸纳—转化—产出”的方式，实际上是多种途径（机制）综合作用的结果。

二、政府会计研究的分析思路与模型

（一）外国政府会计改革动因分析模型

政府会计环境的变化是政府会计改革的动因，对这一问题的研究大约在 20 世纪 70 年代中期开始进行（Zimmerman，1977）。1987 年，James L. Chan，Rowan H. Jones 和 Klaus G. Lüder 等进行的国际比较政府会计研究（Comparative International Governmental Accounting Research（CIGAR））开始考虑各种环境因素对政府会计改革的协同作用。他们通过对不同国家政府会计环境及会计变革进行比较研究，取得了一系列研究成果。代表性成果是德国教授 Lüder 的政府会计改革应变模型（A Contingency Model）（见图 3 -5）。该模型能较为全面地理解影响公共部门会计改革运用的因素，较好地解释激励、信息使用者结构变量、信息生产者结构变量、实施障碍四个模块之间的相互作用。

1994 年，Lüder 对模型进行修订，其中的主要变化：将政治和管理结构变量分离为两个不同系列变量；增加“支配变量”到激励因素中。引入行为变量作为环境变量和改革结果之间的中间变量（见图 3 -6）。

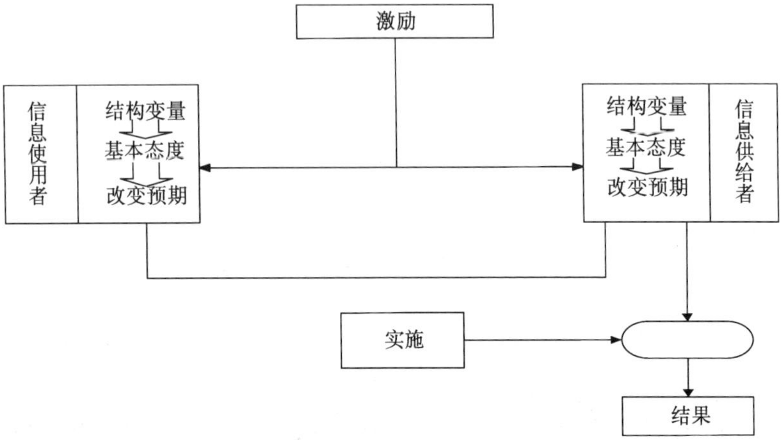

图 3-5　政府会计改革应变模型（Lüder，1992）

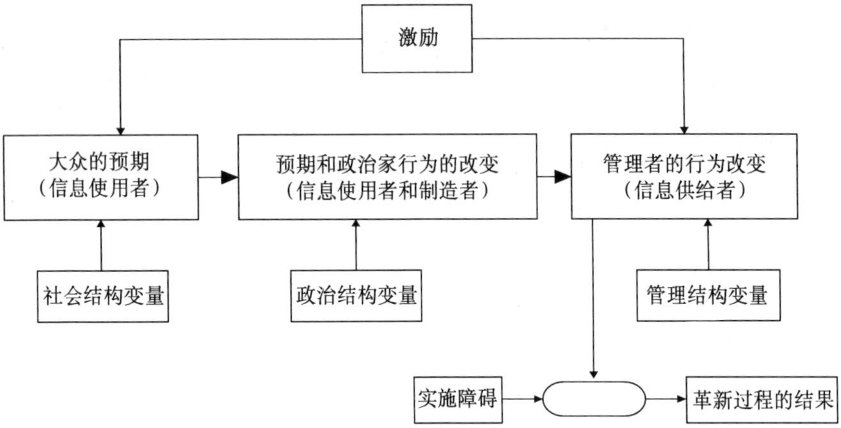

图 3-6　修正的公共部门改革的应变模型（Lüder，1994）

研究中，许多学者对该模型不断地加以改进和完善，相继提出了公共部门会计改革通用模型（Jaruga & Nowak，1996）、政府会计扩散应变模型（Godfrey et al.，2001）、财务管理改革进程模型（Lüder，2000）和公共管理改革模型（Pollit，Bouckaert，2000）等。

公共部门会计革新的通用模型（见图 3-7）把改革结果作为模型的附加部分，他们认为会计改革不是一个阶段就能完成而是需要通过几个阶段或需要循环往复才能完成，一个先前阶段的结果引发随后的改革步骤，这一通用模型特别适合描述和解释缓慢的渐进式的改革。

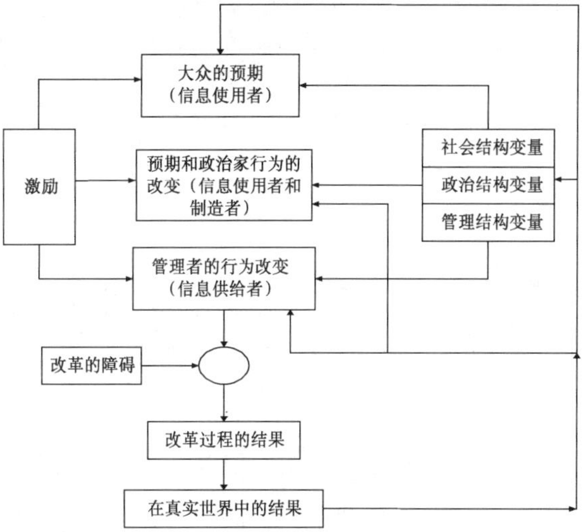

图 3－7　公共部门会计革新的通用模型（Jaruga & Nowak，1996）

政府会计扩散应变模型增加实施模块描述改革的决策过程，把前一过程的结果反馈给各影响因素，以利于分析其后的影响。

财务管理改革进程模型（Lüder，2000）由两个形式变量（激励和制度安排），三个行为变量（改革驱动力、政治改革促进者和其他利益人）和两个中间变量（改革理念和实施战略）所组成。以 Lüder 模型为基础的政府会计改革应变模型建立了比较政府会计研究的通用框架。该模型认为改革的发生，主要是对政府财务信息的使用者和供给者产生影响的环境因素变量和行为变量相互作用过程的结果。Lüder 模型的目标是通过对一个国家政府会计改革中相关环境因素的评估，来证明不同环境配置对政府会计改革有不同的影响。每一次尝试解决环境变化对政府会计改革的影响都预示着政府会计系统向前迈进了一步（James L. Chan），见图 3－8。

Pollit，Bouckaert（2000）提出公共管理改革模型，如图 3－9 所示。该模型的核心是社会核心人物对理想的和可行性的公共管理改革的理解。一般来说，社会核心人物对政府会计改革的理解受到社会力量（A）、机会事件（K）、政治系统（E）和管理系统（L）等四个变量的影响。

Norvald Monsen 和 Salme Nasi（1998）对 Lüder 的政府会计改革应变模型进行了改进，借鉴了经济领域企业回应模型（corresponding model of the firm），提出了政府经济过程模型，将金融市场、政府内部的资金收入与输出过程与政府预算、会计环境结合在一起，更加具体化了政府会计改革的组织环境（Norvald Monsen，Salme Ndsi，1998）。见图 3－10。

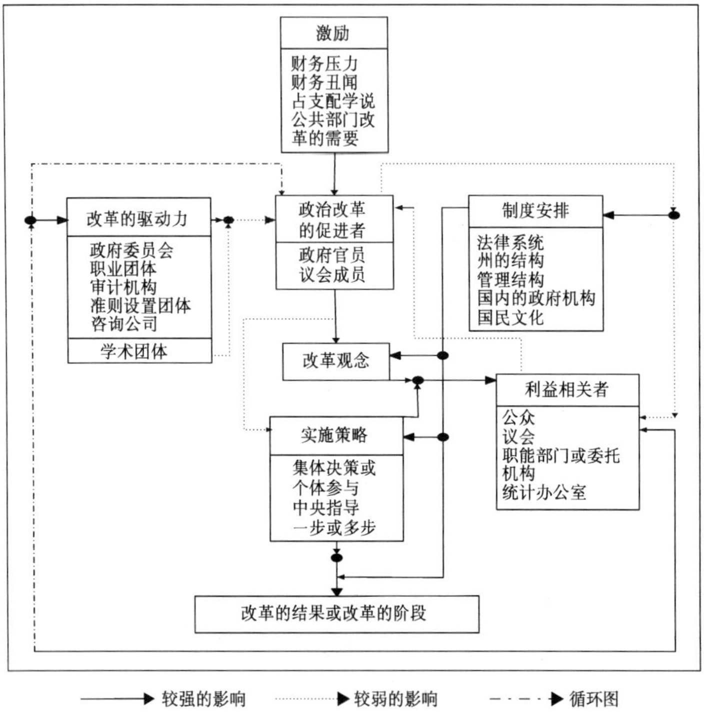

图 3-8　财务管理改革进程模型（Lüder，2000）

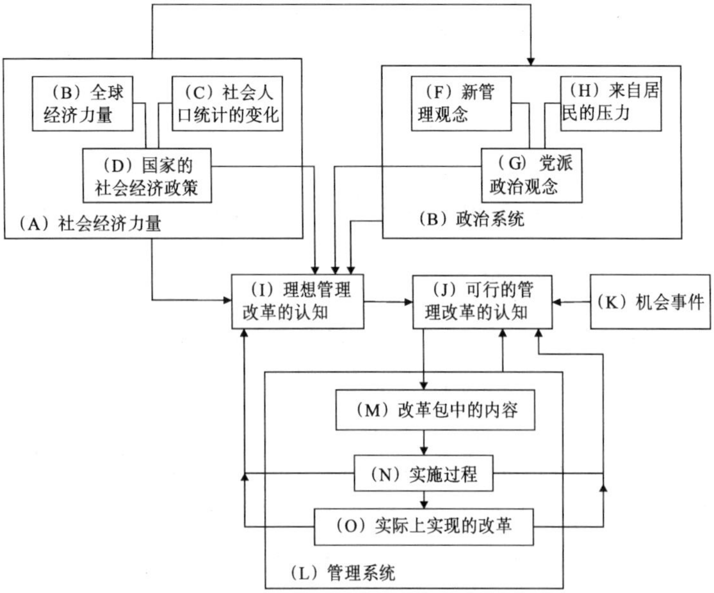

图 3-9　公共管理改革的模型（Pollit，Bouckaert，2000）

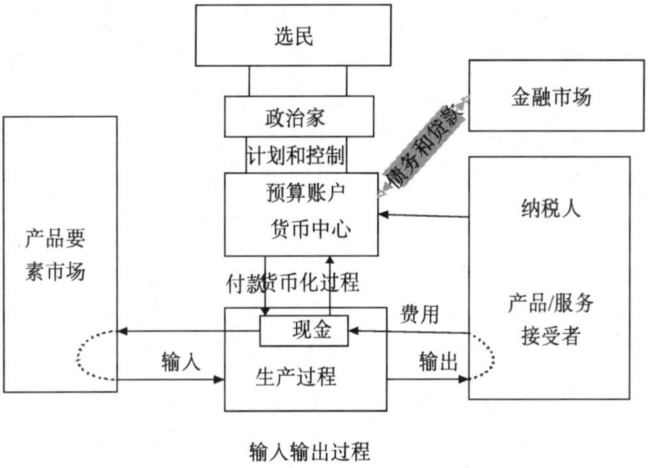

图 3-10　政府经济过程模型（Norvald Monsen，Salme Ndsi，1998）

（二）我国学者的分析思路

刘惠君（1997）从会计环境出发，认为会计环境影响和制约着会计理论和会计实务的发展，而且会计对环境有反作用。会计理论和会计实务的研究绝不能离开会计环境并从经济、社会和自然三个角度分析了会计环境。在所有的会计环境因素中，经济环境对会计的影响最为重要。与会计最密切的经济因素包括国家的经济体制、经济发展水平、经济结构、经济主体内部各因素、资本市场的组织方式，通货膨胀以及国家之间的经济联系。社会环境对会计的影响主要体现了政治法律、文化教育、科学技术等方面。与经济环境、社会环境相比，自然环境对会计的影响是间接和相对次要的。有人在论述新公共管理背景下政府会计理论体系的构建时，指出以新公共管理这一会计外环境为逻辑起点，以会计假设、会计目标、会计对象、会计要素及其确认与计量、财务报告等五大要素构成政府会计理论体系（叶龙，2003）。

由陈小悦主持的《政府会计概念框架》课题从政府会计及其财务报告的环境特征出发，以政府会计目标与政府绩效评价、财务报告、会计基础、会计信息质量特征、财务报告要素、财务报告主体、财务报告体系设计为研究对象，在此基础上提出了我国政府会计改革与概念框架建设应借鉴国外经验，采用渐进式改革（《政府会计概念框架》课题组，2003）。课题组认为，借鉴各国改革的经验，可以将影响改革的重要因素归纳为：会计规范制定机构、会计改革的动因、会计改革的关键推动者以及改革执行战略。在进行改革的国家中，政府会计准则或规则一般由立法机构、政府及政府授权的部门、政府内部机构或外部机构制定，以效力不等的形式颁布，如宪法、法律、管理条例、指导、指南、建议。促使政府会计改革发生的动因可以是政府面临的问题、内外部的要求或内部机会。从各国的经验来看，一国是否发生政府会计改革很大程度上取决于财政部的态度和政府首脑是否支持。改革进行中战略的选择对于改革的成败也有较大影响。战略选择包括中央集中指导的程度、计划的执行期长短、转换模式、执行过程中进行旨在发现技术问题试验的程度、人员培训密度、是否成立咨询委员会帮助解决概念性和实际问题等。

陈立齐，李建发（2003）从受托责任、政府会计目标、政府会计与企业会计、应计制、政府层面的报告等方面对国际政府会计准则及其发展进行评述。认为，IFAC 应当纠正它对预算的忽略，并将“预算”与“实际”的比较包含在财务报表中。而且，应先将对会计选择的不同意见搁置起来，整个准则体系的框架应包括一套以促进政府的财政受托责任为目标的更加广泛的原则。

刘玉廷（2004）系统分析了我国市场经济环境和改革开放的新形势，对政府会计改革提出了要求，重点探讨了我国政府职能的转换、公共财政体制的改革、政府收支分类科目的变化、政府绩效评价制度的建设以及政府监督的加强等与政府会计改革之间的内在关系，提出了当前加大我国政府会计准则研究的必要性和紧迫性。

陈小悦，陈璇（2005）以新公共管理运动为改革背景，认为中国的政府会计改革应当在一个以政府会计目标为逻辑起点的政府会计概念框架的指导下进行，提出政府会计的目标在于实现政府履行职责的高透明度，并探讨了政府会计目标及其与对外报告目标的联系与区别、概念化的政府会计要素和政府会计等式，以及政府会计与政府行为评价关系等相关问题。

王瑶（2006）分析了政府会计改革策略，从改革的进程安排来看，政府会计改革宜分阶段、循序渐进地实施改革；实行从地方政府到中央政府的改革路径；秉承先易后难的原则，依据本国国情对改革的业务类型有所取舍。从改革的配套措施来看，需要施行相应的法律保障措施；积极引导学术界从事政府会计研究，包括建立概念框架体系和进行实证研究；加大惩罚力度，提高政府审计质量。改革的非技术性问题包括：组织文化与组织规则冲突，预算压力、政府高层对政府会计改革的重视程度等。

第二节　会计概念框架整体分析模型

会计系统从属于社会大系统，要实现会计系统与环境系统的协调发展，履行会计的职能，实现会计的目标，必须综合考虑多种因素的单独作用、共同作用和协同作用等。政府会计有别于企业会计，不但一般地从属于社会大系统，而且特别地从属于政治系统、公共管理系统并与经济系统有特殊的关联。如何科学地、客观地将这些因素在政府会计概念框架中表现出来，使之能够推出与客观现实相适应能够满足政治体制改革、公共治理创新、社会经济发展的政府会计准则，是值得深思的。课题组剖析了相关的分析模式，对这些分析框架进行分解、归类、提取、总结，依据相关的理论指导，构建了一个整体分析模型。

一、整体分析模型概略

按照系统论的观点思考政府会计概念框架的构建需要坚持整体分析的观点，综合考虑各种因素的作用，所以，我们认为用于指导政府会计概念框架建设的整体分析模型应该包括以下四个子模块。

首要模块具有直接导致或提供一个改革规制、开始概念框架建设契机的功能。根据制度经济学原理，会计系统可以视为一种制度体系，会计概念框架也可以视为一种制度，当外部产生的触发因素足够引起会计改革或会计概念框架的修正、甚至大变革，也就是一种新的规制结构、新的制度的产生，是扬弃旧制度结构的动态变迁过程。当外界环境发生了变化，比如出现的财务丑闻事件、经济全球化、新的技术等，会计系统能否应对这个挑战、抓住这种机遇来改善自身的不足，提高会计系统的能力，与外界环境协调发展。整体分析模型首先要能感知这些变化。我们把这一模块称为触发器。

第二模块主要分析政府会计所处的环境因素以及政治者、公共管理者等环境中主体的行为如何影响概念框架的建设或改革。按照系统论的观点，会计与环境是紧密联系的，可以说会计模式就是会计环境的产物。美国会计学家亨德里克森在其所著的《会计理论》一书中曾谈到“会计环境对会计的目标及根据逻辑导出的各种会计原则和规则有着直接的影响”。每一个会计准则模式的背后都有着强有力的会计环境作支撑（刘永泽、梁爽、崔顺姬，2006）。会计环境不仅影响和制约着会计理论和会计实务的发展，而且，会计对环境有反作用（刘惠君，1997）。会计理论和会计实务的研究绝不能离开会计环境，会计环境对于会计目标、会计假设、概念框架等都有极大的影响。

这一模块中包含环境结构变量和行为结构变量，我们统称之为结构变量。通过分析政治、经济、行政、社会、技术等不同方面的结构变量以及行为对政府会计概念框架的影响，我们可以进一步考虑当这些变量发生变化时，会计概念框架是否满足其变化的要求；或者环境和行为交互作用对会计概念框架会产生什么样的影响，是正向促进还是负向阻碍。

第三模块是要关注政府会计概念框架构建或改革过程中，各利益相关者的行为和态度是如何影响政府会计概念框架的，进一步还要验证所创建的概念框架是不是能得到各利益相关者的认可。构建政府会计概念框架或实施改革的主体同样是人或者人组成的群体，同样也会受到环境和心理的影响，行为主体对待会计改革的态度和所采取的行动决定了改革能否顺利进行。如果实施主体的态度只是应付上级要求，消极对待会计改革，那么会计规范系统进行改革就会受到很大的影响。虽然触发器一再触发，各方面的结构变量与现有的包括会计概念框架在内的会计规范系统也不适应，但改革并不能发生，原因是实施主体不采取改革行动，会计系统将无法发展。因此，分析模型要关注的第三模块就是实施主体及其态度和行为。

第四模块是反馈子系统。当新的会计概念框架建立起来，按照其制定的会计准则是否符合客观实际的要求？按照会计准则所提供的会计信息是否满足信息使用者的需要？新的会计概念框架的建立是否对结构变量产生影响，对环境结构变量和行为结构变量发生正向的派生作用还是负向派生作用等问题，通过新的概念框架的实施结果来加以反馈，检验会计改革实施的效果，找出需要改进的地方并加以完善。政府会计概念框架建设是一个动态作用的过程，通过不断完善推动会计规范系统、会计信息系统、甚至整个会计系统向前发展。

综上所述，我们所讨论的会计概念框架分析模型的四个模块，如图 3 – 11 所示，通过触发器模块分析改革动因，结构变量模块研究环境和行为的影响，实施模块探讨具体改革活动，反馈系统着力于完善。

一个理想的分析模型除了应该具有普遍的适应性外，还应该可以随着环境的变化而变化。只有具备这种与时俱进特性的分析模型才能顺利地指导会计概念框架的建立。如果客观环境发生变化，使得现有的概念框架不能与环境相适应。可以根据整体分析模型的指导，将变动后的环境影响因素重新输入到分析模型中，替换分析模型中旧有的影响因素，或者重新组合具有某种联系的影响因素或影响变量，从而“重新”构建一套以当时环境为基础的分析模型，然后，在新的分析模型的指导下构造或者重新建立概念框架。分析模型就如同一套程序系统，输入各种影响因素，输出一个与环境相适应的会计改革体系以及概念框架体系。同时，这一系统本身需要随着环境的变化而不断的加以维护和升级，以更好地发挥其作用。

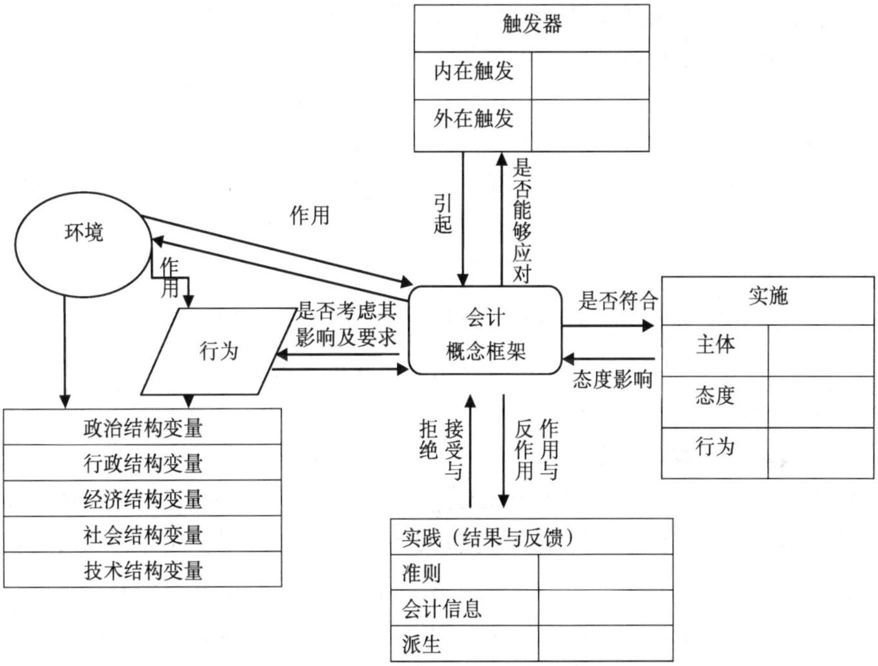

图 3－11 会计概念框架的整体分析框架

第三节 触发器与政府会计概念框架

制度经济学认为制度变迁是新制度产生，旧制度被否定、扬弃或改变的动态过程。在这个过程中，首要涉及制度变迁的原因问题。新制度经济学通过研究制度变迁供求及其影响因素来分析制度变迁的原因，可以说，影响制度变迁需求和供给的因素都是触发制度变迁的因素（袁庆明，2005）。同样，我们要研究会计概念框架变革，就需要全面把握这些制度变迁的触发因素。

一、触发器

所谓触发器，从字面意思来理解，就是触发事物发生变革的装置或设施。在会计发展的过程中，触发器是指整个会计发展过程中驱动会计改革和发展的因素，这些因素有可能是机遇也有可能是挑战，为会计信息使用者创造增长的信息需求，激励会计信息供给者进行必要的创新，为改革信息供应做准备。如果能够清晰的认识会计改革的触发器，把握现实中和潜在的各种条件对会计系统的作用机制，那么就会使会计改革更加顺利的朝着人们所期望的方向发展，以更高的效率满足人们的需求，得到更加符合现实期望的改革结果。相反，如果不能够对会计改革的动因有清晰的界定，那么，可能会延缓会计的发展与改革，影响人们在生产、消费、分配等各种领域内活动的效率，难以得到符合实现需要的结果。因此，分析会计改革触发器是实现会计改革或者推动会计改革，优化会计改革结果的重要内容和关键所在。

从哲学的角度看，改革是一种把事物中旧的不合理的部分改成新的、能适应客观情况的作为，是改革主体对既定制度所进行的调整。根据唯物辩证法，改革的产生是由一系列的事物或环境条件作用的结果，这些事物和条件就是其产生的动因，也就是触发改革发生的因素。会计改革作为社会改革的一个子系统自然也受到各种因素的影响。会计改革的触发器可以理解为改革主体、利益相关者所面临的各种客观的需要和主观的期望。正是这些因素的存在和作用才使得会计改革具有必要性、可能性、必然性。为了提高人们对会计活动的自觉性和预见性以及对社会环境条件的适应性，就需要我们找出影响会计改革的触发器，唯此才能很好地洞悉会计改革的因果联系，提高会计活动的自觉性和预见性。

二、会计变革触发器分析思路

矛盾论认为事物的变化发展是内因与外因共同作用的结果。内因是变化的根据，外因是变化的条件。唯物辩证法要求人们在具体分析矛盾和解决矛盾时，既要看到内因的重要作用，同时也不可忽视外因的作用。内因与外因的区分是相对的，对会计改革进行动因分析也是同样要考虑内外因及它们之间的辩证关系。

政府会计外在触发器是指管理或行政系统所处的政治环境、社会环境、经济环境、自然环境、文化技术以及心理环境之中所发生的会引发会计改革的事件，分为政治类触发器，经济类触发器、社会类触发器等。内在触发器是指组织结构的变化、技术的变化、社会心理系统和人的因素、管理系统的作用等。会计作为一套制度安排，不论是与组织内部的其他制度，还是组织外部的环境，都要构成一种耦合关系，也就是说要互相适应。如果组织内部的其他制度——内在触发，或者是组织外部的环境发生了变化——外在触发，就破坏了原有的耦合、适应关系，就会产生问题和矛盾。为了解决出现的问题，就要求会计体系进行改革，以达到一种新的耦合。因此，我们可以以这样一种思路进行分析：先分析组合内部其他制度安排和组织外部环境发生了哪些变化，这些变化使得原有的会计体系在哪些方面表现出了不适应性，进而引导会计体系进行改革。改革在受到动因推动的同时，也会受到某些因素阻碍，当动因推动的作用力足够克服障碍形成对改革有利的条件时，改革就可能发生了。所以我们在分析完动因是怎样促进改革后，也必须讨论现有的一些阻碍因素，从而使我们对改革的产生和发展有一个全面的认识。

三、财务会计概念框架的触发器

发生在财务会计主体内部的事件会导致会计主体通过改变自身的会计系统来利用机遇或应对挑战、提升自身的竞争力，满足各类会计信息使用者的需求。黄世忠等（2002）提出，从发展趋势看，高质量、可理解、可监督实施的全球性会计准则的时代即将到来。世界经济一体化将成为推动全球性会计准则的最根本动力。李连军（2007）认为真正赋予会计制度变迁生命力和全新含义的，则是资本市场的发展。它不仅创造了一个全新的会计信息需求者——市场投资者，而且引进了全新的会计理念——充分披露、决策有用。资本市场的发展是我国的一场“会计启蒙运动”。电子政务的无时差、无国界的运行，使得知识以“思维的速度”更新、扩散，商品生命周期短暂化，使得会计主体面临空前的不确定性和风险。人工智能、大数据云计算区块链等对财务会计讲究凭证检验，以确保会计数据的真实和正确、会计报告的可靠是一个很大的机遇。电子商务、网络经济等经营与管理模式的变化、竞争状态的变异对财务会计和报告提出新的需求。他们对会计假设等前提性概念、会计要素、会计信息质量等将产生重大影响。

综上所述，财务会计的内部触发主要包括：财务压力、受支配变量、公司治理的需要等。引发财务会计改革的最主要的外部触发来自经济领域，包括资本市场和市场经济的发展、经济环境不确定性、新经济——知识经济——信息革命的冲击、世界经济一体化的推进、财务丑闻迫使等。当然还有政治、社会、技术等其他因素的触发，借鉴他国准则制定机构的示范作用或国际惯例的触发等。

四、政府会计概念框架的触发器

政府会计环境的变化有可能是政府会计改革的动因，自 20 世纪 70 年代中期开始，学者们关注独立因素对 GAAP 的影响。独立环境因素对政府会计改革的影响主要包括：政治竞争的强度、选拔官员的方法、政府规模的增长、资本市场和分析机构与 GAAP 的关系、政府会计信息的地位（信号、监控的工具）、会计人员职业化水平等。从20世纪80年代后期开始学者综合考虑各种环境因素对政府会计改革的协同作用，并提出了一系列描述环境因素影响政府会计改革的模型。最为有代表性的是德国教授Lüder的政府会计改革应变模型、公共部门会计改革的通用模型、政府会计扩散应变模型、财务管理改革进程模型来评价政府会计环境对各国政府会计改革的影响。我国文献中提到我国政府会计改革的内部触发主要包括改革促进者、政治家主张、行政首脑推行、危机事件（财政压力、经济危机、财务丑闻、突发事件）、体制改革（经济体制改革、政治体制改革、行政体制改革、公共财政体制改革）、支配变量［受托责任驱使、透明度驱使、管理主义（效率、经济、有效性）驱使］、新技术的发展和应用。外部触发主要包括资本市场、全球性改革、国际组织的推动、其他国家的示范作用等。

政府会计改革的内部触发包括：财政改革、行政改革、财务压力等。政府是国家权力机关依法行使管理国家事务行政权力的机关，依法拥有行政权和履行相应的行政职能。根据委托代理理论和公共选择理论，建立高效政府的关键在于形成有利于政府资源合理利用的责权利明确的良好布局，而这有赖于相应的政府会计体系和预算机制（陈志斌，2003）。我国财政职能的转换和公共财政体制的建设需要建立起与之相适应的政府会计体系。在公共财政体制下，要保证财政资金使用的有效性和财政管理的公开、公正、透明，考察部门预算的合理性及其执行效果，考察政府采购成本的公允性，对财政资金的使用实施有效的监控等，都需要相应的政府会计信息作支撑（刘玉廷，2004）。从全球角度来看，20世纪80年代以来，世界上许多国家为了不断的发展经济，政府对经济干预不断深入，为了控制政府的财政风险和财务危机，政府会计必须提高其所提供的政府负债信息的质量。

政府会计改革外部触发包括：新公共管理运动、经济全球化、国际组织的要求、其他国家示范作用等。新公共管理运动主张政府服务应以社会和公众总的需求为导向；更加注重政府的产出、结果、效率和质量；政府应广泛采用企业中成本——效益分析、全面质量管理、目标管理等管理方式等。随着全球经济一体化的发展，中国越来越融入到经济发展的世界大家庭中，再加上政府在国际资本市场的融资行为越来越多。因此，国际会计师联合会专门成立公立单位委员会致力于制定国际公立单位会计准则。国际会计师联合会（IFAC）已经发布了一系列国际公共部门会计准则（IPSAS），目的是协调各国政府会计行为。近70个国家已经采用国际公共部门会计准则，或者据其调整本国准则。国际货币基金组织（IMF）的《财政透明度手册》（2001）和《政府财政统计手册》（2001）要求各国政府应公开政府结构与职能，政府的资产、负债、收入和支出，以及政府预算编制、执行等信息，并要保证这些信息的真实性。纵观全球，各个国家基于相似的或者自身特殊的原因都对政府会计采取了一系列的改革，尽管各国采取不尽相同的改革路径和模式。

第四节　结构变量与政府会计概念框架

一、结构变量

在分析结构变量之前，首先要解释一下在本书所研究的结构变量的缘由和含义。这个词缘自 Lüder（1992）的政府会计改革应变模型（A Contingency Model）。该模型中结构变量（structural variable）是指政治、经济、社会管理系统的特征，该系统特征影响政府会计信息使用者和信息供给者对会计改革的态度。在本书中我们扩展了结构变量的意义，不仅仅包含政治、经济、社会、管理等系统特征，即一般意义上的环境因素，还包括处于这些系统中的行为主体的态度、活动等与人行为有关的因素。根据这样的设想，我们所研究的结构变量包括两个方面：环境结构变量和行为结构变量。

按照系统论的观点，会计与环境是紧密联系的，可以说会计模式就是会计环境的产物。许多学者探讨会计的相关问题，如会计目标、原则、要素等都是从环境出发。美国会计学家亨德里克森在其所著的《会计理论》一书中曾谈到“会计环境对会计的目标及根据逻辑导出的各种会计原则和规则有着直接的影响”。每一个会计准则模式的背后都有着强有力的会计环境作支撑（刘永泽、梁爽、崔顺姬，2006）。不同国家的政治和法律制度、经济模式、经济发展水平、经济增长速度、教育文化水平、商业法规、企业规模、社会风气和习惯，甚至不同国家的自然环境和地理条件，都会对会计制度和方法的制订产生不同的影响。会计制度的变革总是依赖更深层次的经济制度的变革。会计改革需要与其他经济改革相配套、相协调，否则，也难以全面正确地贯彻执行。高质量的会计规范还需要有相关的配套机制，才会生成高质量的会计信息。

维纳在研究控制论时，将行为定义为一个实体相对于它的环境作出的任何变化。根据人的能动性以及哲学辨证的观点，人的行为不仅是客观世界作用的结果，也会反作用于客观世界，改造客观世界。行为学家库尔特·卢因根据“需要、动机和行为”的关系，提出了一个关于人类行为的著名公式：B = f（P,

E)。式中，B 表示行为，P 表示人，E 表示环境。意思是说，人类行为乃是人及其所处环境的函数。或者说，人的行为是个体与环境交互作用的结果。行为主体具有能动性，并在实践活动中认识和改造行为客体的社会人，它包括行为个体，也包括行为群体。正是由于行为主体与行为客体同时存在并彼此之间相互制约、相互促进，才使会计行为得以形成和发展。

根据 PEST 环境分析理论，一般将组织的宏观环境分为政治环境、经济环境、社会环境和技术环境。这种分类也普遍地适用于会计系统、会计改革系统、会计概念框架的体系等。这四类因素对这些系统中的群体、个人、组织、制度、行为活动、观念意识等具有广泛的影响，其作用力的强弱又取决于具体系统自身要素、结构等诸多内在属性和特点。据此，我们从内容上把结构变量分为五个部分来分别讨论：政治结构变量、经济结构变量、社会结构变量、技术结构变量、管理/行政结构变量。为了更清楚地分析每类结构变量与政府会计概念之间的相互作用关系，除了把结构变量从环境和行为两个方面来分析，还可以进一步把环境变量按其对政府会计概念框架作用是否直接和具有直观性分为显形变量和隐性变量。所谓显性变量就是指作用较为直接且具有直观性的变量，可以理解为一种正式制度安排，或具有一定的物质状态。比如法律规章等制度安排、政府管理结构、国家的政治和经济体制等等。反之，隐性变量指作用较为间接或具有基础性特征的变量，可以理解为是一种非正式制度安排，是一种类似意识形态的变量。比如习惯、习俗、伦理道德、文化传统、价值观等等。按照上述解释行为变量可以分为行为主体、行为意识和行为活动等几个子变量。由于政府与企业性质上有着本质的区别，所以不同的结构变量对于企业财务会计的影响和政府会计的影响是不同的，比如政府会计会受到政治结构变量影响较大、而财务会计则主要受到经济结构变量的影响较大。在这一部分我们就政府会计来进行讨论，突出的是结构变量是如何影响政府会计系统和概念框架的。整体分析框架中的结构变量如表 3－1 所示。

表 3－1　　整体分析框架中的结构变量

环境变量	隐性变量	习惯、习俗
		伦理道德
		价值观
		文化传统
		意识形态

续表

环境变量	显性变量	法律规章
		制度变量
		物质变量
		状态变量
行为变量	行为主体	发出者
		接受者
	行为意识	积极
		中立
		消极
	行为活动	

二、政治结构变量

政治结构变量指政治系统的特征以及政治系统影响政府会计信息使用者和信息供给者对会计改革的意识和活动。影响政府会计的政治因素非常丰富，比如政治管理体制、政治联盟、政治态度等，这些因素往往从宏观上影响着会计的存在和发展，而且这种影响在很多时候是决定性的。政治环境是政府会计改革的动因，并且能有效地评价政府会计改革的可行性和可操作性。在西方国家，政府会计的发展与负责政府立法、行政和司法机构之间的分权及其互相牵制的宪法形式相关（Chan and Rubin，1987）。公共受托责任是民主社会的巨大需求，民主意味着公众应该拥有知情权、参与权、监督权和选择权（徐曙娜，2005），而在一些民主制度不健全的欠发达国家，政府会计与财务报告往往得不到应有的重视。陈立齐，李建发（2003）将检查、防范舞弊和贪污，以保护公共财政资金的安全设定为政府会计的基本目标。

政治和法律体系是有联系的，在多数成文法国家，会计制度往往是法律或法规的组成部分。政治上相对集权的国家，成文法律往往比较发达，政治体制的特征与法律体系的特征紧密相连，两者共同制约着会计活动，决定着一个国家会计目标的存在和地位。与法律因素相比，政治因素对会计目标存在的影响更具决定性，即使是成文法系的国家，政治体制和政治立场的转变都可以改变一国对会计目标的选择，在基本相同的法律环境中，决定会计目标存在与否的关键是政治因素。政治结构变量之中的环境变量主要就是指一个国家的现有的国家形式、政党制度、政治文化、政治竞争等，各个国家的环境变量的不同，导致了对改革的参与者或相关者的主体、行为和作用的差异，最终也会导致政府会计系统以及会计规范系统不同，进而导致政府会计改革过程和结果的必然不同。而行为变量就是指改革领域中的机构和相关人员的行为意识和行为活动，以及这些行为所产生的作用。这个行为变量包含三个层次的意思：改革领域中的参与者、他的意识和行为、产生的作用。相关机构或人员可以通过立法、建议、交流和公开发行出版物等促进政府会计改革。行为主体主要包括政治活动的发出者和接受者。一般来说，政治活动主体主要是指政治家、人民、政治机关。行为意识以及行为活动主要是指对政府会计改革的态度和采取的行动，是支持政府会计改革，在改革过程中起促进作用，还是反对或持中立态度，在改革过程中起阻碍作用。这种态度和活动主要是当触发器发生作用后政治行为变量会受到政治环境变量的影响，行为主体进行的政治活动对政府会计改革产生的影响。行为主体在受不同的环境变量影响下，可能会处于不同的位置，其行为意识和活动都会有很大的差别。见表3－2。

政治环境变量主要包括：国家形式和国家结构形式、政党制度、政治文化、政治竞争等。一个国家的国家形式主要是指国体和政体。国体所表现的就是国家的阶级性质。马克思主义认为，国体决定着政体，国家的阶级性质从根本上决定着政体的选择，政体依附于一定的国体。而政体并非完全处于被动状态，它反过来也会影响国体。政党制度是现代国家政治制度的重要组成部分，是指政治生活中按照惯例或法律规定形成的有关政党存在、政治活动、各政党之间以及政党与政治体系之间相互影响、相互作用的一整套制度安排。政治文化作为一个规范化的学术概念，是由美国政治学家 G. A. 阿尔蒙德首先提出的。20 世纪 50 年代，阿尔蒙德对政治文化做出了开创性的探索，他认为，每一个政治体系都根植于一定政治文化之中，人们谈及对政治的态度、政治价值、意识形态、民族特征、文化精神，所有这些概念的困难是他们的意义过于弥散与含混。为了分析的便利，阿尔蒙德提出了经典的政治文化定义：政治文化是一个民族在特定的历史和现实社会、经济、政治活动进程形成。人们在过去的经历中形成的态度类型对未来的政治行为有着重要的强化作用。政治文化影响各个担任政治角色的行为以及他们的政治要求内容和对法律的反映（G. A. 阿尔蒙德、C. B. 鲍威尔，1987）。

表 3－2　　　　整体分析框架中的政治结构变量

环境变量	隐性变量	政治文化	民主与集权
			精英文化
			大众文化
			政治社会化
		政治意识	自由主义
			保守主义
			社会民主主义
			社会主义
			共产主义
		公众舆论	
		政治竞争	
	显性变量	政治体制	民主制
			集权主义
			权威主义
		政党制度	君主制、共和制
			选举制度
行为变量	行为主体	发出者	
		接受者	
	行为意识	积极	
		中立	
		消极	
	行为活动	政治行为	公共政策、政治治理、国际关系

政治竞争是政治主体之间矛盾尖锐化的产物，是矛盾各方为谋求政治利益、政治权力或实现特定政策目标而围绕着公共政治权力所发生的摩擦、对抗和争斗的方式与过程。

政治行为主体主要分为政治家、人民和政治机关。根据政治学的政治主体论，依据对社会政治过程的作用和贡献大小，可以将政治行为主体划分为政治家和人民。

三、经济结构变量

经济结构变量指经济系统的特征以及经济系统影响政府会计信息使用者和信

息供给者对会计改革的意识和活动。在所有会计环境中，对会计影响最大的是经济因素。它不但直接对会计产生重大的甚至决定性的影响，而且还可能通过政治、社会、文化等其他因素来间接的影响会计。经济环境变量主要包括经济理念、竞争形势、经济体制、制度变量等，具体的就是指国家的经济体制、经济发展程度、国家的财政政策、资金的供应渠道、参与国际经济活动的程度、通货膨胀的趋势、与其他国家的经济关系、经济联系和经济往来等。整体分析框架中的经济结构变量见表 3 - 3。

表 3 - 3　　整体分析框架中的经济结构变量

环境变量	隐性变量	经济理念	
		竞争形势	市场经济的发达程度
			资本市场的发展
			经济环境的不确定性
			经济一体化
			货币购买力
	显性变量	经济体制	计划经济与市场经济
		制度变量	财政体制 税收体制 金融体制
		经济管理机构	
行为变量		主体	发出者
			接受者
		行为意识	积极
			中立
			消极
		行为活动	经济改革，经济管理，经济交往

经济结构变量对会计产生重大影响。一个国家的经济体制、资金来源、市场特征等因素对会计目标具有较大影响，而且是决定性的影响。市场经济的发展对受托责任的要求带来了政府会计改革在全球的崛起。资本市场的发展状况是政府会计改革发展的动力，资本市场使政府产生了采用 GAAP 的动机（Evans 、Patton，1987；Lüder，1992）。资本市场中，将使用 GAAP 作为有质量的财务管理的特征，而没有采用 GAAP 被认为是对政府信用评估存在负面作用，也可能被认为

存在扭曲或隐藏了信息潜在的风险[①]（Lüder，1992）。政府会计的改革已成为一场全球性的运动。按照国际组织的要求改革政府会计系统，有助于提高国际威望从而获得更多的外部资源（Godfrey、Devlin、Merrouehe，1995、1996；谷祺、邓德强，2006）。法国财政部预算理事会副理事长认为，全球化发展的趋势和欧洲一体化趋势的影响是法国政府会计改革的动因（Charles Lantieri，2002）。国际组织对财政透明度的要求是我国政府会计改革的重要动因（程晓佳，2004；陆建桥，2004；谷祺、邓德强，2006）。建立一套完整的政府会计准则体系已经成为国际上加强政府公共管理、提高财政透明度的重要手段和通行惯例（刘玉廷，2004）。中国作为世界上负责任的国家，要吸引海外投资，提升其竞争力，融入世界经济一体化进程，提高财政透明度，有目的地改革现行预算会计制度，研究、建立我国政府会计体系，当是我国政府会计未来发展的一个重要取向（陆建桥，2004）。刘惠君（1997）指出国家经济制度对会计的影响最大，它包括财政体制、税收体制等方面。国家经济制度的基本方向表明了该国对经济部门的参与和控制意向，主要是通过财政和税收体制来体现的。强化了中央计划和控制机制的国家，为了加强政府的计划和控制管理体制职能，其会计制度的制订必然反映出高度标准化和高度统一的特征。杜莉（2004）对会计概念框架构建的经济分析认为，资本市场的崛起使产权证券化、货币化，并大大促进了产权交易的发展和产权的流动。韩国的概念框架中的基本假设包括经济实体、持续经营、会计期间等，把货币计量排除掉（郑基英、崔顺姬，2006）。名义货币的币值不可能完全固定不变，它会受国际贸易收支顺/逆差和国际金融情势的变化的影响[②]。王军（2006）指出“我国企业筹资渠道的多元化，要求会计转变职能，从核算型向管理型转变，从利益核算向利益调节转变。”这表明，融资渠道的变化会对概念框架产生影响。世界经济一体化将成为推动全球性会计准则的最根本动力（黄世忠，2002）。

上述提出的问题对于财务会计概念框架有着很重要的影响，在一定程度上决定了其未来的发展方向。根据葛家澍和刘峰的研究（2002），加拿大紧邻美国，经济环境与美国相近，且企业间的经济交往非常频繁，不少加拿大的公司直接在美国证券交易所上市，因此，加拿大的会计原则，与美国相比，差异不大。这就

---

① 在资本市场（尤其是债券市场）中，将使用 GAAP 作为有质量的财务管理的特征，并且通过给借款者更低的利息率的方式体现出来。

② 因为汇率的大幅变动或国内供需失调引起通货膨胀或紧缩对名义货币的实质购买力产生的影响超过可容忍的范围时，若还守着币值不变的会计假设，则违反财务信息的可靠性和相关性，也是不合乎情理的。

决定了加拿大的财务会计概念框架，与美国的概念框架比较相似。由此可见，经济因素在很大程度上影响着概念框架。

四、社会结构变量

社会结构变量主要就是指一个国家的现有的社会结构、社会制度、社会文化等。各个国家的社会结构变量的不同，导致了社会活动的参与者或相关者的主体、意识和活动都会有差异，最终也会导致对会计规范系统的影响作用的过程和结果的不同。行为主体态度主要是支持政府会计改革，在改革过程中起促进作用，还是反对或持中立态度，在改革过程中起阻碍作用。这种态度主要受到社会环境的影响，使其所进行的社会活动会对政府会计改革产生一定的结果。整体分析框架中的社会结构变量见表 3－4。

表 3－4　　整体分析框架中的社会结构变量

<table>
<tr><td rowspan="10">环境变量</td><td rowspan="6">隐性变量</td><td>意识形态</td><td></td></tr>
<tr><td>社会文化</td><td></td></tr>
<tr><td>伦理道德</td><td></td></tr>
<tr><td>民族心理</td><td></td></tr>
<tr><td>教育状况</td><td></td></tr>
<tr><td>社会经济状况</td><td></td></tr>
<tr><td rowspan="4">显性变量</td><td>法律因素</td><td>立法，法律规章司法</td></tr>
<tr><td>教育结构及特征</td><td></td></tr>
<tr><td>社会制度</td><td></td></tr>
<tr><td>社会主体结构状况</td><td></td></tr>
<tr><td colspan="2" rowspan="6">行为变量</td><td rowspan="2">主体</td><td>发出者</td></tr>
<tr><td>接受者</td></tr>
<tr><td rowspan="3">行为意识</td><td>积极</td></tr>
<tr><td>中立</td></tr>
<tr><td>消极</td></tr>
<tr><td>行为活动</td><td>社会治理，社会变革</td></tr>
</table>

社会结构伴随着人类社会的出现而存在，人们在活动中形成客观的社会结构，认识社会结构对于探究社会发展问题具有重要价值。社会学对社会结构所包含内容的理解，有许多不同的观点，有的学者倾向于从“人口结构、家庭结构、组织结构、群体结构、城乡结构”等方面描述社会结构。有的学者从“心理的、

智力的、道德的发展过程”的角度把社会结构理解为人的精神和心理的构造。而结构功能主义学派则把社会结构理解为从具体的行为中可以直接观察到的人与人之间的关系网络，是以经验资料为基础而建立起来的“结构”。其实，社会方面的影响因素也很广泛，包括文化、教育、伦理道德、社会制度、法律等。

由于社会因素受到包括诸如教育程度、法律水平、宗教信仰、风俗习惯、特殊利益集团、价值观念等多种因素的影响。具体地讲：教育程度影响人们的需求层次，价值观念会影响人们对组织目标、活动以及组织存在的认可与否，宗教信仰则会影响人们对组织活动内容、活动方式及活动成果的态度。这些因素一般会通过对组织、会计系统利益相关者的价值观念、信息需求、决策参与等多种方面影响，来指导、支配他们的行为选择和方式，从而对企业组织和政府组织内会计系统的改革产生一种推动力量或是阻碍力量。

葛家澍教授（2004）在《建立中国财务会计概念框架的总体设想》一文中对财务报告目标解释时提到：在必要时，要按照国家的政策法规，在表外披露国家宏观调控所必须的信息。这概括地描述了法律因素对与财务会计概念框架的影响。

鲁德的政府会计应变模型将法律因素归入实践障碍因素之中。模型指出，世界各国的法律要么属于罗马——德国的传统，要么属于英国的传统。在罗马——德国法律传统中（或罗马法）的国家中已经开发了全面的和具体的成文法系统，但是在英国法律传统的国家，成文法在数量上是受限制的，主要受习惯法的统治。一个国家的法律传统影响公共部门会计规则的限制。在罗马——德国法律传统的国家中，比如法国和德国，公共部门会计原则和制定过程受具体法律的约束。但在属于英国传统的国家，比如英国、美国和加拿大，仅仅保留公共部门账户的通用法律说明。因此，法律系统影响公共部门会计系统的灵活性。

五、技术结构变量

技术结构变量是指那些能够影响行政管理的技术以及影响会计确认、计量、记录、报告、披露等一系列信息处理的手段、方法与技术，这些方法和技术可能影响会计信息使用者和提供者对待会计改革和发展的态度和行为。当前，科学技术突飞猛进、信息技术日新月异、互联网日益普及、金融手段创新不断，严重冲击着发展于工业经济环境下现代会计理论和实务，如折旧的计提难以确切计算，利润概念比较模糊，收益与权益之间的界限不够清晰，资本、技术、人才要素的确认与核算，衍生金融工具的确认与核算等，这些都为会计制度变迁提出了需求，也增加了会计制度变迁的难度。整体分析框架中的技术结构变量见表3－5。

表3－5　　整体分析框架中的技术结构变量

<table>
<tr><td rowspan="7">环境变量</td><td rowspan="3">基础变量</td><td>科技进步</td><td></td></tr>
<tr><td>信息网络技术</td><td></td></tr>
<tr><td>知识经济</td><td></td></tr>
<tr><td rowspan="4">应用变量</td><td>电子政务</td><td></td></tr>
<tr><td>电子商务</td><td></td></tr>
<tr><td>电子财务</td><td></td></tr>
<tr><td>电子会计</td><td></td></tr>
<tr><td rowspan="6" colspan="2">行为变量</td><td rowspan="2">主体</td><td>发出者</td></tr>
<tr><td>接受者</td></tr>
<tr><td rowspan="3">行为意识</td><td>积极</td></tr>
<tr><td>中立</td></tr>
<tr><td>消极</td></tr>
<tr><td>行为活动</td><td>信息革命，引进、吸收、发展新技术，促进新经济发展和科技创新</td></tr>
</table>

从本质上说，会计作为一种管理监督工具，其发展与改革本身就是社会管理技术发展的一部分，受到经济学、管理思想、社会治理理念的广泛影响；另一方面，会计作为一种信息计量、加工、处理、传输、反馈的人造系统，受到诸如信息共享、大数据、网络技术、通信技术的广泛影响。可以说，会计从远古的结绳记事到如今的电子化、网络化的发展正体现了信息技术对会计发展的技术支持。从会计具体的计量技术来看，现值计量、金融资产计价方法等也是科学技术发展的结果。技术的发展对企业会计和政府会计具有相同的影响。

虽然技术对政府会计或企业会计的影响程度几乎一样，但是从发展速度来看，政府会计使用新技术的程度明显低于企业会计，这主要还是由于政治、经济等因素导致。但是，我们相信，随着社会经济、政治的不断发展，这种差距会不断缩小。就我们所讨论的政府会计而言，一方面科学技术对政府行政产生了极大的影响，另一方面会计作为社会发展一种不可或缺的制度安排，同样随着自然科学和管理科学的进步而不断发展。科技进步通过上述两个方面对政府会计产生了不容忽视的影响。

六、行政结构变量

行政结构变量指行政管理系统的特征以及该系统影响政府会计信息使用者和信息供给者对会计改革的意识和活动。相对于政府会计的行政结构变量一般包括政府组织特征、组织之间的权力分配制度、政府组织的构成以及其运行的制度体系等显性变量，政府的管理文化、支配体系等隐性变量，这些变量构成了政府会计系统的行政环境。政府会计系统本身就是整个组织的一个部分，它所提供的也就是该组织有关活动的能用会计语言进行反映的信息，信息的供给由组织内部的人员完成，这样就会受到该组织的特征的影响，并在很大程度上影响会计信息的供给。整体分析框架中的行政结构变量见表3－6。

表3－6　　　　整体分析框架中的行政结构变量

环境变量	隐性变量	公共治理理念	
		管理文化	
		人员素养	
	显性变量	制度变量	
		政府及其管辖权的规模	
		行政管理结构与人员构成	
		政府绩效评价体系	
		公共财政管理体系	
		政府会计管理体系	
行为变量		主体	发出者
			接受者
		行为意识	积极
			中立
			消极
		行为活动	行政改革，行政治理，交流与沟通

行政结构变量对政府会计具有重要的影响。国外学者研究表明，政府管理的人口规模、政府机构的数量会影响政府会计的改革。政府都面临了不同程度的财政压力、财政危机以及财务丑闻是导致政府会计改革最为直接的动因（Lüder，1992）。以提高政府绩效为核心的“新公共管理”运动随之兴起，政府会计和报告体系改革成为这场改革运动中最为基础的改革，牵制或促进其他更深层次的改革。政府职能的转换要求政府会计标准建设和政府会计改革，而政府会计的改革

又能促进政府职能的转换（刘玉廷，2004）。随着公共财政体制的建立，许多学者呼吁建立以绩效为导向的政府会计体系（张琦，2006）。Lüder（2000）的财务管理改革进程模型认为州的结构和管理结构都对政府会计改革的推进产生影响。州的结构主要指“单一制或联邦制”“合作的联邦制度或竞争的联邦制度”“在选民与政府执行机构和直接选举实体与官员之间的权利的划分”。“单一制、一议院”的结合和执行机构拥有更多的权利支持，这些因素对促使政府改革是有利的。相反，权力分配得更加均衡，增加直接民主的要素在会计系统中扮演一个重要的角色时，通过议会督促改革，或者通过州政府组织促进改革可能将是容易的。管理结构主要指管理的组织特征和组织之间的权利分配。集权还是分权对政府会计改革能否顺利实施有着较大的影响。分权在政府会计改革实践中似乎是一个重要的组织实施障碍。如果有政府中的几个组织实施会计过程的开发，可能存在严重的推诿风险。而且，不同的机构对于怎么和如何改革政府会计可能会有不同的看法，因而，彼此之间就可能出现冲突。美国联邦层面，在过去和现在都有实例，比如会计总署（GAO）在整体框架中负责发布指南，并对他自身的会计负责，但他的权限仅仅限于发布纸上的指南，面对分支机构的反对无能为力。“财务管理功能的分裂已经阻碍政府范围财务报告系统地发展”（Arthur、Andersen，1986）。针对该状况，在美国长久以来就存在建立财务办公室的呼声，希望通过财务办公室统一联邦会计系统概念基础的开发，同时能有足够的能力确保标准的实施。

第五节　政府会计概念框架的实施和实践

一、概念框架的创建与变革

从分析模型图可知：讨论实施问题主要还是从人的角度来分析主体的态度和行为是怎样影响概念框架。这里讨论的主体是实施会计改革或者说就是制定概念框架的主体，可以根据是否具体制订概念框架将上述主体分为制订者和非制订者两类。我国基本会计准则、概念框架的制订者也是会计准则的制定者——财政部。与该主体相联系的行为主要是咨询或征求非制订者的意见、制订概念框架和准则、试行、接受反馈意见以及修订框架和准则。这一系列行为存在着前后逻辑关系。不具体制订概念框架和准则，但是对其产生重要影响的非制订者主要有政府的其他部门、职业团体、学术团体、企业和公众等，他们在整个实施和实践过程中也发挥着重要的作用。与上述制订者的行为相比，非制订者的行为主要有提供意见、试行概念框架和准则、反馈意见等。这一系列行为与制订者的行为相对应，也存在着前后逻辑关系。

主体对待改革的态度有三种可能：一是支持、赞同的态度，二是反对、阻碍的态度，三是中立的态度。持赞同态度的主体自身认识到推行会计改革的重要性，认为十分有必要实施会计改革。积极参与到会计改革过程中，寻求改革的方法和途径，提出解决当前问题的办法，并且十分关注改革的结果。持反对态度的主体满足于现状，认为改革不是使情况变得更好，而是变得更糟。认为不应推行改革，他们尽一切努力阻止改革的发生。中立者认为是否推行改革无足轻重，他们不关心改革。他们既不会积极参与改革，也不会阻碍改革。但是，其他两派的力量斗争会影响他们的态度。如果赞同者的力量强大，呼声高于反对者，中立者很可能转变为赞同者；如果情况相反，他们很可能转变为反对者。

不同主体之间所持的态度以及协调程度对改革会产生重要的影响。如果制订者和非制订者之间协调一致，那么改革的会计系统就能形成统一。反之，如果他们之间相互分割，对于改革持有不同的态度，那么彼此之间就存在冲突，不利于会计系统的改革。由于中间者对改革产生的影响较小，且存在转变为赞同者或反对者的可能，因此，我们在这里不考虑中间者的情况。根据上述主体的分类和态度，总结起来会产生四种情况。如表 3－7 所示。

表 3－7　　制订者与非制订者间的博弈分布

	制订者	
非制订者	①赞同者，赞同者	②赞同者，反对者
	③反对者，赞同者	④反对者，反对者

当制订者和非制订者都持赞同的态度时，这是改革最理想的情况，改革最容易成功。制订者积极推行改革，征求其他组织和相关者的意见，制订概念框架和准则，积极实行，并且关心反馈意见，积极修订。同时非制订者也积极参与到改革中，提供自己的专业意见，并且积极试行暂定准则，提供反馈意见。这样的情况下，显而易见改革最容易推行，同时成功的可能性也最大。

当制订者和非制订者都持反对的态度时，这是改革最不理想的情况，改革根本不会发生。首先，制订者自身不赞成改革，不会主动推行改革。同时，非制订者也没有给制订者施加压力，本身也不赞成改革。社会各方对改革都没有需求，这样就没有改革的推动者，改革不会自然发生。

上述两种情况，制订者和非制订者持有相同的观点，不存在冲突，没有相互博弈的过程。其余两种情况制订者和非制订者持有不同的观点，有利益冲突，就要进行博弈。这样的情况就比较复杂。最终的结果除了依赖于双方的力量对比外，还却取决于很多其他的因素，很难做出估计。

二、实践反馈与改进完善

新的会计概念框架建立起来是为了指导会计准则的制定和执行的，检验会计概念框架是否是各方利益协调的结果，能否适应内外部环境的要求，会不会对结构变量、实施的主体产生影响，这就需要了解按照会计准则所提供的会计信息是否能够帮助信息使用者？会计概念框架的建立是否是环境结构变量和行为结构变量的派生作用？可以通过实证研究、访谈、反馈意见、调查问卷等方式来检验会计改革实施的效果，分析会计概念框架是否已经满足要求，或者仍需改进，这就是一个动态的、相互作用的过程。实施的改革有可能是激进的、一步到位的，也有可能是逐渐完成的。如果采用多步骤、多阶段的改革策略，改革的实施和结果会不断地反作用于环境结构变量和行为结构变量，再由于差异的存在使得下一个阶段中结构变量也有可能发生变化。如果没有对其产生影响，改革可能就此结束，达到了一个均衡。同样如果采用一步到位式的改革，也并不是意味者没有反作用的过程，变化的方面仍会以各种形式来反作用到相关结构变量和实施主体的行为中。

美国会计学家斯蒂芬·A. 泽弗（Stephen. A. Zeff，1978）在其早期论文“‘经济后果’学说的兴起”中提出，“经济后果是指会计报告对企业、政府、工会、投资者和债权人决策制定行为的影响。”“经济后果学说代表了会计思想真正的革命，社会和经济后果已成为当今会计的中心问题，且很可能是20世纪70年代的最富挑战性的会计问题”。自从会计政策经济后果学说提出后，会计准则的制定发生了质的飞跃，人们更加注意会计准则及其制定过程的公平性、公开性、公允性与有效性，使得会计准则的制定过程从单纯的技术过程飞跃到政治程序或政治博弈过程。作为指导会计准则制定的会计概念框架也必然会受到准则的制定，利益相关者之间博弈的影响。所以，重视反馈影响是明智的举措。

三、简短总结

总体分析我国政府会计所处的环境变量以及可能对改革产生影响的因素，可以看到其中既有促进改革的因素，又有阻碍改革的因素。在实践中依据政府会计概念框架的整体分析模型，从触发器、结构变量、实践和实施几个方面综合分析，我们了解到政府会计概念框架建立和不断完善过程中需要考虑哪些因素、那些内外部环境会影响其内容，在政府会计概念框架的指导下准则制定部门可以制定与之相适应的政府会计规范系统，使政府会计提供的会计信息能够满足政府、公众等政府会计信息使用者的信息需求。

通过建立一个分析模型，试图解答不同组织在主体、对象上的差异，会计的职能、会计改革与政治体制改革、行政体制改革、经济体制改革、公共治理变革等各项改革体系之间的关系等诸多问题。同时，就相关的会计目标的选择、信息质量标准、报告要素的确定等理论问题做一个符合现实的回答。一个高质量的分析模型力求全面的、系统的、表述各种环境因素及其相关作用对不同会计主体的影响，从而实现会计制度体系的改革和变迁；一个高质量的分析模型力求整合多学科理论，以一个有机的理论体系为依托，阐述各种因素之间、组织体之间、因素与组织体之间的关系和影响；一个高质量的分析模型力求从人性的角度分析不同的环境因素对不同利益群体和个体行为和心理的影响；一个高质量的分析模型力求以一种辩证的视角，动态的看待环境、动因、组织、行为人之间的互动关系和因果联系。因此，采用分析模型，可以尽量避免片面的、静止的、机械的看问题，从而使得在此基础上研究的概念框具有一定的普适性和认可度。

第六节 政府会计改革、概念框架先导与多维影响因素
——基于中国政府会计概念框架影响因素的调查分析

2008 年调研时我国政府部门执行的仍然是 1998 年起实施的预算会计体系，包括财政总预算会计制度、行政单位会计制度和事业单位会计制度。这一会计体系在反映财务收支活动、强化公共财政资金的管理上发挥了巨大的作用，但这一体系本身存在的不足致使其无法全面反映当前政府的财务状况（张国兴，2008）。从严格意义上讲，我国当时还没有能够全面反映政府经济资源、现时义务和业务活动全貌的政府会计体系（刘玉廷，2004）。因此，政府会计改革势在必行，相关的理论研究也必须深入进行，对由基本概念理论构成的政府会计概念框架进行研究就显得尤为重要了。

会计概念框架是会计理论的组成部分，能够帮助准则制定部门制定具有内在

一致性的政府会计准则；在不存在具体准则时，能够提供一个解决会计问题的参照框架。政府会计概念框架的构建将是我国政府会计改革的重要理论依据（张琦、张娟，2009），有着重要的必要性（李建发，2009）。在研究、设计政府会计改革概念框架时，必须体现中国政治、经济、财政管理体制的特色和中国政府的职能作用（冯秀华，2009）。以此为前提，在新公共管理理论、公共财政理论和公共受托责任理论等理论的指导下，借助国外政府会计概念框架的构建经验以及企业会计概念框架的构建经验，国内部分专家学者在政府会计概念框架领域已取得了一定的研究成果，这些研究成果有其合理性和优越性的一面，为政府会计概念框架的构建制定以及政府会计改革提供了一定的理论支撑，但同时我们也应正视其中存在的不足。

为了应对这些不足，构建更加全面合理的政府会计概念框架，我们应充分的把握现存的和潜在的各种影响因素对会计概念框架的影响和作用机制，再此基础之上讨论政府会计概念框架的构建。在这一背景下，本书以政府会计概念框架整体分析模型为依据，通过调查问卷的形式对政府会计概念框架的影响因素进行剖析，为政府会计概念框架的构建提供现实情况的参考。

一、理论分析与研究设计

（一）理论分析

1. 政府会计改革需要概念框架作为理论先导

会计概念框架是相互联系的目标与基本概念协调一致的体系。这一体系可引出前后一贯的准则，并对财务会计及报告的性质、作用和局限性加以规定。它是制定和评价会计准则的理论基础，是解决会计准则尚未涉及问题的理论依据（葛家澍，2000）。政府会计概念框架定义了政府会计的基本概念，是政府会计领域内最基本的理论基础。将为政府会计准则的制定提供理论指导，并为缺乏准则约束的新的会计事项提供处理建议（陈小悦、陈璇，2005）。李建发（2009）等诸多学者指出，西方国家的政府会计改革和我国企业会计改革的成功经验表明，建立政府会计准则体系，首要问题是建立政府会计概念框架。因为从理论上把概念框架的基本原则搞清楚，准则体系就有了基础，改革就能真正到位，不走弯路。政府会计改革和政府会计准则建设，应当理论先行，使我国政府会计标准的制定和政府会计改革能够真正解决我国实际问题（刘玉廷，2004）。

但目前，我国还没有形成一套完整的政府会计理论体系，有必要通过政府会计概念框架的研究来建立一套能够指导政府会计改革的理论体系（李建发，2009）。在研究、设计政府会计改革概念框架时，必须体现中国政治、经济、财政管理体制的特色和中国政府的职能作用（冯秀华，2009）。一部分学者认为，在渐进地实施我国政府会计改革的过程中，应当汲取企业会计准则制定的教训，借鉴国际经验，建立一个以政府会计目标为逻辑起点的政府会计概念框架，用于指导具体政府会准则的制定和执行（陈小悦、陈璇，2005）。还有一部分学者指出，我国政府会计概念框架的研究与政府会计标准体系的研究可以同步进行，同步实施。政府会计概念框架与政府会计标准体系应该适时推出，相互配合，互为完善（张琦、张娟，2009）。

政府会计改革作为一项系统性的创新性的工程，在推进的过程中需要确定一些基本的框架概念作为改革和构建的基础支撑，政府会计概念框架作为政府会计体系构建理论先导的理念已经被普遍接受。但目前，我国尚不存在完整的政府会计概念框架，在制定完善的过程中，鉴于政府会计概念框架的基础性和复杂性，存在诸多需要深入研究的领域，为后继的研究提供了空间，其中重要的一环便是对影响政府会计概念框架要素的影响因素分析，亦即本节的研究内容。

2. 政府会计概念框架整体分析模型下各具体概念框架要素的影响因素分析与设计

政府会计概念框架并不是一个空洞的概念，它有着自身丰富的内容。作为概念框架，它必然具备承载相应基本内容的架构，即它必然由一系列核心基础的概念构成。相关学者（陈小悦、陈璇，2005；张琦、张娟，2009）就政府会计概念框架要素进行了探讨，形成了一定的研究成果。在参照已有的研究成果基础上，结合问卷设计，我们提出了六个具体的政府会计概念框架要素，分别为：政府会计目标、政府会计主体、要素、确认和计量、报告质量以及报告的内容和范围，并分别设置了题项以进行考察。同时为了从整体上考虑，我们另设了一个“政府会计概念框架”题项。

在政府会计概念整体分析模型下，针对我们列出的“政府会计概念框架”题项以及另外六个具体的概念框架要素题项，在充分考虑各种影响的前提下对每个要素提炼出了二十六个具体的影响因素，分别调查其对各要素的影响程度。在分析过程中，我们将各影响因素按其自身特征分别纳入到触发器、结构变量、实施和实践四个维度之中，以统计分析各个维度的因素对总体概念框架及六个概念框架要素的影响，最终调查分析出我们设计的政府会计概念框架整体分析模型的认可度。维度和具体影响因素的划分如表3－8所示。

表 3-8　　政府会计概念框架影响因素的维度划分

维度	细分维度	具体影响因素
触发器维度	外在触发因素	国际组织的影响 外国组织的影响 国际公共组织相关准则 外国政府会计改革 企业会计准则发展影响
	内在触发因素	政治体制改革 政治事件 财政体制改革 行政体制改革 政府职能转变的影响
结构变量维度	政治结构变量	国家政府官员态度 地方政府官员态度 政党态度
	经济结构变量	经济形势 经济体制的影响
	行政结构变量	政府目标 公民参政议政 人民代表大会的态度
	社会结构变量	文化传统价值观 法律制度
	技术结构变量	信息技术及电子政务
实施维度	主体、态度和行为	政府会计人员素质 政府会计人员态度
实践维度	结果和反馈	政府绩效评价体系 舆论监督 其他

在对 26 个具体影响因素的分析过程中，首先将在整个会计发展过程中起到驱动会计改革和发展的因素，归集到触发器维度，并进一步细化，划分为内在触发因素和外在触发因素，分别考察其影响程度。

根据整体分析模型，在 26 个具体的影响因素中，对于不仅仅包含政治、经济、社会、管理等系统特征，即一般意义上的环境因素，还包括处于这些系统中的行为主体的态度、活动等与人行为有关的因素的影响因素，我们将它们划分至结构变量维度。这些影响因素将会影响政府会计信息使用者和信息供给者对会计改革的态度。根据 PEST 环境分析理论，组织的宏观环境通常可划分为政治、经济、社会和技术环境。这种分类也广泛地适用于会计领域，其中自然包括会计概念框架体系。因此，我们可以从内容上把这个维度继续细分为五个部分来分别讨论：政治结构变量、经济结构变量、行政结构变量、社会结构变量、技术结构变量。

从整体分析模型中我们可以知道实施主要还是从人的角度来谈行为主体的态度和行为是怎样影响概念框架的，这里讨论的主体是实施会计改革或者具体来说就是制定概念框架的主体。实施维度包括问卷中的政府会计人员素质和政府会计人员态度两个因素。

新的会计概念框架的建立是为了指导会计准则的制定和执行，在实际操作实践中检验会计概念框架是否适应内外部环境的要求，按照会计准则所提供的会计信息是否能够帮助信息使用者等，并分析会计概念框架自身是否能满足需求还是存在不足仍需改进，这是一个动态交互的过程，推动整个政府会计系统的演进发展。实践维度包括问卷中政府绩效评价体系、舆论监督和其他三个选项。

（二）研究设计与研究方法

在问卷调查中，我们参照目前通用的政府会计要素划分方法，并结合本研究的特殊性，给出了六个相关的政府会计概念框架要素和一个总括的政府会计概念框架。我们在分析研究四个维度对总体概念框架的影响的同时，也将从相应的维度考察其对各个具体概念框架要素的影响。在此基础上，我们将进一步探讨这些影响对于总体与各个要素之间是否具有同质性或相关性，从而深化对概念框架影响因素的探讨。

首先，我们对 26 个具体影响因素对政府会计总体概念框架及所属 6 个具体概念框架要素的影响程度进行了描述性统计，同时按照表 3－8（政府会计概念框架影响因素的维度划分）从四个维度再分别考量其对政府会计概念框架及所属要素的影响程度，从统计出的均值中分析影响程度强弱。

然后，我们利用多元统计方法来进一步分析政府会计概念框架的影响因素及程度强弱。主要运用了 T 检验、方差分析等方法深入探析了相关主题。具体来看，我们利用总体概念框架所有影响因素的总体均值作为检验值来检验四个维度的具体因素对总体概念框架的影响程度，同时也利用各个概念框架要素所有影响因素的总体均值作为检验值来考查各个概念框架要素选择受哪些具体因素的影响程度。而要分析四个维度对政府会计总体概念框架的影响差异可以运用方差分析的方法，同时五个结构变量对概念框架影响的差异分析也可采用方差分析找到影响程度最强的那个结构变量。

这部分的调查研究在整个调查研究中处于基础性的地位，相关的理论依据、维度划分以及研究思路都对下面几方面的调查研究起着重要的指导作用。

（三）问卷样本描述

问卷设计完成后，在南京大学 EMBA 班进行了多次试测，根据试测结果和调研目的对问卷进行了相应的修订并定稿。正式调查时共发放问卷 900 份，回收 103 份，剔除不符合条件问卷如存在选项缺失的问卷后，有效问卷共计 77 份。问卷发放采用纸质问卷和电子问卷相结合的方式，并采用两种发放途径，分别是：一是通过网络随机向全国政府部门工作人员发放；二是在财政部四类全国领军人才后备人才发放。问卷回收来自全国各地，分布范围广且具有随机性，保证了样本的可靠性。

问卷调查的受访者涉及政府人员和非政府人员、会计背景人员和非会计背景人员。在 77 份有效回收问卷中，政府相关部门受访者共有 32 人，占样本的 41.6%［其中政府机关人员占 14.3%，财政部门人员占 10.4%，事业单位（除高校与研究所）人员占 16.9%］；高校中的受访者为 10 人，占样本的 13.0%；企业的受访者为 35 人，占样本的 45.4%；样本中不涉及研究所人员和自由职业者。样本的受访者年龄主要集中在 25—45 周岁，占了样本总人数的 94.8%，25 周岁以下和 45 周岁以上分别占 2.6%。调查受访者中具有会计及相关专业技术职称的受访者共有 63 人，占样本的 81.8%（其中 28.6% 的受访者有高级会计师、副教授、高级经济师等高级职称以上（含）的技术职务），不具备相关职称的受访者共有 14 人，占样本的 18.2%。从比例上看，本次调查兼顾了内部相关者和外部相关者，从不同角度对政府会计概念框架影响因素分析进行了调查和解析，且受访者大多具有会计职称，从而保证了调查的针对性、可靠性以及全面性。

（四）调查问卷的效度与信度检验

为了保证调查研究的有效性和准确性，我们对调查问卷的效度和信度进行了相应的验证和检验。在问卷效度上，本调研通过借鉴西方学者在政府会计改革研究中提出的各种模型，最具代表性的模型包括 Lüder（1992）、Godfrey et al.（1996）等，同时借鉴采用问卷研究方法的国内较有代表性文献，如陈工孟等（2005）、张琦等（2009）；而且本课题组与江苏省财政系统以及全国会计领军人才后备人才中专门从事政府会计实务和研究工作的的官员和学者，就问卷内容、结构、可操作性等深入交换过意见，并进行了相应的修改完善，从而保证了问卷的内容效度。

在问卷信度上，本研究采用内部一致性信度检验法，通过 Alpha 系数对问卷信度进行检验，以保证问卷及相应研究的信度。具体分析结果如表 3－9 所示。

表 3－9　　问卷调查数据的可靠性统计量

调查数据来源	Cronbach's Alpha	项数
全部调查数据	.988	362
概念框架影响因素的相关数据	.986	182
改革与准则制定影响因素的相关数据	.969	78
概念框架要素选择的相关数据	.797	84
信息需求及信息使用者的相关数据	.889	92

一般而言，社会科学研究中 Alpha 值达到 0. 6 左右，则表示具有较好的内部一致性。本调查问卷的整体 Alpha 值为 0.988，而同时概念框架影响因素、改革与准则制定、概念框架要素选择以及信息需求和信息使用者相对应的 Alpha 值分别为 0.986、0.969、0.797 和 0.889，基本可以通过一致性检验。

二、结果分析与解释

（一）概念框架影响因素均值统计与分析

通过对问卷调查结果的描述性统计，我们得到所有具体因素对政府会计总体概念框架以及具体概念框架要素的影响均值，这里我们仅仅从四个维度角度来分析概念框架影响因素的程度和强弱。如表 3－10 所示。

表 3－10　　概念框架影响因素均值——维度视角分析

	总体概念框架	主体	目标	要素	要素确认和计量	报告质量	报告内容和范围
触发器维度	1.95	1.87	1.89	1.81	1.77	1.68	1.85
外在触发器	1.74	1.56	1.57	1.64	1.63	1.49	1.64
内在触发器	2.17	2.18	2.20	1.98	1.91	1.87	2.07
结构变量维度	1.74	1.77	1.79	1.79	1.70	1.80	1.83
政治结构变量	1.88	1.84	1.92	1.89	1.82	2.05	1.99

续表

	总体概念框架	主体	目标	要素	要素确认和计量	报告质量	报告内容和范围
经济结构变量	1.86	1.93	1.96	1.94	1.79	1.73	1.90
行政结构变量	1.86	1.86	1.98	1.88	1.81	1.89	1.98
社会结构变量	1.60	1.67	1.59	1.67	1.54	1.63	1.61
技术结构变量	1.51	1.58	1.49	1.58	1.56	1.70	1.66
实施维度	1.50	1.44	1.44	1.66	1.64	2.07	1.76
实践维度	1.55	1.53	1.59	1.57	1.51	1.69	1.71

从上表可以直观的看到：不同影响维度对同一概念框架要素的影响程度是不一样的，触发器维度对总体概念框架及具体概念框架要素这两者的影响程度要大于其他三个维度；同一影响维度对不同概念要素的影响程度也是不尽相同的，触发器维度对总体概念框架的影响要大于对具体概念框架要素的影响，其他三个维度对概念框架和框架要素的影响要相对均匀，并且要低于触发器维度的影响。

1. 触发器维度分析

从问卷统计结果来看，触发器维度整体对政府会计概念框架和政府会计概念框架要素都存在影响。但在综合了内部触发因素和外在触发因素的影响后，触发器维度对框架和要素的影响较大，但并不显著，影响均值为 1.95，小于 2。从整体来看，触发器维度对政府会计概念框架的影响程度（影响均值为 1.95）要大于其对各个具体框架要素的影响程度（影响均值均小于 1.9），其中对要素确认和计量、报告质量的影响最小，影响均值分别为 1.77 和 1.68。

从外在触发因素和内在触发因素两个子维度来考量，可以发现，内在触发因素对概念框架和框架要素的影响程度（影响均值不小于 1.87）要显著大于外在触发因素的影响程度（影响均值不大于 1.74）。外在触发因素对政府会计概念框架的影响程度（影响均值为 1.74）要大于对具体概念框架要素的影响程度（影响均值均小于 1.7）。而内在触发因素对政府会计概念框架和具体框架要素的影响要相对复杂一些：对概念框架和政府会计主体和政府会计目标的影响程度基本相当，影响均值分别为 2.17、2.18 和 2.20，但要显著大于对其他几项的影响。

从具体影响要素的角度分析，在外在触发因素中，企业会计准则发展影响的程度最大，其中对政府会计概念框架、要素选择、要素确认和计量和报告范围和内容的影响均值均在 2 以上，影响较大。其次为国际公共组织相关准则。其他两个因素的影响程度则小得多。在内在触发因素中，只有政治事件这一影响因素的影响程度较小，均值水平低于 1.3，其他因素的影响均值均在 2 以上，存在较大影响。

2. 结构变量维度分析

从整体上来看，环境变量和行为变量对政府会计概念框架和框架要素的影响程度基本相当，不存在显著差异。从五个细分的结构变量维度来看，政治结构变量、行政结构变量和经济机构变量对政府会计概念框架和框架要素的影响整体上基本相当，且影响较大，影响均值水平在1.8以上。社会结构变量的影响程度相对小些，影响均值在1.6左右。技术结构变量对两者的影响最小，影响均值水平在1.55左右。五个维度对政府会计概念框架和各个框架要素的影响也基本相当，几乎不存在较大波动。

从具体影响要素的角度分析，我们可以看到：

在政治结构变量中，国家政府官员的态度对两者的影响程度较高，影响均值多超过2，甚至超过2.1；政党的态度对两者的影响程度为显著，影响均值在1.9左右；地方官员的态度对两者的影响整体上程度较弱。这在一定程度看以看出，政府会计概念框架和具体要素的革新是自上而下的。但从数据上我们也可以看到，地方政府官员的态度对报告质量和报告内容和范围存在较为显著的影响，表明地方政府官员在实践上的经验能够通过一定的途径作用于这两个要素的革新。

在经济结构变量中，可以清晰地看到：经济体制对于政府会计概念框架和具体框架要素的影响较大，影响均值大都在2.1以上，但我们也看到其对报告质量的影响较低，均值只有1.89。经济形势因素的影响相比较而言就小得多了，影响均值在1.6左右，但我们也注意到经济形势对政府会计目标的影响又相对较大，影响均值为1.75。

在行政结构变量中，通过对比，可以得出：政府目标对概念框架和各个具体框架要素的影响均较为显著，影响均值均在2.2以上，其中对政府会计目标和政府会计报告内容和范围的影响最大，影响均值达到2.58。人民代表大会态度的影响程度则相应的小些，均值低于2，其中对政府会计概念框架和政府会计目标以及报告内容和范围的影响相较于其他要素又要高一些。公民参政议政因素对框架和框架因素的影响最小，均值多在1.4以下。

在社会结构变量中，法律制度的影响均值较大。对政府会计目标的影响最大，影响均值达到2.12，对概念框架的影响程度次之，影响均值为2.04，其他的影响程度则小相对小些。文化传统价值观的影响程度很小，影响均值水平在1.2左右。

在技术结构变量中，问卷中涉及的影响因素就信息技术及电子政务这一个，通过统计数据可以看出，这一因素对两者的影响程度均不大。其中，对政府会计质量的影响程度相较于其他几项要大一些，但影响均值也只有1.7。

3. 实施和实践维度分析

实施维度对概念框架各因素的影响都较小，大部分均值都小于1.7，只有对报告质量的影响程度较大，影响均值为2.07。从各个要素来看，政府会计人员素质和政府会计人员态度的影响因素对两者的影响都不明显，其中可以看到政府会计人员素质对报告质量的影响很大。

从实践维度上看，整体对概念框架和框架因素的影响较小，均值大部分小于1.6。其中对政府报告质量和报告内容及范围的影响相对较大。从具体影响要素来看，政府绩效评价体系对两者的影响较大，影响均值多为2.2以上，其中对政府报告内容和范围影响较大，均值达到2.37。舆论监督的影响程度则要小得多，多在1.55左右。其他的影响微乎其微，基本在1以下。

（二）调查结果的多元统计分析

1. 首先，我们利用总体概念框架所有影响因素的总体均值作为检验值来检验四个维度的影响因素对总体概念框架的影响程度。

通过统计得出总体概念框架所有影响因素的总体均值是1.77，以此为检验值来分别检验四个维度的影响因素对总体概念框架的影响程度。见表3－11。

表3－11　四个维度角度的单个样本检验

	检验值＝1.77					
					差分的95%置信区间	
	t	df	Sig.（双侧）	均值差值	下限	上限
触发器	2.063	71	.043	.14806	.0050	.2911
结构变量	－.057	71	.955	－.00485	－.1753	.1656
实施	－2.820	73	.006	－.29703	－.5070	－.0871
实践	－2.535	73	.013	－.21144	－.3777	－.0452
总体概念框架	.012	68	.990	.00090	－.1437	.1455

结构变量的T值异于其他维度，说明结构变量和总体概念框架具有同质性，其对总体概念框架的影响与所有因素对概念框架的影响非常一致；而其他三个维度对总体概念框架的影响与所有因素对概念框架的影响有显著差异，这同时也可能和结构变量因素占所有影响因素的比重比较大有关。

2. 其次，利用总体概念框架所有影响因素的总体均值作为检验值来考查各个具体概念框架要素受具体因素的影响程度。见表3－12。

表 3 – 12　　具体概念框架要素角度的单个样本检验

	检验值 = 1.77					
					差分的 95% 置信区间	
	t	df	Sig.（双侧）	均值差值	下限	上限
总体概念框架	.012	68	.990	.00090	–.1437	.1455
主体	–.023	67	.982	–.00190	–.1660	.1622
目标	.715	67	.477	.04844	–.0867	.1836
要素选择	–.112	68	.911	–.00802	–.1506	.1346
要素确认和计量	–.938	69	.352	–.07055	–.2206	.0795
报告质量	–.023	67	.982	–.00190	–.1691	.1653
报告内容和范围	.863	67	.391	.06314	–.0829	.2091

从以上分析可以看出，政府会计主体、政府会计要素选择以及政府会计财务报告质量三个概念框架具体要素和总体概念框架的关系比较密切，几乎没有什么差异，而政府会计目标、政府会计要素确认和计量、政府会计财务报告内容和范围与总体概念框架的关系虽然不是特别密切，但也没有显现出特别明显的差异，因此，可以看出这六个具体概念框架要素与总体概念框架之间确实属于一种内容与主题的关系，它们受到几乎相同的具体因素的影响，并且影响程度又比较接近，符合理论解释和概念框架构建的基本思路。

3. 利用方差分析法剖析五个结构变量对概念框架影响的差异。

从表 3 – 13 的分析结果可以看出，五个结构变量对总体概念框架影响都不是特别显著，说明单个的结构变量不足以完全能反映总体概念框架的影响因素。

表 3 – 13　　五个结构变量与总体概念框架间效应的检验

因变量：总体概念框架

源	III 型平方和	df	均方	F	Sig.
校正模型	23.378[a]	38	.615	14.755	.000
截距	50.503	1	50.503	1211.263	.000
政治	.577	10	.058	1.385	.235
经济	.843	7	.120	2.889	.020
行政	.849	11	.077	1.850	.089
社会	.581	7	.083	1.991	.090
技术	.251	3	.084	2.003	.135
误差	1.251	30	.042		

续表

源	III 型平方和	df	均方	F	Sig.
总计	241.019	69			
校正的总计	24.629	68			

a. R^2 =.949（调整 R^2 =.885）

四、结论

通过上述分析，政府会计主体、政府会计要素选择以及政府会计财务报告质量等概念框架具体要素和总体概念框架的关系比较密切，几乎没有什么差异，因此可以看出这六个具体概念框架要素与总体概念框架之间确实存在从属关系，它们受到几乎相同的具体因素的影响，并且影响程度又比较接近，符合理论解释和概念框架构建的基本思路。我们可以清楚地看到四个维度对概念框架各要素的影响，也就证明了这种影响因素的划分的正确性。同时通过多元统计检验分析，我们也可以看到这种统计结果具有普遍的代表性，即政府会计概念框架整体分析模型的适用性和认可度较好，能够较好的支持政府会计概念框架的构建，推动政府会计改革。

政府会计概念框架是政府会计领域内最基本的基础理论，它定义了政府会计的诸多基本概念，包括：政府会计应记录什么，如何确认、计量、汇总和传递会计信息等内容。政府会计概念框架是高度抽象的，将为具体的政府会计准则的制定提供理论指导，并为缺乏准则约束的会计问题提供处理参照。作为一项系统性的创新性的工程，在推进的过程中政府会计改革需要确立一些基本的概念作为改革和构建的基础支撑，需要政府会计概念框架作为理论先导进行先行的构建。从问卷统计结果上来看，在改革动因的这一角度，触发器对政府会计概念框架的影响要大于对具体框架要素的影响，这也印证了政府会计改革要从概念框架构建着手的结论。

第七节　政府会计改革与准则制定的影响因素研究

随着财政预算管理制度改革的推行，我国收付实现制预算会计在执行中逐渐暴露出诸多问题，主要包括：不能真实、完整地核算和反映实施国库集中收付制度和政府采购制度后出现的新业务；不能为编制部门预算、实行“零基预算”方法，提供相关的会计信息；不能全面、完整地反映政府债务；政府会计信息不完整、透明度不够，缺乏完整的反映政府财务状况的财务会计报告（刘光忠，2002）。

随着公共财政体制改革和政府及财政职能的转换，我国整个预算会计环境与1998年制定预算会计制度的时候相比已经发生了很大变化，社会各界对政府会计信息的需求已经逐渐凸现出来（陆建桥，2004）。但目前，我国现行预算会计制度偏重于满足政府财政预算管理的需要，采用收付实现制会计基础，提供会计信息的范围非常有限，无法满足相关信息使用者的需要，在许多方面已经不适应政府财政职能转换和公共财政体制改革的要求，因此，亟待进行政府会计改革，构建政府会计规范体系。

我国市场经济环境已发生的巨大变化，尤其是政府职能转换、公共财政体制改革、政府收支分类科目变化、政府绩效评价制度建设和政府监督的加强，均对反映政府经济活动的政府会计信息提出了更高要求，因而需要积极推进政府会计改革（刘玉廷，2004）。由此可见，政府会计改革有着其充分的必要性。

政府会计改革的落实是一个系统推进的过程，需要逐步的细化、具体化和显性化。政府会计改革的一个主要任务就是建立政府会计准则体系，包括基本准则体系和具体准则体系。在政府会计改革的过程中，我们要考虑如今的政府会计改革的方向是什么，受到那些因素的影响，影响程度怎样？在具体落实的过程中，这些问题仍然存在。对各个影响因素的寻求和分析就成为一个必不可少的环节。本节以下部分将就这些问题进行相应的探讨，并尝试着给出分析和结论。

一、政府会计改革与准则制定影响因素的总体分析

如下表所示，针对第一部分提出的问题，我们进行了系统的问卷调查。在对政府会计改革与准则制定的影响因素进行总结分析后，细化成了26个具体的影响因素。通过问卷调查，我们对这26个具体的影响因素对政府会计改革和准则制定的影响程度进行了量化调查。根据调查结果，统计分析得出表3－14。

表 3-14　　政府会计改革与准则制定影响因素总表

维度	维度细分	影响因素	政府会计改革	政府会计概念框架	政府会计准则
触发器	外在触发因素	国际组织的影响	1.76	1.78	1.88
		外国组织的影响	1.32	1.32	1.44
		国际公共组织相关准则	1.68	1.86	2.05
		外国政府会计改革	1.42	1.58	1.74
		企业会计准则发展影响	2.09	2.16	2.31
	外在触发因素均值		1.65	1.74	1.88
	内在触发因素	政治体制改革	2.94	2.47	2.34
		政治事件	1.2	1.16	1.18
		财政体制改革	2.78	2.61	2.6
		行政体制改革	2.7	2.39	2.27
		政府职能转变的影响	2.37	2.21	2.17
	内在触发因素均值		2.40	2.17	2.11
触发器维度均值			2.03	1.95	2.00
结构变量	政治结构变量	国家政府官员态度	2.17	2.05	2.03
		地方政府官员态度	1.77	1.66	1.62
		政党态度	2.09	1.94	1.94
	政治机构变量均值		2.01	1.88	1.86
	经济结构变量	经济形势	1.55	1.54	1.63
		经济体制的影响	2.35	2.17	2.14
	经济结构变量均值		1.95	1.86	1.89
	行政结构变量	政府目标	2.43	2.26	2.31
		公民参政议政	1.69	1.32	1.37
		人民代表大会的态度	2.24	1.99	1.83
	行政结构变量均值		2.12	1.86	1.84
	社会结构变量	文化传统价值观	1.17	1.16	1.12
		法律制度	2.14	2.04	2.01
	社会结构变量均值		1.66	1.60	1.57
	技术结构变量	信息技术及电子政务	1.65	1.51	1.47
	技术结构变量均值		1.65	1.51	1.47
结构变量维度均值			1.88	1.74	1.72

续表

维度	维度细分	影响因素	政府会计改革	政府会计概念框架	政府会计准则
实施	主体、态度与行为	政府会计人员素质	1.91	1.60	1.72
		政府会计人员态度	1.45	1.39	1.28
实施维度均值			1.68	1.50	1.50
实践	结果和反馈	政府绩效评价体系	2.4	2.17	2.13
		舆论监督	1.64	1.55	1.53
		其他	1.03	0.92	0.95
实践维度均值			1.69	1.55	1.54

通过统计分析，我们将 26 个具体因素划归到 4 个不同的维度进行分析，每个维度又相应的划分出了不等了细分维度，这样便于考察 26 个因素中各组相关因素对政府会计改革和准则制定的影响情况。

由统计表不难看出，在触发器维度中，内在触发细分维度对政府会计改革和准则制定有较大影响；在结构变量维度中，政治结构、行政结构及经济结构变量细分维度的影响相对较大；另外两个维度的整体影响程度从统计结果上来看相对较小。

本部分从宏观整体上直观的描述了不同维度、细分维度对政府会计改革和准则制定的影响程度。本节以下部分，将着重分析相关具体因素对政府会计改革和会计准则制定的分别的具体影响程度。

二、政府会计改革影响因素的调查分析

通过以上对政府会计改革和准则制定的总体影响因素的分析，我们进一步对影响政府会计改革的因素展开详细分析。

表 3 – 15 展示了四个具体维度及其子项对政府会计改革的影响程度。

表 3 – 15　　　　政府会计改革维度影响

项目	政府会计改革
触发器维度均值	2.03
外在触发因素均值	1.65
内在触发因素均值	2.4
结构变量维度均值	1.88

续表

项目	政府会计改革
实施维度均值	1.68
实践维度均值	1.55

（一）触发器与政府会计改革

从表3－14可知，从触发器维度触发，内在触发因素对政府会计改革具有较大影响。具体对应的影响因素及其影响程度如表3－16所示。

表3－16　　内在触发因素表

维度	影响因素	均值
内在触发因素	政治体制改革	2.94
	政治事件	1.2
	财政体制改革	2.78
	行政体制改革	2.7
	政府职能转变的影响	2.37

从内在触发因素表可知，政治体制改革、财政体制改革、行政体制改革对政府会计改革有很大影响。政府职能转变因素对政府会计改革有较大影响。而政治事件对政府会计改革的影响就弱得多。

（二）结构变量与政府会计改革

从表3－14可知，从环境变量和（政治家和公共管理者等）行为变量维度出发，政治结构变量、经济结构变量、行政结构变量对政府会计改革有较大影响。具体对应的影响因素及其影响程度如表3－17所示。

表3－17　　结构变量维度影响因素表

维度	结构变量	影响因素	均值
结构变量维度	政治结构变量	国家政府官员态度	2.17
		地方政府官员态度	1.77
		政党态度	2.09
	政治结构变量均值		2.01
	经济结构变量	经济形势	1.55
		经济体制的影响	2.35
	经济结构变量均值		1.95

续表

维度	结构变量	影响因素	均值
结构变量维度	行政结构变量	政府目标	2.43
		公民参政议政	1.69
		人民代表大会的态度	2.24
	行政结构变量均值		2.12
	社会结构变量	文化传统价值观	1.17
		法律制度	2.14
	社会结构变量均值		1.66
	技术结构变量	信息技术及电子政务	1.65
	技术结构变量均值		1.65
结构变量维度均值			1.88

从表3－17可知，政治结构变量中，政府官员态度和政党态度对政府会计改革的存在较大影响；在经济结构变量中，经济体制影响较大；在行政机构变量中，政府目标对政府会计改革存在很大影响，人民代表大会的态度影响相对小些，但也存在较大影响；而在其他的影响因素中，只有法律制度的影响较大。其他因素的影响程度均不大。

（三）实施、实践与政府会计改革

由表3－14可知，从实施维度和实践维度出发，政府会计人员素质、政府绩效评价体系对政府会计改革有较大影响。具体对应的影响因素及其影响程度如表3－18所示。

表3－18　　　　实施维度和实践维度影响表

维度	影响因素	均值
实施维度	政府会计人员素质	1.60
	政府会计人员态度	1.39
实施维度均值		1.50
实践维度	政府绩效评价体系	2.17
	舆论监督	1.55
	其他	0.92
实践维度均值		1.55

由上述分析可知，从内在触发因素表可知，政治体制改革、财政体制改革、

行政体制改革对政府会计改革有很大影响。政治体制、财政体制、行政体制作是整个社会系统的子系统，随着社会的发展变革，这些子系统必然也会随之发生变化；而政府会计系统在一定程度上可以认为是上述子系统的子系统，故在政治体制改革、财政体制改革、行政体制改革的背景下，政府会计改革便成为一种内涵的要求。这也印证了统计结果中统计影响均值较大的现象。

政府目标、政府职能转变、政府绩效评价体系因素对政府会计改革有较大影响。随着政府职能的转变，新的政府目标、新的政府绩效评价体系必然会对政府会计的目标、内容、提供的信息等都会有新的要求，这些要求必然会对政府会计改革产生影响。同样的印证了统计结果中影响均值较大的现象。除此之外经济体制的影响较大，同时法律制度的影响也较大。

三、政府会计概念框架与具体准则制定影响因素的调查分析和比较研究

1. 概念框架影响因素分析

为了统计分析 26 个具体的影响因素对概念框架的影响，我们对统计结果的列示做了调整。如表 3 – 19 所示，我们按统计均值的大小，即各影响要素对概念框架的影响程度高低对 26 个具体因素进行了重新排序，并截取影响较大的因素予以列示，使之能直观的表示出这种影响程度的高低。

表 3 – 19　　概念框架影响因素表

影响因素	影响均值
财政体制改革	2.61
政治体制改革	2.47
行政体制改革	2.39
政府目标	2.26
政府职能转变的影响	2.21
政府绩效评价体系	2.17
经济体制的影响	2.17
企业会计准则发展影响	2.16
国家政府官员态度	2.05
法律制度	2.04

从表 3 – 19 可以看出，财政体制改革、政治体制改革、行政体制改革，即内在触发因素对政府会计概念框架（基本准则）的影响显著。政府目标、政府职

能转变、政府绩效评价体系、经济体制、企业会计准则发展，国家政府官员态度、法律制度的影响程度相较于内在触发因素的影响则小些，但仍存在较大影响。其他的一些因素对政府会计改革的影响则相对较小了。

2. 具体准则制定影响因素分析

同样，为了统计分析26个具体的影响因素对具体准则制定的影响，我们对统计结果的列示也做了上述调整。如表3－20所示，我们按统计均值的大小，即各影响要素对政府会计准则制定的影响程度高低对26个具体因素进行了重新排序，并截取影响较大的因素予以列示，使之能直观的表示出这种影响程度的高低。

表3－20　　政府会计准则影响因素表

影响因素	影响均值
财政体制改革	2.6
政治体制改革	2.34
政府目标	2.31
企业会计准则发展影响	2.31
行政体制改革	2.27
政府职能转变的影响	2.17
经济体制的影响	2.14
政府绩效评价体系	2.13
国际公共组织相关准则	2.05
国家政府官员态度	2.03
法律制度	2.01

在政府会计准则影响因素表中，可以看到财政体制改革、政治体制改革、政府目标、企业会计准则发展四个因素对政府会计准则有较大影响。行政体制改革、政府职能转变、经济体制对政府会计准则的影响相对小些，但仍较为显著。相较而言，其他因素的影响就小一些。

3. 概念框架与具体准则制定影响因素比较分析

上面两个部分分别分析讨论了26个具体影响因素对政府会计概念框架和政府会计具体会计准则的影响。在此基础之上，我们将分析主要影响要素对两者影响程度上的差异。各主要影响因素对两者的影响均值如表3－21所示。

表3－21　　概念框架与具体准则制定影响因素比较表

	政府会计概念框架		政府会计准则
财政体制改革影响均值	2.61	财政体制改革影响均值	2.6

续表

	政府会计概念框架		政府会计准则
政治体制改革影响均值	2.47	政治体制改革影响均值	2.34
行政体制改革影响均值	2.39	政府目标影响均值	2.31
政府目标影响均值	2.26	企业会计准则发展影响影响均值	2.31
政府职能转变的影响影响均值	2.21	行政体制改革影响均值	2.27
企业会计准则发展影响影响均值	2.16	政府职能转变的影响影响均值	2.17

在均值大于2.2的前五个均值中，可以看到影响因素基本一致，只有政府职能转变对政府会计准则的影响相较于政府会计概念框架的影响要小，前者为2.21，后者为2.17。企业会计准则发展影响对企业会计准则的影响相较于政府会计概念框架的影响要显著的多，前者为2.31，后者仅有2.16。企业会计准则会随着社会、经济、政治环境的发展变化而发展变化，而这些环境变化又会引起政府会计准则的变化，即两者有着共同的制定和变化背景；同时，作为会计准则的子类，各类别的准则在制定的过程中必然会有相互间的协调和借鉴，即相互间的影响是必然存在的，正如表3-21所示：企业会计准则对政府会计概念框架和政府会计准则制定都有较大影响。但政府会计准则相较于企业会计准则有着其一定的特殊性，这种特性表现在基础准则，即概念框架的构建上的独立性和差异性，这一特性表现在问卷数据上即：企业会计准则对概念框架的影响要小于对具体准则的影响。

同时也可以看到，财政体制改革对两者有着几乎相等的影响，前者为2.61后者为2.6。政治体制改革和行政体制改革对政府概念框架的影响要显著大于对具体准则的影响。政府目标对概念框架的影响则要小于对具体准则的影响。

四、结论与启示

（一）整体分析模型下不同维度变量对政府会计改革及准则制定影响存在差异

从以上的分析我们可以看出，不同影响因素对政府会计改革、政府会计概念框架和政府会计准则的影响有相似的地方，也有不同的地方。下面我们将要从整体分析模型下四个不同维度变量的角度考察各组相关变量集对政府会计改革及准则制定的影响。表3-22列示了不同维度变量对政府会计改革及准则制定的影响统计均值。

表 3-22　　　　四维度对政府会计改革及准则制定影响表

项目	政府会计改革	政府会计概念框架	政府会计准则
触发器维度均值	2.03	1.95	2
结构变量维度均值	1.88	1.74	1.72
实施维度均值	1.68	1.5	1.5
实践维度均值	1.69	1.55	1.54

由表 3-22 可知，不同维度对政府会计改革及准则制定的影响存在差异。触发器维度影响程度最大，实施维度影响程度最小，环境变量和行为变量对两者的影响程度介于触发器维度变量和实施维度变量之间。实践维度变量的影响程度与实施维度变量的影响程度基本相当，前者略微大一些。

同一维度变量，对两者的影响程度存在较为显著的差异。各个维度变量对政府会计改革的影响程度要大于对准则制定的影响程度。

（二）政府会计改革影响因素分析结果对政府会计改革方向的把握至关重要

政府会计改革影响因素分析结果较为全面的反映了 26 个相关具体因素对政府会计改革的影响程度。从影响程度大小的角度进行划分，我们可以将影响因素划分为两大类进行分别处理。对于影响程度较大的因素，如果对政府会计改革有正向作用，则进行加强处理；如果对政府会计改革有反向作用，则进行有意识的规避处理。对于影响程度较小的因素，如果对政府会计改革有正向作用，则在推进过程中要充分考虑到其合理性和重要性，进行加强处理；若对政府会计改革有反向作用，则要考虑进一步弱化这种影响。

（三）政府会计准则体系构建应循序渐进，先概念框架（或基本准则）再具体准则

从影响因素表中可以看到，有较大影响均值的影响因素对概念框架的影响程度相对于具体准则的影响程度总体上看要相对大一些。即政治、行政、经济环境的变化对原有的概念框架相比于具体准则的冲击要大，概念框架的修改或重新制定的迫切性也就相对的大，从这个角度，可以说，政府会计准则体系的构建应该先概念框架再具体准则。政府会计准则体系构建是一个系统的过程，上层应用型准则的制定必然要求有与之相配套基础准则的支撑。政府会计准则体系构建应是循序渐进的过程，在概念框架构建的基础上再进行具体准则的制定。

第四章

政府会计定位与功能界定

第一节　概　　述

随着我国社会主义市场经济体制的逐步完善，政府运行的环境已经发生了显著的变化，迫切要求建立与市场经济相适应的公共管理体制特别是公共财政管理体制。政府会计作为一项重要的经济信息系统是公共管理体制以及其中的公共财政管理体制的起重要作用的关键构件。政府会计在全球的崛起是由于民主社会和市场经济对受托责任的巨大要求（Downs. A ，1958；陈立齐，2003），所有公共财务管理最基础的技术是公共会计（B. J. Reed，John. W. Swain，1996）。会计构成了公共财务管理的技术环境。我国十一五规划就明确指出："加快公共财政体系建设，明确界定各级政府的财政支出责任，合理调整政府间财政收入划分。……推进政府会计改革。"20 世纪 80 年代以来，以新西兰、英国、澳大利亚等为代表的国家大刀阔斧地推行政府会计改革。特别是 20 世纪 90 年代末亚洲金融危机以后，包括国际会计师联合会（IAFC）、国际货币基金组织（IMF）等在内的国际性组织也在全球范围内致力于推动政府会计改革，以促进更好的财政透明度，为公共管理机制的良好运作提供更好的信息支持。政府会计体系的建立和完善立足于政府会计功能的履行，对政府会计的不同定位必将引导出不同的政府会计体系，所以，本章拟对政府会计的功能及其定位作一深入研究。

研究政府会计的功能与定位，有助于推进中国政府会计概念框架的建立以及我国政府会计理论和实践的发展。明确政府会计在公共治理中处于什么地位、应该有怎样的职能、履行什么样的义务是建立政府会计概念框架体系的基本前提，理清其中的逻辑关系才能确定政府会计理论的发展方向。对政府会计功能的研究也有助于政府会计规范建设和政府会计实践的完善，便于对日后建立起来的政府会计体系的运行效果进行评判，指导实践发展的方向。

研究政府会计的功能与定位，有助于探索会计理论在政治市场中的需求和作用机制。会计作为解除受托责任的信息体系，主要服务于信息不对称和代理问题集中的市场。在政治市场中，政府部门与社会公众之间同样存在着多重委托—代理关系，信息不对称现象在政府与公众之间普遍存在，政府会计信息是否如资本市场中被委托者所重视？公众对政府部门会计信息的需求是否也会呈现不断增长？会计信息在政治市场中作用机理如何？解释清楚这些问题有利于理解政府会计信息在政治市场中发挥作用的机理。

研究政府会计的功能与定位，有助于协调政府会计体系与改革中相关制度体系的发展，提高政府会计的效率。随着公共财政框架的逐步建立，政府职能的进一步转换，政府与市场管辖权的重新界定必然要求对政府会计的功能、范围有更加清晰的界定。同时，政府会计制度体系在很大程度上也是为适应政府行政管理、社会公共治理等其他制度发展的需要而建立起来的。各项制度要有效的发挥作用，需要这些制度之间具有良好的互补性。因此，明确政府会计在公共治理中的地位、理清其应具备的功能能够使政府会计制度更加合理地融入我国政治、经济、行政体制改革发展的制度集合中去，使各项制度明确分工、相互配合，协调发展。在服务于其他制度发展的同时，不断提高政府会计制度的工作效率。同时，对政府会计科学的功能界定便于对日后建立起来政府会计体系的运行效果进行评判，指导着实践发展的方向。

研究政府会计的功能与定位，有助于适应与国际政府会计接轨的要求。会计作为一种世界通用的商业语言，促进世界的经贸往来。伴随着经济的飞速发展，我国与其他国家政府间经贸往来不断增多，并日益成为各国际组织的重要力量。明确我国政府会计所承担的责任、履行的义务、所起的作用并与其他国家相比较，积极吸取国外的先进经验，是加快我国政府会计改革步伐的手段，也有利于与国外政府会计的交流，适应与国际政府会计接轨的要求，提高我国政府治理的认可度，为我国科学发展提供更加良好的国际环境。

第二节 政府会计功能观回顾

有关政府会计的功能的研究文献较多，对政府会计功能的认识观点各异，基本认识包括信息系统观、预算反映观、财政管理基础观、解除受托责任观、公共治理基石观等。

一、有关政府会计的信息系统功能观

会计是一个信息系统，政府会计同样具有信息系统的作用，许多学者有类似的观点。政府、政府部门或机构作为社会公共管理的主体，需要一个基础性的管理信息系统，为其管理和决策提供信息支持，从而合理和有效地利用资源，政府会计系统应当是这个信息系统的一个重要组成部分，承担决策支持的职能（路军伟，2006）。建立一个完善的政府信息系统对于实现政府职能的转换是十分必要的（刘玉廷，2004）。政府会计为国家提供与社会资源配置等相关的财务信息（王庆东、常丽，2007）。在整个政府信息系统中，政府会计信息是政府信息系统的有机组成部分，是实现政府职能转换、提高政府透明度的重要一环。政府财务报告关注整个政府的资产负债状况和运营绩效，可以完整反映政府的财务状况、运营情况和现金流量，有助于解脱政府公共受托责任，满足人民群众等利益相关者的信息需要。因此，政府职能的转换要求政府会计标准建设和政府会计改革，而政府会计的改革又能促进政府职能的转换。因此，我国必须在充分考虑公共选择理论和委托代理理论要求的基础上，尽快构建有效的政府会计体系，以满足日益加快的政府机构改革和政治体制改革需要（陈志斌，2003）。政府财务报告则能够反映政府的经济活动及其资产负债状况、经营绩效和现金流量情况，是沟通政府与人民关系的重要纽带（陆建桥，2004）。政府会计提供的成本信息有助于对预算的资源配置、服务价格以及选择运行方式作出管理和政策上的决定。确定各种程序的应用成本和预期财务资源在预算期间的可用性是财务管理和财务报告系统应实现目标中的一个重要因素（L. P. Bailey，1988）。

二、有关政府会计反映预算执行功能观

有一种观点认为政府会计主要是反映政府预算执行情况的，具有反映预算执行的功能。财务会计系统将政策和预算意图转化为财政管理和控制信息，因而被认为是“预算的反射”（杨发勇、瞿曲，2001）。政府会计提供预算执行情况的信息（王庆成，2004），完整、系统、连续地反映预算收支对政府财务活动产生的累积影响（盖地，2002），并着重提供反映政府受托责任方面的信息：一是依从预算情况的信息，二是国有资产方面的财务信息，三是政府采购基金的财务信

息，四是以政府或政府部门作为受托人受托管理的社会保障基金方面的财务信息（李建发，2001）。

三、有关政府会计财政管理基础功能观

政府会计不仅是构建公共财政体制的重要基础，也是市场经济条件下公共财政体系的有机组成部分（陆建桥，2004）。政府会计工作在财政政策的制定和执行中起着关键的作用，处于现代政府的中心。政府会计系统为运营和财务方面的决策提供信息，涉及资金管理的决策是以会计系统信息为基础的。通过政府会计系统进行财务控制是一种最有效的组织控制方法，它是所有公共财政管理中最基础的技术，它与法律（提供规则、授权或限制）、政治环境和组织安排一起构成公共财政管理的基础，当制定涉及资金的决策时，政府会计系统是为公共组织提供相关财务信息的主要来源（B. J. Reed、John. W. Swain，1996）。

政府组织的运行目标，是按照法律法规的规定取得和使用财务资源，并在此过程中不谋求营利和资本的增长。为了达到这个目标，政府组织采用设置基金和编报预算的方法进行控制（赵建勇，2004）。政府会计体系及预算机制的建立是政府合理布局公共财政资源的平台（贝洪俊，2004），全面核算和监督各项财政性资金活动的过程和结果（王庆成，2004）。会计系统提供的信息有利于制定财务计划，从会计系统中可以得到预算信息，使得追溯实际支出与预算支出相互关系成为可能，这是控制的前提。由于政府的权力最终来自于人民，以及政府缺少外部的约束，因此，政府有特殊的责任向人民和纳税人披露其活动的信息。预算责任会计主要用于在预算账户层次上控制政府活动，而已审计的财务报告能为报告使用者提供与会计系统一致的和可靠的数据保证（美国联邦会计准则顾问委员会，2004）。

政府会计属于政府特殊的控制机制，政府会计是对付政府资金分配和使用中欺骗、浪费行为的有力武器。控制财政风险要求政府管理者和决策者及时获取前瞻性会计信息，要求有全面的能够提供政府所有负债信息的政府会计（王雍君，2004）。政府会计由于具有将与财政活动有关的风险控制在萌芽状态的功能，也就决定了政府会计在政府负债风险控制中将起到其他工具无法取代的重要作用，从而能够实现政府负债风险控制目标（邢俊英，2007）。

四、关于政府会计解除公共受托责任功能观

公共治理和市场交易都存在受托责任[①]。当政府从事货物和服务买卖及资金借贷等市场交易时，其侧重的是经济受托责任；而通过征税来筹集公共资金时，就产生了政治的受托责任。会计信息可用于调控和强化经济、社会和政府的合约条款（陈立齐、李建发，2003）。会计本质的三种不同的描述，恰好揭示出会计所具有的三种基本职能：决策支持职能、监督和控制职能、对外报告职能。通常，前两大职能是对内的，强调组织内部的受托责任，而第三种职能是对外的，强调组织对外部的受托责任（路军伟，2006）。从会计角度看，政府的财务受托责任是指各项收入来源或债券发行取得的财物资源应按照法定限制来使用，依从预算、有效运营财务资源和资本资产的保全等方面的责任。基金管理和基金会计的应用主要是由于部分政府资源的运用受到限制，这种限制主要来自资助人或捐赠人的制度、法律、合同协议、立法、议会法案或其他方面（R. J. Freeman、C. D. Shoulders，1993）。

根据现代会计的受托责任观，会计信息是为了帮助会计主体解脱其受托责任，政府需要政府会计信息来解脱其公共受托责任。政府会计就是对公共受托责任完成过程及其结果的认定、计量和报告（杨发勇、瞿曲，2005），是帮助政府履行和解脱公共受托责任的重要手段和途径，也应当是社会公众了解和评价公共受托责任履行情况以及做出相关决策的重要信息来源渠道（路军伟、李建发，2006）。在“政治投票市场”上，政治竞争越激烈，相对于处于劣势的政治家们希望通过在财务报告系统中采用 GAAP 来降低政治市场中代理人与委托人之间的信息不对称程度，以表达他们履行了承诺（Evans、Patton，1987）。R. E. Brown、T. p. Grallagherand 和 M. C. Willams（1982）认为，为了满足信息使用者的需要和全面系统地反映政府绩效及受托责任，应该建立一套包括财务、合规、效益与效果方面的信息，将会计的与非会计的、财务的与非财务的信息加以合并和整合，满足部分或所有使用者在宏观和微观上对信息的需求的信息报告系统。

五、关于政府会计的公共治理基石功能观

构建健全而透明的政府会计是良好的公共治理的基石，有效的政府会计是

① J. D. Stewart（1984）对政府承担的公共受托责任在价值、成果、经济性、过程、合法性五个层次进行了划分，这一划分得到了普遍认可，并被美国 FASAB 和 GASB 在制定政府会计准则时所引用。

廉洁和高效率的政府管理和控制的基础，建立廉洁、勤政、透明、高效的政府离不开规范、有效的政府会计的核算和监督（陈志斌，2003）。随着环境的变迁和时代的发展，政府会计的作用体现在战略管理、机构改组、决策有用、公共治理等诸多方面。财政的透明度、受托责任明确、公开政策意图、制定和实施过程阳光、评估经济性、效率和效果等要求有效的公共预算和会计体系（杨发勇、瞿曲，2001）。Allen Schick（1996）在对新西兰政府会计改革进行评估时指出，政府会计需要加强战略能力，同时，政府官员受托责任会计所包括的不仅仅是明确的结果，还要考虑价值、判断和领导能力。Graham Scott，Ian Ball 和 Tony Dale（1997）认为，要有一致性的框架来促进整个政府会计改革在机构改组、执行协议、动机、人力资源管理、行业关系和集体战略制定、权责发生制、预算和报告等各个方面协调发展，并相互加强。政府所提供的财务报表应该能够反映其财务状况改变和运营的全过程。这样，政府官员、投资者、纳税者就会在获得关于其政府充分信息的基础之上做出明智的决定。这个观点体现了政府会计信息的决策有用观（Tom Allen，2001）。OECD 公共事务管理局预算与管理主任 Alex Matheson（2001）认为，从表面看，会计及其他预算改革像是技术问题，然而，健全的预算和会计实务对于一国的经济增长有着深远的影响，同时也是良好治理结构的关键要素。他提出的“构筑健全而透明的预算和会计制度是良好的公共部门治理的基石”。两百多年前，美国总统杰弗逊曾希望看到“联邦财务记录就像商人的账簿那样清晰易懂，这样每个国会议员、每个公民都能够看懂它，并对滥用职权情况进行调查，以更好地控制它”（Arthur Andersen，1986）。

从以上研究成果来看，各种宏观环境对政府会计的建立和发展提出了要求，政府会计需要适应各种环境变革要求。从新制度经济学角度来看，一些制度变迁会成为其他制度变迁的动因。处于公共治理变革中的政府会计，成为社会改革不可或缺的一部分。当前，治理理念广泛地渗透社会政治、经济、行政改革中，并对人们行为方式和工作着眼点产生影响。在各种治理中，政府会计的改革将会为一切新制度的建立起到不可替代的作用。

第三节　政府会计职能与定位的思考

从系统论和结构主义的观点来看，系统功能的发挥取决于系统与环境的交互作用。政府会计的功能界定基于与政治环境、行政环境、社会文化环境等交互作用的政府会计系统的特征。由于各国政治、经济、社会等环境条件的巨大差异，再加上政府会计发展起点以及发展进程快慢的不同，导致各国政府会计所发挥的功能、所处的地位有很大的差异。陈立齐（2001）根据政府会计与预算会计的关系将当前政府会计模式分为三大类：德法模式、美国模式和英国模式，如表4－1所示。

表4－1　　政府会计三大模式比较

模式	与预算会计的关系	政府会计的功能	政府会计基础选择	政府会计目标
德法模式	预算体系的附属物	记录预算 拨款的用途	收付实现制	1. 行政控制 2. 受托责任
美国模式	与预算密不可分 但又试图摆脱预算	以基金的形式 监督预算的执行	预算基础预算报告 应计制的财务报告	1. 受托责任 2. 决策有用
英国模式	摆脱了传统的预算	以提供决策信息	权责发生制	1. 决策有用

由此可见，政府会计的改革与实践的步伐不一致导致政府会计的功能和定位有较大的差异。先进国家的政府会计从预算体系中分离程度较高，从而使其成为一个独立的管理系统，除了监督预算执行还能发挥信息决策功能。

根据政府会计学的研究，政府会计除了具有基本的反映、监督预算执行，反映政府运行的经济信息、解除受托责任职能，从而定位于基本的经济信息系统外；还具有积极管理、合理配置公共财政资源、有效评价政府绩效、促进政府科学决策、完善公共管理的职能，担当新公共管理改革基石的角色，定位于政府新公共管理基础的地位；具有促进政府官员勤政廉洁、监督政府官员自律、推进民主政治等职能，定位于民主政治建设推进者的地位。

一、政府会计的反映监督、解脱受托责任与信息系统的定位

依据会计学的基本认识，会计的首要职能就是反映经济活动，政府会计的首要职能也是反映职能，只不过它要反映的是政府行政活动中的财政资源运动，而财政资源运动是通过政府预算进行管理的，所以，政府会计的首要职能是反映政府预算及其所管理的财政资源的运动。政府会计的另一重要职能是监督政府财政资源的运动。反映和监督是会计作为信息系统的基本职能，通过反映和监督职能可以帮助政府解脱受托责任。基于这一功能定位，政府会计可以理解为反映和监督政府财政资源运动的信息系统。

（一）政府会计反映和监督预算及其执行

“会计系统应当成为实现预算控制的基础”是美国政府会计履行反映财政资源运行信息职能的一条基本原则。依据这一原则，会计系统的设计应考虑预算控制的需要，为预算控制提供基础保证。美国州和地方政府的会计系统同时设置反映实际收支的账户和预算账户。在预算收支明细分类账中反映财政收支的实际数与预算数及其收支的余额，从而反映预算的批准和执行全过程，加强预算管理。在政府会计的基金会计中，对不同的财政资金进行反映和核算。美国州和地方政府的政务基金通常实行固定预算，权益基金通常实行弹性预算。基金下的每一笔支出都是在得到预算批准之后在政府会计的基金会计中得以确认，运行变动在基金会计得到反映，并实现基金会计对特定目的财务收支的监督。

中国通过财政总预算会计对财政资源的下拨和上缴进行核算，通过行政单位会计、事业单位会计、基本建设单位会计等对财政资源的使用进行核算和反映。但距离通过政府会计核算和反映政府年度财政收支，从而反映政府及各部门的财政资源运行情况还有一定的差距。

一般地，政府预算本质上是法律，立法机关批准的国家预算便成为法律，政府必须不折不扣地贯彻执行，不允许任何逃脱预算约束的财政行为。政府预算的执行需要有一个良好的预算执行体系，如部门预算、国库单一账户体系、完善且透明的竞争性政府采购系统等。政府预算的执行以及这些系统的有效运行需要政府会计体系的完善和有力支持。政府会计对财政支出的核算可以高度透明地反映政府采购体系的运行情况，财务状况的高度透明能够抑制政府采购中的腐败行为。国库集中收付制度把所有的财政性资金通过单一账户直接支付给商品供应商和劳务提供者，提高了财政资金运转效率，减少了舞弊风险。

政府会计核算对管理预算也是一种补充。一般来说，政府的各项财政资金活动都应体现在政府的预算之中，但现实中，存在大量预算外“准财政活动”并不受预算的限制，大量预算外资金游离于预算约束之外，削弱了健全的财政基础，增大了财政的脆弱性，给政府带来了大量债务，增大了财政风险（刘尚希，2004）。国际货币基金组织在《财务透明度手册》中指出，“如果其他公共部门从事了广泛的准财政活动，则应在涵盖公共部门的财政报告中予以反映”，也就是说，完善的政府会计把不被预算所反映的预算外资金纳入政府会计体系加以约束，是对预算管理体系的一种补充。

（二）承担解除政府受托责任的职能

政府是国家行使公共权力的主要组织。在全体社会成员的授权下，政府行使管理社会公共事务的权力，承担向社会提供企业（或个人）不愿提供、不能提供和无力提供的公共产品和服务的责任。由于公共产品和服务的广泛性，政府也就对全体社会成员承担了社会、政治、经济、文化的受托责任。这种由公共权力的委托而产生的受托责任可称为“公共权力受托责任”(路军伟、李建发，2006)。Romzek 和 Dubnick 在《国际公共政策与行政百科全书》中是这样定义责任的：责任是一种关系，在这种关系中，个人或是单位在被授权的行动中，有义务向授权者回答有关授权行动绩效的问题。R. J. Freeman 和 C. D. Shoulders (1993) 指出，从会计角度看，政府的财务受托责任是指各项收入来源或债券发行取得的财物资源应按照其运营方面的限制来使用，依从预算、有效运营财务资源和资本资产的保全等方面的责任。在基金会计方面，基金管理和基金会计的应用主要是由于部分政府资源的运用受到来自合同协议、立法、议会法案或其他方面的限制。

公共受托责任是民主社会的巨大需求，民主意味着公众应该拥有知情权、参与权、监督权和选择权（徐曙娜，2005)。信息是受托责任的血液，如果公共部门拥有足够的渠道提供部门信息，那么这种透明可以更好的解除公共受托责任(Merry Herawaty and Zahirul Hoque ，2007)。根据阿尔文·托夫勒的信息社会权力分布理论，谁拥有最多的信息，谁就拥有最大的权力。信息已经成为知识经济、信息社会最为重要的权力载体（阿尔文·托夫勒，1991)。但在政治市场上，政府所承担的受托责任区别于企业的受托责任的关键点在于，政府在被赋予委托人资源的管理支配权的同时，还被赋予了公共权威。这种权威的存在带来了双方在占有信息上的不对等，降低了公众对公共权力运行状况的话语权，从而在两者的契约关系上处于弱势地位。据统计，在社会信息总量中，政府掌握的有用信息占 80% 以上。如果政府会计能够客观、公正的提供有关政府运行的信息，可以改善这一局面。

政府会计在全球的崛起是由于民主社会和市场经济对受托责任的巨大要求(Downs. A，1958；陈立齐，2003)。R. E. Brown、T. p. Grallagherand、M. C. Willams (1982) 认为，为了满足信息使用者的需要和全面系统地反映政府绩效及受托责任，应该建立一套包括财务、合规、效益与效果方面的信息，将会计的与非会计的、财务的与非财务的信息加以合并和整合，满足部分或所有使用者在宏观和微观上对信息的需求的信息报告系统。

二、资源配置、绩效评价、科学决策与定位为新公共管理改革的基石

自二十世纪八十年代开始，西方国家掀起了一场新公共管理运动，这场运动

以经济学为基础，以绩效为导向，以企业家精神塑造高效政府为核心理念，引进企业管理的原理、技术、工具与方法、以提高政府行政管理的效率和效益。一套有效、全面、详细地披露政府财务信息的政府会计和报告体系是这场运动成败的基础，政府会计的相应改革被提出并成为牵制或促进其他更深层次改革的重要工具。具体作用可以从以下几方面加以阐述。

（一）资源配置

政府不但要配置巨量的财政资源而且在行政管理过程中会涉及行政资源的配置，政府对资源的优化配置不像市场依靠自发的趋利性选择机制实现，更多的是通过公共决策及其执行实现。政府资源配置需要一个效率量化手段，没有相关技术帮助很难把握资源配置效率，不能把握资源配置效率很难高质量的配置政府资源。政府对资源配置的效率很大程度上反映在支出的绩效上，通过计量和控制政府支出，对政府支出进行成本效益分析，衡量政府资源配置效率，提高公共支出效率从而实现对社会资源的高质量配置。政府会计是反映性的，可以将财务活动过程及结果等相关的信息以财务报告的形式披露出来，从而使会计信息担当促使社会资源优化配置的手段（葛家澍、杜兴强，2003）。

政府会计对财政资源运动进行科学的反映能够为政府资源配置提供有力支持。一方面，政府会计数据是政府部门判断经济发展的温度计，发挥着指示器的作用。政府会计反映宏观经济运行的信息，有助于促进政府职能着力点的把握。另一方面，政府会计对政府支出成本效益分析的信息便于对支出成本效率进行科学衡量与评价，从而导致更好的资源配置和更佳的业绩（Evans，1995；Webster，1998）。一个有效的政府会计成本核算体系能够使绩效指标的计量更加科学。例如，政府会计能够促进政府债券市场的发展。在美国，地方政府通过资本市场发行债券，资本市场对公认会计信息的披露的相应要求推动 GAAP 在公共部门的应用。政府会计账务处理技术发展对资产证券化具有一定的影响。政府会计对金融资产的确认、计量和报告可以为防范政府金融资产风险提供一道屏障。

（二）风险防范

20 世纪 70 年代中期以来，特别是在 2008 年美国金融危机后，世界上许多国家相继爆发严重的财政危机，危及公共管理，而政府会计对于控制政府财务危机和风险有积极作用。政府会计为财政风险的防范提供了必要信息。一般来说，防范、控制风险关键是找到风险源头，及时、敏锐识别风险才能有效防范、控制或转移风险。财政风险的识别涉及国债依存度、负债率、财政赤字率、风险容量、风险容限等量化信息的衡量，政府会计为识别和评价财政风险提供了信息保证。

根据世界银行的高级经济学家 Hana Polackova Brixi 提出的财政风险矩阵，政府债务分为直接负债、或有负债、显性负债、隐性负债。其中“隐性债务”隐蔽财政风险，政府会计通过权责发生制对未来债务信息予以确计、计量，使隐性风险显性化，为防范财政风险提供了依据。同样，政府会计对或有负债报告的披露是防范财政风险的重要举措。在许多国家中，政府的或有负债是财政风险的最大来源：一方面，它是财政突发支出、非常损失的主要来源，另一方面，或有负债可能会在将来某个时点妨碍威胁财政的正常运行，也可能加大政府负债的实际规模。政府会计如果对或有负债进行报告，可以为全面监控财政风险提供有效的制度保证和技术操作手段（刘尚希，2004）。国际货币基金组织在《财政透明度手册》中指出，披露或者有负债是政府会计体系发挥财政风险防范的重要技术[①]。

（三）绩效评价

提高政府绩效不但是履行公共受托责任的要求，也是实现良好公共治理的基本条件。政府绩效主要包括政府履责的整体能力、投入—产出与效率，成果或效果等三个方面（Bromwich，1990；Mwita，2000）。Phillips（2004）等学者认为，定量绩效信息的缺乏是制约绩效评价理论与实务发展的瓶颈。

为此，许多学者呼吁建立以绩效为导向的政府会计体系，因为公共受托责任解除的关键应在于政府绩效信息的全面披露与评价（张琦，2006）。由于政府活动多元，对于成果的衡量很难以财务信息加以反映，这是政府会计的不足。但以现有的会计技术而言，会计系统仍然是绩效信息主要的信息来源。政府会计体系可以对政府绩效评价内容提供的信息支持。会计作为一种货币化经济信息系统，能够满足绩效评价对定量财务信息的需求：政府可控经济资源的流量及其存量、政府债务的规模及其结构、政府财政收入及其公共支出等都可以通过政府会计系统采用特定方法所提供的数据予以体现（张琦，2006）。具体而言，政府会计提供的信息可以帮助人们了解：预算执行的诚实性如何？预算资金的使用是否遵循法律授权？公共机构的营运业绩如何？政府怎样规划所产生的负债，管理其资产？财务状况变动情况如何？政府采取了什么措施抑制恶化？控制系统是否运作良好？

---

① 另外，需要指出的是，在有效资本市场假说情况下，政府债券的利率通常被认为是无风险利率，这是建立在政府信息评级和政府对公共风险承担的基础之上的。现实中，随着对政府风险的揭示，人们的这种认识可能会有所改革。

政府绩效报告也为评价政府绩效提供必要的数据支持。这些数据包括美国政府会计准则委员会在研究报告中确定的三大类服务绩效计量：服务程度计量、服务成果计量和其他与成果相关的努力计量等，这三个方面的计量将财务数据与非财务数据联系起来，通过一系列指标来评价政府绩效（路军伟、陈希晖，2006）。政府会计逐渐由财务资源流动观念转向经济资源流动观念，计量的范围由短期性的资产和负债拓展到长期性的资产和负债，这些都是全面计量和反映政府和政府部门及其机构财务状况的基础。在权责发生制下，政府会计对资产折旧、负债利息费用的反映，为政府绩效评价提供了必要的信息，尤其是为绩效审计中经济性和效率性审计提供相关的成本信息（路军伟、陈希晖，2006）。政府绩效审计评价政府财政资源的运用，政府公共投资项目、政府部门及其机构的运营多个方面，有利于寻找提高绩效的途径，改进公共管理体系。

（四）科学决策智囊

科学决策是政府行政能力提高的关键，也是提高政府治理水平的重要环节。依据系统论的观点，行政组织也是一个大系统。要维持行政系统的正常运转就必须保障大系统内各子系统之间的交流和相互沟通，这就需要信息的通畅流动。由中枢系统、咨询系统、信息系统和监控系统构成的完整的决策体系是公共政策制定的保障。问题的发现、目标的确立、方案的拟订、评估和抉择、方案执行的监督和控制、方案的修正、完善等都依赖于信息。西蒙曾经指出，一切行政决策的基础是完善、正确的信息。一个信息系统能够提供广泛的外源信息和及时的内源信息，健全信息网络，确保信息畅通。制定计划、行政决策都必须收集客观环境和系统内外部的信息，信息是制定科学的计划和做出正确决策的前提。政府会计作为行政系统中的一个子系统，通过对组织财务信息的供给起到了协调行政系统内部运行的作用。

政府会计作为全面反映政府活动的信息系统是政府决策支持系统不可缺少的组成部分，构成了政府财务信息网络，提供关于财政收支方面的信息，是信息系统中内源信息重要来源，便于不同级次的沟通。因此，政府会计是公共政策决策体制的重要组成部分（陈庆云，2004）。从决策所需内容上说，政府会计提供了政策制定的重要信息。对于政府官员——公共决策的主体所需要的决策信息虽然不能完全由政府会计信息提供，但很大一部分可由其给出。从决策人员的价值选择过程，政府会计提供了一定的约束限制。由于会计信息能够提供绩效方面的信息，这种绩效导向能够影响公职人员对具体问题上的选择。在新公共管理运动的影响下，为了提高政府绩效，澳大利亚、新西兰等政府给了公职人员较大的自由裁量权，业绩考核的数据则成为公职人员在制定公共决策时的重要参考依据。

（五）促进政府职能转换

政府职能转变是政府治理变革的重要内容，也是我国三大体制改革的交叉环节，目的是要实现政企分开、党政分开，妥善处理政府与市场、政府与公民、政府与政党的关系。只有在产权上明晰的界定，体制改革才能向纵深方向发展。政府会计对公共受托责任履行情况的披露正是将产权最终回归到所有者手中，政府会计推进政府职能的转换。在整个政府信息系统中，政府会计信息是政府信息系统的有机组成部分，是实现政府职能转换、提高政府透明度的重要一环。政府职能的转换要求政府会计标准建设和政府会计改革，而政府会计的改革又能促进政府职能的转换（刘玉廷，2004）。

政府职能转换要求政府和市场在社会经济运行中分工明晰，政府逐步退出竞争性领域，重点转向公共物品的提供（陈纪瑜、陈友莲，2003），这就涉及政府权力的制约问题，需要政府会计的贡献。美国 FASAB 在其概念框架第 1 号（1993）中指出，“由于政府的权力最终来自人民，政府缺少外部约束，因此，政府有特殊的责任向其人民和纳税人披露其活动信息。会计和财务属于政府特殊的控制机制。预算责任会计主要用于在预算账户层次上控制政府活动，而已审计的财务报告能为报告使用者提供一致的和可靠的数据保证”（美国联邦会计准则顾问委员会，2004）。

政府会计主体与政府部门机构调整相互影响，政府机构决定政府行政能力，制约着政府职能的实现程度。政府会计主体的划分对于划清部门受托责任界限具有推动作用，从而为机构调整提供合理性、科学性的分析基础。

（六）推动公共治理改革

自从 1989 年世界银行首次使用“治理”一词，并于 1992 年将其年度报告称为《治理与发展》后，治理与善治成为国际上社会科学最热门的术语（俞可平，2000）。在公共治理价值观的影响下，作为公共管理主体的政府不断进行着政府治理的变革。尽管各国政府治理的经验千差万别，但各国政府治理变革的核心和实质是试图通过改变政府职能活动范围和运行机制，力图对政府与市场关系进行根本性、全方位的调整，寻求更为有效的制度安排，并不断完善政府与市场的权利和利益结构，建立一个透明、高效、科学的政府。政府治理的关键是信息，政府治理的各个环节都离不开信息。从实践上来说，政府会计是为了适应财政体制改革特别是预算改革而建立起来的，是对环境要求的一种回应，也是政府治理改革的适应者。从当前的分析来看，政府会计在绩效评价、预算管理、财政风险防范、政府职能转换、公共政策制度方面，发展了信息支持作用，对完善行政管理实践中的公共财政管理、防范财政风险、评价政府绩效、促进科学决策、提高政府治理能力，推动行政体制改革方面发挥了不可替代的作用。B. J. 理德、约翰. W. 斯韦恩（2001）认为，公共部门会计是所有公共财政管理中最基础的技术。陈立齐教授提出了这样的一个因果链：更好的政府会计→更好的政府财务管理→更好的政府业绩→更大的社会经济发展（路军伟、陈希晖，2006）。政府会计作为一项控制管理制度，渗透在政府活动的各个环节，嵌入在组织其他管理制度之中。一个有效的政府会计体系能够对提高政府行政效率、行政能力产生积极的影响。换句话说，构建一个健全而透明会计体系将成为良好的公共部门治理的基石（Alex Matheson，2001）。

政府能力构成一个国家或地区竞争力的一个核心或主导的方面。建设一个灵活、高效的政府，需要政府处理好政府内和政府间权力、结构、功能及其过程的关系。公共组织在获得权力之后，要控制和驾驭手中的权力，才能顺利实现组织目标。这要求公共组织合理配置、利用有限的公共权力资源，充分发挥组织系统合力，迅速、准确地做出决策，使权力尽快作用于客体。政府会计是约束政府权力的有力武器（ArthurAndersen&Co，1986）。

在行政管理实践和理念方面，世界上许多政府都面临了不同程度的财政压力、财务危机以及财务丑闻，这是导致政府会计改革最为直接的动因（Klaus G. Lüder，1992）。财政危机引发了 OECD 国家对财政预算管理体制的改革，以绩效管理为框架、预算以全部成本为依据、投入与产出绩效并重、明确各部门的责任和义务成为改革的基本思路与方向。政府这种试图将预算与业绩、责任结合在一起的管理框架，推进了权责发生制会计改革（李雄飞，2003）。

当然，政府会计也是促进预算改革的推动力量。Tyronem. Carlin（2005）提出了一个公共部门财务管理的三阶段模型（Tyronem. Carlin，2005）（如图 4－1 所示）。在他的改革系统中，应计制计量和报告是第一阶段的“先驱”，成为随后一系列其他技术应用的先决条件。记录和报告装置作为一个输入机制为第二类的改革提供原料。应计制会计的改革促进了第二阶段应计制预算改革，最后将整个财政系统的数据传递到市场中去。也就是说，如果没有应计制财务会计和报告作为基础，后两个层次的功能都不会产生预期的功能。Tyronem. Carlin 的模型充分肯定了应计制会计改革在整个公共财政管理改革环境中的的先驱者地位，也说明了应计制政府会计对预算改革的推动作用。从这个分析可以推导出政府会计其实起着推动公共治理变革的作用。

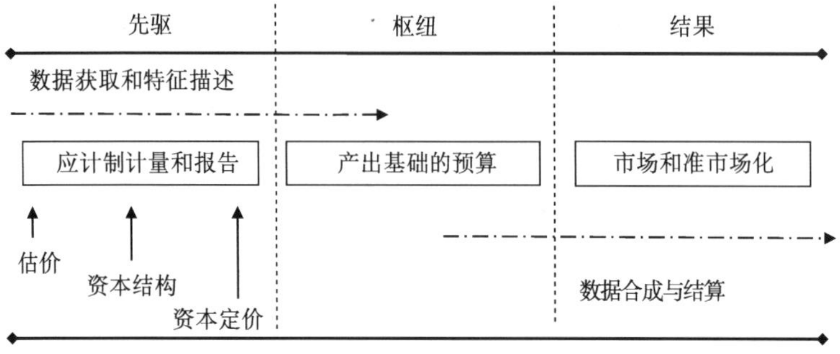

图 4－1　公共财政管理改革环境（Tyronem. Carlin，2005）

三、促进勤政廉洁、推进民主政治、监督自律职能与政治体制改革促进者的定位

（一）促进勤政廉洁

公共权力是一种稀缺资源。公共权力的实际履行者会受到权力、职位、社会名望及其相关物质利益的驱使，用公共权力去满足私人利益的最大化。在公共权力运作过程中，公共权力滥用、腐败现象在一定范围和一定程度上会经常发生。为了有效地巩固、行使权力，必须采取措施，实施权力控制。政府会计作为一个政府活动的反映系统，具有控制的职能，公民对公共权力约束的诉求，必然会反应在政府会计体系的有效实施上。会计和财务也属于政府权力特殊的控制机制（美国联邦会计准则顾问委员会，2004）。建立廉洁、勤政、透明、高效的政府离不开规范、有效的政府会计的核算和监督（陈志斌，2003）。

著名会计学家 Patton（1992）对公共受托责任与政府财务报告的研究中指出，受托责任的报告机制能够约束受托责任者的行为。心理学实证研究表明，人们在事先知道需要对其行为做出解释的情况下，其决策和信息获取程序会受到影响。在政治生活中，如果受托责任会因受托人行为履行状况而受到相应的处罚或奖励，并且奖罚与公共受托责任的政府会计报告有直接关系，则会计信息的激励效应将直接影响报告人行为。从这个意义上说，包括解释说明财务报告内容的财务报告披露机制将会给公共权力的受托者带来一定的心理上的约束，改变其行为后的经济利益、政治利益预期，从而对行为主体的行使选择产生约束，最终实现对受托责任的履行。Evans 和 Patton（1987）从“投票市场”角度解释了政治竞争与采用 GAAP 的关系：政治竞争越激烈，相对于处于劣势的政治家们而言，赢得支持的最好办法就是提供更多的监督信息，在政治竞争的趋使下，政治家希望通过在财务报告系统中采用GAAP来降低政治市场中代理人与委托人之间的信息不对称程度，以表达他们履行了承诺（Evans & Patton，1987；Chan J. L. 1987；Lüder，1992）；政府会计通过对政府公共受托责任的反映、对政府信息的披露，降低了在政治领域公众与政府之间信息不对称的程度，从而影响了政治竞争的手段、政府权力的约束以及政治民主的实现（楚树龙、唐虹，2006）。

政府会计以一种信息的形式向公众表达政府的财政情况，且处处涉及对政府财政行为的反映，自然会对权力约束、民主实现、公共受托责任等产生迁移默化的作用。陈立齐、李建发（2003）将检查、防范舞弊和贪污，以保护公共财政资金的安全设定为政府会计的基本目标。他们认为，只有民主政府才被要求公开其账目，接受审计或公布其财务报告，财政透明度归因于对政府的限权，发布信息则意味着政府出让其权力。在发达国家，尽管形成了行政、立法和司法之间权力平衡、相互牵制的政体，但舞弊现象也时有发生，它们仍需要建立必要的披露程序，提高财政资金的透明度，以防止财政的违法乱纪行为。

（二）推进民主政治、监督自律职能

从政治学角度看，政治参与是政治生活的重要内容，政治参与的程度也是民主程度的重要体现。公民参与已成为良好治理和政治民主核心概念，这必然要求有规范化的公民参与方式，需要引入一些具体的制度安排加以引导和落实，建立各个治理主体之间的平等对话的沟通渠道。政府会计是一项能够向公众披露政府活动的互动机制，承载了公众对政治参与的诉求。

责任的核心机制是回应性，责任机制因为透明度不够，无法达到其效果，就会产生腐败问题。Robert Klitgard曾建立过这样一个等式：腐败 = 独占 + 自由裁量权 - 责任。从这个等式中我们可以看到要消除腐败，必须减少独占，增加政府行使权利过程中的竞争性，例如Ostrom所得到的“辖区重叠”和“权威分散”，都有利于在政治势力之间引进竞争。限制自由裁量权也有利于控制腐败。对公共权力的监督分为内部监督与外部监督（陈庆云等，2004）。政府会计作为一种监督机制连接着政府与公众，它能够实现内部监督与外部监督的双重功效。从政府会计的技术条件看，政府会计通过对政府部门日常财政活动的核算与反映，其提供的信息一方面服务于政府部门的管理者，另一方面服务于政府外部公众。通过政府会计对内报告，清晰地反映政府各层级的受托责任，便于在组织内部实现权力的制约。从这个意义上说，政府会计体系具备内部监督机制功能。政府对外报告的披露是解释政府公共受托责任履行的关键环节。政府接受人民的委托，履行

公共管理职责，就有义务向人民公开其活动的信息，将已审计的财务报告对外报出，给了公众进行舆论监督的可能，从而形成一种外在监督机制。

政府财务报告的披露制度是一项行之有效的民主政治训练，有助于提高公民的政治参与和自我管理能力。政府会计信息的提供为公民参政提供了一个公开讨论的平台。政府会计系统还可以通过中期财务报告制度在预算或政策执行的过程中向公共披露公共财政资源的使用情况，从而形成一种事中控制的监督机制。政府会计系统，全面核算政府财政活动的各项收入与支出，反映政府使用资源的来龙去脉，使公众对政府活动有一个较为清晰的认识。在减少了政府与公众之间信息不对称程度的基础上，使资源的委托人和代理人之间站在一种平等的地位上对话。在拥有了政府会计信息之后，公众则可以有理有据的评判政府运作情况，发表自己的意见和看法。在政府与公民的互动中，公民的参与技能有了提高，也有助于对加强公民对宏观经济政策的理解，树立政府良好的形象。

（三）政治体制改革促进者

公共权力是通过特定的民主程序而产生，主要来自于公民对权力的转让。在现代社会，公民通过民主选举参与公共管理来转让权力。政府行使公共权力的根本目的是要实现表现为国家意志的公共利益。在公共权力行使过程中权力主体被大量赋予拥有固定职位并领取一定薪俸的公职人员。根据公共选择理论，在政治市场上行为主体并不会因为他们处于政治市场中就会改变其在经济市场中表现出的“经济人”特性，相反，这种“经济人”特性将使他们受到权力、职位、社会名望及其相关物质利益的驱使，用公共权力去满足私人利用的最大化，在公共权力运作过程中，腐败现象在一定范围和一定程度上会经常发生。阿克顿勋爵（Lord Acton）曾经过出过精辟的论断“绝对权力导致绝对腐败”。现代社会要正视公共力滥用和腐败现象，要防止权力的“绝对化”，关键是要建立完善的权力制约机制，以防止并纠正行政权力行使的负效应。

政府会计正是通过降低信息不对称的程度，改变政府行为主体心理预期，从而对这一现象起到抑制作用。一方面，政府会计对财政信息的披露消除了腐败赖以产生的黑箱环境，大大地增加了腐败暴露的风险，从而加大了腐败的成本，改变了腐败的成本收益比。俗话说“阳光是最好的防腐剂”，公开使公共权力的运作暴露在社会公众的视野从而导致腐败危险增加，经济相对收益、政治收益下降。这将起到一定的抑制作用。

四、小结

政府会计的功能界定是构建政府会计概念框架的基本前提，基于以上讨论，我们初步认为：我国政府会计应该具有承担基本经济信息系统、担当新公共管理改革基石、推进民主政治建设等三个方面的功能。

一方面，政府会计具有反映监督和解脱受托责任的功能，具有国家经济信息系统的地位。首先，政府会计通过反映政府财政的预算信息、核算政府财政预算的实际发生和节余、监管类预算资金的运行等实现政府会计反映和监督政府预算执行基本功能。其次，政府会计通过向公众、上级政府、人民代表大会等公布财政资金运行及其结果的信息，促进信息透明，承担解除政府受托责任的职能。

另一方面，政府会计具有技术上支持资源配置、绩效评价、科学决策的功能，定位为新公共管理改革的基石。首先，政府会计提供财务数据方便有关部门判断经济发展的水平，发挥着指示器的作用；政府会计反映宏观经济运行的信息，有助于促进政府职能着力点的把握；政府会计对政府支出成本效益分析的信息便于对支出成本效率进行科学衡量与评价，从而导致更好的资源配置和更佳的业绩。其次，政府会计不仅全面核算和反映各级政府的直接负债、或有负债、显性负债、隐性负债以及财政赤字等，而且使用专业手段分析国债依存度、负债率、财政赤字率、风险容量、风险容限等风险量化信息，为政府控制财政与财务风险提供帮助。再次，政府会计确认、计量和报告政府服务程度、服务成果和其他与成果相关的努力等，将财务数据与非财务数据联系起来帮助评价政府绩效。再其次，政府会计作为行政系统中的一个子系统，通过对组织财务信息的供给起到了协调行政系统科学决策的作用。从决策所需内容上说，政府会计提供了政策制定的重要信息。从决策人员的价值选择过程，政府会计提供了一定的约束限制。另外，政府会计对政府各种行政运行所耗费的资源或者所耗费资源与取得成效的全面反映，形成一种正向激励，从而促进政府职能转换。最后，政府会计在绩效评价、预算管理、财政风险防范、政府职能转换、公共政策制度方面，发展了信息支持作用，对完善行政管理实践中的公共财政管理、防范财政风险、评价政府绩效、促进科学决策、提高政府治理能力，推动行政体制改革方面发挥了不可替代的作用。

再一方面，政府会计具有促进勤政廉洁、推进民主政治、监督自律职能，定位于政治体制改革促进者的角色。首先，公共权力是一种稀缺资源。公共权力的实际履行者会受到权力、职位、社会名望及其相关物质利益的驱使，用公共权力去满足私人利益的最大化。然而，受托责任的报告机制能够约束受托责任者的行为。政府会计通过对政府公共受托责任的反映、对政府信息的披露，降低了在政治领域公众与政府之间信息不对称的程度，从而影响了政治竞争的手段、政府权力的约束以及政治民主的实现，促进勤政廉洁。其次，从政治学角度看，政治参与是政治生活的重要内容，政治参与的程度也是民主程度的重要体现。公民参与已成为良好治理和政治民主核心概念，这必然要求有规范化的公民参与方式，需要引入一些具体的制度安排加以引导和落实，建立各个治理主体之间的平等对话的沟通渠道。政府会计是一项能够向公众披露政府活动的互动机制，承载了公众对政治参与的诉求。政府会计推进民主政治、监督自律职能。再次，政府会计在反映政府行政运行所耗费的财政资源过程中，将行政运行中受到体制影响的部分显著的表现了出来，促进了当局实施政治体制变革的进程。

第四节　政府会计目标定位与功能界定的调查分析

政府组织会计制度的选择近年来越来越为人们所关注，有效的政府会计信息可以衡量政府的工作绩效，加强政府公共管理。目前，我国政府采用的是预算会计制度，它包括财政总预算会计制度、行政单位会计制度和事业单位会计制度，是核算、反映和监督政府及行政事业单位以预算执行为中心的各项财政资金收支活动的专业会计。在执行之初，这套会计体系适应了政府的职能需要，适应了宏观经济管理和预算管理的需要，在加强政府公共管理中起了重要的作用。

与西方发达国家的政府会计相比，预算会计核算和监督范围过于狭窄，会计信息既不全面又不完整。在探索建立新公共管理体制的进程中，我国的政府职能将发生深刻的变化，加之我们面临着会计国际趋同趋势，预算会计越来越显示出局限性。在这样的大背景下，借鉴外国政府成功经验，进行政府会计改革，建立完善的政府会计体系已是大势所趋。而这样一个体系必须有一个目标来指引它的运行方向以实现其各项功能，目标与功能总是同时出现、相辅相成的，提到政府会计目标定位，就必然会涉及到其实现过程，即政府会计功能界定问题。政府会计目标定位的明确有利于政府会计各项功能的充分发挥，政府会计功能的发挥也有利于政府会计目标的实现，因此，如何进行政府会计的目标定位和功能界定就显得尤其重要。

本节通过对我国政府会计改革相关问题的问卷调查资料，研究政府会计目标定位与功能界定的问题。

一、政府会计改革与政府会计目标定位

政府会计目标是设计政府会计基本准则的核心，是建立政府会计规范体系的基点，是推行政府会计改革的出发点和归宿点。政府会计目标决定政府会计改革的方向，是政府会计改革需要明确的首要问题，也是制定政府会计准则应解决的主要问题之一。

在预算会计制度下，我国有关的预算会计准则和制度对政府会计目标都作了明确的规定。《财政总预算会计制度》第十二条规定："总预算会计信息，应当符合预算法的要求，适应国家宏观经济管理和上级财政部门及本级政府对财政管理的需要"；《行政单位会计制度》第十二条规定："会计信息应当符合国家宏观经济管理的要求，适应预算管理和有关方面了解行政单位财务状况及收支结果的需要，有利于单位加强内部财务管理"；《事业单位会计准则》第十一条规定："会计信息应当符合国家宏观经济管理的要求，适应预算管理和有关方面了解事业单位财务状况及收支情况的需要，并有利于事业单位加强内部经营管理"。综上所述，政府会计目标即政府会计信息应当符合国家宏观经济管理的要求，适应预算管理和有关方面了解行政、事业单位财务状况及收支情况的需要，以利于行政、事业单位加强内部经营管理和财务管理。

这一目标定位符合我国之前以政府利益为导向的会计模式的要求，但与政府会计的本质相去甚远。与企业相比，政府组织是非营利性的，它可以无偿获取并限定分配财务资源，它具有广泛的受托责任，而且，这种公共受托责任越广泛，与社会公众之间的联系就越密切。政府受托责任的履行状况与社会公众的利益紧密相关，公众就会密切关注能反映政府受托责任履行状况的政府会计信息，这也是政府会计的本质所在。因此，将政府会计目标定位于为国家宏观经济管理服务，显然过于片面和狭窄，不能反映政府会计的本质[①]，因此，我们有必要对政府会计目标进行重新定位。

美国政府会计准则委员会（GASB）1987 年 5 月发布《政府会计准则委员会概念公告第 1 号——财务报告的目标》提出，政府财务报告的目标是：①帮助实现政府的公共受托责任，并能够使使用者评价这种受托责任；②帮助使用者评价

① 常丽："政府会计改革焦点问题探讨"，《会计之友》，2006 年第 5 期。

政府主体当年的业务活动成果；③帮助使用者评价政府所提供服务的服务水平、履行到期责任的能力。其中主要强调的就是反映政府受托责任履行情况。

国际会计准则委员会和英国会计原则委员会认为，财务报表或财务报告的目标应同时满足两方面的需求：提供对决策有用的信息和反映管理当局受托责任的履行情况，即决策有用观和受托责任观并存的双重目标，这也是目前比较盛行的政府会计目标定位。

我国很多学者也对政府会计改革中的政府会计目标定位问题提出了自己的见解。陈立齐、李建发教授关于政府会计目标提出了以下三个层次：基本目标是检查、防范舞弊和贪污、以保护公共财政资金的安全；中级目标是促进健全的财务管理；最高层次的目标是帮助政府履行公共受托责任。[①] 陈穗红教授则提出两层次论，即将政府会计目标分为基本目标和具体目标两个层次，基本目标是贯穿始终的目标，以受托责任为主，兼顾决策有用；具体目标是根据使用者的多方面需求，由多个目标构成的目标体系，包括反映财政收支活动的合规性、评价政府财务状况和运营绩效、反映政府可持续履责能力等。[②]

二、政府会计目标体系的构建

目标是组织预期要求达到的目的或结果。政府会计目标是在一定历史环境条件下，人们通过会计实践活动而期望达到的境地或结果。政府会计目标是政府会计管理系统的逻辑起点，它决定了会计确认和计量等技术手段的选择，指引政府会计信息系统的供给和需求输入、运作和输出的方向，也是制定会计准则、会计制度的重要依据，还是事后对政府会计工作的优劣做出评价的标准。因此，政府会计目标的确定对政府会计系统来说是至关重要的。

为了解政府会计目标定位和功能界定，本课题组组织了一次专项调查。此次调查问卷的发放过程非常严谨，结束调查问卷的设计后，我们先在南京大学 EMBA 学员中进行了测试，根据测试的结果再重新修改问卷，以确保问卷设计的质量。此次调查问卷的发放渠道多样化，我们通过电子问卷的形式向随机抽取的政府部门发放，向财政部四类全国领军后备人才发放问卷，在调查对象的选择上考虑了全面性和多样化。本次调研共发出问卷 900 份，回收了电子问卷 84 份，纸质问卷 26 份，剔除信息严重缺失的 33 份，有效问卷为 77 份。

① 李建发：《政府财务报告研究》，厦门大学出版社 2006 年版。

② 张琦、张娟："政府会计改革：问题、对策与建议"，《会计研究》，2009 年第 10 期。

问卷调查的受访者涉及政府人员和非政府人员、会计背景人员和非会计背景人员。在77份有效回收问卷中，政府相关部门受访者共有32人，占样本的41.6%［其中政府机关人员占14.3%，财政部门人员占10.4%，事业单位（除高校与研究所）人员占16.9%］；高校中的受访者为10人，占样本的13.0%；企业的受访者为35人，占样本的45.4%；样本中不涉及研究所人员和自由职业者。样本的受访者年龄主要集中在25～45周岁，占了样本总人数的94.8%，25周岁以下和45周岁以上分别占2.6%。调查受访者中具有会计及相关专业技术职称的受访者共有63人，占样本的81.8%［其中28.6%的受访者有高级会计师、副教授、高级经济师等高级职称以上（含）的技术职务］，不具备相关职称的受访者共有14人，占样本的18.2%。下面我们来研究政府会计目标体系的构建问题。

根据政府会计目标定位的理论基础，结合中国现实背景，我们可以把中国政府会计的目标分为两个层次：基本目标和具体目标。

（一）基本目标定位

政府会计基本目标立足于政府会计的本质，主要包括三个方面，即受托责任观、决策有用观和管控决策观。

1. 基本目标的理论解析

我们从不同的分析角度，可以得出政府会计的不同的基本目标。

首先，政府接受人民的委托，管理公共社会资源，履行公共事务管理职能，政府会计能够帮助公众确定政府履行的受托责任，帮助公众评价政府提供服务水平及其绩效，帮助公众评估政府履行到期职责的能力，这体现了基本目标中的"受托责任观"。从这个方面来看，政府会计通过对外部的信息使用者提供财务报告，从而有效地克服组织外部与组织之间由于委托代理关系而产生的信息不对称，这是契约能够得以有效履行的重要保障。

其次，政府需要从外部筹集资金，募集公共资源，政府会计应该能够提供外部资源提供人或潜在的资源提供人正确决策的信息，这体现了基本目标中的"决策有用观"。从信息论和系统论的角度来看，政府会计可以为管理决策提供及时的信息支持，尤其是财务、成本等信息的支持，是管理者做出决策的有利工具。

最后，每级政府部门作为一个组织，它仅是整个庞大政府体系中的一部分，政府会计能够为上级政府部门评价其绩效服务，为经济、社会和政治决策服务，这体现了基本目标中的"管控决策观"。从这个角度来看，政府会计能够服务于组织的内部控制制度建设，完善内部控制体系，是克服组织内部委托代理关系中的信息不对称的有效手段。

总之，根据中国政府环境和信息使用者及其信息需求分析，中国的政府会计应该是综合“受托责任观”“决策有用观”和“管控决策观”的理念，我们应该将报告受托责任履行情况、提供有利于决策的信息和服务政府职能建设作为中国政府会计的基本目标。

2. 基本目标的调查分析

在此次调查问卷中，我们使用6个选项来分析政府会计的基本目标，即①作为政府资源配置的依据；②作为政府绩效考核的依据；③明确政府责任和履行情况的依据；④解除政府的受托责任；⑤为债权人提供决策依据；⑥作为检查监督政府官员违规的手段和依据。在分析之前，我们先把这些选项进行一个分类，把明确政府责任和履行情况的依据、解除政府的受托责任以及作为政府绩效考核的依据归为政府会计的受托责任观目标，把为债权人提供决策依据作为政府会计的决策有用观目标，把作为政府资源配置的依据、作为检查监督政府官员违规的手段和依据归为政府会计的管控决策观目标（如表4－2所示）。

表4－2　　政府会计基本目标的调查结果

基本目标	具体职能	已经	尚未	希望
受托责任观	明确政府责任和履行情况的依据	27.10%	72.90%	38.70%
	解除政府的受托责任	21.40%	78.60%	23.00%
	作为政府绩效考核的依据	52.10%	47.90%	32.50%
决策有用观	为债权人提供决策依据	45.80%	54.20%	33.80%
管控决策观	作为政府资源配置的依据	59.20%	40.80%	31.60%
	作为检查监督政府官员违规的手段和依据	32.90%	67.10%	46.10%

（续）

基本目标	具体职能	已经∩希望	尚未∩希望	已经∪希望
受托责任观	明确政府责任和履行情况的依据	1.30%	35.10%	64.50%
	解除政府的受托责任	1.30%	18.20%	43.10%
	作为政府绩效考核的依据	2.60%	26.00%	82.00%
决策有用观	为债权人提供决策依据	0.00%	29.90%	79.60%
管控决策观	作为政府资源配置的依据	2.60%	24.70%	88.20%
	作为检查监督政府官员违规的手段和依据	0.00%	41.60%	79.00%

在此基础上，我们可以得出以下统计分析结果（表中的数字表示的是在受访者中有多少比例的人认为该类信息已经、尚未或者希望在政府会计报告中反映，其中已经∩希望一列表示既选已经又选希望所占的比例，尚未∩希望一列表示既

选尚未又选希望所占的比例，已经∪希望一列表示已经和希望两者选其一的比例）。

观察表4－2的结果，表4－2中“已经”这一列，作为政府资源配置的依据占59.20%，作为政府绩效考核的依据占52.10%，其他选项都没有超过50%，由此可见，关于政府会计的三个基本目标，人们认为政府会计已经实现的目标还是比较有限的，还有相当大的发展空间，“尚未”这一列的统计结果也说明了这一点，其中，解除政府的受托责任比例最高，占78.60%，中外有关政府会计最高目标的主要观点是“政府财务报告的最高目标是解除受托责任”，这一高比例反映了政府会计信息的不足。“希望”这一列中，作为检查监督政府官员违规的手段和依据占据比例最高，占了46.1%，这反映了人们对于廉洁型政府的需求，要求政府信息公开透明；此外，明确政府责任和履行情况的依据占了38.7%，为债权人提供决策依据占了33.8%，这都是调查结果中占较大比例的选项，这三个选项可以说均匀分布在了政府会计的三个基本目标中。再看最后一列，这一列表示的是人们认为政府会计应该具备的职能、应该实现的基本目标，可见，受托责任观占的比例相对较小，决策有用观和管控决策观的比例较大，它们的作用也越来越大，这也是政府会计目标定位的一个方向。

（二）具体目标定位

基本目标需要通过具体目标来实现，基本目标是核心，统领具体目标；具体目标又是基本目标的体现；二者相辅相成，共同构建了一个完整的政府会计目标体系。政府会计的具体目标可以分为三大类，即反映政府财务状况、反映政府财务业绩和反映政府预算执行情况，在本问卷中，我们把政府会计具体目标细分为12类（见表4－3），并对这些目标的实现程度做了一个统计，统计结果如下：

从表4－3可以看出，总体说来，在“已经”这一列中，政府会计已经反映的信息已经比较全面，各个方面都有所涉及，但是这些信息还是局限在传统意义上的财务信息，例如反映政府资产负债状况、收入费用状况和预算执行状况等，而政府人力资源状况和包括文物古迹、自然资源在内的政府资产状况却没有得到很好的反映，还有待进一步的信息披露，这也是人们希望政府会计信息在未来能够反映的。

表 4-3 政府会计具体目标的调查结果

具体目标	具体信息	已经	尚未	希望
反映政府财务状况	反映净资产的情况	65.30%	34.70%	24.70%
	反映政府负债的情况	69.40%	30.60%	19.50%
	反映政府人力资源的情况	20.00%	80.00%	36.50%
	反映政府资产（含文物古迹）状况	21.90%	78.10%	36.40%
	反映政府资产（含文物古迹和自然资源）状况	23.90%	76.10%	33.30%
	反映政府资产（含自然资源）状况	24.70%	75.30%	35.10%
	反映政府资产（政府构建的实物资产）状况	71.80%	28.20%	22.70%
	反映政府资源状况	43.10%	56.90%	26.30%
反映政府财务业绩	反映政府成本费用状况	74.00%	26.00%	22.10%
	反映政府收入的情况	79.20%	20.80%	22.10%
反映预算执行和现金情况	反映政府预算执行的情况	78.10%	21.90%	14.30%
	反映政府现金状况	80.80%	19.20%	16.90%

（续）

具体目标	具体信息	已经∩希望	尚未∩希望	已经∪希望
反映政府财务状况	反映净资产的情况	1.30%	19.50%	88.70%
	反映政府负债的情况	1.30%	14.30%	87.60%
	反映政府人力资源的情况	0.00%	33.80%	56.50%
	反映政府资产（含文物古迹）状况	1.30%	31.20%	57.00%
	反映政府资产（含文物古迹和自然资源）状况	1.30%	29.90%	55.90%
	反映政府资产（含自然资源）状况	1.30%	29.90%	58.50%
	反映政府资产（政府构建的实物资产）状况	1.30%	19.50%	93.20%
	反映政府资源状况	0.00%	23.40%	69.40%
反映政府财务业绩	反映政府成本费用状况	2.60%	15.60%	93.50%
	反映政府收入的情况	1.30%	16.90%	100.00%
反映预算执行和现金情况	反映政府预算执行的情况	1.30%	9.10%	91.10%
	反映政府现金状况	1.30%	11.70%	96.40%

以下我们从政府会计已经反映的信息、尚未反映的信息、人们希望反映的信息以及交叉分析等几个方面进行统计分析。

1. 已经反映的信息分析

在政府会计已经反映的信息中，现金状况、收入状况、预算执行情况、成本费用情况和政府构建的实物资产状况都得到了较好的反映，这种情况与目前我国采取的预算制会计体系密切相关。在预算会计体系下，预算执行情况的反映是很重要的，预算会计采用的确认基础是收付实现制，以现金收支为基础，所以对经营状况、收入状况以及预算执行情况的反映比较突出，反映政府人力资源情况只占20%，对于政府资产状况的反映，则主要集中在政府构建的实物资产，其中，反映政府资产（含文物古迹和自然资源）状况只占23.90%，政府会计对文物资源和自然资源的反映还不是非常广泛。见表4－4。

表4－4　　　　政府会计已经反映的信息的调查结果

反映的信息	已经
反映政府现金状况	80.8%
反映政府收入的情况	79.2%
反映政府预算执行的情况	78.1%
反映政府成本费用状况	74.0%
反映政府资产（政府构建的实物资产）状况	71.8%
反映政府负债的情况	69.4%
反映净资产的情况	65.3%
反映政府资源状况	43.1%
反映政府资产（含自然资源）状况	24.7%
反映政府资产（含文物古迹和自然资源）状况	23.9%
反映政府资产（含文物古迹）状况	21.9%
反映政府人力资源的情况	20.0%

2. 尚未反映的信息分析

从表4－5可以看出，目前的政府会计信息对政府人力资源和含文物状况、自然资源的政府资产状况的反映相对匮乏，尚未反映政府人力资源的情况占80%，尚未反映政府资产（含文物古迹）状况占78.1%，尚未反映政府资产（含文物古迹和自然资源）状况占76.1%，尚未反映政府资产（含自然资源）状况占75.3%，这也是政府会计改革对于政府会计具体目标提出的新的要求。

表4－5　　　　政府会计尚未反映的信息的调查结果

反映的信息	尚未
反映政府人力资源的情况	80.0%
反映政府资产（含文物古迹）状况	78.1%
反映政府资产（含文物古迹和自然资源）状况	76.1%
反映政府资产（含自然资源）状况	75.3%

续表

反映的信息	尚未
反映政府资源状况	56.9%
反映净资产的情况	34.7%
反映政府负债的情况	30.6%
反映政府资产（政府构建的实物资产）状况	28.2%
反映政府成本费用状况	26.0%
反映政府预算执行的情况	21.9%
反映政府收入的情况	20.8%
反映政府现金状况	19.2%

3. 希望反映的信息分析

随着政府会计目标的变化与深入，政府会计所要包含的信息也要随之变化。从问卷的调查结果来看（见表4-6），人们希望政府会计应该着重反映人力资源情况、含文物古迹的政府资产和含自然资源的政府资产以及两者都包含在内的政府资产状况，这与政府会计改革的目标、与我国整个经济环境大背景也是相适应的。比如人力资源，它一直是外部投资者所关注的重点，但在会计信息中却不能准确反映，在我们的统计结果中，人们对于政府会计反映人力资源状况的诉求排在了第一位，占了36.5%，从中我们可以看到会计信息使用者对于人力资源状况的需求。在传统会计理念中，政府的资产一般是指政府构建的实物资产，而目前，政府资产的范围也在不断扩大，人们更多地关注包含文物古迹和自然资源的政府资产，这是政府资产范围的扩大在政府财务报告信息中的反映。我们看表中的数据，认为政府会计应该反映政府资产（含文物古迹）状况的比例占了36.4%，反映政府资产（含自然资源）状况占了35.1%，反映政府资产（含文物古迹和自然资源）状况占了33.3%，更多的人还是认为应该把文物古迹包含在内，把自然资源包含在内的相对较少。

表4-6的最后两行显示，人们希望政府会计反映现金状况和预算执行情况的比例相对较小，这与政府会计改革的趋势是一致的，要由预算会计向政府会计发展。

表4-6　　希望政府会计反映的信息的调查结果

反映的信息	希望
反映政府人力资源的情况	36.5%
反映政府资产（含文物古迹）状况	36.4%

续表

反映的信息	希望
反映政府资产（含自然资源）状况	35.1%
反映政府资产（含文物古迹和自然资源）状况	33.3%
反映政府资源状况	26.3%
反映净资产的情况	24.7%
反映政府资产（政府构建的实物资产）状况	22.7%
反映政府收入的情况	22.1%
反映政府成本费用状况	22.1%
反映政府负债的情况	19.5%
反映政府现金状况	16.9%
反映政府预算执行的情况	14.3%

4. 政府会计反映信息的交叉分析

表4－7反应了政府会计已经反映并且希望反映的信息之间的关系。

表4－7　　　　已经并且希望政府会计反映的信息的调查结果

反映的信息	已经∩希望
反映政府成本费用状况	2.6%
反映政府资产（政府构建的实物资产）状况	1.3%
反映政府资产（含自然资源）状况	1.3%
反映政府资产（含文物古迹和自然资源）状况	1.3%
反映政府资产（含文物古迹）状况	1.3%
反映政府预算执行的情况	1.3%
反映政府现金状况	1.3%
反映政府收入的情况	1.3%
反映政府负债的情况	1.3%
反映净资产的情况	1.3%
反映政府资源状况	0.0%
反映政府人力资源的情况	0.0%

表4－8反应了政府会计尚未并且希望反映的信息之间的关系。

表4－8　　　　尚未并且希望政府会计反映的信息的调查结果

反映的信息	尚未∩希望
反映政府人力资源的情况	33.8%
反映政府资产（含文物古迹）状况	31.2%

续表

反映的信息	尚未∩希望
反映政府资产（含自然资源）状况	29.9%
反映政府资产（含文物古迹和自然资源）状况	29.9%
反映政府资源状况	23.4%
反映政府资产（政府构建的实物资产）状况	19.5%
反映净资产的情况	19.5%
反映政府收入的情况	16.9%
反映政府成本费用状况	15.6%
反映政府负债的情况	14.3%
反映政府现金状况	11.7%
反映政府预算执行的情况	9.1%

该调查结果与表4－6的调查结果基本一致，人们对于政府会计尚未反映全面的政府人力资源状况和包含文物古迹、自然资源在内的政府资产状况有着信息诉求，相应的比例较高，分别为33.8%、31.2%、29.9%、29.9%。

表4－9显示，人们认为政府会计应该实现的具体目标，所有选项的比例都超过了50%，除了上面说到的政府人力资源情况和包括文物古迹、自然资源在内的政府资产状况所占比例相对较少外，其余都达到了85%以上。人们认为政府会计应该反映的信息还是主要集中在传统意义上的会计信息，其中，反映政府收入的情况达到了100%，在传统理念中，政府是非营利组织，是为社会服务的，是不需要确认收入的，而这里的100%正反映了人们对于政府经营管理模式向企业发展的希望。上表中，反映政府人力资源情况占56.5%、反映含文物古迹和自然资源的政府资产情况占55.9%，我们分析其中的原因，在企业会计中，关于人力资源状况和拓展的资产状况的确认问题就一直存在争议，同样，政府会计也是如此，因而这两项所占比例较小。

表4－9　　　　政府会计应该反映的信息的调查结果

反映的信息	已经∪希望
反映政府收入的情况	100.0%
反映政府现金状况	96.4%
反映政府成本费用状况	93.5%
反映政府资产（政府构建的实物资产）状况	93.2%
反映政府预算执行的情况	91.1%

续表

反映的信息	已经∪希望
反映净资产的情况	88.7%
反映政府负债的情况	87.6%
反映政府资源状况	69.4%
反映政府资产（含自然资源）状况	58.5%
反映政府资产（含文物古迹）状况	57.0%
反映政府人力资源的情况	56.5%
反映政府资产（含文物古迹和自然资源）状况	55.9%

四、政府会计职能界定的调查分析

会计职能是会计所固有的、客观存在的，它随着会计的发展和人们认识的不断深化而不断完善，它是会计的本质属性。企业的会计职能包括反映、监督、控制、核算、评价、预测决策以及管理等方面，范围之广，从基本的核算职能推广到较高层次的预测、管理等职能，是一种层层递进的关系，从企业会计职能推广到政府会计职能，也是如此。政府会计职能也称政府会计功能，在政府会计的改革过程中，职能必须不断更新，顺应时代要求及信息使用者的需求。政府不同于企业，它有宏观管理层面的特殊性，这就决定了政府会计的职能有区别于企业会计职能的地方。政府会计职能涵盖范围很广，从最基本的反映政府受托责任，到为信息使用者提供决策依据，再到深层次的促进各项体制改革，下面我们主要对政府会计职能进行统计分析。

（一）政府会计职能调查分析的总体状况

此问卷中涉及政府会计的 12 个职能，我们对这些职能的实现程度做了一个统计，总体的统计结果如表 4－10。

表 4－10　　政府会计具备职能的调查结果

政府会计职能	已经	尚未	希望
促进财政体制改革的工具	29.20%	70.80%	46.10%
促进行政体制改革	19.40%	80.60%	51.30%
促进政府公开透明的职能	18.30%	81.70%	51.30%
促进政治体制改革	15.10%	84.90%	51.90%

续表

政府会计职能	已经	尚未	希望
解除政府的受托责任	21.40%	78.60%	23.00%
明确政府责任和履行情况的依据	27.10%	72.90%	38.70%
完善公共治理的基础	17.80%	82.20%	51.90%
为债权人提供决策依据	45.80%	54.20%	33.80%
作为宏观调控和管理的依据	59.70%	40.30%	32.90%
作为检查监督政府官员违规的手段和依据	32.90%	67.10%	46.10%
作为政府绩效考核的依据	52.10%	47.90%	32.50%
作为政府资源配置的依据	59.20%	40.80%	31.60%

（续）

政府会计职能	已经∩希望	尚未∩希望	已经∪希望
促进财政体制改革的工具	0.00%	41.60%	75.30%
促进行政体制改革	0.00%	46.80%	70.70%
促进政府公开透明的职能	0.00%	46.80%	69.60%
促进政治体制改革	0.00%	48.10%	67.00%
解除政府的受托责任	1.30%	18.20%	43.10%
明确政府责任和履行情况的依据	1.30%	35.10%	64.50%
完善公共治理的基础	0.00%	48.10%	69.70%
为债权人提供决策依据	0.00%	29.90%	79.60%
作为宏观调控和管理的依据	1.30%	27.30%	91.30%
作为检查监督政府官员违规的手段和依据	0.00%	41.60%	79.00%
作为政府绩效考核的依据	2.60%	26.00%	82.00%
作为政府资源配置的依据	2.60%	24.70%	88.20%

从表 4－10 可以看出，政府会计在宏观调控和管理以及资源配置上的功能发挥地较好，而且能够用来作为绩效考核的依据。但是在促进行政、政治体制改革和完善公共治理方面却没有发挥完全，这是政府会计改革中需要完善的功能。

（二）政府会计功能调查分析的具体状况

为了便于分析比较，我们把表 4－10 的各选项拆分，分别排序，进行统计分析。

1. 已经具备的职能分析

从表 4－11 可以看出，在政府会计已经具备的职能中，作为宏观调控和管理的依据占 59.7%，作为政府资源配置的依据占 59.2%，作为政府绩效考核的依据占 52.1%，比例都超过了 50%，说明政府会计在这几方面的作用发挥地较为完全，而且这几项职能都是传统的受托责任观的一种体现。表 4－11 的最后四项功能所占的比例都小于 20%，政府会计改革最近才被提起，政府会计信息在促进体制改革和完善公共治理方面的功能还有待进一步加强，它们是政府会计需要完善的功能。

表 4－11　　　　政府会计已经具备的职能的调查结果

职　　能	已经
作为宏观调控和管理的依据	59.7%
作为政府资源配置的依据	59.2%
作为政府绩效考核的依据	52.1%
为债权人提供决策依据	45.8%
作为检查监督政府官员违规的手段和依据	32.9%
促进财政体制改革的工具	29.2%
明确政府责任和履行情况的依据	27.1%
解除政府的受托责任	21.4%
促进行政体制改革	19.4%
促进政府公开透明的职能	18.3%
完善公共治理的基础	17.8%
促进政治体制改革	15.1%

2. 尚未具备的职能分析

调查结果显示，占总人数 84.9% 的人认为政府会计不具备促进政治体制改革的功能，在传统的预算会计体制下，是政治体制改革引发了政府会计的改革，政治体制是导火索，反过来政府会计在促进政治体制改革方面的作用却经常被人们忽视。完善公共治理的基础、促进政府公开透明的职能和促进行政体制改革占的比重也较大，都超过了 80%，表明政府会计的反作用职能以及促进政府公开透明的职能都有待加强。

表 4－12　　　　政府会计尚未具备的职能的调查结果

职　　能	尚未
促进政治体制改革	84.9%
完善公共治理的基础	82.2%
促进政府公开透明的职能	81.7%

续表

职　　能	尚未
促进行政体制改革	80.6%
解除政府的受托责任	78.6%
明确政府责任和履行情况的依据	72.9%
促进财政体制改革的工具	70.8%
作为检查监督政府官员违规的手段和依据	67.1%
为债权人提供决策依据	54.2%
作为政府绩效考核的依据	47.9%
作为政府资源配置的依据	40.8%
作为宏观调控和管理的依据	40.3%

3. 希望具备的职能分析

表4－10中，完善公共治理的基础、促进政治体制改革、促进政府公开透明的职能和促进行政体制改革的比例都超过了50%，在此次会计改革中，人们对于政府会计职能的预期有所变化，主要集中在完善公共治理、促进政治体制改革、政府信息公开透明、促进行政体制改革等方面（见表4－13），可见，人们预期中的政府会计职能更偏向于信息促进与完善方面的功能，原先的政府会计职能只是把政府会计作为一种管理手段和管理的依据，而现在，人们对于政府会计职能的预期不再仅限于政府自身，更多的是关注政府会计对宏观环境及体制改革的反作用力，反映的是政府会计在整个宏观环境中的促进作用。

表4－13　　　　希望政府会计具备的职能的调查结果

职　　能	希望
完善公共治理的基础	51.9%
促进政治体制改革	51.9%
促进政府公开透明的职能	51.3%
促进行政体制改革	51.3%
作为检查监督政府官员违规的手段和依据	46.1%
促进财政体制改革的工具	46.1%
明确政府责任和履行情况的依据	38.7%
为债权人提供决策依据	33.8%
作为宏观调控和管理的依据	32.9%
作为政府绩效考核的依据	32.5%

续表

职　　能	希望
作为政府资源配置的依据	31.6%
解除政府的受托责任	23.0%

4. 政府会计具备职能的交叉分析

表 4－14 分析的是政府会计已经具备和希望具备的职能之间的关系。

表 4－14　　　　已经并且希望政府会计具备的职能的调查结果

职　　能	已经∩希望
作为政府资源配置的依据	2.6%
作为政府绩效考核的依据	2.6%
作为宏观调控和管理的依据	1.3%
明确政府责任和履行情况的依据	1.3%
解除政府的受托责任	1.3%
作为检查监督政府官员违规的手段和依据	0.0%
为债权人提供决策依据	0.0%
完善公共治理的基础	0.0%
促进政治体制改革	0.0%
促进政府公开透明的职能	0.0%
促进行政体制改革	0.0%
促进财政体制改革的工具	0.0%

表 4－15 分析的是政府会计尚未并且希望具备的职能之间的关系。

表 4－15　　　　尚未并且希望政府会计具备的职能的调查结果

职　　能	尚未∩希望
完善公共治理的基础	48.1%
促进政治体制改革	48.1%
促进政府公开透明的职能	46.8%
促进行政体制改革	46.8%
作为检查监督政府官员违规的手段和依据	41.6%
促进财政体制改革的工具	41.6%
明确政府责任和履行情况的依据	35.1%
为债权人提供决策依据	29.9%
作为宏观调控和管理的依据	27.3%

续表

职　　能	尚未∩希望
作为政府绩效考核的依据	26.0%
作为政府资源配置的依据	24.7%
解除政府的受托责任	18.2%

表 4-15 的调查结果与表 4-13 的结果一致，人们预期政府会计具备的职能主要包括完善公共治理的基础、促进政治体制改革、促进政府公开透明的职能和促进行政体制改革等方面。

表 4-16 显示，在人们的预期中，政府会计已经具备的几项主要职能仍然占较高比例，均超过 80%，分别是作为宏观调控和管理的依据、作为政府资源配置的依据和作为政府绩效考核的依据，这也是传统意义上的政府会计职能。我们还可以看到，在调查中，人们认为政府会计应该具备的职能非常广泛，促进体制改革等方面的职能的比例也超过了某些履行受托责任职能的比例，可见，人们对于政府会计职能的要求有所提高，从受托责任、决策有用到管控决策的方方面面，并且越来越关注政府会计在整个宏观环境中的促进作用。

表 4-16　　政府会计应该具备的职能的调查结果

政府会计职能	已经∪希望
作为宏观调控和管理的依据	91.3%
作为政府资源配置的依据	88.2%
作为政府绩效考核的依据	82.0%
为债权人提供决策依据	79.6%
作为检查监督政府官员违规的手段和依据	79.0%
促进财政体制改革的工具	75.3%
促进行政体制改革	70.7%
完善公共治理的基础	69.7%
促进政府公开透明的职能	69.6%
促进政治体制改革	67.0%
明确政府责任和履行情况的依据	64.5%
解除政府的受托责任	43.1%

（三）政府会计功能的射程和边界

事物的划分不是绝对的，政府会计的功能并不是一成不变的，它会随着政府会计改革的进行而不断扩大，甚至有可能跨越学科之间的边界，发挥其他形式会计的功能。政府会计的射程是由政府会计功能引发的发展问题，而政府会计边界则主要是由学科之间的关系引发的联系问题，这是关系政府会计内外两方面的问题。为了更好地发挥政府会计的功能，建立完善的政府会计体系，我们有必要了解政府会计的内外部关系，对政府会计功能的射程和边界有清楚的了解。

政府会计的改革愈演愈烈，为了适应政府会计不断深化与发展的需要，我们在研究政府会计功能射程和边界的过程中，必须重点把握政府组织经济模式的变迁特征及未来走向，在此基础上，明确政府会计的功能以及它与其他形式会计的差别。同时，我们要对政府会计工具灵活地予以融合，在当前复杂的经营环境下，只有在现有的政府会计系统中，通过各种管理方法的有机整合，才能最大限度地发挥政府会计的功能，使政府会计功能的射程达到最大化。此外，我们可以突破学科之间的边界，以自主性与开放性相结合的原则进行政府会计的学科建设，敢于突破边界、跨越边界，充分发挥政府会计功能的内在属性，围绕经营环境的变迁不断拓展政府会计的射程与边界，并进一步强化政府会计的功能。

五、小结

本章主要研究了政府会计改革过程中的政府会计目标定位与功能界定问题，并通过调查问卷的统计结果给予进一步证明。政府会计的目标和功能是政府会计改革中的重点，明确政府会计的目标和功能是新公共管理的要求，具有非常重要的现实意义。

1. 政府会计目标定位将关系到政府职能的有效发挥

我们把传统的政府角色定位为管制型政府或统治型政府，在这样的角色定位下，政府执掌甚至垄断着社会的公共权力，并根据这种权力，与人民形成一种管制与被管制、统治与被统治的两极关系，此时的政府职能就是管制。在这样的关系中，人民缺乏公共利益的概念，缺乏对于公共事务的责任，此时，政府与社会、官员与百姓之间就缺乏一种合作的基础和机制，因而执政治国、管理社会的难度就相对较大，治理的成本也就相对较高。

如今，政府的角色定位已经转变为服务型政府，这是政府改革和发展的价值取向。虽然政府仍然执掌并行使着社会的公共权力，履行着管理公共管理的职责，但是它只是执行人，而事实上权力的源泉在于人民，政府只是受人民委托，为其行使权力，此时的政府职能则是服务人民，其本质是一种向社会、向人民提供服务的主体。在这样的绩效型、服务型政府趋势下，政府会计首先要满足各种信息使用者的需求，将政府履行受托责任情况予以披露，并要提供对信息使用者的决策有用的信息，也就是前面所述的三个基本目标，包括管控决策观、受托责任观和决策有用观。只有明确了政府会计的目标定位，实现了这三个基本目标，才能真正发挥服务型政府的职能。

2. 政府会计功能的界定将有利于公共财政框架体系的构建

我国要构建的新型公共财政框架体系是：在借鉴西方公共财政理论的前提下，结合我国经济发展的实际情况，以国家分配论为核心，在保证公共物品供给充足的基础上，适当地提供一部分准公共物品与私人物品，从而建立起收入合理、支出科学、管理有效的新型财政框架体系。

这样的新型公共财政框架体系的建立要以政府会计信息为辅助，以国家分配论为核心要求政府会计提供有关资源配置方面的信息，并以此进行宏观调控和管理；为了保证公共物品的充足供给，就要求政府会计促进政府公开透明，明确政府的受托责任履行情况；政府会计还要能促进行政、政治体制改革，完善公共治理。这些都是政府会计的功能所在，可见，政府会计功能与公共财政框架体系的构建密切相关。我们要准确界定政府会计的功能，并且充分发挥这些功能，以建立新型的公共财政框架体系。

第五章

政府会计概念框架结构

第一节 概　　述

一、问题界定与意义

按照 FASB 的最新定义“概念框架是相互联系的目标与基本概念协调一致的体系。这些目标和基本概念可引出前后一贯的准则，并对财务会计及报告的性质、作用和局限性做出规定”。学界认为，概念框架可以为分析、评估和指导会计准则的发展提供理论基础，增加会计准则内容的一致性；有利于帮助解决实践中出现的新问题，从而减少因会计准则未能及时随环境条件变化而带来的问题，提高财务报表的可靠性（葛家澍、林志军，2001）；高质量的政府会计概念框架还可以顺应绩效政府、透明政府等公共治理改革以及公共财政改革以至政治体制改革的潮流，提高政府会计的公信度和权威性。

研究政府会计概念框架是丰富和完善政府会计理论的一项重要的基础性工作。构建一个体现政府会计特征的概念框架具有重大的理论价值和实践意义。政治上，政府与民众之间存在着受托责任关系。会计作为解除受托责任的一种制度安排，理应发挥重要作用。如果没有公认的、统一的政府会计概念框架作为指导，将不利于政府会计准则体系建设和政府会计实践发展，势必影响政府与民众的交流，甚至影响政治体制改革。实践上，在新公共管理运动的推动下，政府管理实践优化和公共治理改革需要政府会计加以改革，这已被西方国家政府会计改革实践充分印证。

近年来，政府会计研究和实践在世界范围内取得了巨大的发展。许多国家的准则制定机构已经建立了政府会计概念框架，并在概念框架的指导下构建了政府会计准则。在我国，完整的政府会计准则体系尚未建立，建立政府会计概念框架既是会计理论发展的需要更是政府会计实践的迫切要求。建立政府会计概念框架首要的问题是要确定这个框架应该包含哪些内容，学者们对此进行了卓有成效的研究。然而，广泛的共识尚未达成。本章试图对这些问题进行一定的探讨，提出个人的一管之见供相关研究者讨论、供准则制定者指正。

二、关于建立政府会计概念框架的文献回顾

回顾已有的研究，我们发现，20世纪80年代后期，有学者（Lapsley，1988）指出“缺乏一个能指导公共部门会计原则和实践的理论背景框架”是20世纪80年代公共部门会计研究活动最为突出的特征。June Pallot（1992）认为当时政府会计还没有一套完整的框架体系。实际上，一些OECD国家自上世纪80年代开始在政府会计领域就进行了广泛研究，GASB与FASAB分别就政府财务报告的目标、信息质量特征等问题发布了的概念公告；澳大利亚和英国政府会计采用与企业会计相同的概念框架；国际公共部门会计准则委员会也已经发布了部分概念框架。

对于如何选择政府会计概念框架主导思想这一问题，有人提出政府会计概念框架与企业会计概念框架归一化论、政府会计信息使用者决策有用论、解除受托责任论等（陈立齐，2004）。有人认为政府会计概念框架应考虑来自企业的会计信息与政府部门组织的受托责任和绩效的相关性（李元、杨薇钰，2005）。还有人认为政府会计概念框架的建立应在国际比较的基础上，立足国情，建立符合我国现实环境要求、以政府会计目标为逻辑起点的政府会计概念体系（陈小悦、陈璇，2005；北京市预算会计研究会，2006等）。李建发（2010）认为，从长远趋势看，随着新公共管理思想的不断深入和政府改革的逐步推进，企业化的政府改革是必然趋势。同样，政府会计规范逐步向企业会计规范靠拢也是大势所趋。另外，构建政府财务报告概念框架应当在借鉴国外和国际公共部门会计准则制定机构经验的同时，充分考虑我国政府特定的环境、政府财务运行的特点、公共财务/财政管理的要求和政府财务报告使用者的需求。

在具体概念框架问题上，有人认为我国的政府会计概念框架可以分为三个

层次：会计基本假设、会计对象和会计目标；会计要素、会计信息质量特征；会计要素的确认、计量、记录与报告（贝洪俊，2005）。陈小悦（2005）认为可以分为五个层次：政府会计目标和财务报告目标，政府会计基础，政府会计信息的质量特征，政府会计信息的限制因素、会计基本假设和基本原则，政府财务报告及其会计报表要素等。李建发（2010）认为构建政府财务报告概念框架时，除了常规的基本概念如财务报告目标、财务信息质量特征、财务报告主体与范围、财务报表要素及其确认与计量等以外，还应当考虑预算会计与报告、政府绩效报告等可能涉及的基本概念。荆新（2010）认为我国政府会计概念框架应该包括政府会计目标、政府会计主体、政府会计信息的质量特征、政府会计要素的分类与定义、政府会计要素的确认与计量、政府综合会计报告等六个方面。

三、研究思路

以上这些观点都有一定的道理，他们有重合，有交叉，也有不同。距离达成共识已经不远。但如何达成共识呢？本章考虑是否先从基本理论上分析政府会计概念框架应该包含哪些内容；其次，探讨国际上现有的政府会计概念框架结构，分析其环境的适用性和对实践的指导性，找出对我国政府会计概念框架可借鉴的部分；再次，探讨现有的企业财务会计概念框架的结构，找出企业会计环境与政府会计环境的区别和联系，归纳出企业财务会计概念框架中可以借用于政府会计概念框架中的内容，以及政府会计环境及特征所决定的政府会计概念框架特有的结构组成部分。

我国政府会计概念框架的建立要满足政府会计理论和实务发展的需要，适合我国的特定的政府会计环境，只有这样才能提高政府会计概念结构的有效性和广泛的认同性。同时，在建立我国的政府会计概念框架之前有必要学习和借鉴现有的概念框架结构。本书第三章提出，要建立一个普遍适用和广泛认同的政府会计概念框架，则需要有一个公认的整体分析模型。以这个整体分析模型为公共平台，充分讨论政府会计概念框架所涉及的各种问题。这个整体分析模型还可以用于评判现有的概念框架是否适用于现实环境。

本章拟依据第三章构建政府会计概念框架整体分析模型探讨政府会计概念框架结构的主要内容。

第二节　政府会计概念框架内容的理论推导

政府会计概念框架应该包含哪些内容？回答这个问题实际上就是要对诸如“政府会计是干什么的？政府会计核算谁的经济内容？其提供的产品是否应该有质量要求？”等问题做出严谨的回答。

一、政府会计是干什么的？

根据系统论原理，任何系统，尤其是人造系统，它的运行，它应发挥的功能，它输入、变换和输出的内容、程序与方法等等，都要服从于系统的目标。在构造一种起服务职能的理论体系中，第一个程序是建立职能的目的和目标。“任何研究领域的起点都是提出研究的界限和确定它的目标”（E. S. Hendriksen，1982）。虽然，随着时间的推移，目的和目标会变动。但在任何时期，目的和目标都必须规定明白或有可能明白地予以规定（C. T. Deuine，1960）。因为目标是管理活动的客观要求，规定着管理客体的发展方向，是考评的标准（宫本欣，1990）。要回答“政府会计是干什么的”这个问题实际上就是要探讨政府会计的目标。

对会计目标的研究是研究其他会计概念的前提，政府会计也不例外。1971年4月AICPA成立了由罗伯特·特鲁布罗德（Robert Trueblood）负责领导的“财务报表目标研究小组”。他们于1973年10月提出了特鲁布罗德报告[①]。FASB自成立就充分认识到财务会计目标对会计准则制订的重要性，十分明确地规定目标要起“指引方向”的作用，并立即着手全面研究。在1976年的文献《概念结构研究项目的范围与涵义》中就提出，财务会计的目标应列为财务会计概念框架的最高层次。会计目标体系主要需回答为谁服务、向谁提供信息及提供什么信息的问题。他们认为：概念框架是由目标和相关联的基本概念组成的逻辑严密的体系，目标是财务会计的目的和宗旨。美国会计学家莫斯特（K. S. Most）也指出，“在过去十年中，似乎普遍接受了这样的看法：只有财务报告准则是以一致的目标为基础，准则才能成为有用的和有效的”。从这些研究中可以看出会计概念框架的第一个内容就是要规定会计的目标，政府会计概念框架也不例外。

① 亦即《财务报表的目标》。

二、核算谁的经济活动?

一方面，会计学是建立在一定假设基础上的一门学科，会计假设构成了会计基本理论的基础，而会计主体假设是所有会计假设的基础，它制约着其他会计假设。会计主体假设为会计核算确定空间范围，明确了会计对谁所掌握的经济资源、承担的负债、开展活动的经济内容进行核算和报告。另一方面，会计作为一个信息系统，反映谁的信息是首先要明确的问题，这是一个基本常识。

政府会计是会计大家庭中的一个分支，他的发展和完善同样需要首先确立会计主体。所以，政府会计概念框架中也需要规定相应的政府会计主体。

三、会计成果是否应该有质量标准?

根据管理学观点，管理标准不仅是分工协作、流水线生产以至经济国际化的先决条件，而且是现代管理的基础，很多管理活动只有在管理标准确定以后才便于开展。会计活动也不例外，只有确定了有关会计信息的质量标准，会计规范工作才能落到实处。会计质量特征的规定能够使会计信息有效地符合会计目标质的规定性，亦即对“会计信息使用者需要什么信息?”提出质的保证，它是会计目标与会计要素、会计确认与计量等的中介。它主要回答：什么样的会计信息才算有用或有助于决策。通过会计信息的质量特征，目标才能贯穿于财务会计的有关确认、计量、记录、报告等处理程序和会计政策选择之中。

会计信息质量特征研究在整个概念框架中处于非常重要的地位，它是连接财务会计目标和其他概念框架要素的“桥梁”。FASB 认为，“会计信息的质量特征或质量的确定构成信息有用性的成分。因此，它们是在进行会计选择时所应追求的质量标志”。一般地，会计信息质量特征是选择或评价可供取舍会计准则、程序和方法的标准，是对财务报告目标的具体化；它比目标更具体地指导财务会计的确认、计量、记录和信息传递等。

四、信息使用者需要哪些政府会计信息?

会计作为一个信息系统的主要工作就是要加工和输出信息，会计信息只有传播给信息使用者才能发挥作用。美国传播学家施拉姆认为传播的实质就是处理某种信息。在信息如何传播的问题上，美国传播学家拉斯韦尔提出了包含：谁

(who)？说什么（what)？向谁说（To Whom)？通过什么渠道（What channel)？取得什么效果（What effecf)？等五要素的5W传播模式（拉斯韦尔，1948)。

传播什么的问题在政府会计里就是向信息使用者提供哪些政府会计信息的问题。一般认为，会计起源于考核委托人对受托人经管责任的需要。通过对所有者委托资源和受托人在各个时点所控制资源的计量和对这些资源的使用及其效果的计量，如实反映财产的受托人对财产委托人的经管责任。除此之外，政府会计还提供有助于信息使用者判断政府信誉度、未来现金流量、财政资金及其相应的要求权以及财政资金提供持续服务的能力等（约瑟夫·拉扎克等，2002)。所以，政府会计与企业会计一样要设定会计要素反映信息使用者的需要。

会计要素一方面是会计报表项目的基本分类，是会计报表借以构成的“积木”。另一方面，可以理解为会计处理对象的具体化，即把会计对象用会计特有的语言加以表达。在概念框架中对基本要素进行恰当地分类和定义，可据以判断具体事项是否符合某一要素的主要特性，从而成为政府财务会计对经济事项进行正确的确认、计量和报告的必要条件，这也是有效制订和应用具体会计准则的一个重要依据。

五、如何得到所需要的政府会计信息？

政府会计概念框架要设立要素来规范政府会计应该反映什么，那么，现实中的交易或事项是不是应该进入会计要素？具体计入哪个要素？什么时候进入？数量是多少？这都需要确认和计量。在财务会计上，确认对实现会计报告的目标以及具体会计处理程序、规则的选择都有重要的制约作用。

财务会计的确认涵义在早期的会计文献中已经存在，如AICPA的第1号《会计名词公报》把会计定义为对经济活动中至少带有会计性质的方面进行识别、选择、分类、记录、计算、汇总和报告的一种工作，其中识别、选择就是确认问题。FASB在概念框架研究中安排了对确认问题的专门研究，并于1984年12月正式发表了《企业财务报表的确认和计量》(SFAC No.5)，第一次对确认概念和确认的标准作了规定。该报告认为：“确认是指把一个事项作为资产、负债、收入和费用等正式加以记录和列入财务报表的过程。确认包括用文字和数字来描述一个项目”。

如果把确认更多的看成是在会计中确定经济活动质的规定性，那么，计量就是在会计中确定经济活动量的规定性。“会计就是一个计量过程”。早在1966年AAA的《基本会计理论说明书》就提出，会计就是要计量和传递一个经济主体活动中的数量信息。在1970年APB的第4号报告中提出，会计的功能在于提供有关经济主体的数量信息，数量信息是信息使用者经营决策所需信息的基础。井尻雄士（Yuri Iriji）教授在1979年也指出“会计计量是会计系统的核心职能”，在从簿记向会计的转化过程中，会计计量是一个重要的推动力。

六、通过什么方式把政府会计信息提供给使用人？

拉斯韦尔5W传播模型中的通过什么渠道传播的问题在政府会计信息系统里主要是政府会计信息的输出问题。而在会计系统中一般借助于财务报告输出使用者需要的有用信息。一般来说，在政府会计系统中，政府财务报表是政府财务报告的核心，是把政府财务信息传递给信息使用人的主要手段。正如APB在第4号报告书中指出：“财务报表是一种媒介，藉此，财务会计所累积、处理的数据和信息，能得以按期传递给使用者。”因此，政府会计概念框架需要对财务报告加以规范。

综上所述，政府会计概念框架最起码应该规范政府会计的目标，政府会计主体，政府会计信息的质量特征，政府会计要素，确认与计量（包括确认原则、确认基础、确认条件、确认程序、计量属性等），政府会计报告（包括报告主体、会计报表、补充信息等）等内容。

第三节 政府会计概念框架结构的国际借鉴

美国政府会计准则制定机构从上世纪80年代开始建立政府会计概念框架，近年来一些国际组织也开展了大量研究工作为概念框架的建立奠定了基础。现在框架中有代表性的有：美国政府会计准则委员会（GASB）发布的4份概念公告；美国联邦会计准则咨询委员会（FASAB）发布的5个概念公告；英国财务会计手册、国际公共部门会计准则委员会（IPSASB）的概念框架等。本节就上述已有的概念框架探讨其结构特征，通过对比分析，试图从中找出具有普遍借鉴意义的概念框架结构。

一、FASAB和GASB的政府会计概念框架结构

GASB自1984年成立至2007年，共发布了《财务报告目标》《关于政府服

务绩效报告概念》《通用目的对外报告沟通方法》《财务报告要素》等四份概念公告。他们组成政府会计概念框架，具体包括：（1）财务报告的目标及其信息特征；（2）绩效报告的目标、要素、绩效报告的信息特征；（3）补充信息的披露方法；（4）财务报告要素。FASAB 自 1991 年成立至 2006 年共发布了《联邦财务报告目标》《实体和列示》《管理讨论与分析》《美国政府合并财务报告计划：目标审计和质量特征》《应计制财务报表要素定义和确认》等五个概念公告。这五个概念公告组成当前美国联邦政府会计概念框架，具体包括：（1）财务报告目标；（2）财务报告信息质量特征；（3）成本和收益衡量；（4）财务报告主体；（5）会计要素及其确认计量；（6）管理层的讨论与分析。

总体来说，两个概念框架一致的地方是都包含财务报告目标、要素、确认和计量、财务报告信息特征、“管理层讨论与分析”与“补充信息披露”等内容。区别是：FASAB 概念框架还包括成本收益原则、财务报告主体的确认与报告主体行动目的以及财务活动的结果（威尔逊等，2004），着重强调了财务报告的主体，认为明确财务报告的主体能更好的明确会计核算的范围、明确主体所控制的资源和承担的负债，并减少财务报告因主体不清而造成的遗漏，为合并政府财务报告奠定基础。并且在政府会计中，区分会计核算主体与财务报告主体。GASB 概念框架考虑了绩效报告及其特征，在《通过目的对外报告的传递方法》中提供了在对外财务报告内某些信息事项的可选择方法，对财务报告补充信息在确认、计量方面提供概念指引，弥补财务报告信息的局限性和不足。

另外，这两个框架分别通过“管理层的讨论与分析”与“补充信息的披露”强调政府财务报告辅助信息的披露。“管理层的讨论与分析”被认为是一个“重要的传导机制”：（1）传递管理者对报告主体理解程度的信息；（2）增强联邦通用财务报告的可理解性和有用性；（3）提供关于主体及其运作、服务成本、成功程度、挑战和未来发展的若干信息等。

FASAB 在概念公告第 3 辑就对“管理层的讨论与分析”进行了专门地讨论。《管理层的讨论与分析》指出，通用目的的财务报告应当包含“管理层的讨论与分析”这个部分。这个部分应当阐述实体的业绩评价、财务报告、体系与控制、规章制度的遵循，以及对报告问题已经或计划采取的行动。同时，这部分内容也应当包括重大事项、状况、趋势以及可能对未来运营产生影响的不确定事项。通过对这些信息的提供与披露，“管理层的讨论与分析”能够增加财务报告的可理解性和有用性，提供财务报告在运营、服务水平、成果、机遇和未来等方面更加广泛的信息，而这些信息一部分来自于其他的政府部门报告。也就是说，这部分内容对财务报告起辅助作用。

GASB 在概念公告《通用目的对外报告的传递（communication）方法》就阐述了基本财务报告、基础财务报告的解释（notes）以及支持性信息之间的关系。这份概念公告提供了在对外财务报告内披露某些信息事项的可选择方法。这些方法包括基本财务报告的确认、对基本财务报告解释的披露、必要补充信息的呈报以及补充信息的披露。通过对这每一种呈报方法的定义、标准的设定来帮助财务报告的信息提供者采用恰当的方法以便于有用信息纳入报告体系。确认方法的一致性可便于使用者理解财务报告信息的性质。这份公告同样也是对财务报告补充信息在确认、计量方面的概念指引，同样也是为了补充财务报告的信息不足问题。

政府活动涉及大量非盈利活动，难以用收益、成果、利润和货币性的信息加以衡量，采用某些会计方法计量后可能会造成公众不易理解的困境。通过规范补充信息的确认、计量、披露是一种可以加以考虑的手段。

二、IPSASB 的政府会计概念框架

虽然，国际公共部门会计准则委员会尚未建立公共部门会计概念框架，但是，国际公共部门会计准则委员会（IPSASB）下设的公共部门会计概念框架委员会 2007 年 3 月 26 日在香港召开会议，研讨公共部门财务报告目标、财务报告范围、报告主体和财务报告定性特征等内容。IPSASB 曾计划利用全球资源，在 6 年时间（从 2007 年到 2012 年），打造自成体系、高质量的，与国际财务报告准则（IFRS）趋同的国际公共部门会计概念框架。

根据 IPSASB 计划，项目研究工作分以下四个阶段：第一阶段（2007 年 1 月 ~2008 年 7 月），研究议题为：财务报告目标（英国 ASB 负责）、财务报告范围（南非 ASB 负责）、财务报告定性特征（挪威 NIPA 负责）、财务报告主体（澳大利业 AASB 负责）。第二阶段（2007 年 10 月 ~2009 年），研究议题为：收入、费用的定义和确认以及利得和损失；资产、负债的定义以及净资产。该阶段研究工作由法国、意大利和中国会计准则制定机构负责，具体分工将在 6 月底前由各国提出具体建议，IPSASB 进行评估后确定。第三阶段（2008 年 7 月 ~2010 年），研究议题为：计量、财务报告列报。第四阶段（2010 ~2012 年），研究议题为：应计制基础的概念框架、现金制基础的概念框架（财政部会计司，2007）。

从上述计划可以看出，IPSASB 的概念框架包括了财务报告目标、财务报告的范围、财务报告定性特征、财务报告主体、要素的定义、确认、计量、列报、以及应计制和现金制的讨论。这些方面都是现有概念框架的基本组成部分，同

时，IPSASB 将几个重点问题进行了细化，一个是财务报告的范围和定性特征、一个是政府会计的基础选择。前一个问题一般包括在财务报告的列报，需要指出的是，国际会计师联合会公共部门委员会于 2004 年 5 月发布了《预算报告》，该报告主要研究了预算报告是否应当纳入会计准则规范范畴以及如何规范的问题，这是公共部门委员会着手考虑公共部门特有的会计问题已取得的又一重要的阶段性成果。这份报告由美国休斯教授提交，代表了其个人意见，他认为，随着研究的进展，越来越需要一个有关预算报告的《国际公共部门会计准则》概念框架。概念框架应该说明一个新的《国际公共部门会计准则》该如何使用、谁来使用，并明确新的准则应该做什么、应该提供哪些指南。他建议预算报告应该纳入《国际公共部门会计准则》的概念框架中。

财务报告目标是参考通用目的财务报告使用者及其信息需求来决定的，就是提供对通用目的财务报告使用者有用的关于报告主体的信息，为了实现受托责任目的、配置资源、政治和社会决策的需要。

财务报告范围是根据交易、其他事项以及可能在通用目的财务报告中列示的活动来划分界限的。具体包含：报告主体在报告日的经济资源以及对资源的要求权；交易、其他事项和改变报告主体经济资源的活动产生的结果，以及在报告期间对那些资源的要求，包括现金流入、流出以及财务业绩，报告主体对相关法律法规的遵守，被合法采纳和通过的预算，公共机构转移目标的实现，未来公共机构转移活动及目标的前瞻性的财务与其他信息，以及支持这样的活动必需的资源。财务报告范围还包括说明性的内容：影响到主体的财务业绩、公共机构转移的实现以及其他目标的主要因素；还有可能影响到主体未来业绩的因素。影响到通用目的财务报告信息的潜在假定和主要的不确定性。

信息质量特征指的是使得包含在通用目的财务报告中的信息对那些为实现财务报告目标的使用者有用的特性。具体包括：相关性，真实反映，可理解性，及时性，可比性，可验证性以及客观性、成本效益原则、各质量特征之间的适当平衡等信息的制约因素。

财务报告的公共部门主体被描述为报告主体。报告主体的关键特征就是通用目的财务报告的使用者为了受托责任目的和进行资源配置、作出政治和社会决定等而存在的。一个报告主体在法律上可能作为一个组织，但在活动性或管理安排上，可能有着各自的特性。综合报告主体的范围包括政府和其他主体，其他主体是政府有权指导战略财务与经营政策，并因此有权使用以及能够提升、保持和保护，从那些主体那所获得的收益，或遭受其他财务负担和损失的主体。

2013 年 1 月，国际公共部门会计准则理事会（IPSASB）发布了《公共部门通用目的财务报告概念框架》（第 1 章—第 4 章）；2014 年 10 月，国际公共部门会计准则理事会（IPSASB）发布了《公共部门通用目的财务报告概念框架》（第 5 章—第 8 章），标志着国际公共部门会计概念框架的正式形成。

《公共部门通用目的财务报告概念框架》指出，概念框架的作用与会计准则不同，不对财务报告具体项目的确认、计量等做出规定，而是对财务报告的基本概念、原理等进行明确，用以指导和统领会计准则的制定，保证各项具体会计准则之间内在逻辑保持一致。概念框架不会替代现行会计准则的规定，财务报告相关事项的处理仍主要依据会计准则；对于现有会计准则和推荐实践指南（RPGS）未予规定的财务报告事项，概念框架提供指导（IPSASB，2013；IPSASB，2014；中国会计年鉴，2014；中国会计年鉴，2015）。

《公共部门通用目的财务报告概念框架》是国际公共部门会计准则发展过程中的重要里程碑，从其构成内容来看，具体包括：第 1 章，通用目的财务报告概念框架的作用和权威性；第 2 章，通用目的财务报告的目标和使用者；第 3 章，财务报告信息质量特征；第 4 章，财务报告主体；第 5 章，财务报表的要素；第 6 章，财务报表要素的确认；第 7 章，财务报表中资产和负债的计量；第 8 章，财务报告的列报。

财务报告目标取决于通用目的财务报告使用者及其信息需求。《公共部门通用目的财务报告概念框架》认为，财务报告目标就是向财务报告使用者提供关于报告主体的有用信息，以评价财务报告主体的受托责任和满足财务报告使用者进行决策的需要。

信息质量特征是指包含在通用目的财务报告中的信息应当具有的特性。《公共部门通用目的财务报告概念框架》所规定的信息质量特征，具体包括：相关性（Relevance）、真实反映（Faithful Representation）、可理解性（Understandability）、及时性（Timeliness）、可比性（Comparability）、可验证性（Verifiability）等 6 个方面。此外，信息质量特征还包括 3 个约束条件，即：重要性（Materiality）、成本效益原则（Cost - Benefit）、信息质量特征之间的平衡（Balance Between the Qualitative Characteristics）。

《公共部门通用目的财务报告概念框架》认为通用目的财务报告的主体，即可以是单一的公共部门主体，也可以是由两个或两个以上的单一公共部门主体组成的综合报告主体（Group Reporting Entity）。一个报告主体在法律上可能作为一个组织，但在活动性或管理安排上，可能有着各自的特性。综合报告主体的范围包括政府和其他主体，其他主体是政府有权指导战略财务与经营政策，并因此有权使用以及能够提升、保持和保护，从那些主体那所获得的收益，或遭受其他财务负担和损失的主体。

《公共部门通用目的财务报告概念框架》规范了财务报表的要素，具体包括资产、负债、收入、费用、所有者投入（Ownership Contribution）和所有者分配（Ownership Distributions）等。在财务报表要素的确认部分，概念框架明确了财务报表要素的确认标准、计量的不确定、披露与确认的关系以及要素的终止确认等内容。

关于资产和负债的计量基础，《公共部门通用目的财务报告概念框架》规定：资产的计量基础包括历史成本、市场价值、重置成本、净售价（Net Selling Price）和使用价值（Value in Use）；负债的计量基础包括历史成本、履行成本（Cost of Fulfillment）、市场价值、解脱成本（Cost of Release）和假定价格（Assumption Price）。

在财务报告的列报部分，《公共部门通用目的财务报告概念框架》对"列报""列示"和"披露"等概念进行了界定，明确了财务报告表内表外信息的选择、信息的组织以及信息的安排原则等，并指出财务报告列报应当满足通用目的财务报告关于信息质量特征和约束条件的要求。

三、英国政府会计准则概念框架

英国政府会计分为中央政府会计和地方政府会计，其在政府会计管理与发展方面，英国中央政府与地方政府长期以来保持着相对独立的关系，英国财政部具体负责中央政府会计管理，制定发布相应的会计规范。地方政府会计实务操作则主要遵守特许公共财务与会计师执业协会制定的会计准则。

英国《政府财务报告手册》（FReM）是规范中央政府会计核算与报告的主要规范。该手册由财政部向所有部门颁布的，用于规范实施资源会计中采纳的会计概念和一般原则、规定主要会计报表的格式及附注，提供有关合并报表内容指导的规范性文本。资源会计采纳的基本会计概念和原则包括：持续经营、权责发生制/配比、一致性、谨慎性、实质重于形式、资源会计和资源预算的兼容性。资源会计还采纳下面两个会计惯例：（1）记录非现金支出。为了提供服务项目完全成本的信息，资源报表将包括所有现金和非现金支出的全部相关成本，使资源报表提供完整的信息。（2）记录价格变动的后果。要求对资产价值进行重估以反映其当前成本。[①]

① 财政部会计司：《政府会计研究报告》，东北财经大学出版社 2005 年版。

2005~06财年，英国首次将手册名称变更为《政府财务报告手册》，并改变了手册的编写形式，《政府财务报告手册》规定了各会计要素确认、计量与报告的方法，对于政府会计与商业会计相一致的会计处理方法，不再予以详细描述而是注明适用哪条准则，只对政府会计领域特有会计问题的处理方法予以详细规定和说明，这种变化也表明英国政府会计尽可能与商业会计趋同。另外，英国财政部每年都会对《政府财务报告手册》进行更新，不断提高政府财务报告质量。新版《政府财报告手册》通常会在新的财政年度开始之前发布。

英国中央政府与地方政府遵循不同的会计规范。地方政府会计主要遵循特许公共财务与会计师协会（CIPFA）制定的《推荐实务公告》（SORP，Statement of Recommended Practice）。虽然中央政府和地方政府的会计规范是由不同机构制定的，但是两种会计规范都是以英国公认会计原则为基础通过适当改编后形成的。为了满足英国编制政府整体财务报告的需求，两种会计规范的内容正逐渐趋同，差异越来越小。

英国地方政府会计改革比较迅速，基本上采用与企业会计准则相一致的准则，使政府会计与商业会计趋同是英国政府会计改革的目标。所以，英国政府会计并未制定单独的概念框架，而是以英国公认会计的原则为基础。并突出政府整体财务报告的作用。从《资源会计手册》和《政府财务报告手册》的主要内容来看，对于政府会计的概念和原则包括了持续经营、权责发生制/配比、一致性、谨慎性、实质重于形式、资源会计和资源预算的兼容性、会计要素确认、计量与报告的方法。其中，资源会计和资源预算的兼容是英政府会计所特有的内容。

四、澳大利亚政府会计准则概念公告

1999年以前澳大利亚会计准则委员会和公共部门准则委员会负责准则的制定工作，前者的主要职责是制定和发布有关公司通用目的财务报告的会计准则，后者主要负责制定和发布公共部门会计准则。这两套准则遵循同一会计概念公告。2000年1月1日，根据《公司法经济改革方案条例1999》的要求，澳大利亚对会计准则制定机构进行了改组，公共部门会计准则委员会被正式并入澳大利亚会计准则委员会。改组后的澳大利亚会计准则委员会（AASB）接受财务报告委员会的监管，负责制定私有部门和公共部门的会计准则。概括地说，适用于公共部门的会计准则包括：

1.《澳大利亚会计准则第27号——地方政府财务报告》（AAS27）；

2.《澳大利亚会计准则第29号——政府部门财务报告》（AAS29）；

3.《澳大利亚会计准则第31号——政府财务报告》（AAS31）。

由于澳大利亚的政府会计与企业会计遵循同一会计概念公告。因此，与澳大利亚政府会计体系相适应的概念框架包括：（1）报告主体；（2）通用目的的财务报告的目标；（3）资本和资本保全概念；（4）构成财务报表的要素的定义、确认和计量；（5）资本和资本保全概念。

需要指出的是，在澳大利亚准则体系中，还保留了与澳大利亚环境相适应的辅助性准则，其中重要的一份准则是《AASB1031——重要性》。《重要性准则》虽然未纳入概念框架，但是它对确认产生了重要的影响。AASB1031指出，重要性是指如果一项信息的遗漏、错报或未予以披露，可能误导财务信息使用者的经济决策，或者影响一个主体的管理当局或治理机构对受托责任的履行，则该信息就是重要的。重要性的定义影响到会计事项或事项组合是否需要按一定的准则要求进行确认，计量和披露（汪祥耀、邓川等，2005）。《地方政府财务报告》和《政府财务报告》明确指出，根据重要性原则，如果信息遗漏、错报或缺失具有下列潜在的不利影响，则这一信息就是重要的：（1）影响政府财务报告的使用者制定资源配置决策；（2）影响政府受托责任解除。同时指出，判断一个项目是否重要，应综合考虑该项目的性质与金额（财政部会计司，2005）。澳大利亚会计概念框架中对重要性原则的判断标准与财务报告的目标及主体的界定存在着一致性，都强调信息在决策与解除政府受托责任方面的作用。

总而言之，澳大利亚的应计制政府会计改革一直走在前列，但是，对政府会计的特殊性并未突出，将政府会计与企业会计一概而论，可能限制了他国对澳大利亚政府会计改革实践的借鉴。

五、法国中央政府会计概念框架

法国中央政府会计准则委员会（CPAS）在2004年3月发布了法国历史上第一套适用于政府部门的中央政府会计准则，随后每年都进行修订，修订前后的法国中央政府会计准则均由概念框架和具体会计准则两大部分组成。法国中央政府会计概念框架的组成要素包括10项内容：财务报告目标（法国中央政府财务报告的目标主要是反映政府的财务状况和政府的承诺情况，反映和评价政府财政政策的效果，反映和评价政府管理活动及其目标达成情况，管理选择和绩效水平等）、财务报告构成（包括机构层面的政府财务报告和综合或合并的政府整体财务报告，每一份报告都包括：财务状况表、盈余/赤字表、现金流量表、报表附注等）、会计原则（包括服从性、如实呈报、真实和公允、持续经营、一致性等)、会计基础（应计制)、信息质量特征（可理解性、相关性、可靠性)、财务报告主体、核算对象、会计要素、确认、计量等。

六、南非的政府会计概念框架

南非的ASB（Accounting Standards Board）的目标是通过制定“公认会计实践”Generally Recognised Accounting Practice（GRAP）并为公共部门报告的财务与其他业绩信息提供指导来服务于公共利益的。ASB在其财务报告框架中提到以下主要要素：1. 财务报告主体，包括国家或地方的部门、公共主体、宪法机构、自治市以及在自治市所有下的董事会、委员会、企业、公司、基金或其他主体、议会和地方性的立法机关等；2. 财务报告目标，ASB认为财务报告应该有助于履行政府的公共受托责任并能帮助使用者评价受托责任，有助于使用者评估主体当年的运营成果，有助于使用者评估主体提供服务的水平以及履行到期义务的能力；3. 基本假设，包括应计制基础和持续经营假设；4. 财务报告的质量特征，包括可理解性、相关性、重要性、可靠性、真实表示、实质重于形式、中立性、谨慎性、完整性、可比性、及时性，以及成本收益的平衡和质量特征间的平衡；5. 财务报告要素，包括资产、负债、净资产、所有者出资、向所有者的分配、财务业绩、收入、费用等；6. 财务报告要素的确认及计量等。

七、概念框架的对比与值得借鉴的经验总结

由于各国经济、政治、社会、法律、行政体制等环境的巨大差异，导致政府会计的模式有较大的不同。从以上各国的分析来看，政府会计概念框架最明显的区别是政府会计概念框架与企业会计概念框架独立还是趋同的不同。一种是独立于企业会计或者说私营部门而建立的一个政府会计概念框架体系，如美国。另一种是政府会计与企业会计共同一个概念框架，如澳大利亚、英国。笔者认为，呈现这种区别的主要原因是各国政府会计实践的巨大差异。英国、澳大利亚两国政府作为新公共管理运动先驱，给予行政管理者更多决策权，使得两国的政府会计与企业会计的趋同发展较快。美国社会由于受到“对政府权力约束”思想的影响，认为权责发生制的采用给予行政部门更大的会计判断空间，随之而来的是一系列粉饰报告问题的出现，这样不便于对政府部门受托责任的约束与监督。因此，美国的公共部门对应计制会计和报告的回应相对较为迂回，在经过几十年深思熟虑之后，应计制会计和财务报告的最终执行开始于2001年财务年度

(Tyrone. M. Carlin, 2005) 。

政府会计概念框架在各国政府会计理论及实践中都有着重要的地位。几个概念框架的对比如下表所示:

从 GASB、FASAB、IPSASBR 的政府会计概念框架可以看出,有几个相同之处:

第一,从概念框架的结构上来说,一般都会包括财务报告目标、要素的定义、确认、计量、以及财务报告的组成、财务信息质量特征几个方面。这与企业会计的概念框架相一致,与会计独特的技术方法一致。

第二,从概念框架的设定层次上来说,各国都将政府会计体系区分为中央政府会计或联邦政府会计以及地方政府会计两个部分,分别建立了法律、准则等规范体系。这是由于中央政府、地方政府在权力、义务、活动范围等方面存在着较大差异,按政府的级次对政府会计进行规范有更好的可行性和环境适应性。特别是对于英国而言,地方政府会计的改革目标就是为了与企业会计相趋同。

第三,各国对政府财务报告的种类进行了扩展。美国两个概念公告都强调将财务报告的补充信息纳入概框架体系,以弥补单纯政府财务报告信息的局限性与不足;GASB 在概念公告中还强调了绩效报告的目标、要素、确认、披露。英国强调了编制政府部门的整体政府财务报告,强调了资源会计与资源预算的兼容性。

第四,考虑将会计核算遵循原则纳入概念框架。美国 FASAB 政府会计概念框架,点明了成本收益原则,澳大利亚政府会计中包含的重要性原则都值得借鉴。因此,可将政府会计应遵循的原则作为质量特征结构中的一部分。

需要指出的是,上述的概念框架并非都是完整的框架体系,只是现有阶段各个部门对环境的需求所做出的回应。随着环境的发展变化,这些概念体系会被补充、修改。各国也在不断的探索适合于实践发展的政府会计概念框架结构。

第四节 企业会计概念框架结构的借鉴

许多学者认为,政府会计概念框架的建立应该借鉴企业会计概念框架有益经验,在政府会计的特殊性问题上加以强调,所以本节就企业会计概念框架作一个简要分析,并找出在政府会计中适用的结构。

一、FASB 财务会计概念框架结构

从 1978 年开始，FASB 开始陆续发布正式的《财务会计概念公告》。到 2000 年 2 月止，已发表 7 份 SFACs，此外还发表了一部分其他项目的讨论备忘录。如表 5－1。

表 5－1　　美国财务会计概念公告①

内　　容	提上工作议程	进程安排与执行情况研究成果公布日期
企业财务报告目标	1973 年 4 月	1978 年 11 月公布 SFAC No. 1
会计信息质量特征	1973 年 4 月	1980 年 5 月公布 SFAC No. 2
企业财务报表要素	1973 年 4 月	1980 年 12 月公布 SFAC No. 3
非盈利组织财务报告目标	1973 年 4 月	1980 年 12 月公布 SFAC No. 4
会计确认标准	1979 年 4 月	1984 年 12 月公布 SFAC No. 5
企业财务报表要素	1973 年 4 月	1985 年 12 月公布 SFAC No. 6 用来取代第 3 号
全面考虑会计计量中现值问题	1988 年 10 月	2000 年 2 月公布 SFAC No. 7

如上表所示，美国的财务会计概念框架所包含的财务报告目标、会计信息质量特征、报表要素、确认和计量四个内容。FASB 的财务会计概念框架作为一种创新，值得其他国家会计概念框架制定者借鉴。美国财务会计概念框架的最大特点就是以目标为导向。继 FASB 之后的很多组织机构制定概念框架都是以目标作为起点。这受到信息论发展的启发，得到了会计学界一定的认可和借鉴。

二、IASB 财务会计报表框架结构

国际会计准则委员会于 1989 年 7 月公布了《编制财务报表的框架》，并于 2001 年 4 月被国际会计准则理事会采纳。其内容包括：（1）财务报表的目标；（2）决定财务报表信息有用性的质量特征；（3）构成财务报表要素的定义、确认和计量；（4）资本和资本保全概念。这个框架同样以财务报告目标为指导，但 IASB 秉承的是“决策有用性”与“反映受托责任”并存的双重目标观。资本和资本保全概念是 FASB 概念框架中所没有的，IASB 将这两个概念纳入概念框架可以理解为对受托责任目标的回应。

① 葛家澍：“财务会计概念框架研究的比较与综评”，《会计研究》，2004 年第 6 期。

另外，IASC采用财务报表框架而不采用财务报告的框架，其目的是加强各国财务报表的可比性，并希望各国的会计实务都能够按照其所制定的准则来进行确认、计量、记录和列报，而对各国的报告的种类、数量则依据各国的实际情况而定，体现了其对国际会计的协调作用（李建发，1999）。

三、FASB与IASC概念框架的联合项目

从2004年开始，FASB与IASC开始了一个概念框架的联合项目。会计准则的全球趋同迫切需要一个通用的、权威的、能被广泛接受的概念框架作为国际会计准则的指导依据，减少人们在概念上的不一致性和争执。联合项目被分成八个阶段：（1）目标和质量特征；（2）要素与确认；（3）计量；（4）报告实体；（5）列报与披露；（6）框架目的及其在GAAP层级中的地位；（7）对非盈利组织的适用性；（8）整个框架。表5－2列示了八个阶段的具体时间。从这八个阶段可以看出其联合项目的概念框架结构与一般的财务会计概念框架基本上保持了一致。这是因为，该项目将集中精力解决那些经常在不同准则项目中反复出现的、棘手的概念性问题。这一框架比较突出的地方在于，将质量特征的研究与目标的研究放在第一个阶段，突出了质量特征的地位。

表5－2　　　　概念框架联合工作计划①

阶段	议题	2005	2006	2007	2008	2009	2010
1	目标和质量特征	D、DP	ED	F			
2	要素确认	D	DP	ED	F		
3	计量			DP	ED	F	
4	报告实体			D	DP	ED	F
5	列报和披露			D	DP	ED	F
6	目的和地位			D	DP	ED	F
7	应用于非盈利组织			D	DP	ED	F
8	完整的概念框架			D	DP	ED	F

D：理事会着手讨论；DP：理事会的初步意见的讨论稿；ED：发布征求意见稿；F：终稿

① 景翠莲：《财务会计概念框架的国际趋同问题研究》，硕士学位论文，湖南大学，2007年。

关于财务报告目标和财务信息质量特征的内容，是由国际会计准则理事会与美国财务会计准则委员会于2010年在双方的联合项目中修订的。2010年9月，国际会计准则理事会主要发布了《财务报告概念框架》的第1章《通用财务报告的目标》和第3章《有用财务信息的质量特征》。同时，美国财务会计准则委员会颁布了《财务会计概念公告第8号——财务报告概念框架第一章：通用目的财务报告的目标；第三章：有用性财务信息的质量特征》，取代了美国财务会计概念公告的第一号和第二号。

《财务报告概念框架》的《第1章：通用财务报告的目标》指出，财务报告的通用目标，是用来帮助一系列广大的使用者（他们无权、无能力，也缺乏资源去寻求在企业管理层提供的财务报告以外的信息）进行经济决策（包括评估受托责任）所需的会计信息。通用财务报告的目标是整个财务会计概念框架的基础，财务会计概念框架的其他方面，如报告主体、有用财务信息的质量特征及其局限性、财务报表的要素、会计确认、计量与列报等从逻辑上看均受到通用财务报告的目标的确定的影响。

《财务报告概念框架》的《第3章：有用财务信息的质量特征》共提出了12项有用财务信息的质量特征，并分为三个层次：第一层次将“决策有用性”作为总的信息质量特征；第二层次以“相关性”与“忠实表达”作为针对决策有用性的基本质量特征，其中“相关性”由“预测价值”和“确认价值”构成，“忠实表达”由“完整性”“中立性”和“无错性”构成；第三层次将“可比性”（包括“一贯性”）“可核性”“及时性”和“可理解性”为增量质量特征。

然而，国际会计准则理事会和美国财务会计准则委员会在2010年由于集中精力于其他项目而暂停了概念框架项目。2011年，国际会计准则理事会就其议程开展公开征询，大多数意见反馈者认为概念框架项目应当成为国际会计准则理事会的优先项目。于是，国际会计准则理事会于2012年重启了概念框架项目，此项工作自2012年重启后没有再与美国财务会计准则委员会联合进行（财政部会计司，2015）。

2015年5月18日，国际会计准则理事会发布了《财务报告概念框架（征求意见稿）》，面向全球公开征求意见。《征求意见稿》主要内容包括：第1章——通用财务报告的目标；第2章——有用财务信息的质量特征；第3章——财务报表和报告主体；第4章——财务报表要素；第5章——确认和终止确认；第6章——计量；第7章——列报和披露；第8章——资本和资本保全的概念。《征求意见稿》指出，概念框架不是一项准则，并不会由于概念框架的变动而自动地去变动现行准则，概念框架是在现行概念框架基础上进行的更新、改进与查缺补漏，而不是从根本上重新考虑概念框架的所有方面。根据国际会计准则理事会网站所公布的最新信息，国际会计准则理事会预计将在 2018 年第一季度末公布修订后的《财务报告概念框架》。

四、英国 ASB 财务会计概念框架结构

1990 年英国成立了会计准则委员会（ASB），ASB 成立后关注的一项重要工作就是会计准则概念框架的建设。ASB 于 1999 年 12 月正式发布了有关会计准则概念框架的文件《财务报告原则公告》（The Statement of Principles for Financial Reporting），该公告由引言和八章内容组成。具体内容包括：（1）财务报表的目的；（2）报告主体；（3）财务信息的质量特征；（4）财务报表的要素；（5）财务报表的确认；（6）财务报表的计量；（7）财务信息的呈报；（8）在对其他报告主体的权益的会计处理。

从《财务报告原则公告》所包括的内容看，除了与美国《财务会计概念框架》的内容基本类似，还糅合了 IASC 概念框架中的一些特点。比如财务目标采用受托责任观与决策有用观并存的双目标模式。但英国财务会计概念框架更突出了报告主体。在这一公告中，他们讨论了确认报告主体和报告主体的范围问题。在政府会计领域，FASAB 也将财务报告的主体列为概念框架的一部分。界定报告主体对明确受托责任具有重要的作用，也为会计实务操作指明了方向，能体现概念框架重要的价值。在制定政府会计概念框架过程中十分值得借鉴。

《财务信息的呈报》还包括了对附带信息的说明。包括：对报告主体的活动描述和解释的文字性披露；历史总结和趋势信息；非会计和非财务的信息；认为不宜列入财务报表的改革性或试验性披露；董事报告以及董事长的报告。对于这些披露要求，可以认为是对财务报表信息局限性的一种自我弥补，一方面增强报表信息的可理解性，另一方面增强了决策的有用性。通常，会计信息披露在内容上和时效性上存在着弊端。因此，ASB 会计概念框架对附带信息的重视在当前环境下是一个值得借鉴的方面。

对其他报告主体权益的会计处理也是 ASB 概念框架的一个独特之处。《财务报告原则公告》认为，在报告主体的个别报表中，可以将注意力集中在由其他报告主体中的权益产生的收益和资本增长等方面。由于英国在很大程度上接受国际会计准则，因此认同将“资本和资本保全概念”纳入概念框架。那么，对其他报告主体中权益的会计处理正是体现的被报告主体所拥有或控制的权益资本。对我国来说，我国的国有企业其资产、资本都由国家所有，国资委作为国有资本的

出资人。防止国有资产流失一直是全社会关注的焦点。如果我们的政府会计体系能够通过全面反映国家所控制的资本、权益，那么政府会计就成为防止国有资产的流失的一种技术保障。

五、澳大利亚会计准则概念框架

澳大利亚会计准则从 1990 年开始先后发布了四份“会计概念公告”(SACs)，组成了澳大利亚的财务报告概念框架。“概念公告”阐述了制定会计准则所依据的基本原则，讨论了谁使用会计准则、为什么制定会计准则以及如何使用会计准则等问题。四份“会计概念公告”分别是：（1）《报告主体的定义》(1990 年 8 月发布)；（2）《通用目的的财务报告的目标》（1990 年 8 月发布)；(3)《财务信息质量特征》(1990 年 8 月发布)；(4)《财务报表要素的定义和确认》(1992 年 3 月发布，1995 年 3 月重新发布)(汪祥耀等，2005)①。

澳大利亚在 2003 年 7 月决定采纳 IASB 的概念框架——《编制财务报表的框架》。但由于 IASB 框架中没有对应于报告主体定义的内容，而 SAC2 中通用目的财务报告的概念对于运用 AASB 准则至关重要，AASB 决定保留 SAC1 和 SAC2。澳大利亚会计概念框架大体包括：报告主体、通用目的财务报告目标、决定财务报表信息有用性的质量特征、构成财务报表要素定义、确认和计量、资本和资本保全概念等。

六、加拿大财务报表概念

1988 年，加拿大特许会计师协会发布了“财务报表概念”，财务报表概念分为九个部分，分别是：目的与范围、财务报表目标、效益大于成本约束、重大性、质量特征、财务报表要素、确认标准、计量、公认会计原则等，这实际上就是加拿大的概念结构。

加拿大财务报表的目标界定为提供对“资源配置决策和（或）评估管理当局受托责任”有用的信息两个方面（葛家澍、刘峰，2002)，同样体现的是决策有用观与受托责任观的双重目标观。“财务报表概念”将“效益大于成本约束”“重大性”单独列示，突出了其重点性。

---

① 汪祥耀、邓川等著：《澳大利亚会计准则及其国际趋同战略研究》，立信会计出版社 2005 年版。

七、中国企业会计基本准则

到目前为止，我国尚未制定企业财务会计概念框架。但是有关会计准则和会计实务中的原则都以基本准则的形式加以说明。可以说，我国企业会计基本准则发挥着会计概念框架的作用，但又不同于会计概念框架。我国企业会计基本准则包括了：会计信息质量特征、会计要素的定义、确认、计量、以及财务报告几个内容。

八、各国 财务报告（表）概念框架的比较与借鉴

就美国的 FASB、国际会计准则委员会、英国会计则委员会、澳大利亚的 AASB 等组织机构所颁发的公告看，“财务会计概念结构”主要包括：财务报表的目标；会计信息的质量特征；财务报表要素的确认与计量。在这三项内容上，各国公布的“概念结构”已达成了较大的共识，也同样适用于政府会计的概念框架。有关概念框架体系的比较见表 5－3：

表 5－3　　概念框架体系的比较①

章节内容	FASB	ISAC	ASB	AASB
财务报表的目标	√	√	√	√
基本假定		√		
报告主体			√	√
财务报表（会计信息）质量特征	√	√	√	√
财务报表的要素	√	√	√	√
财务报表的确认	√	√	√	√
财务报表的计量	√	√	√	√
资本和资本保全的概念		√	√	√
财务报表的呈报			√	
对在其他报告主体中的权益的会计处理			√	
在会计计量中使用现金流量信息和现值	√			

① 汪祥耀等著：《英国会计准则研究与比较》，立信会计出版社 2002 年版。

综上所述，各国在概念框架结构方面保持了一定的一致性和稳定性，同时也存在着一定的差异。突出的差异表现会计主体或财务报告主体在概念框架中的地位问题上。英国和澳大利亚的概念框架为“报告主体”设立了专门的章节，对报告主体的定义以及对报告主体的范围进行了讨论。那么，作为会计“基本假设”之一的“会计主体”在“概念结构”中应置于何等地位？从会计理论体系来说，会计基本假设是整个会计体系的基础，是现代财务会计的中心思想（葛家澍、王光远，1994）。所以，我们认为，应当对会计主体在政府会计概念框架中的地位加以考虑。

第五节　整体分析模型视角的政府会计概念框架结构

一、政府会计概念框架结构

综上所述，政府会计概念框架一般包括：（1）政府会计核算与财务报告的主体；（2）政府财务报告的目标；（3）政府报告体系要素、确认与计量；（4）政府会计信息质量特征及原则；（5）政府财务报告体系（财务报告、预算报告、绩效报告、补充信息的确认与披露）。对这个框架结构，有以下几个方面需要强调：

第一，在政府会计核算与财务报告的主体方面。本书认为，报告主体（核算主体）在政府会计概念结构中应占有一定的地位。政府会计具有双重主体：核算主体与报告主体。基金会计是政府会计领域的一个重要特征，是政府会计微观层面的核算主体，它对基金的筹划、使用等一系列过程进行跟踪反映，强调政府对公共财务受托责任的履行。报告主体又分政府部门主体、地方政府主体、整体政府主体，以此来报告主体的财务状况和受托责任的履行情况。

第二，在财务报告体系方面。由于财务报告信息存在局限性，为弥补其不足应建立一个有不同侧重点的财务报告体系。政府财务报告体系可以包括：财务报告、绩效报告、预算报告、整体政府的报告，同时还要包括补充信息的披露，比如类似于“管理层的讨论与分析”报告。财务报告全面的反映政府活动的资产、负债、收入、成本等财务状况和变动；绩效报告反映政府活动成本的节约与产出情况，与新公共管理理念下提高政府绩效相适应；而且，可以为政府优化资源配置情况提供依据。整体政府报告，类似于合并报表，将整个政府的运营情况反映出来，便于评价整个政府的公共受托责任。由于政府活动及其结果的评价方面甚为广泛，所以，仅提供财务方面的信息不足以满足公众的需求。政府会计报告中还需要补充提供诸如绩效、预算等方面的信息。除财务报表外，还应该补充披露反映整个国民经济和社会发展情况的其他报表，如：统计报表、国民经济发展计划等。

第三，对于会计体系的构成。在企业会计领域中，已经明显将会计体系划分为财务会计、成本会计、管理会计。一方面，从现有所掌握的情况来看，各国并没有按功能明确将政府会计划分为以上三个部分（法国有这个规划，但尚实践），但不乏有这方面的探索（路军伟，2007）。法国曾计划建立成本会计体系，国际会计师联合会于 2000 年在其研究报告“Perspectives on Cost Accounting for Government”中研究过政府成本会计的使用范围和未来的发展前景。另一方面，考虑到政府会计概念框架的建立应该以政府活动的环境要求以及政府会计的特点为主导，预算会计是约束政府活动的重要约束机制，但他也是一个自成体系的报告系统，与财务会计有一定的区别，政府会计概念框架要不要包括有关预算会计在目标、确认、计量、报告、信息质量方面的要求值得我们思考。

二、整体分析模型下的政府会计概念框架分析

1. 触发器事件与政府会计概念框架

在内部触发因素方面，财务危机、行政改革、财政改革都来源于行政活动。这需要建立的政府财务会计概念框架具体反映政府组织的特征。从已建立的政府会计概念结构来看，在“政府会计核算与财务报告的主体”与“财务报告体系的组成”两个方面体现了政府组织的功能要求。在“要素的确认、计量”方面会更加具体的表现出行政组织活动的特点。比如，对遗产资产的确认和计量。

在外部触发方面，新公共管理运动、国际组织的要求、其他国家的示范作用要求各国建立的政府会计准则、确定的会计原则和方法具有一致的可比性。比如，国际货币基金组织、国际会计师联合会公共部门委员会、经济合作组织都认为采用权责发生制、特别是完全的权责发生制有利于提高财政透明度。对于这个问题的回应，需要在“财务报告的目标”“政府会计的要素及其确认和计量”以及“财务报告”部分加以研究。

2. 结构变量与政府会计概念结构

从环境和行为结构变量来说，一国的政治、经济、社会、技术等对政府会计改革实践有重大影响。政府会计在全球的崛起是由于民主社会和市场经济对受托

责任的巨大需求。这充分说明了政治、经济环境对政府会计的要求，政府会计对于政治民主进程的推进、对法治社会的完善、对经济发展的促进集中反映在对政府财务信息的公开、对预算的监督、对政府绩效的评价。不同的文化背景对政府会计概念框架的选择会有不同，在英联邦国家（澳大利亚、英国）在“新公共管理运动”中表现突出，信奉“用企业家的精神改造政府”，政府会计与企业会计应用一套概念框架，会计的确认原则和报告目标上也与企业会计趋同。美国两个层次的概念框架结构也说明了行政结构对政府会计的影响。以上这些内容都会最终反映在“政府会计财务报告的目标”“财务报告体系”具体设定当之中。

3. 实施者与实践者层面与政府会计概念结构

政府会计概念结构的组成很大程度上来自于实施者对会计环境的分析与把握。当前，对于政府会计概念框架结构的研究角度一般都是借用了财务会计概念框架的结构，包括目标、要素、确认、计量、报告几个方面，在每一个项目下讨论政府会计的特性问题，这样可以保持较高的一致性。

从实践的反馈环节来看，美国和澳大利亚的会计准则是分成若干份概念公告陆续公布的，而英国和 IASC 的概念公告是将概念公告中的有关内容集中在一起并划分为不同的章节一起发布。IASC 与 FASB 概念框架联合项目认为，所整合的概念框架应该采取一个单一文件的形式，而不再是像美国 FASB 那样以几个文件组成。作为一个具有较强适应性的概念框架来说，必须能够及时对环境的要求作出回应。如果过于滞后，则无法承担理论和实务的先导的作用。本书认为，可参考 IASC 与 FASB 概念框架联合项目的观点，采取单一文件形式，这样可以尽早的反馈实践环境所需内容。

第六章

政府会计的主体与目标

第一节 概　　述

一、问题界定与研究意义

政府会计主体和目标是政府会计概念框架的重要内容，它们直接影响了概念框架的其他内容。会计主体是会计假设的重要内容，明确政府会计主体，是清晰界定受托责任和评价受托责任的前提；政府会计目标是整个概念框架的灵魂和导向。从研究的角度来讲，它们是整个概念框架研究的起点；从内容上说，它们是政府会计区别于企业会计的重要特征。通常，财务会计概念框架以会计目标为起点，通过回答“谁需要财务报表?”“他们需要什么信息?”“在他们所需要的信息中，有多少是能够由会计师提供的?”来提炼财务会计目标。

对于政府会计和政府财务报告目标的研究，从信息需求的角度出发是经过实践证明可行方法。对政府会计目标的研究应权衡以下几个方面。第一，政府会计基于政府受托责任的履行，公共受托责任具有层次性决定了政府会计目标也是有层次的。1984 年，著名学者 Stewart 划分了受托责任五个层次：政策责任、项目责任、业绩责任、过程责任、忠实责任①。政府会计需要在目标上体现公共受托

① 转引自美国政府会计委员会编，马如雪，刘颖，陈胜群译：《美国州和地方政府会计与财务报告准则汇编》，人民出版社 2004 年版。

责任的层次性。第二，会计是反映性的，不能脱离政府的实践活动去谈政府会计的目标。作为政府管理系统的重要组成部分，政府会计应该为政府实现这些目标服务。政府活动的复杂性决定了政府财务报告种类的多样性和目标的多元性。第三，考虑政府会计模式的特点。政府会计目标不等于政府财务报告目标，政府会计的主体并不限于财务报告主体，不同的主体目标上有所不同。政府会计普遍采用基金会计模式。基金既是核算主体又是报告主体，体现了主体的双重性。同时，政府会计主体因政府组织结构上的层次性而表现范围的外延性。从基金主体到政府部门主体最后到整个政府的报告主体。这些合并报告因范围的扩大和职能的增多所实现的目标存在着差异。第四，考虑政府会计的功能。会计目标的主观设定还受到会计职能和客观环境的约束。政府会计目标的设定需要考虑政府会计主体环境，从具体环境的分析来探讨会计应当承担哪些职能，在现有的技术条件约束下能够履行哪些职能。

从上述四点出发，笔者认为，对于政府会计目标的设定可以从不同级次的主体逐步推导政府会计的目标，从环境对不同级次主体的要求出发，讨论不同主体对环境要求的满足情况，以此统领整个概念框架的构建。因此本章主要的研究思路是从分析每一层次政府会计主体的目标出发，考虑政府会计信息需求者对政府会计的信息需求，权衡受托责任的层次性、结合政府会计功能体系，整合出政府会计目标体系。

二、相关问题研究现状和回顾

关于政府会计主体的研究主要集中在基金会计主体以及财务报告主体的层次及界定方法上；对于政府会计目标的研究主要集中在政府会计目标“决策有用观”和“受托责任观”的选择上。

（一）政府会计主体的研究

关于政府会计的主体，学术界普遍认为应当区分为报告主体与会计主体加以研究。在政府会计中，会计主体是基金（赵建勇，2004）。但基金既可以是记账主体，又可以是报告主体（张志宁，2004）。基金会计模式的优点是可以达到控制和检查限定资源的使用是否符合法律和行政的要求（李定清、刘东，2003）。很多学者认为我国政府会计可以根据复式预算的要求和政府承担的财务受托责任情况，从加强财务资源管理和规范政府财务行为的需要发出，建立具有中国特色的政府基金（李建发，2001；李定清，2002；叶龙、冯兆大，2006；刘笑霞，

2007）。

政府报告主体可分为基金报告主体、政府单位报告主体和政府会计及其组成报告主体（贝洪俊，2004；北京市预算会计研究会，2006）。美国的政府会计报告主体体现了这种划分：以单个基金或账群作为主体编制的报告、以单位作为主体将每类基金或账类的相关信息在报表上分栏列示的报告和以单位为主体将每类基金或账群的相关信息汇总列示的报告（李强等，2005）。

对于政府报告主体的划分方法，李红霞（2005）概括了国际上存在的基金授权分配法、法律主体法、政治受托责任法、控制法四种界定报告主体的标准。美国政府会计全国理事会（NCGA）对一个政府单位是否应作为政府财务报告主体的组成单位提出了五条标准，即财务依存性、管理监督权、管理指派、运营活动的重大影响力和财政事项的受托责任等。我国其他学者则比较倾向于通过明确受托责任和明确政府职能的方法界定报告主体。前种观点认为，政府会计主体的确定应以是否有利于在政治活动中有效界定各级政府的受托治理责任，正确引导公共选择为基准（李建发，2001；贝洪俊，2004；余爱木，2004；北京市预算会计研究会，2006）；后一种观点认为，我国的政府会计主体的确定可以从政府职能与职责的履行主体和涉及的范围来进行（陈志斌，2003；彭海颖，2005）。

（二）政府会计目标的研究

国外有关政府会计目标的讨论集中表现在有关政府财务报告的论述中（于国旺，2004）。在论述政府财务报告的目标时，国外的有关研究遵循了财务会计概念框架目标的思路，在分析了政府会计的环境特征、政府财务报告的信息使用者及其信息需求、政府财务报告的信息质量特征和政府财务报告的局限性的基础上，演绎出政府财务报告的最高目标及具体目标。美国 GASB 于 1987 年 5 月发布的《概念公告第 1 号——财务报告的目标》认为政府财务报告应向公民及其代表——立法机构和监督机关、投资者、债权人、捐赠人以及其他有关人士提供确定受托责任，做出经济、政治和社会的正确决策，评价履行职责以及资源运用情况的信息。国际会计师联合会公立单位委员会 1991 年公布的《中央政府的财务报告目标》认为政府财务报告应当反映政府或政府单位对财务事项和信托给予资源的受托责任，并且提供对决策有用的信息。

我国学者在研究我国政府会计目标时，基本上也是采用与国外类似的演绎方法（李建发，1998；叶龙，2003；詹雷，2004；陈小悦，2005；王湛，2006）。李建发（1997）认为，提供政府履行受托责任的信息应是政府会计与财务报告最高层次的目标；荆新（1997）认为，经营责任性目标和决策有用性目标应为非营利组织的基本目标。陈立齐、李建发（2003）划分了政府会计三个层次的目标：基本目标是检查、防范舞弊和贪污，以保护公共财政资金的安全；中级目标是促进健全的财务管理；最高层次的目标是帮助政府履行公共受托责任①。陈纪瑜、陈友莲（2003）认为建立一个健全透明的政府预算和会计体系，可以达到实现公共资源优化配置、控制财政支出、有效评价政府绩效、防范财政风险和提高政府持续发展能力的目标。于国旺（2004）提出政府会计目标以反映受托责任的履行情况为主。陈小悦（2005）提出政府会计的目标在于实现政府履行职责的高经济透明度。王湛（2006）认为，政府会计的目标应定位为：提供政府公共部门受托使用社会资源的责任履行的信息。

还有学者认为政府会计目标要大于并包含政府财务报告目标，政府会计目标既要强调对外受托责任，也要强调对内受托责任；而政府会计则主要是政府为了对外部的受托人解脱政府承担的财务受托责任（陈小悦、陈璇，2005；路军伟，2006）。也有学者提出，政府会计目标的定位应遵循会计职能→政府会计目标←政府会计环境的思路来进行（路军伟，2006）。笔者认为，区分政府会计目标与政府财务报告的目标是必要的。同时，从政府会计职能和环境来推导政府会计目标也是合理的。

第二节　政府会计主体的界定

一、GASB 对报告主体和记账主体的划分

美国政府会计的记账主体是基金和账群。根据政府会计的原则公告，基金是指按照特定的法规、限制条件或期限，为从事某种活动或实现某种目的而分开设立的，依靠一套自求平衡的账户体系来记录现金及其他财务资源、相关负债、剩余权益或余额及其变动的一个财政与会计主体。账群是用于建立对政府的普通固定资产和未到期长期负债本金的会计控制和经营责任，包括普通固定资产账群和普通长期负债账群。按照 GASB 于 1999 年 6 月份发布的《政府会计准则委员会第 34 号公告——州和地方政府的基本财务报表以及管理当局的讨论与分析》中的有关规定，美国州和地方政府可以采用三大类共计十一项基金，如表 6 - 1 所示。

---

① 陈立齐、李建发："政府会计目标及其相关问题的探讨"，《会计研究》，2005 年第 11 期。

表 6-1　　美国政府基金结构

政务基金	权益基金	受托基金
1. 一般基金	1. 企业基金	1. 养老（其他雇员利益）信托基金
2. 特种收入基金（包括大多数以前作为可支用信托基金分类的基金）	2. 内部服务基金	2. 投资信托基金
3. 资本项目基金		3. 私人目的信托基金（本金和利息用于特定个人、私立组织或其他政府的信托安排）
4. 偿债基金		4. 代理基金（为特定的其他个人或主体而持有的净资）
5. 留本基金（包括已经作为不可支用信托基金分类的公共目的基金）		

GASB 的政府会计概念公告中并没有单独阐述政府会计的主体。有关政府财务报告主体则列示在准则公告中。GASB 于 1991 年 6 月份发布的《政府会计准则委员会第 14 号公告——财务报告的主体》中指出，“政府财务报告的主体由以下三部分内容组成：（1）基本政府；（2）基本政府负有财务责任的组织；（3）那些就其与基本政府的关系的性质和重要性来说，如果不将它们纳人报告主体的财务报表将会导致财务报告误导和不完整的组织。”《财务报告的主体》同时指出，财务报告主体的定义应当以反映受托责任为基础，法律上独立和财政上或预算上独立是确定为基本政府的必要条件。这是因为，法律上独立，使其具备了开展活动的权力；财政上的独立，使其具备了开展活动的能力。这两个条件具备，则表明该主体承担了法定的公共受托责任。

二、FASAB 的基金主体分类与报告主体的界定

联邦会计准则顾问委员会的标准并未关注基金会计，但是国会通常会由于各种目的通过基金的提供、指定、变动的法律。联邦机构是非常需要基金会计来证明其遵从立法规定，财务报告同样需要基金会计。联邦政府会计中一般有两大类基金：第一类是用于普遍税收和收入源或商业运作的基金，包括普通基金、专用基金、循环基金、管理基金；第二类是政府以监护人和受信人名义掌握和管理的资金，包括信托基金和存款基金①。FASAB 在其 1999 年 5 月 20 日颁布的概念公告

① 转引自［美］威尔逊等著，荆新等译：《政府与非营利组织会计，第 12 版》，中国人民大学出版社 2004 年版。

第 2 号《主体与表述》的说明，专用基金、循环基金、管理基金可以作为报告主体。

表 6-2　　　　联邦政府会计基金①

基金大类	基金名称	功能简介
第一类	普通基金	普通基金将非法律规定的收入记入贷方，并且负责付清“国库内任何不用作另外拨付”的所拨之款和普通借款 严格意义上讲，整个联邦政府只有一项普通基金。财政部政府财务运作署负责解释现金余额（现金由美国国库出纳控制，他同时管理附属于政府财务运作署的现金账户）、拨款控制账户和未拨款资金余额。在机构账面上，每一笔拨款都是一组具有自我平衡能力的若干账户。这些机构“拨款基金”都是普通基金的分支部分
	专用基金	为法律指定用于特殊用途的政府收入而建立的收入和支出账户，但该收入并非从能够持续使用这种收入的运作循环中产生，这种收入和支出账户被归入联邦用途的专用基金账户
	循环基金	主要从其他机构和账户取得的资金记入贷方，法律规定其用途在于完成某一个商务类运营活动的循环，其中政府是活动的主导者
	管理基金（包括运作基金）	这种基金通常是从两项或更多的拨款抽取资金，然后合并而成，其目的是实现普通目标或项目，但并不包括一个运营循环。管理基金包括合并流动基金，这个基金的建立是为了按照法律从各机构和局署接受预付款
第二类	信托基金	建立信托基金主要为以信托方式取得的收入进行账面处理，该笔收入用于按照协议和法规完成特殊目标和项目。不同于循环基金和特殊基金，信托基金的资产通常可以持有一段时间，同时进行投资以取得收入。例如，联邦养老金和生还者保险信托基金的资产就投资于美国公债。一些信托基金的本金被用于商务类运营活动。在这种情况下，就叫做信托循环基金。国会使用“信托基金”的术语来描述某些基金，它们在州和地方账户上可能被称为特种收入基金
	存款基金	这些收入报账，这些收入或者暂时持有、今后再贷出或支付给其他基金，或者由政府以银行家或他人代理商的身份持有，并将从所有者角度考虑支付，融合为此建立的收入和支出账户，就形成联邦政府的存款资金账户

FASAB 在其 1999 年 5 月 20 日颁布的概念公告第 2 号《主体与表述》，就界定了财务报告的主体。FASAB 认为清晰地定义报告主体有助于使用者对信息的相关性作出判断；提高信息的完整性、可比性，有利于明确并评价受托责任。概念公告第 2 号指出，报告主体是通过公布通用目的的财务报告来交流有关该主体

① 赵建勇，戚燕霞：《政府与非营利组织会计》，复旦大学出版社 2005 年版。

的财务和相关信息的主体。一个主体要成为其公告中所定义的报告主体，它需要同时满足三个条件：第一，负有控制和部署资源，提供产出和成果，执行部分或全部预算的管理责任，并能对其绩效负责。第二，主体包括的范围应该能使其财务报告提供有关经营状况和财务状况的有意义信息。第三，存在可能的财务报表的使用者，这些使用者对报表中的信息感兴趣，并能利用这些信息来帮助他们作出资源分配和其他方面决策，并确定主体对资源的部署和使用负责。

从这三个条件可概括 FASAB 划分报告主体的本质，即主体承担受托责任并能提供有用信息，这同样是对财务报告目标的回应。根据上述三个条件，FASAB 分析了可能的联邦政府主体包括：部门和主要的独立机关、组织、附属组织、项目、符合结论性或指标性的部分机构、整体政府。FASAB 认为，部门和主体的独立机关是主要的报告主体；信托基金、特殊基金、周转基金也可以作为报告主体；所有主体的最终集合就是整个政府。FASAB 也探讨了整个政府的财务报告，整个政府的财务报表可以提供通用目的财务信息和补充信息。同时，还可以满足信息使用者对于预算程序的结果、总统的动议权或跨项目的信息。①

值得一提的是，在《主体与表述》讨论了报告主体和报告目标关联性的问题。联邦政府中存在几种类型的报告主体（包括组织、附属组织、项目和整个政府）和几个财务报告目标（预算真实性、运营绩效、受托责任以及系统和控制）。由某类型的报告主体所编制的财务报表能在一定程度上满足每一个目标的要求。例如，为单个预算账户而编制的项目和融资表可能最能实现预算真实性这一目标；而来自组织/附属组织项目中的财务报表虽然也能提供预算真实性信息，但最可能实现运营绩效这一目标。整个政府的财务报表最能实现受托责任这一目标。要完全满足这些财务报告目标，就要求提供来自全部类型报告主体的财务报表。本章正是试图通过不同报告主体所完成的职能，来界定其具体的目标，从而随着报告主体层次的逐步扩大，最终形成一个完善的目标体系。

三、英国政府会计对基金主体和报告主体的界定

（一）英国中央政府会计基金主体分类

英国中央政府实行基金会计模式。中央政府按照法律要求，设置具体的基金

① 这部分内容转引自美国联邦会计准则顾问委员会编，陈工孟，张琦，姜海译：《美国联邦政府财务会计概念与准则公告》，人民出版社 2004 年版。

类型。各基金分别来自特定的收入，用于相关服务的支付（张海燕，2005）。中央基金具体包括统一基金、或有基金、国民贷款基金、国民保险基金等。这些中央基金的会计核算不遵循《政府财务报告手册》，而是遵循一些特殊法案的规定和英国财政部发布的特定会计指南。如，统一基金的财务报告是根据《国民贷款法案 1968》的规定按现金制基础编制的。又如，国民保险基金的财务报告是根据《社会保障管理法案 1992》和财政部对其报告形式的规定，采用现金制基础编制的四种基金的概况如表 6 – 3 所示。①

表 6 – 3　　英国中央政府的基金类型

基金种类	收入来源	支出方向	管理
统一基金	主要来源于税收和其他支付给该基金的收入项目	政府的大多数支出项目．都由该基金支付	该基金特定年度的服务支出、年度内授权支出的未使用部分，应该返还统一基金或抵消下一年度的授权支出
国家贷款基金	基金收入主要来源于政府股票、国家储蓄、其他公共部门借款和国外借款以及公共部门的贷款偿还等	基金支付包括偿还贷款、支付借款成本、向其他公共部门贷款以及向国际货币基金组织捐赠等	统一基金和国家贷款基金都由财政部管理。由财政部编制年度会计报表。统一基金的盈余，可以转入国家贷款基金，其赤字也可由国家贷款基金予以弥补
国家保险基金	收入主要来源于相关受益者的贡献，包括雇主和雇员的贡献金，个体户的贡献金以及未就业市场中的志愿捐赠金等	基金支出项目包括：相关受益者的退休金，无劳动能力者的补助及失业者津贴等	国家保险基金由国内收入署管理，并编制各年会计报表。每隔五年，由政府保险精算师对该基金进行审议，确保其有足够的资金满足其相关要求
应急基金		为紧急、意外的支出项目提供资金	由财政部管理，并提供年度会计报表

（二）英国政府会计报告主体的种类②

英国中央政府包括政府部门、执行机构、非政府部门的公共单位都是中央政府会计的会计主体，按照《政府财务报告手册》进行会计核算。其中，执行机

① 这部分内容转引自，财政部会计司：《政府会计报告》，东北财经大学出版社 2005 年版。

② 同上。

构通常从政府部门获得资金，在政府部门的授权范围内运营。由于这种机构的资金主要来自于拨款，受到相应政府部门较严格的预算控制，因此，实际上是政府部门的隶属单位。非政府部门的公共单位代表政府履行一定的职能，其主要资金来自于政府补助（grant），具有运营自主权，直接向议会负责。这种单位不受政府部门的日常预算控制，不是政府部门的法定组成部分。①

从以上介绍，可以看出整体中央政府会计主体包括了基金主体与报告主体的双主体模式。其中统一基金、国家贷款基金和或有基金是整体中央政府主要报告实体。财政部负责为上述基金在每年末编制现金制基础会计报表。中央政府部门是权责发生制微观会计系统的报告主体，它需要将各部门的报表合并。但是，编制中央政府统一的财务报告成为中央政府会计改革的难巨任务。1998 年 7 月，财政部发布了一份名为《整体政府会计报表》的报告，宣告财政部于 2005/06 年度发布整体公共部门经审计的合并会计报表②。该套合并报表包括财务业绩表、资产负债表和现金流量表等。整体公共部门包括：中央政府部门和代理机构、非政府部门公共机构，统一基金，国家贷款基金，国家保险基金，或有基金等；地方政府；公共公司，交易基金等。也就是说，英国中央政府希望将整体公共部门都扩展为报告主体。

（三）英国《财务报告原则公告》对报告主体的界定

目前，英国地方政府会计改革已基本完成。地方政府会计与企业会计更为相同，它们都有特定的时间和主体，应计基础上的财务报告按照企业会计实务指南编制。在企业会计概念框架中只有英国的概念框架中将报告主体作为概念框架结构要素。因此，有必要分析 ASB 在《财务报告原则公告》中对报告主体的讨论。ASB 认为，在委托—代理关系中承担了一种“受托责任”的委托人均有可能需要向委托人提供财务报表。报告主体应该是一个“经济聚合体”。这意味着，报告主体可以是一个单一的报告主体，也可以是具有经济利益关系的公司集团。关于报告主体范围的确定，ASB 主张使用“控制”的概念来确定报告主体的范围。“控制”具有两个方面的含义：配置有关经济资源的能力，以及从上述资源的配置中获取利益（或承受损失）的能力。③

概括地说，英国对报告主体的界定为个别报表和合并报表的编制奠定了理论依据。报告主体的界定以“受托责任”为依据；合并报告主体范围的选择以“控制”

---

① 财政部政府会计研究会参阅资料之二：“英国政府会计管理与改革情况介绍”，2008 年。

② 转引自，财政部会计司编：《政府会计报告》，东北财经大学出版社 2005 年版。

③ 转引自，汪祥耀等：《英国会计准则研究与比较》，立信会计出版社 2002 年版。

概念为依据。本书认为，这两个概念可以借鉴到对政府会计主体的界定上来。

四、国际会计师联合会公共部门委员会对报告主体的界定及其标准

国际会计师联合会公共部门委员会在1996年7月发布的第8号研究报告《政府财务报告的主体》第11~12段指出："财务报告主体的确定应能合理地预计存在一些使用者，这些使用者为了明确受托责任和制定决策而依赖财务报告所提供的信息。一个单位承担了受托责任，这单位就是一个会计主体；一个单位不承担受托责任，它就不能成为一个会计主体。"委员会总结出两种不同的界定标准：一种观点称为"基金授权分配法"，即按规定分配公共基金作为确定政府财务报告主体界线的标准；另一种称为"控制法"，即以控制或所有权作为确定政府财务报告主体界线的标准。

"基金授权分配法"下一般需要将政府机构分成预算单位和非预算单位。政府财务报告的主体通常仅由预算单位组成，不包括非预算单位，使用者的注意力也将要集中在预算单位的活动上。"控制法"认为，政府财务报告的主体应当包括所有为政府控制或拥有的主体和交易。"控制"是指支配另一主体的财务和经营政策，并从中获利。在"控制法"下，政府财务报告主体覆盖内容范围自然就由预算单位扩展到非预算单位（张雪芬，2006）。

国际会计师联合会公共部门委员会对报告主体的定义也是以承担受托责任为依据，对政府财务报告主体的界线标准的"控制法"与英国《财务报告原则公告》相似，并能够弥补"基金授权分配法"的不足，值得借鉴。①

五、澳大利亚公共部门会计准则关于通用目的财务报告的报告主体的界定

澳大利亚公共部门会计准则用与企业部门相同的会计概念公告，对报告主体的界定分别在公共部门适用的三个准则中。根据澳大利亚公共部门会计准则（AAS27、AAS29、AAS31），其财务报告主体包括：地方政府、地方政府主管机构控制的所有主体、政府部门、联邦政府、州政府和行政区政府。

通过这些准则和公告，可以发现澳大利亚对报告主体的界定基于两个层面：一个是"控制"概念，即对主体的控制。AAS27、AAS31在界定报告主体时指出通过对其他主体的控制以实现对其他主体资源和运营的控制。对主体的控制是指

① 转引自，张雪芬：《政府会计发展与对策》，中国时代经济出版社2006年版。

地方政府主管机构有权直接或间接驾驭另一主体的财务和运营决策，从而使另一主体在主管机构既定的目标下运营。另一个是根据《会计概念公告第1号》的定义，“报告主体”是指编制财务报告的主体（包括经济主体），可以合理地预期有使用者需要该主体编制通用目的财务报告以提供帮助使用者制定或评价其资源配置决策的有用信息。这个标准与美国联邦政府会计在确定报告主体所采用的标准相似。AAS29 指出，并不是所有的政府部门都符合报告主体的标准。政府部门内部个别主体也可以依据使用者信息需求，作为独立的报告主体编制通用目的财务报告。

六、对政府会计主体的界定与划分标准的借鉴

采用基金会计模式是英美政府会计的重要特征。基金既是核算主体也是报告主体，其具有三个显著特点：特定目的或活动、限制性、受托责任（林华，2005）。从基金的执行过程看，基金的设立、资源筹集与运用，都须依据法律或契约的规定开展，在限制性范围运作。在整体基金运作过程中反映了政府对合规性和过程性的受托责任，这样立法机构、纳税人、广大的社会公众可以通过基金会计程序和结果的审查了解和评价政府受托责任的履行情况。

对于报告主体的界定，一是要拥有公共受托权力，在法律上拥有开展政府活动的权力；二是要拥有使用公共受托资产的权力，在财政上拥有开展活动的能力。这两个方面使主体承担了公共受托责任，具有对外报告受托责任履行的义务。

报告主体的范围受到各国的政府组织结构差异的影响，并没有一个具体的模式可以借鉴。公共部门或政府部门所在的级次不同，决定了其所负责、管辖的范围上的巨大差异，反映了不同级次政府所控制的公共资源与受托责任的不同。因此，有必要在受托责任的不同范围内设定报告主体，整合所有职能部门的受托责任的履行情况，编制整个政府（中央政府或地方政府）的财务报告。中央政府的报告主体包括：基金报告主体、职能部门报告主体、整个政府主体三个层次；对于省级和地方政府报告主体包括：基金会计主体、行政职能报告主体、一级政府主体。

本书赞同采用“控制”的概念作为划分报告主体的依据，这样能够把非预算的政府单位纳入到报告中。政府会计区别于预算会计主要在于能够反映政府的财务状况的全貌，将政府职能部门拥有控制权、管辖权的附属非事业单位部门的财政收支都纳入职能部门的报告中，才能实现政府会计的优势和功能。总之，政

府会计的主体包括了核算主体与报告主体，分四个层次：基金核算主体、基金报告主体、政府部门主体、整个政府主体四个部分。

第三节　企业组织财务报告目标的借鉴

不论是营利组织还是非营利组织，其会计的本质是一致的。只是会计发挥作用的环境与机制有所不同。在对政府会计目标进行选择时，可以借鉴营利组织财务报告目标。通过对比企业会计与政府会计环境与作用机制，判断政府会计目标的方向。

一、各国财务会计准则制定机构对财务报告目标的选择

（一）美国《财务会计概念公告——财务报告目标》

美国财务会计准则委员会（FASB）第 1 号概念公告是迄今为止美国企业财务报告目标的公认提法，也是世界上多数国家学习的楷模。FASB 关于企业财务报告的目标，指出财务报告是为了提供现在和潜在的投资人、债权人和其他使用者作出合理的投资、信贷和类似决策的有用信息；估计一个企业预期现金流量的金额，时间安排和不确定性，并以此为基础最终估计他们自己的现金收入。总括地说就是决策有用性。FASB 在第 1 号概念公告中也说过，“编制财务报告应提供表明企业的管理层怎样利用受托使用的企业资源，向业主报告其受托责任”。FASB 采用了决策有用性包含了反映受托责任的目标，认为披露受托责任的目的仍然是要作出续聘或解聘的决策。

（二）英国《财务报告原则公告》中财务报表目标

英国会计准则委员会（ASB）认为，财务报表的目标是提供报告主体财务业绩和财务状况的信息，从而有助于广大使用者评价报告主体管理当局的受托责任以及制定经济决策。ASB 还指出，为了满足以上目标，通常可以将注意力集中于当前和潜在的投资者以及其他使用者对信息需要的方面，以便帮助他们评价报告主体生产现金的能力和财务适应能力（汪祥耀、邓川，2005）。ASB 的观点倾向于“决策有用观”和“受托责任观”并存，认为受托责任不仅应包括保护和合理使用报告主体的资源，而且还应包括对这些资源进行有效率和能够获取利润的

使用。

（三）FASB 与 IASB 概念框架联合项目及其财务报告的目标

IASB 提出的财务报表的目标，既考虑一系列使用者经济决策的有用性，又要求反映企业管理层对交付给它的经济资源的经营成果即受托责任。这样就更能满足世界上不同筹资方式的国家的需要。这也是“决策有用观”和“受托责任观”并取的观点。

FASB 与 IASB 概念框架联合项目所设定的财务报告目标是：

1. 提供于投资和信贷决策有用的信息；对外通用财务报告的目标是提供对现在的和潜在的投资者、债权人和其他相关人作出投资、信贷及其他类似资源配置决策有用的信息，倾向于“决策有用观”。

2. “经管责任或受托责任不应成为企业财务报告的单独的目标。两个委员会同意趋同后的框架应该明确与主要目标一致的财务报告信息，包括有助于评价管理当局受托责任的财务报告信息等（陈辉，2006）。

（四）澳大利亚《会计概念公告》中财务报告目标

《会计概念公告第 2 号——通用目的财务报告的目标》的规定，通用目的财务报告应当为其使用者提供有用的信息，从而有助于使用者制定或评价其资源配置决策，也有助于报告主体管理、统辖、解除受托责任。这个目标同时强调决策有用性和反映受托责任的双重目标。

（五）中国《企业会计准则——基本准则》中财务会计报告的目标

我国财政部 2006 年 2 月 15 日发布的《企业会计准则——基本准则》（以下简称基本准则）第四条规定“财务会计报告的目标是向财务会计报告使用者提供与企业财务状况、经营成果和现金流量等有关的会计信息，反映企业管理层受托责任履行情况，有助于财务会计报告使用者作出经济决策。”这个目标同样是受托责任与决策有用并举的双重目标。

二、准则制定机构目标选择的对比

有关各国（机构）目标设定对比见表 6－4。从表 6－4 可以看出目标设定的类别。总体上来说，各准则制定机构的财务报告或报表目标都涵盖了受托责任观与决策有用观，但侧重点上又有所不同：一是决策有用观为重，如美国 FASB，联合项目；另一种是受托责任观为重，如英国 ASB、中国会计准则委员会。从总体上说，财务会计的目标取决于财务会计信息的使用者及其所需求的信息，这同一个国家的融资方式有很大的关系。美国企业的融资主要来自投资人十分分散的资本市场。投资人进行投资的目的一般不在于控制企业、长期经营，而在于低风险取得优厚的现金股利，把股票作为一种特殊商品，通过股票的买卖，赚取卖出价大于买入价的利差。这些是美国投资人决策所关注的事项，也是他们所谓决策有用性的具体内容。

在政府部门，由于政府取得公共资源大部分是通过税收取得的，公民所享有的公共服务并不能通过个人决策方案不同而改变。而政府会计的产生是基于政府对公共受托责任的履行，以受托责任观作为政府会计的目标，能够高度概括政府会计的各项活动。由于公众在政治市场中决策权与在资本市场中不同，公众更倾向于知道政府在守法方面的信息。因此，受托责任观更能体现这种关切。当前公众更强调报告政府部门在公共服务的效率和效果，公共受托责任本身包含了经营的效果责任，所以能满足时代的需要。

但是，决策有用观也有一定的作用空间。一方面，公民可能参考政府会计报告所提供的信息而作出一些政治、经济、社会的决策，比如，投票选举；另一方面，公民在购买政府债券时可能需要通过市场对政府财务报告的解析，对风险和收益进行衡量，以此作出投资决策。因此，决策有用观也应该考虑在政府会计目标之中。

表 6－4　　主要概念框架关于财务报告（报表）的目标比较

会计准则制定机构	目标	侧重
FASB	向投资人、债权人和其他类似信息使用者提供有助于经济决策的信息	突出决策有用观兼顾受托责任
联合项目	提供于投资和信贷决策有用的信息（有助于估计现金流量前景的信息和关于实体资源、对这些资源的要求权以及这些资源和要求权的变化的信息）	突出决策有用观包含受托责任
ASB	提供报告主体财务业绩和财务状况的信息，从而有助于广大使用者评价报告主体管理当局的受托责任以及制定经济决策	受托责任在先，决策有用在后
IASC	既考虑一系列使用者经济决策的有用性，又要求反映企业管理层对交付给它的经济资源的经营成果即受托责任	决策有用在先，兼顾受托责任

续表

会计准则制定机构	目标	侧重
AASB	通用目的财务报告应当为其使用者提供有用的信息，从而有助于使用者制定或评价其资源配置决策，也有助于报告主体管理统辖解除受托责任	决策有用在先，兼顾受托责任
中国会计准则委员会	向财务会计报告使用者提供与企业财务状况、经营成果和现就流量等有关的会计信息，反映企业管理层受托责任履行情况，有助于财务会计报告使用者作出经济决策	受托责任在先，兼顾决策有用

第四节　会计准则制定机构对政府财务报告目标的设定

一、FASB、NCGA 关于政府财务报告目标的观点

FASB 于 1980 年发布了第 4 号财务会计概念公告《编制非盈利组织财务报告的目标》，这份公告是论述非盈利组织财务报告的目标，在 GASB 成立之前，也适用于政府部门。FASB 认为，非盈利组织及政府单位信息的外部使用者分为资源提供者，服务对象和立法及监督机构。非盈利组织的财务报告的目标为向资源提供者及其他信息使用者，为分配资源给非盈利组织作出合理决策时提供有用的信息。这份公告提出了财务报告五个基本的目标：向使用者提供资源配置决策有用的信息；向使用者提供评价服务及持续提供服务能力的信息；向使用者提供评价管理当局业绩和受托责任有用的信息；向使用者提供有关经济资源、债务、净资产及其变动的信息；向使用者提供管理人员的说明和解释①。这个财务报告的目标可以理解为以反映和评价政府的受托责任为政府财务报告的目标，是受托责任观的目标导向。

NCGA 在 1982 年 1 月发布了第 1 号概念公告《政府单位会计与编制财务报告的目标》。在这份公告中，NCGA 指出，财务报告提供的信息是为了帮助使用者作出决策，决策所强调的是对财务信息的应用，而应用有用的财务信息的决策并不能只局限于经济上的选择，在公共部门还有许多政治和社会的决策也部分地

① FASB, Concepts Statement No. 4, Objectives of accounting and financial reporting for nonprofit organizations, 1970, 12.

依赖财务信息，如在候选人中选择政府官员或为某些特定的人士提供支持。所以，它将政府财务报告的目标划分为全面目标、基本目标和具体目标，并指出政府单位及财务报告的全面目标是：为经济、社会和政治决策，以及受托责任控制和财务管理提供信息；为评价管理和组织业绩提供信息[①]。NCGA 的观点也将决策有用与受托责任相融合，并强调了决策的的意义。NCGA 关于决策有用的“决策”进行了概念上的拓展，体现了政府会计的特征，也为 GASB 所采纳。

二、GASB 关于政府财务报告目标的观点

（一）通用目的财务报告目标

GASB 在第一号概念公告《财务报告的目标》中指出，政府财务报告提供的信息应该能帮助使用者：（1）评价受托责任；（2）进行经济、社会和政治决策；并以反映政府的受托责任目标为政府财务报告的全面目标建立一个目标层次体系。全面目标通过三个基本目标来实现：财务报告帮助履行政府的受托责任，使用户能够评估这种责任；帮助用户评价政府实体当年的运作结果；帮助用户评估政府提供服务水平和履行到期职责的能力；实现这三个基本目标又需要相应的具体目标的支撑[②]。如图 6 – 1 所示。

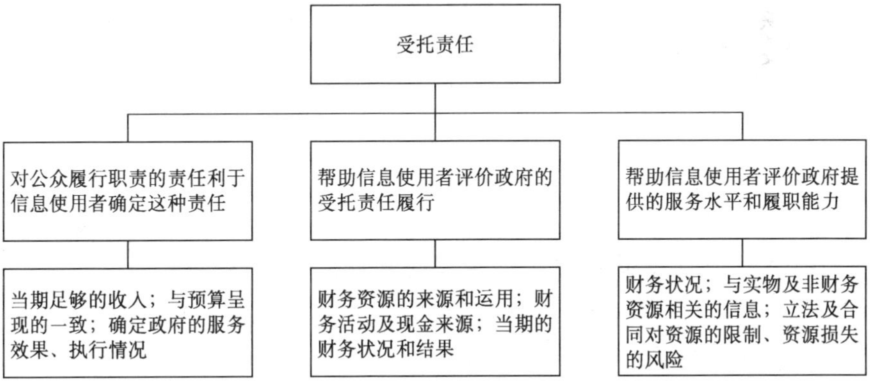

图 6 – 1　GASB 通用目的的财务报告的目标体系[③]

① NCGA, Concepts Statement No. 1, Objectives of accounting and financial reporting for governmental units, 1982

② 杨发勇，瞿曲：“试论公共财政与政府会计的关系”，武汉大学学报（哲学社会科学版）2005 年第 1 期。

③ 转引自：李建发：《政府会计论》，厦门大学出版社 1999 年版。

上述这个财务报告的目标结构以受托责任为主线，确定受托责任、评价受托责任、优化受托责任履行。除此之外，GASB 并没有放弃决策有用观这一目标。在《财务报告的目标》中指出“政府的财务报告应该提供信息帮助使用者评价受托责任，并做出经济、社会与政治方面的决策”。定义了三类对外报告的使用者：（1）公民类，包括公民、新闻媒介、律师组织和财政研究者；（2）立法与监督机构类，包括州立法成员、县委员会、市理事会、受托人委员和校董会及其他监督机构；（3）出资人和债权人类，包括个人和机构出资人和债权人、市债券承销商、债券评级机构、债券担保人和金融机构。同时，单位内部管理人员也使用对外财务报告。这说明，以受托责任为主，以决策有用观为辅，是 GASB 选择的对外财务报告的目标。

图 6－1 所示的层次结构为后来的政府会计目标的讨论奠定了基础，许多学者都借鉴了政府会计层级结构的思想，并把政府会计目标层级结构设计为层进的关系，比如陈立齐、李建发（2003）认为政府会计的目标可以分为三层：查错纠弊、财务管理、受托责任。笔者认为，由于政府存在着广泛的受托责任，需要妥善处理政府与社会、市场、企业、公民的关系。这使政府活动具有复杂性，政府目标具有多元性，包括反映政府财务状况、预算执行、支持财政管理、解除受托责任、服务公共治理。政府会计作为政府行政管理的一个信息、决策支持系统，从本质上说服务于政府目标的实现。因此，政府会计目标同样具有多元性。如何把多元的目标统一协调，这就成为政府会计目标多层设计需要解决的问题。

（二）绩效报告目标

GASB 概念公告第 2 号是关于绩效报告的。之所以将绩效报告单列出来，是因为强调政府绩效是政府会计改革的主导思想之一。这也是受托责任发展变化的结果，自新公共管理运动兴起以来，社会更加强调政府在结果上的绩效性受托责任（路军伟、李建发，2006）。提供绩效报告是全面评价政府受托责任的基础。考虑到使用者用来评价受托责任和制定决策的信息，以及财务报告在提供评价业绩信息中的地位，GASB 认为，服务绩效报告的目标是提供有关政府机构业绩的信息，这些信息较之由经营报表、资产负债表和预算比较表所提供的有助于评价服务的经济性、效率性和效果性的信息更为全面。一个政府机构业绩的计量不仅要求提供资源的取得和使用的信息，还需求提供服务的产出和成果以及资源使用与产出、成果之间关系的信息。

从 GASB 发布绩效报告的原因来看，绩效报告的目标实际上是为实现通用财务报告所设定目标的延伸：服务于公众评价政府在经济、效率、效果上的受托责任。本质上说，绩效报告是受托责任和决策有用目标一个层次上的细化与突出。公告用较大篇幅讨论受托责任的内涵，按 Stewart 对受托责任五个不同层次的划分，指出强调经济性、效率性、效果性受托责任随着民主社会的推进而不断发展的结果。这些都成为绩效报告在受托责任方面的理论依据。

三、美国 FASAB 关于政府财务报告的目标

美国 FASAB 在其 1993 年发布的概念公告第 1 号《财务报告的目标》中，确立了联邦政府财务会计与报告的目标是四个方面的组合体，包括预算完整性、运营绩效、经管责任和系统与控制。FASAB 认为，会计应该有助于完成和履行若干受托责任，诸如对资源的受托责任；对真正遵守和坚持法律要求和行政政策的受托责任；对运营的经济性和有效性的受托责任；以及对成就、收益和效果来反映的政府项目和业务活动的成就的受托责任。这几个方面的受托责任也是借鉴了 Stewart 对受托责任五个不同层次的划分，突出了政府会计目标的受托责任观。

有学者指出，四个目标组合而成的财务报告目标可能造成针对不同受众的报告强调不同的目标（杨薇钰、李元，2006）。FASAB 在《财务报告的目标》的附录中指出，“一些回应者建议应该为整个政府的报告和各组成主体的报告分别制定目标体系。相类似地，也应该对组织的单位组成部分的报告目标与职能或项目的组成部分的报告目标进行区分。”但是，FASAB 认为没有必要进行区分，但会在后续的准则和计划中对不同类型报告目标的重点的变化作出考虑（美国联邦会计准则顾问委员会，2004）。本文认为，整个政府的报告和各组成主体的报告分别制定目标体系是一种可行的作法。从财务报告的目标设定来看，由于政府会计财务报告的种类受到政府活动特征的影响，在设计提供哪些报告，并通过这些报告提供哪些信息时，已经对财务报告的目标作出了考虑。而且，在会计概念框架中，政府报告不但包括财务报告，还包括预算报告、绩效报告等多种目的的报告，不同的报告在满足信息需求时各有侧重。

四、国际公共部门会计准则委员会关于政府财务报告的目标

国际会计师联合会公共部门委员会在其 1991 年 3 月份发布的《中央政府的财务报告》中认为：“财务报告应当证实政府或单位对财政事务和信托资源的受

托责任”。国际会计师联合会公立单位委员会还认为，政府财务报告的主要使用者有以下五类：立法和其他权力机构、公众、投资者和信贷者、其他政府和国际机构以及其他资源的提供者、经济和财务分析师。他认为政府财务报告使用者的信息需求概括为“管理和守法、财政状况、业绩和经济影响”四个方面。国际会计师联合会公立单位委员会也将反映政府的受托责任作为政府会计的基本目标（李定清，2002）。

五、英国政府财务报告目标

英国同样也没有为政府会计单独建立概念框架，在 ASB《财务报告原则》中，财务报告的目标表现为“受托责任观”与“决策有用观”的融合，但更强调受托责任。在英国中央政府会计中，受托责任更为突出，英国中央政府财务报告的目标为表明公共资金按照国会设定的目标正确地使用：向国会提供有关服务成本的信息以支持公共支出的规划管理；证明授权使用公共资金的各机构充分履行其职责并有效地管理公共资金。目前，中央政府的财务报告系统限于中央政府支出项目，财务报告主要向国会解释授权资金如何被使用以及如何取得税收和借款收入。中央政府的财务报告除了包括各个政府部门的财务报告外，还包括中央政府的其他政府主体完整的财务报告（财政部会计司，2005）。

六、澳大利亚政府财务报告的目标

适用于公共部门的《澳大利亚会计准则》（AAS27、AAS29、AAS31）对目标的界定援引了《会计概念公告第 2 号——通用目的财务报告的会计的目标》的规定。《会计概念公告第 2 号》指出，通用目的财务报告应当为其使用者提供有用的信息，从而有助于使用者制定或评价其资源配置决策，也有助于报告主体管理统辖和解除受托责任；同时强调相关性和受托责任。因此，地方政府、政府部门和州政府的通用目的财务报告应提供营运业绩、财务状况、融资与投资以及符合性情况等信息。澳大利亚没有专门为政府会计建立概念框架，政府会计目标与企业会计目标统一为决策有用观。也有学者指出，澳大利亚概念框架文件存在前后矛盾之处，按照会计概念公告第一号，通用目的财务报告是受托责任得以履行的唯一方式。而会计概念公告第二号却提出一般目的财务报告是受托责任得以履行的一种方法而已。在以后的文件中，这些报告则被定位为只是有助于履行受托责任（杨薇钰、李元，2005）。

七、德法模式政府会计的目标

陈立齐（2001）根据政府会计与预算会计的关系将当前政府会计模式分为三大类：德法模式、美国模式和英国模式。他认为，德法模式的政府会计实际上只是预算体系的附属物，其主要特点是以收付实现制为基础，记录预算拨款的用途，政府会计的主要目标是服务于行政控制，其次才是向议会报告自己受托责任的履行情况。德法模式政府会计的目标是与预算和法律保持一致，监督预算的执行，向议会报告财政收支的合法性，以保证实际收支项目与预算收支相一致。

八、政府会计目标选择的经验借鉴

从以上的陈述可以看出，除了澳大利亚以外，其他国家的准则机构都将反映受托责任作为政府财务报告的目标。同时，在受托责任观上有所扩展，既强调政府对公共受托责任预算约束、特定资源的使用过程等合法性方面的履行，也强调政府业绩、运营效率方面的受托责任。对于决策有用观，并没有被机构所舍弃，也并入了政府财务报告的目标之中，这一概念也得到了扩展，不仅包括了信息使用者的经济决策、强调了政府财务信息在社会、政治决策上的作用。本文认为，这些方面反映了社会发展对于政府受托责任要求的发展变化，也反映了公众对于政治、社会参与权利的提高。本文认为，准确的把握时代的要求，按照受托责任的层次性设定政府会计目标是合理的，也是十分必要的；对于决策有用观的把握也需要结合各国的具体环境，判断其纳入政府会计目标体系的可行性与现实性。

第五节　整体分析框架下政府会计主体与目标选择

一、不同政府会计主体的政府会计目标

（一）政府会计目标与政府财务报告目标

第二节已经对政府会计报告的主体及其界定方法进行了评述。政府会计在主体方面具有非常明显的层次性，每个层次的主体都有其既定的目标。因此，政府

会计目标体系的建立，可以从主体层次上依次设定。由于政府财务报告是政府财务会计的最终成果，对于政府会计的目标集中表现于政府财务报告的目标中（李建发，2001）。但是，政府会计的目标与政府财务报告的目标在内涵上不同。政府会计报告只是政府会计体系的一个重要组成部分，财务报告主要是对外报告受托责任的履行情况，政府会计体系作为一种制度安排具有广泛的功能和作用。因此，虽然财务报告目标是政府会计目标体系的重要组成部分，但两者并不能等同而视。

根据政府会计及报告主体的层次性，可分为四个层次：基金账务层次、基金报告层次、政府部门报告层次、整个政府综合报告层次。基金核算会计对应着政府具体活动，属于业务层，其目标是报告该基金的资金运动过程和状况；基金报告主体则是对业务层上活动整个流程的一种总述；政府部门是政府开展具体治理活动的职能层；整个政府承担广义范围的公共受托责任。那么，这四个层次分别适用的目标为：反映某种业务活动执行的合规性；反映政府受限资源使用的合规性和预算的真实性；反映政府部门的财务状况、运营业绩；全面反映整体政府的治理效率。

（二）对受托责任观与决策有用观的考虑

在本章第三节、第四节分别讨论了受托责任观与决策有用观在政府会计体系中的适用性。根据现有的文献来看，受托责任观的适用性较强，决策有用观也有一些适用空间。

由于反映受托责任是政府会计的本质，会计的任何行为活动都是对受托责任的反映，因此是受托责任观各层次目标的基础。在政府会计目标中突出政府受托责任是当前得到较多支持的观点。但是，以受托责任为目标在实践中的指导意义并不显著。在委托代理关系问题上，委托人是全体公民，这也造成了监督权人的缺位，即使存在着监督机构，这种监督权也只是代理授权之下的监督权，根据制度经济学原理，由于监督权随着委托代理链条的逐级延长，使监督权的履行更弱（张维迎，1995）。即便是以受托责任为目标，在指导实践时，依然要将之按层次逐级分解。GASB 的做法就是明证。在我国政府作为受托人，对作为委托人的广大公众履行公共受托责任的观念尚未扎根（《政府会计的概念框架》课题组，2003）。因此，若要建立一个可行性的目标，则需要把受托责任的观念实际化。

对决策有用性应该一分为二的来看待。虽然公共政策的制定呼吁民众的参与，公众参与的程度可能会有极大的提高，但公共选择的实现仍然以政府的意志为主。政府管理人员进行公共政策的制定，财务信息只是其获取信息的一个较小的来源。因此，对这部分信息的需求较高的是政府内部监督部门，比如政府审计机构。但是，对公众而言，决策有用性也并不是完全没有市场。在资本市场上，通过市场机制的作用（机构投资者、证券分析师、审计公告等）对财务会计信息解析，来预测未来收益，从而做出决策。如果未达到预期目的，投资者可以通过“用脚投票”的退出机制来决定自己资源的流向。随着经济市场化程度的提高，政府组织可以在资本市场内筹资。比如美国地方政府发行债券筹资，这使得政府与公众之间的利益关系明晰而直接，政府会计信息被公众重视成为可能。但是，在大多数国家，政府债券被视为无风险债券，可能是一种最为安全的投资方式，公众会认为有必要去参考政府报告而判断是否投资政府债券。因此，在我国政府会计提供决策有用信息的作用并不突出，更多的包含在合规性控制方面。

（三）政府会计目标的整合

第三章已经从环境角度整合了一个以提高财政透明度为核心，以增进民主和公平、提高效率、防范风险、促进合作为具体目标的政府会计功能体系。政府会计的目标的选择与整合需要综合考虑政府会计功能体系、不同层次主体目标、公共受托责任的层次。Stewart 对受托责任五个不同层次的划分：第一层次是政策受托责任，选择要实行和要拒绝的政策；第二层次是项目受托责任，确定和达成目标；第三层次是绩效受托责任，有效运营；第四层次是过程受托责任，执行所需行为的适当过程、程序和方法；第五层次是完整性及法律受托责任，按照批准的预算或项目来支出资金。这五个方面分别对应了价值取向、成果、效果和经济性、计划、分配和管理方面、合规性五个方面。在目标选择时需要考虑这些具体方面。

综上所述，政府会计的目标可以从业务层、报告体系层、会计系统层三个层次确定目标。具体来说，业务层的目标是预算执行的合规性和实现信息披露；报告层的目标是反映国家财政财务状况、优化财政管理、提升政府绩效，促进宏观经济管理，支持政府管理；系统层的目标是提高财政透明度，实现良好治理，助力国家治理。这个目标体系分别对应了受托责任的几个层，也将功能体系的内容包含进去。

二、分析框架视角下政府会计目标的评述

会计目标的选择在整个框架体系中处于起点的地位，影响到框架结构的其他

方面的选择。更为重要的是，会计目标的选择能对环境的要求做出回应，有效的指导实践过程并从中得到反馈。因此，有必要从分析框架的不同维度来解析这个整合的政府会计目标体系。

（一）触发器角度

当前，大部分的政府会计改革的理念和发展实践都会来源于对触发因素的反应。在内部触发因素方面，行政效率的要求、财政管理改革、财政危机往往是触发政府会计改革的最直接因素。行政效率的要求改变了政府治理的理念，更加倾向于通过新的制度安排来确保新的管理工具和方法的采用。在全球化趋势下，建立一个透明、有效、法治政府是行政改革的方向和要求。国家治理体系与治理能现代化是当前我国走向新时代的内在要求，政府会计体系改革作为行政改革过程中必不可少的子系统服务于这种要求，表现在目标上则是提高政府绩效、提高财政透明度，实现良好的公共治理。财政管理改革与财政危机更是对政府会计在核算要素、披露制度上提出了具体的要求。政府会计需要全面反映政府受托的资产、负债等财务状况，为财政管理、风险控制提供信息基础。在我国，预算制度的改革、国库集中支付制度、政府采购制度、财政收支分类的改革都需要一个政府会计体系对每一笔业务实施监控，使这些制度进一步深化。这些方面的需求反映在“国家财政财务状况、优化财政管理”第二层目标中。

在外部触发因素方面，“新公共管理运动”、国际组织的要求都是全球化背景的反映。“新公共管理运动”不但席卷了西方国家，也影响了一大批处于转型期的发展中国家。“新公共管理”理念呼吁用企业家精神塑造政府，强调公共管理的效率和效果。这也反映在提高行政绩效的目标上。国际组织在政府会计方法中的协调是推动全球化进程的具体体现。总体来说，国际社会认为提高财政透明度是实现良好治理的基石，是促进资本在全球流动、促进政府间合作的基础，也是防范世界、区域财政危机、经济危机的关键。因此，提高财政透明度作为整个政府会计系统的目标来回应这些要求。

（二）环境和行为结构变量角度

结构变量包含更为广泛的宏观环境因素和行为因素。这些因素对于政府会计具体实施的深度和广度，具体的模式选择有着巨大的作用。从政治结构变量看，我国是社会主义国家，人民是国家的主人，政府监督权主要在各级人大及其常委会，以及政府监督机构，如审计署。监督的形式主要通过对预算执行情况的审查，以及审计署对各单位部门的政府审计展开。公众舆论与公众参与的程度并不高，因此，在设定政府会计目标时，将对预算合规性的监督放在第一层次，这样做正是为了对政府官员的行为形成制度约束，使违法乱纪现象得到控制。但随着政府会计改革及其他改革的深入，将逐渐把财政透明度作为最高目标。

从经济结构变量看，我国的经济体制改革正处在深化阶段，政府要处理好与市场、企业的关系，发挥市场对资源配置的基础性作用，政府通过对公共服务、公共物品的提供实现对市场缺陷的弥补。政府与市场在服务边界上需要效率指标的划分，以避免公共资源的浪费。这些需要政府提供绩效方面的信息，以实现较高的资源配置效率。同时，随着市场化、自由化程度的加深，财税、金融体制改革的深入与完善，政府利用资本市场筹资的规模会更大，比如政府发生债券，这也带来了负债风险的隐患，需要加强财政管理体系的建设。而提高政府绩效、防范财政风险理念在政府部门的有效实施，会带来更高效的政治效率，因此，政府会计目标对提高政府绩效、加强财政管理作出了要求，助力国家行政管理水平的提高。

从行政结构变量看，政府的管辖权越大，政府承担的公共受托责任就越大，其行政管理的难度也越大。这种情况下，政府要转变行政管理观念，注重行政效率的提高，建立健全财政管理体制，聘用优秀人才。这方面都需要通过具体制度体系的建立来实现。政府会计目标的第二个层次，对行政结构变量作出了回应。

从社会结构变量看，政府会计模式和改革极大的受到宪法、行政法等多项法律的约束。本质上说，预算制度是一种法律，政府会计对于预算过程的核算、反映与监督、报告都属于履行法律的要求。加强对预算的监督是政府会计第一层次的目标。从社会文化、意识等角度来说，政府的受托责任意识并不突出，而且东方文化体系下对受托责任的披露动机并不强烈。因此，提高财政透明度，有助于公众与政府的沟通，有助于国家治理能力和治理体系的现代化。因此，政府会计目标反映了社会结构变量的特征。

从技术结构变量讲，信息技术的发展，促进了信息加工和传递的效率。电子政务系统的建立对于提高政府绩效，提高信息透明度有不可替代的作用。政府会计在权责发生制方法上的应用为提高财政透明度带来了保证。电子政务的发展，公众可以对公共决策的制度、执行有更多的了解，为财务报告的理解提供了背景资料，提高了信息的有用性和可理解性。技术结构变量对于政府官员的效率意识的培养是一种正向激励，使它们自觉得加强效率意识。因此，政府会计目标将效率目标整合在其中。

（三）实施与实践角度

来自于各个学术组织、政府机构的学者研究来看，政府会计在提高财政透明度（陈小悦、陈璇，2005；程晓佳，2004；王雍君，2004；戚燕霞，2005；刘笑霞，2007）、促进财政管理（杨发勇、瞿曲，2005；邢俊英，2003；陆建桥，2004；刘玉廷，2004）、提高政府绩效（张琦，2006；贝洪俊，2005）加强预算监督方面（陈立齐、李建发，2003）的作用得到了广泛的共识。从实践的角度来看，目标越明晰，越根植于客观环境，其可执行性就越高。本章对于政府会计目标的整合也是考虑了可执行性的特点，尽量避免目标的理论化、概念倾向。

第七章

政府会计信息质量特征

所谓会计信息质量，从字面来理解，也就是会计信息所应当达到或满足的基本质量要求。它就像产品质量一样，如果不能符合既定的产品质量标准，这些产品就不能为消费者带来应有的效益（葛家澍、刘峰，2002）。在财务会计概念结构体系中，会计信息质量特征是联结会计目标与实现目标手段之间的“桥梁”，它对财务报告所提供的信息，起着约束作用，使其能符合目标的要求。或者说，会计信息质量特征是使会计信息有用的特征，它是确定构成信息有用的成分，因此，它们是在进行会计选择时所应追求的质量标志。权威机构在制定会计准则时需要理论指导，其中，指导会计准则制定的会计信息质量标准，在一定程度上决定着会计信息的确认标准、计量单位、计量属性和计量方法等，从而影响甚至决定着会计信息的内容，它是财务会计概念框架的组成部分（曹伟，2004）。同样的指导政府会计准则制定的会计信息质量标准也是政府会计概念框架的组成部分。

政府会计信息的载体是政府财务报告，政府财务报告是政府向报告使用者传送信息的工具。信息质量是对主体提供财务报告的基本要求，如果信息不能在质量上得到保证，那么财务报告就不能发挥其应有的作用，也不能达到应有的目标。所以，为了使政府或政府单位提供的财务信息真正有助于使用者对受托责任和受托业绩进行分析评价，并据此做出相关决策，就必须对财务信息的质量提出具体的要求（张雪芬，2006）。中国政府会计提供的信息质量如何？能不能满足政府行政管理和公共决策的需要？如何实现政府会计信息的透明？有没有照顾社会公众对政府财务信息的需要？是追求相关性还是追求可靠性？应该是一个单一的标准还是一个标准体系？如果是标准体系的话，那第二层次、第三层次的标准应该包括哪些？这是本书研究中国政府会计概念框架时要借助于整体分析模型解决的第二个问题。

为了使政府财务报告传送的信息发挥其应有的作用和效果，要求该信息必须具有某些质量特征。而评估财务报告的质量，应当有一个财务信息的质量评估标准。早在1980年5月，美国财务会计准则委员会（FASB）就公布了第2号财务会计概念公告《会计信息的质量特征》，全面地列示了会计信息为满足用户（投资人/债权人）需要的质量特征的框架。似乎评估标准已经在这个框架中完全确立了。然而，评估财务报告的质量标准总是取决于这些质量所应满足的需要，即财务报告的目标。因此，无论研究政府会计的信息质量特征还是企业会计信息质量特征都离不开会计或财务报告的目标，所以信息质量特征就成了目标之下，概念框架之中的第二个层次上的内容，也是建立政府会计概念框架中必不可少的一个环节。各个国家关于会计信息质量特征的研究和政府会计信息质量的研究也都在如火如荼的进行着，我们也必须在参考、借鉴其他国家的基础上，综合概念框架的分析框架来讨论我国政府会计所需要的信息质量特征。

第一节　文献回顾

对于我国政府会计的信息质量特征的研究分析，许多学者作了一定的研究，确定的几大特征基本上和企业会计信息质量特征一致，只是在侧重点方面有所区别。下面先简单回顾一下，学术界对政府会计信息质量特征的描述。

一、对政府会计信息质量特征的原则观

盖地（2001）指出政府会计的一般原则是对政府会计核算进行的基础性规范，是对会计工作及由此产生的会计信息的基本要求。参照我国企业和事业单位会计准则以及财政总预算会计制度、行政单位会计制度，借鉴其他国家的规定，结合政府会计特点，提出我国政府会计核算的一般原则包括：真实性原则、有用性原则、可比性原则、一致性原则、及时性原则、明晰性原则、收付实现制原则、历史成本原则、重要性原则和限制性原则。

尹玲燕、杨常青（2002）认为会计信息质量要求的原则包括：真实性原则、相关性原则、可比性原则、一贯性原则、及时性原则、重要性原则、明晰性原则七个方面。

也有学者提出了相反的观点，认为需要把会计信息质量特征和会计要素确

认、计量的原则区别开来，不能笼统地在“一般原则”之中。李定清（2002）认为在政府会计准则理论结构中，应把会计信息质量特征和会计要素确认、计量的原则区别开来，不能笼统地在“一般原则”之中。将质量特征确定为可理解性、可靠性、相关性、可比性、重要性和及时性，并非所有可靠相关的会计信息都应该提供，只有当会计信息所能带来的效益大于其成本时，才值得提供（李定清，2002）。

二、政府会计信息质量的透明度观

1997 年初东南亚金融危机爆发后，许多国际性组织在分析东南亚金融危机的原因时，将东南亚国家不透明的会计信息归为经济危机爆发的原因之一。联合国贸发局（UNCTAD）的调查报告直接讨论了会计信息披露对东南亚金融危机的影响。该报告认为，东南亚国家很多金融机构与公司的失败或近乎失败，其可能的原因有：高负债、私营部门对外汇日益增长的依赖、透明度和解释度的不足。透明度和解释度不足被认为是东南亚金融危机的直接诱因。

Kopim 和 Craig（1998）将财政透明定义为，向公众公开政府的结构与功能、财政政策意向、公共部门账户以及财政预测。这一定义为国际货币基金组织（IMF）财政事务部的财政透明度手册（修订版）》（Manual on Fiscal Transparency）采纳。国际货币基金组织一直致力于在全球范围内推动各国建立良好的财政管理体制，并且认为提高财政透明度是改善财政管理的关键之一。国际货币基金组织于 1998 年通过了《财政透明度操守准则原则宣言》，随后于 2001 年发布了经修订的《财政透明度手册》（程晓佳，2004）。另外，经济合作与发展组织（OECD，2001）将透明定义为对政策取向、表达和执行的公开，并将预算透明定义为及时、系统地充分披露所有相关的财政信息（OECD，2001）。Poterba and yon Hagen（1999）指出，透明的预算程序是这样的，它能够提供清晰的关于政府财政政策各个方面的信息，包含大量特殊账户而不能将所有的财政活动合并到盈余（或赤字）下的预算是不透明的。公众和政策制定程序中的参与者容易取得、且列示合并信息的预算是透明的。财政透明度就是要求政府财政预算过程的透明公开，与及时、充分及系统地披露财政信息（徐仁辉，2003）。这些国际组织的要求势必会影响政府会计的信息质量特征。

魏明海、刘峰等（2001）对会计信息透明度概念进行了全面的探讨，认为会计透明度是一个关于会计信息质量的全面概念，包括会计准则的制订和执行、会计信息质量标准、信息披露与监管等。它不仅同时顾及了会计信息自身的质量标准以及实现会计信息质量标准的方式，而且还丰富了会计信息质量标准和实现会计信息质量标准的方式，是一套全面的会计信息质量标准和一个进行会计信息全面质量管理的“工具箱”。

裴荣、郝东洋（2004）认为政府会计信息质量应以真实性为基础，强调相关性，把提高透明度作为综合的质量目标。程晓佳（2004）论述了《财政透明度手册》对我国政府会计的核算范围、财务报告内容、会计基础、会计要素、以及预算信息、内部控制和审计、绩效报告七个方面的影响，并指出国际货币基金组织《财政透明度手册》势必会对各国的政府会计改革产生较大影响。

戚艳霞、王鑫（2005）认为，财政透明度强调的是信息的公开性和全面性，即要求及时、系统、充分披露所有相关（与公众需要相关）的财政信息，包括政府资产和负债、收入和支出、预算的编制和执行情况、对政府信息的审核等。

刘笑霞（2007）从信息的公开性、内容、披露的及时性和频率及可靠性四个方面论述了财政透明度对政府财务报告信息质量的要求，认为财政透明（或者说财政透明度高）就是政府及时、完整、可靠地提供关于其活动的信息，从而使外部公众能够了解其活动并作出相关的评价和决策。

三、政府会计信息质量的总括观

王涛等（2003）指出我国现行预算会计制度规定会计信息质量特征，包括真实性、相关性、可比性、一致性、及时性、清晰性、重要性等，但没有实质重于形式、成本与效益等原则，质量特征没有一个有着内在联系层次分明的体系。因此，有必要对其进行重新改造，一是将质量特征确定为可理解性、可靠性、相关性、可比性、重要性和及时性。还应强调会计信息质量特征的限制因素，包括实质重于形式，效益大于成本；二是建立一个有内在联系的多层次的信息质量特征体系。

詹雷、王成（2004）认为在会计信息质量特征方面，企业会计和政府会计的兼容性较强。政府会计信息质量特征包括可理解性、可靠性、相关性、一致性、可比性和满足成本效益原则。

《政府会计的概念框架》课题组（2005）认为：政府会计信息质量特征主要有：可理解性、可靠性、相关性、一致性、可比性。在不同的会计信息质量特征之间存在一定的此消彼长的关系，这就需要有所偏重，根据情况进行权衡。

张雪芬（2006）认为，我国政府财务报告应具备的信息质量特征可以概括为：可靠性、相关性、可理解性、及时性、真实性、可比性、一致性、重要性。

在这些质量特征中，可靠性和相关性是主要的质量，可比性和一致性是次要的质量。

总的来说，学者们基本上认为由于在会计信息质量特征方面，企业会计与政府会计之间兼容性较强，所以对于政府会计信息质量特征的描述大多与企业会计一致，但仍未形成一个得到大家一致认同的体系结构，本章就力图在借鉴各国企业会计和政府会计有关质量特征的研究成果，并结合概念框架的分析框架，把我国现阶段影响概念框架的触发器、结构变量等因素进行综合考虑，有针对性地提出我国的政府会计信息质量特征体系，希望本章的研究结果能为建立我国政府会计信息质量特征体系提供参考意见。

第二节 企业财务会计的信息质量特征

一、早期的会计信息质量的研究

早期的会计文献，程度不同地提到会计信息质量。比如，利特尔顿在《会计理论结构》中就提出，“正因为财务报表能够以通俗易懂的方式反映企业的大量经济活动，所以人们通过财务报表就可能了解企业经营活动的基本情况。……充分披露所有重要和重大的会计信息是财务报表的一个重要规则”。作者在这里尚未有意识地将信息质量作为一个专门内容加以讨论，并将信息质量与目标联系起来。

第一次将目标与信息质量联系起来的文献，应当是1970年所发布的会计原则委员会第4号报告。在这份文献中，会计目标被表述为一般目标，而信息质量则是质的目标。构成质的目标的内容有：相关性、易懂性、可验证性、中立性、及时性、可比性和完整性七条。

美国会计学会对外财务报告概念与准则委员会1977年所发布的“会计理论与理论认可”报告中，也提到会计信息质量问题。该报告将20世纪60年代美国会计理论的发展归纳为三大流派：古典流派、决策有用流派和信息经济流派。其中，决策有用流派又分为决策模式和决策制订者两个不同倾向。该报告在分析决策模式倾向时认为：为了做到对决策制订有用，财务信息必须具备几个标准的质量。首要的是相关；其次是可靠性；客观性、可验证性、不偏不倚以及精确性等是与可靠性质量部分重叠的术语。其他的质量，如可比性、可理解性、及时性以及节约性等，也很重要。可以用一组所期望的质量作为评价不同会计方法的标准（AAA，1977）。从中可以看出，信息质量与会计目标之间的内在逻辑关系，已经得到充分认识。

二、其他国家企业会计信息质量特征

1980 年 5 月，美国 FASB 的第 2 号概念框架公告——“会计信息质量特征”，第一次将会计信息质量作为一个专门研究项目系统地加以论述。其中提出了良好会计信息应具备的质量特征，并将各种质量特征划分层次：会计信息的最高质量、会计信息的主要质量、会计信息的次要质量、提供信息的限制条件（汤云为、钱逢胜，2003）。不但在财务会计概念公告中提出了包括相关性、可理解性、及时性等一系列的会计信息质量特征，而且还清晰的描述了质量特征的结构层次。其中首要的信息质量特征是可理解性；其次是决策有用性，决策有用性又分别由相关性和可靠性构成，相关性有预测价值、反馈价值和及时性来决定，而可靠性则由可验证性、中立性和反映真实性决定；可比性（包括一致性）属于次要的质量信息，同时它还将成本效益原则和重要性作为信息质量特征的约束条件。

之后，许多国家和组织都着手研究，并在之后出现的概念结构中信息质量都成为了不可或缺的内容。当然，不同组织和国家对信息质量的要求也有所不同。加拿大特许会计师协会所发布的“财务报表概念”，提出四项主要质量：可理解性、相关性、可靠性和可比性。在主要质量之下，又有一些补充质量，如可靠性就包括如实表述、可验证性、中立性、稳健性。

国际会计准则委员会 80 年代后、90 年代前期有相当多研究工作是与加拿大特许会计师协会合作的。因此，它的概念结构公告与加拿大的财务报表概念在很多表述上相当接近。IASC 在《财务报表的编报框架》中认为，财务报告应具备的主要质量特征有四项：可理解性、相关性、可靠性和可比性。

英国会计准则委员会于 20 世纪 90 年代所陆续发布的概念结构——“原则公告”，对信息质量的研究，有一定的创新。它将信息质量分为三大部分：与内容有关的质量，主要是相关性和可靠性，可靠性又包括如实表述、实质性、中立性、谨慎、完整性等；与报表表述有关的质量：分为可比性和可理解性，其中，可比性包含一致性和会计政策等的充分披露，可理解性包括汇总与分类、使用者能力要求；对信息质量的约束，具体内容包括在质量标准间的权衡、及时性、效益大于成本等。除这三大类七条主要质量、十条辅助质量外，还有作为先决质量的重要性，以及英国对财务报表信息的传统要求——真实与公允，所涉及的信息质量标准共计约二十条。

1996 年 4 月 11 日，美国证券交易委员会（SEC）发布了关于 IASC“核心准则”的声明。在该声明中，SEC 提出三项评价“核心准则”的要素，其中第二项是“高质量”。SEC 对“高质量”的具体解释是可比性、透明度和充分披露。这之后，SEC 及其主席 Arthur Levitt 多次公开重申高质量会计准则问题，并将透明度作为一个核心概念加以使用。1997 年初东南亚金融危机爆发后，许多国际性组织在分析东南亚金融危机的原因时，将东南亚国家不透明的会计信息归为经济危机爆发的原因之一。巴塞尔银行监管委员会 1998 年 9 月发布的“增强银行透明度”研究报告中，将透明度定义为：公开披露可靠与及时的信息，有助于信息使用者准确评价一家银行的财务状况和业绩、经营活动、风险分布及风险管理实务。该报告进一步讨论认为，披露本身必然导致透明，为实现透明，必须提供及时、准确、相关和充分的定性与定量信息披露，且这些披露必须建立在完善的计量原则之上。透明信息的质量特征包括：全面、相关和及时、可靠、可比、重大。会计透明度应当包括以下三层含义：（1）存在一套清晰、准确、正式、易理解、普遍认可的会计准则和有关会计信息披露各种监管制度体系。（2）对会计准则的高度遵循，无论是公营部门还是私营部门、政府机构还是企业都能够严格遵循会计准则；（3）对外（含投资者、债权人、监管机构等）提供准确信息，能够便利地获取有关财务状况、经营成果、现金流量和经营风险水平的信息。如果说，相关性与可靠性侧重于会计信息自身的质量标准，信息披露侧重的是实现会计信息质量标准的一种方式，那么会计透明度则是一个全面、综合性的概念，它不仅同时顾及了会计信息自身的质量标准以及实现会计信息质量标准的方式，而且还丰富了会计信息质量标准和实现会计信息质量标准的方式。

FASB 和 IASB 的概念框架趋同项目曾计划于 2006 年 7 月发布了针对“财务报告目标和质量特征”的初始讨论稿。FASB 与 IASB 联合框架对会计信息质量特征的要求可以用图 7－1 表示。

三、我国企业会计规范中信息质量特征的要求

我国自 90 年代初的会计改革以来，也逐步朝着与国际会计接轨的方向发展，虽然我国尚未单独制定财务会计的概念框架，对信息质量特征的要求一般都在准则和制度中以原则中体现。2007 年之前的我国《企业会计制度》中规定有十三条会计核算的一般原则，分为衡量会计信息质量的一般原则、确认和计量的一般

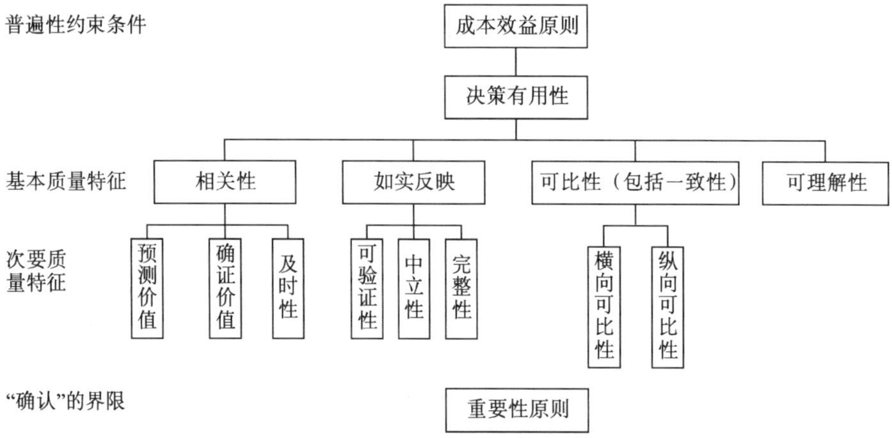

图 7－1　会计信息质量特征层次体系①

原则、起修正作用的一般原则。评价会计信息质量的标准有客观性、可比性、一贯性、相关性、及时性、明晰性；确认和计量的一般原则有：权责发生制原则、配比原则、历史成本原则、划分收益性支出与资本性支出原则；起修正作用的一般原则包括：谨慎性原则、重要性原则、实质重于形式原则。2006 年的新的企业会计准则更是与国际会计准则趋同的。

我国于 2006 年颁布的《企业会计准则——基本准则》第二章“会计信息质量要求”中列出了可靠性、相关性、明晰性、可比性（一贯性）、实质重于形式、重要性、谨慎性、及时性八项要求。可以看出我国在企业会计规范对信息质量特征的要求与 FASB 与 IFAC 会计信息质量标准基本是相同的，但是我国并没有专门提出一个会计信息质量特征体系。

为建立我国会计信息质量特征体系，许多学术团体也在致力于研究适用于我国的会计信息质量特征体系。会计信息质量特征研究课题组在对 1979～2004 年期间国内外关于会计信息质量特征的研究成果进行研究的基础上，借鉴美国 FASB 于 1980 年提出的会计信息质量特征体系框架（SFAC NO. 12），结合我国现阶段所存在的突出问题，有针对性地提出我国的财务会计信息质量特征体系和管理会计信息质量特征体系。如图 7－2 表示。

① 葛家澍、张金若：“FASB 与 IASB 联合趋同框架（初步意见）的评介”，《会计研究》，2007 年第 2 期。

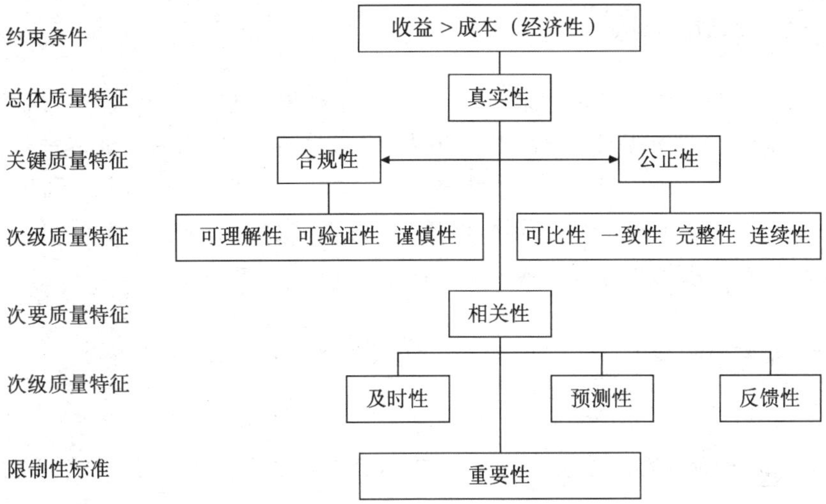

图 7－2　财务会计信息质量特征体系①

第三节　其他国家政府会计信息质量特征

一、美国

（一）GASB 的观点

GASB 在第 1 号概念公告《编制财务报告的目标》第 56～61 段“财务报告信息的特征”中指出：“财务报告意即将财务信息传递给使用者，这种传递应是有效的，财务信息必须具有这些特征：可理解性、可靠性、相关性、及时性、一致性和可比性。”② GASB 特别提及及时性和一贯性，这是因为政府财政收支活动是按照预算进度组织实施的，预算是一项十分严密和严格的计划，为了避免出现财政危机，为了使财务报告有用，各个国家的预算管理制度都特别要求政府单位必须及时报告预算收支执行情况，以便进行预算控制和调整。如果会计信息不能及时发布，那么，随着时间的推移，信息本来所具有的有用性就会逐渐消失。

① 会计信息质量特征研究课题组：“对建立我国会计信息质量特征体系的认识”，《会计研究》，2006 年第 1 期。

② 美国政府会计委员会编：《美国州和地方政府会计与财务报告准则汇编》，人民出版社 2004 年版。

（二）FASAB 的观点

美国《联邦财务会计概念第 1 号公告》（SFFAC NO. 1）第六章“财务报告信息的质量特征”中指出，联邦财务报告是与财务信息使用者沟通的一种方式。为保证这种沟通有效，财务报告当中的信息必须具有以下基本特征：可理解性、可靠性、相关性、及时性、一致性和可比性。这些特征大部分与财务会计准则委员会和政府会计准则委员会所描述的特征很相似。①

二、国际组织观点

（一）会计师国际联合会（IFAC）所属的公立单位委员会（PSC）的观点

该委员会对国际上许多国家（主要是西方国家）的政府财务报告体系进行了比较研究，并以此为基础于 1991 年 3 月份发布了《公立单位委员会研究报告第 1 号——中央政府的财务报告》。PSC 认为，政府财务报告中提供的各项会计信息从质量方面讲应当符合以下十项要求：（1）可理解性，即政府财务报告中提供的信息应当简单明了，容易为报告使用者所理解；（2）相关性，即政府财务报告中提供的信息与信息使用者的需求之间必须存在着一定的逻辑关系；（3）重要性，即政府财务报告不应当提供对信息使用者来说是不重要的信息；（4）可靠性，即政府财务报告中提供的信息应当真实地表述其旨在表达的内容，但这并不排除对估计的使用，只是用以估计的方法必须是可靠的；（5）真实反映；（6）实质重于形式；（7）中立性；（8）审慎性；（9）完整性；（10）可比性。②

（二）国际货币基金组织的观点

2001 年，国际货币基金组织在对《财政透明度良好做法守则》进行修订时，其他方面未做大的改动，但是对于如何保证财政数据的真实性的内容则作了较大的修订和充实，修订前注重的是通过外部监督确保财政信息的真实性，而修订后则更强调数据自身质量的提高。国际货币基金组织认为，保证财政数据的真实性应当通过达到高质量的数据标准和进行公开、独立的监督两个方面来实施。达到

① 美国联邦会计准则顾问委员会编，陈工孟、张琦、姜海译：《美国联邦政府财务会计概念与准则公告》，人民出版社 2004 年版。

② 叶龙：“新公共管理体制下政府会计理论体系的研究”，博士学位论文，东北财经大学，2003 年。

数据质量标准主要包括对预算收支的准确预测、采用公认的会计标准、财政数据内部的交叉核对和与其他数据的协调，并通过有效的内部控制（包括内部审计）来实现。公开和独立的监督则包括国家审计机关的独立审计，外部专家对财政和宏观经济预测的评估以及国家统计机关通过独立编制财政统计数据来对财政数据的质量进行核实。对此，国际货币基金组织建议，各国政府的政府会计和财务报告应当参照《国际公共部门会计准则》，这就是它认为的“高质量的”数据标准。国际货币基金组织认为，宏观的财政数据必须通过微观的会计系统产生，而要保证财政数据的真实性，就必须从会计标准的制定着手。此外，还需要通过独立的外部审计，辅之以国家统计等，对政府财务报告的真实性把最后一道关。（程晓佳，2004）

三、英国和澳大利亚

在英国，中央政府实施权责发生制基础的“资源会计与预算”系统，资源会计的基本原则为一致性、谨慎性、实质重于形式、资源会计与资源预算的兼容性。

《澳大利亚会计准则》AAS 和四项会计概念公告中指出会计信息质量特征主要包括相关性、可靠性、可比性和可理解性。

四、我国预算会计中有关政府财务报告信息质量特征

我国无论是企业会计还是预算会计都并没有区分会计原则和会计信息质量特征，我国 1997 年公布的《财政总预算会计制度》中规定了真实性、相关性、可比性、一致性、及时性、明晰性、收付实现制（对经营性收支业务核算采用权责发生制）、配比性、专款专用九项原则；《行政单位会计准则》中除了上述九项原则外包括了实际（历史）成本和重要性两项原则。其中，真实性、相关性、可比性、一致性、及时性、重要性、明晰性为为会计信息质量要求的原则，而收付实现制和权责发生制、历史成本原则、配比原则、专款专用原则是对经纪业务确认、计量、报告要求的原则。

2015 年 10 月 23 日发布的《政府会计准则——基本准则》要求政府会计主体如实反映各项会计要素的情况和结果，保证会计信息真实可靠；应当与反映政府会计主体公共受托责任履行情况以及报告使用者决策或者监督、管理的需要相关，有助于报告使用者对政府会计主体过去、现在或者未来的情况作出评价或者

预测；应当及时进行会计核算；应当具有可比性；便于报告使用者理解和使用；应当按照经济业务或者事项的经济实质进行会计核算。

第四节 综合分析框架

与普通产品不同，会计信息的质量很难通过技术手段对其进行量化、检查其是否满足信息使用者需求。只能主观考察信息是否有用、是否可靠、是否相关、是否及时等。一般来说有用性强的、真实性高的、可靠性强的、相关性高的、及时反映的会计信息是质量高的会计信息，反之亦然。所以具有有用性、真实性、可靠性、相关性、及时性等特征的会计信息是符合会计信息质量要求的会计信息，否则就是不符合质量要求，对于政府会计信息也是如此。目前，世界各国不仅高度重视财务会计信息质量，我国随着政府职能转化、政治体制、经济体制的不断改革，政府会计信息的需求逐渐上升，对政府会计信息质量的要求也就越来越高。国内的财政体制的改革、行政体制的改革；国际上经济一体化和国际化进程加快、新公共管理运动的推动，在这样的国际国内背景下，建立我国政府会计信息质量特征体系的必要性不言而喻。

综观国内外关于会计信息质量特征的研究文献，被正式提及的，描述会计信息质量的特征不下数十种：充分性、多元性、多维性、公正性、公允性、公平性、合规性、合法性、经济性、及时性、谨慎性、具体性、可靠性、可比性、可验证性、可溯性、可理解性、客观性、连续性、全面性、时效性、实时性、适用性、通俗易懂性、透明性、完整性、系统性、协调性、相关性、有用性、预测性、一致性、真实性、重要性、准确性等等，但是研究信息质量特征，并不能简单罗列，信息质量特征也不是多多亦善，关键在于是否真正符合实际，能满足政府会计的目标。通过对各个国家企业会计和政府会计现有的有关信息质量特征的比较来看，所有的国家都包含了可理解性（明晰性）、相关性、可靠性、可比性（包含一致性）、及时性这几个基本原则。并且各个国家由于自己对会计信息质量特征的理解和要求不同又有所差别，比如及时性原则和成本效益原则，有的把其作为信息质量特征的原则之一，有的把它作为对于信息质量特征的约束条件；有的国家把信息质量特征分为几个层次：基本质量特征、次要质量特征、普遍约束条件。在讨论我国的政府会计信息质量特征时，既要参考国际惯例、其他国家政府会计、企业会计的有关质量特征，又要从我国实际出发，坚持求真、求实的思想，只有适合我国的才可能是有用的。首先我们对于现有的被普遍接受的原则，必须结合我国实际，把其放入到整体分析框架中，讨论其是否能纳入我国政府会计信息质量特征体系中；是否还存在我国特有的标准，或者是在我国政府会计中要特别强调的质量特征；还必须对信息质量特征的重要性进行排序，不能把所有的特征都混为一谈，应分清主次和所属的层次。在这个基础上建立一个有着内在联系、层次分明的质量特征体系，从表 7－1 可以看出企业会计信息质量特征在美国、国际都区分了层次，这是在理论和实践的不断深化中得出的，这些质量特征从根本意义上就不是完全独立的，有时是相互兼容的，有时又互相抵触；并且针对不同的会计主体和信息使用者，重要性也有差别。对于政府会计信息质量特征也是如此，要求有一个有顺序、层次的体系结构，使会计信息提供者能够提供出更高质量的政府会计信息。如表 7－1 所示。

表 7－1 主要国家或准则制定机构的会计（政府会计）信息质量特征对比

	美国		国际		联合框架	英国		中国		
	FASB	FASAB GASB	IASB	IFAC PSC	FASB IASB	企业	资源	企业	总预算会计	行政单位
可理解性/明晰性	√	√	√	√	√	√	√	√	√	√
相关性	√	√	√	√	√	√	√	√	√	√
可靠性/如实反映	√	√	√	√	√	√	√	√	√	√
可比性/一致性	√	√	√	√	√	√	√	√	√	√
及时性	√	√	√	√	√	√	√	√	√	√
成本效益原则	√		√		√					
重要性	√			√	√			√		√
质量标准之间的权衡			√							
谨慎性				√			√	√		
实质重于形式				√	√		√	√		
专款专用									√	√
历史成本										√
分层次	√		√			√				

一、我国政府会计信息质量特征体系的设想

（一）构建方法和思路

在政府会计概念框架的结构中我们就了解到，政府会计信息质量特征就是联

系政府会计目标与实现目标的手段之间的“桥梁”，它是以政府会计目标为导向的，那么，信息质量特征的确定，应该以会计目标为基础。这与企业会计质量特征的界定方法是一样的，目前世界各国通用的以会计目标为基础构建会计信息质量特征体系的思路有两种，一种是从用户角度，满足“使用者的需要”（user needs）；另一种是从会计监管角度，实现“对股东/投资者的保护”（shareholder/investor protection）（Jonas and Blancher，2000）。前者倾向于关注与估计有关的问题；后者倾向于更多地关注公司治理和受托责任相关的问题（葛家澍、陈守德，2001）。美国 FASB 第二号概念公告遵循第一种思路。基于“决策有用性”的会计目标，FASB 认为，对决策最为有用的信息是能“帮助信息使用者在预测未来时可导致决策差别”的信息，因此，相关性是保证信息对决策有用的最重要的质量特征，从而成为 FASB 概念框架最重要的信息质量特征。从对股东/投资者的保护看，会计信息的质量基本上被定义为，应向投资者提供“充分而公允的披露”（full and fair disclosure），SEC 和其前主席 Levitt 提出的目标——保护投资人并特别关注盈利被操纵。按照这一目标，高质量的财务报告是充分而透明的财务信息，这些信息不会使使用者困惑或误导他们。其中，关于改进公司审计委员会效率的“蓝带委员会”1999 年发布的第 8 号建议、美国审计准则委员会（ASB）修改的第 61 号审计准则公告（SAS61）、以及 AICPA2000 发布的第 2 号实务公告《与审计委员会讨论的会计原则质量的指南》等都是揉入了第二种构建思路。而葛家澍、陈守德（2001），葛家澍、杜兴强（2004）将上述两种思路结合起来，从“决策有用性”和“保护投资者”出发，构建了一个包括财务内容和全部财务信息表述的质量体系。此外，构建政府会计概念框架中的各个项目都应该放在我们所建立的整体分析框架中，有可能一些触发因素会导致某个新的质量特征的出现或者原来不重要的变得为人们所关注，政治、经济、社会、技术、行政结构变量作为会计概念框架研究大的环境中，政府会计信息质量特征也自然要受到所处社会环境的各有关因素的制约和影响。政府会计信息对社会的有用程度的大小，取决于政府会计反映不断变化着的政治、经济、社会、行政等环境的能力。因此，整体分析框架不仅仅能通过确定政府会计目标来确定政府会计信息质量特征，也会直接影响政府会计信息质量特征。因此，根据上文的讨论，政府会计信息质量特征可按照以下思路进行构建：在借鉴美国、FASB—IASB 联合框架和我国学术团体研究的基础上，以政府会计目标为逻辑起点，应服从目标并以目标的实现为最终目的，并把会计目标和信息质量特征作为会计概念框架得一个部分放入整体分析框架中进行讨论，推演出一个适用于我国的政府会计信息质量特征体系。如图 7－3 所示。

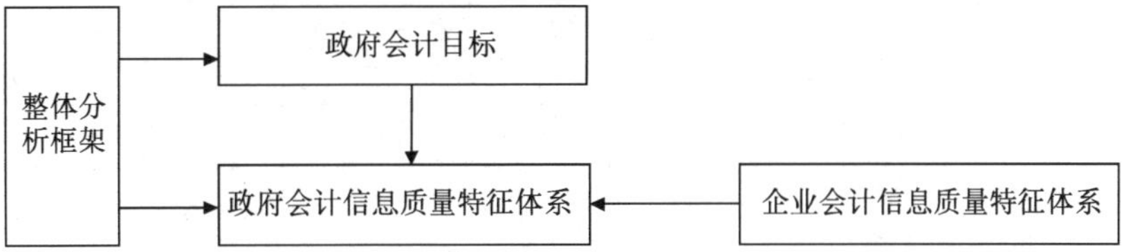

图 7－3　分析思路

（二）政府会计信息质量体系

会计信息质量特征是确定会计信息"有用性"的质量标志，是信息使用者对会计信息质量要求的具体表现①。信息质量特征是制约着会计的确认、计量等问题。同时，质量特征还必须要包括实质重于形式、成本与效益等限制因素，才能建立一个有着内在联系层次分明的体系。

但建立一个什么样的体系结构，层次如何区分，根据上面我们对政府会计质量特征所包含的具体要素的选择，了解到无论从要素的名称、内容基本上做到了与企业会计趋同，为的是让信息提供者和使用者都能较好的理解和运用这些原则。我们在借鉴 FASB 与 IASB 联合框架对会计信息质量特征的要求的体系框架上，来建立适合我国政府会计信息质量特征的体系。又因为我国政府部门的特殊性，差别必然存在，比如透明性——作为整个信息质量特征的统领等，如实反映——并没有取代可靠性放入体系中。根据我国现阶段的情况，我们设想的政府会计信息质量特征体系如图 7－4 所示。

本章对我国政府会计信息质量特征体系的构建，是按照"目标——信息质量特征"来建立的，即满足政府自身进行管理需求、反映公共受托责任和提供决策有用信息。这里并没有与企业会计目标采用决策有用性和受托责任两方面作为逻辑起点，是因为我国政府本身的特点以及现在政府会计的环境变量考虑：第一，企业会计是因为资本市场的不断发展，使得会计信息成为投资者进行决策的一个主要的信息来源，但在我国的政治、经济环境下，政府作为会计主体来说，与其有关的会计信息主要使用者仍是政府本身进行财政、行政管理的需要以及公民评价政府受托责任的履行情况，所以应以政府宏观管理和反映受托责任作为主要的逻辑起点。第二，国际环境对财政透明度的要求，财政透明是政府会计信息首先必须满足的标准，全面、真实的反映政府运行状况是政府会计信息的首要任务，

① 李定清："论政府会计准则理论结构"，《商业研究》，2002 年第 12 期。

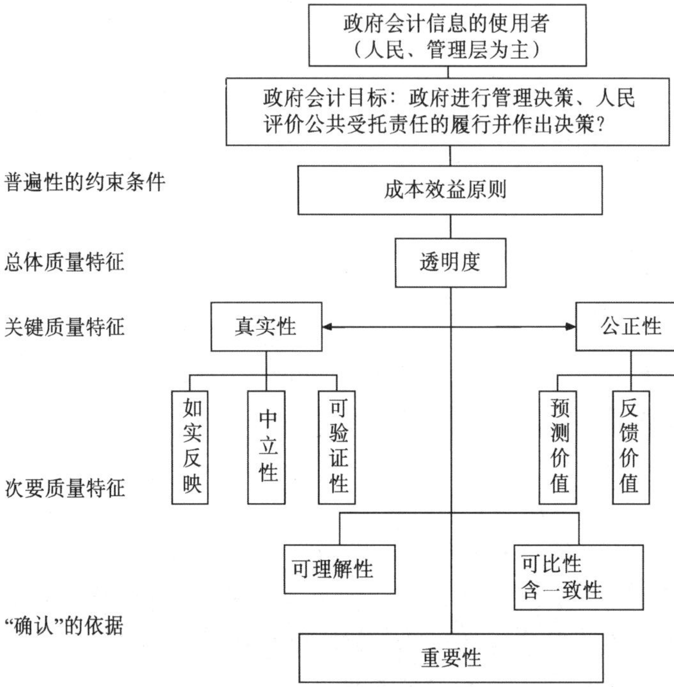

图 7-4　政府会计信息质量特征体系构想

一般反映受托责任的要求利用具有可验证性、面向过去的历史成本，是较好的选择。而决策有用性则要求会计信息必须面向未来，提供具有预测价值的信息以有助决策，那么，面向未来的公允价值是较好的选择。在现阶段政府会计信息仍必须采用历史成本来反映政府财务信息，就是为了与政府会计目标相一致。

我国政府会计信息质量特征体系包括两类：一是与财务报告中信息的内容有关的质量特征，主要包括真实性和相关性两个质量。其中真实性包括如实反映、可验证性和中立性，相关性包括预测价值、反馈价值和及时性。另一类是与财务报告中信息的表述有关的质量特征，主要包括可理解性和可比性两个质量。根据我国制度环境特征，真实性和相关性是我国的关键质量特征，可理解性和可比性是次要质量特征。单纯从信息质量考虑，满足上述四个质量特征的会计信息是最优的信息。但如果受到环境约束，无法同时满足四个质量特征，那么必须有所取舍。在总括性质量特征的描述方面，应引入西方评价高质量会计准则和会计信息的“透明度”概念。因为，事实证明，将全面、相关、及时、可靠、可比等质量特征进行综合后的“透明”信息对于使用者了解报告主体财务状况、经营成果、风险程度和评价报告主体的财务受托责任是非常有效的。在核心的两个质量特征中，应以真实性作为基础，并强调会计信息的相关性。从上文分析可知，由于我国社会传统文化的影响、市场经济体制尚未完全建立，公民以及债权人仍不大关注政府会计信息，会计信息的主要使用者是政府管理层和人民代表大会。又因为政府和立法机构拥有较多高层次的会计理论和实务人才，对一般会计信息的理解并不存在太多困难，因此，可理解性是相对靠后考虑的信息质量特征。在政府和立法机构进行评价和决策时，可靠性、相关性和可比性都会影响到评价和决策结果。但与可靠性和相关性相比，可比性主要影响评价和决策所达到的程度，对评价和决策的方向影响较小。当会计信息是否可靠、相关时，很大程度上会影响到是否做决策，即对决策方向产生影响。而会计信息是否可比，一般只是对决策做到什么程度产生影响，相比之下对决策方向影响较小。尤其在我国政府会计信息在完整性、真实性、有用性都难以保证得的环境下，更谈不上可比，信息再可比也无法为评价和决策提供帮助。因此，在我国会计信息质量特征体系中，可比性应排在可靠性和相关性之后，作为次级质量特征。重要性作为确认的依据，即最低标准，不符合重要性的信息一般不再进一步考虑其他质量。成本效益原则是普遍的约束条件，会计信息的生成应遵循效益大于成本的约束，才能带来效率的提高和福利的改进。

二、政府会计信息质量特征体系的构成要素说明

（一）总体质量特征——透明性

根据巴塞尔银行监管委员会所指的透明信息的质量特征应包括全面、相关和及时、可靠、可比、重大。我们知道了会计透明度概念是对会计信息质量标准发展。它是一个关于会计信息质量的全面概念，因此，在框架中我们把它放在一个统领的位置。IMF 的《财政透明度手册》的核心要求是政府应当定期向公众提供全面并且真实的财政信息，并对公开财政信息的内容、程序以及如何确保这些信息的质量进行了具体规范。在手册中对财政透明度设置了四项基本要求：政府应当首先明确其作用和责任；政府应当向公众提供全面的财政信息；政府应当适当公开其预算编制和执行过程，并向公众提供预算报告；政府应当保证政府报告中财政数据的真实性。这四项基本要求为各国系统增进财政透明度提供了一份良好的指南和评价标准。这四项基本要求隐含着对“政府会计透明度”的要求。财政透明度要求及时完整地提供有关信息，“透明”实际上是对政府财务报告质量要求的高度概括，它包含了相关、可靠、可比等多个方面。增强政府会计方面的

透明度，提供高质量的政府会计信息，是增强财政透明度的必要条件。在“政府会计透明度”方面，重要的是实事求是地向公众披露有关财务信息。在信息的公开性上，财政透明度要求保证公众对信息的可获取性；在内容上，财政透明度要求政府财务报告中应当充分提供关于政府公共受托责任履行情况的信息，包括预算的执行情况、财务状况（包括或有负债、金融资产和负债等）；在披露的及时性和频率上，财政透明度要求信息的公开是及时的[①]。同时新公共管理运动强调对政府效率的追求和对市场力量的信奉；实行管理分权化；将市场机制引入公共部门等等。这些理念带来了财政管理目标和模式的重要转变，市场化取向要求采用更有竞争性、更商业化的方式提供政府产品和服务，私人部门介入公共服务领域后，必然对政府部门会计信息的透明度、准确性和可比性提出更高的要求。

可以从两个方面来看政府会计信息透明度：信息的公开性，政府应公开披露真实的、相关的财务信息，有助于信息使用者评价政府的财务状况和业绩、财务风险等受托责任履行状况。政府财务信息应通过相关媒体对外公开披露，使得财务信息需求者可以从不同渠道方便而及时地获取。信息的可理解性，即政府所提供的财务信息还必须清晰明确和易于理解。普华永道在其2001年发布的“不透明指数”报告中，将“不透明，”概念定义为：在商业经济、财政金融以及政府会计监管等领域缺乏清晰、准确、正式、易于理解、普遍认可的惯例。高透明度意味着财务信息使用者能够“通过现象看本质”，即政府公开披露的信息，应能够使其使用者相对比较容易判断政府的财务状况、财务风险。如果只能看到现象，而难以看到政府财务实质，则公开披露也就失去了实际意义[②]。

（二）关键质量特征

1. 真实性

通过对各国准则制定机构可靠性的含义比较，它们之间并无特别明显的差异，但是关于组成可靠性的具体构成要素就可以看到有比较明显的差异存在，比如如实反映、无不当差错、中立性、审慎性（稳健性）、完整性、实质重于形式、可验证性等等[③]。FASB 和 IASB 成立的概念框架联合改进项目工作组在研究信息质量特征时，把各种可靠性的构成要素归纳为三个方面：如实反映，包括完整性和实质重于形式；可验证性，包括精确性和不确定性；中立性，包括不偏不倚和稳健性。

---

① 刘笑霞：“论我国政府财务报告制度的构建”，《当代财经》，2007年第2期。

② 于国旺：“试论公共受托责任与政府会计目标”，《事业财会》，2004年第5期。

③ 杨翼飞：“会计信息质量特征研究”，博士学位论文，厦门大学，2006年。

而会计信息质量特征研究课题组在研究对我国财务会计信息质量特征体系时认为应把真实性取代可靠性，他们认为会计信息能否满足使用者的需要，在我国现阶段，甚至世界各国，都取决于会计信息是否“真实”。真实性是会计的生命，是对整个会计工作的基本要求，它包含如实反映客观的涵义。如果会计信息不能真实反映企业的实际情况，不仅信息使用者的需求不能满足，甚至会误导信息使用者，使其做出错误的决策，直接导致其经济利益受到损失。西方人善用可靠性来说明产品的质量，经过可靠性检测的产品其质量让人放心。由于他们认为会计信息也是一种“产品”，所以对其质量高低的评价也沿用了可靠性标准。我国却不同，人们认为会计信息产品如同语言，其质量高低要用真实与否来评价。会计信息真实的反面是会计信息不实或失真。所以，经过失真度测量（统计分析、审计验证、财务检查）的信息其质量才让人放心。首先真实性符合我国人民的认知习惯。葛家澍教授曾指出：“为了便于中国会计工作者理解，‘相关性’可改为‘决策相关性’，‘可靠性’可改为‘真实性’更好。‘真实性’代表信息使用者的普遍要求，且有可能为所有信息使用者认可”（葛家澍，1992）。与我国的会计法规对会计核算的要求相吻合。《会计法》总则第一条讲立法的目的就是要“保证会计资料真实、完整”。而且真实性的覆盖面广，几乎会计工作的各个环节都能覆盖。天津财经大学的于玉林教授指出：“会计的真实性是指会计的记录、计算、报告、分析和考核的经济业务，必须符合客观实际。这里，真实性的范围，是指记录、计算、报告、分析和考核等各项工作环节；真实性的内容，是指会计处理的经济业务（即会计事项）；真实性的标准，是会计标准的经济业务必须符合客观实际”（于玉林，1990）。

美国联邦政府财务会计概念公告中提到：“政府财务报告应当可靠，即政府财务报告提供的信息应可以核实、中立并真实地表述其旨在表达的内容。为了可靠，财务报告提供的信息应当广泛、全面。任何可以真实表述事件的状况和重要信息都不应省略、任何将产生误导的信息都不应纳入。可靠性并不意味着精确或肯定。可靠性受计量过程中估计程度的影响，还受被计量事务本身所具有的不确定性的影响。财务报告可能还需要包括采用的假设以及采用假设过程中本身所存在的不确定性的文字解释。在某些情况下，有些财务信息依据与合理的估计。通过某种具有合理解释的估计而提供的信息，比没有通过任何合理解释的估计而提供的信息更有意义。”

结合我国政府会计所处的环境我们发现真实性也是财政透明度的重要内容。如果信息是不真实的，那么就不能够“透过现象看本质”，也就不能清楚地了解政府受托责任的履行情况。因此，政府财务报告必须是真实可靠的，相关数据应当建立在客观的事实基础上，而不得任意捏造。提供虚假的财务报告，是对公共受托责任的严重违反，是对公民“知情权”的严重侵犯。IMF《财政透明度良好行为守则》要求应就财政数据的质量提供具体的保证。所以我们也认为应该采用真实性作为政府会计关键质量特征，真实性是指政府会计核算应以政府、政府部门等组织从事社会公务活动实际发生的经济业务为依据，客观真实反映其财务收支状况及结果。按真实性原则，要求作为会计核算过程的会计报告应该是客观的，即会计报告应该根据真实、合法的会计账簿进行编制，不能出现账簿系统与会计报告不相符合的情况（盖地，2002）。为了保证会计信息的真实性，必须要求会计人员坚持实事求是的态度，要求一切会计资料必须如实反映企业经济活动的实际，要求每一项会计记录都要有合法的凭证为依据。真实性还可以分解为三个次级信息质量特征：如实反映、可验证性、中立性。在财务会计方面这几个概念已经有学者辨析①，我们认为这些概念的含义在企业会计和政府会计之间是可以通用的。

要想全面合理地评价政府的运营业绩，必须依赖完整而充分的财务信息。如实反映可以理解为对政府运营活动进行计量、描述与现象所意欲反映的事实之间的相符或一致，其对应的主要内容主要陈述了反映真实性的度的问题。并且只有描述了交易或事项的经济实质才能做到如实反映，而经济实质虽然经常但并不总是与法律形式一致，但是它实际上涵盖了实质重于形式。如实反映还包含了完整性，即政府应该提供反映政府所有资金的运动状况及其结果的财务信息。政府性资金不仅包括财政性资金，还包括社会保障金、对国有企业投资以及国家债权债务等。缺少其中任何一个方面，政府所提供的财务信息都将是不完整的，也就无法正确反映政府的运营业绩和受托责任的履行情况。此外政府还应通过财务报告披露更多的财务信息。任何将产生误导的信息都不应当纳入②。可验证性通常是指有可靠的凭证可据以复查其数据的来源及其信息提供过程。凡是过去已发生的经济业务，都应当有合理合法的凭证可供事后检查。至于通过估计形成的关于未来的会计信息，由于经济业务尚未发生，虽然没有合理合法的凭证资料查考。但是，只要预测过程是科学的，就可以重复进行原先的预测过程，并借以消除人为的偏差。中立性比较容易理解，是指政府会计所提供的的信息要真实，就必须是中立的，也就是不带偏向的。如果财务报表通过选取和列报信息去影响决策和判断，以求达到预定的效果或结果，那种会计信息就不是中立的。

---

① 杨翼飞：“会计信息质量特征研究”，博士学位论文，厦门大学，2006 年。

② 于国旺：“试论公共受托责任与政府会计目标”，《事业财会》，2004 年第 5 期。

2. 相关性

杨翼飞[①]在其博士论文中通过比较各国对于财务会计相关性的描述总结出：对于投资者、债权人和其他财务信息使用者，财务信息要成为相关的信息，必须能够帮助这些用户评判过去、分析现在、预测未来，从而确证或纠正过去的判断或预期，而且能够基于相关性使财务报告信息与使用者决策相关联，并能帮助使用者在合适的时间里评估过去、现在或未来或通过确证或纠正使用者过去的评价、判断，并最终影响使用者决策的质量属性。他认为 FASB 和 IASB 趋同框架的基本观点更为精炼：能够导致决策的差别。使用者在作出各种决策的时候可能会考虑各种类型的信息，会有不同的信息来源，一个决策是所有考虑过的信息的共同综合作用的结果。因此我们很难判定使用者的决策到底是受哪一条信息的确切影响，即使这条信息是可以获得的。进一步地说，对于尚未获得的信息如何影响，在多大程度上影响决策那就更加困难，甚至是不可能的。准则制定者评价相关性是基于决策，而不是基于特定的决策制定者的。因为不同的原因、不同的使用者可能会选择使用或不使用某种特定的信息。

而对于与政府会计信息的相关性是否也是一样的概念，美国联邦政府财务会计概念公告中提到："相关性包括许多其他特征。例如，在财务报告中提供的信息不及时不可靠，那么这种信息就不相关，即使信息满足了所有其他特征，但也仍不相关。为了相关，在提供的信息和需要这些信息的目的之间，必须存在着一种严密的逻辑关系。如果提供的信息能够改变使用者对问题、状况或事件的评价，那么，这种信息就是相关的信息。相关性因不同使用者在作出决策或评价受托责任时所需要的财务信息的类型不同而不同。"新公共管理对政府财务信息的相关性也提出了挑战，即政府财务报告应提供更多的对评价其业绩以及对资源提供者进行决策有用的财务信息（于国旺，2004）。在《国际公立单位会计准则第 1 号》中阐述"如果信息能够评估过去、现在或未来的事项，或确认、纠正过去的评估结果，则此信息是相关的。"实际上相关性包含其他许多质量特征，比如及时性、可靠性。从一般意义上讲，相关性的财务信息实际上非常广泛，甚至还包括一些非财务信息。

虽然，政府会计和企业会计的目标存在着很大的差异，但是比较而言，相关性的内涵基本上是一致的。针对政府会计我们认为相关性是指政府会计信息要同评价受托责任和管理决策相关联，由于真实性主要针对评价受托责任的，相关性则更注重于决策有用。如果某种会计信息对要做出的评价和决策无任何贡献，则

① 杨翼飞："会计信息质量特征研究"，博士学位论文，厦门大学，2006 年。

这种信息就是不相关的。政府会计信息的相关性，就在于能帮助决策者减少决策中的不确定性，提高他们有效地做出最佳经济决策的能力和信心。关于相关性，还应该注意两点：第一，会计信息不存在有无相关性的问题，只是相关性强弱不同而已；第二，相关性的涵义不如可靠性那样明确，因为它既可指一般相关，也可指特殊相关，其中前者是指会计信息对所有经济决策、所有的决策使用者都有用的性质，后者则是针对个别的经济决策和具体的使用者千差万别的需求的相关性。

相关性是政府会计信息的另一关键质量特征，也需要有相应的易于观察的次级特征以便更好地反映相关性的具体要求。在 FASB 和 IASB 的趋同框架中给出了相关性的三个次级特征：预测价值（predictive value）、证实价值（confirmatory value）和及时性（timeliness）。由于相关的信息首先应能帮助决策者对企业现在及未来事件的结果作出预测（即应具有预测价值），或者应能有助于对过去的预期加以证实或修正（即应具有反馈价值），具有导致经济决策差异的能力。同时，要保证某种会计信息的预测价值和反馈价值继续有效，这种会计信息还必须满足及时性的要求。因此，相关性的会计信息应同时满足具有预测价值、反馈价值和及时性这三条基本标准。对于政府会计信息来说，预测价值虽然提供给使用者的信息不一定就是真实的未来会计信息，但是未来的会计信息一定与之有着密切的关联，其关联程度体现出其相关性的大小。反馈价值是相关性必备的一种特性，决策者能够据以进行不断地判断与选择，通过验证或纠正决策者先前的期望影响决策。及时性是指在会计信息失去对决策有用之前，能被使用者所拥有。及时性本身不能增加相关性，但不及时的会计信息却会侵蚀其相关性，使之变得不相关，或者说只有及时的会计信息才有可能是相关的①。关于预测性和反馈性，由于财务会计与政府会计没有差别，这里不再多说，但是及时性应该在政府会计信息质量特征中得到重视。及时性是指对单位从事公务活动中发生的各项经济业务应当及时进行会计核算。及时性是保证会计信息使用者及时利用会计信息对单位财务状况作出准确判断和评价的必要条件。及时性原则应包括两方面：一是会计数据的处理应当及时，即会计事项的会计处理应在当期内进行，不能延至下一会计期间或提前至上一会计期间；二是会计报告应及时报出，即会计报告应在会计期间结束后按规定日期呈报给上级主管部门和财政总预算会计，不得影响上级主管部门和财政部门的决算工作（盖地，2002）。主要是因为预算本身是一项十

① 会计信息质量特征研究课题组："对建立我国会计信息质量特征体系的认识"，《会计研究》，2006年第1期。

分严密和严格的计划，政府财政收支活动就是按照预算一步一步进行的，各种款项的收支都必须按预算严格执行，为了能够及时对预算进行控制和调整，使国家、政府能够更好的进行宏观管理、公共服务，对会计信息的及时性要求就非常高。比如，美国联邦及地方政府都要求各政府单位“中期报告在报告期终了后几天内公布，年终报告应该再财政年度结束后的60天内公布”，我国预算会计制度也对预算收支报解的时间作了明确的规定。

（三）次要质量特征

1. 可理解性

对于企业会计来说可理解性是指对企业及其经济活动和财务报告具有一定知识的、并且愿意以合理的努力研究这些信息的使用者而言，信息是可以理解的。在SFAC No. 2当中，FASB并没有将可理解性作为主要质量特征，而是将它作为一项前提条件；而IASC以及ASB等都将可理解性作为基本质量特征，与相关性、可靠性、可比性并列；FASB与IASB的联合概念框架将可理解性作为基本质量特征，是因为基本前提与基本概念不过是同一个意思的两种表述方法①。

GASB对可理解性的解释是财务报告中的信息应尽可能表述的简单。政府财务报告的使用者在政府会计与财务知识方面往往具有不同的水平，为了使公众可以理解。政府财务报告应包括能够帮助使用者理解所提供信息的解释和说明。当然，财务报告不应仅仅因为难以理解或某些使用者选择不使用而将某些信息排除在外。对于相关的信息，不应该因为它对于有些使用者而言过于复杂而难以理解、或者是理解存在很大困难，而将相关的信息排除在外。但是可理解性又非常难定性，一种信息的可理解程度很可能因为使用者自身原因而存在差异。因此我们认为，可理解性是指政府所提供的会计信息，对于具有一定知识背景并愿意花费时间和精力去研究的信息使用者来说，是可理解的。

2. 可比性（含一致性）

对于可比性这个概念在企业和政府会计之间没有区别，只是有的国家把可比性和一致性分开来讨论。比如GASB所指的可比性财务报告应当能够帮助使用者在不同的政府之间做出比较，如在行使特定职能的成本或收入的组成部分之间作出比较。一致性是指财务报告应该在各期保持一致，即某项会计原则或报告方法一经采用，对于类似的交易或事项，以后也应当采用。有些则把一致性包含在可

---

① 葛家澍、张金若：“FASB与IASB联合趋同框架（初步意见）的评介”，《会计研究》，2007年第2期。

比性之中。我们这里采用的是第二种方法，把可比性分为纵向可比性和横向可比性，这两种方法在本质上没有区别，只是在表述上有些差异，力求信息质量体系能尽量简洁，所以选择后一种表述方式。

横向可比是指不同政府、政府部门对相同或类似的经济业务应尽可能采用相类似的会计程序和方法；或者同一单位在不同地点、不同时间发生的相同类型的经济业务，应采用统一的方式、方法处理，保证单位内部各类事项的可比性，便于报表的使用者进行企业间的比较，从而有效地判断政府受托责任履行状况，便于信息使用者进行决策。为了在管理分权化程度提高的同时保持政府整体目标得以执行，使各地方、各部门之间政府会计信息具备可比性，对政府整体的财务会计信息进行整合十分必要。因此各国政府会计准则的规范和完备性有了很大的提高。为了在分权情况下提供政府整体的财务状况信息，很多国家借鉴企业财务报表模式，编制了政府合并财务报表。

纵向可比，即一致性，要求政府或政府部门在不同时期所使用会计程序和方法应当是相同的，一般不允许随意变更，除非法律、制度要求变更，如确有必要改变，应当将变更的情况在财务报告中说明。财务报告一致性的概念可以用于很多领域，如计价方法、会计基础、财务报告的主体确定等。如果会计原则或财务报告的主体发生了变化，那么，变化的性质和原因以及变化的影响应当提示。一致性是会计信息可比性的另一个方面，也是基于满足宏观和微观经济管理的需要。会计信息前后各期必须连贯一致，互相可以比较。只有这样，财务报告使用者才能通过前后各期财务报告的对比，计算差异，分析造成这些差异的原因，从而采取相应的对策。

（四）约束条件——成本效益原则

任何经济活动，无论是会计或生产、经营，成本效益原则都是必须满足的最低的要求，因为任何一项活动，只有当其收益大于成本时才是可行的，某项会计信息是否值得提供，首先就必须满足这个约束条件。虽然政府部门作为非营利部门，它的支出大多数无法进行量化，它的收益也并不能用货币、利润等进行衡量，但并不意味着政府活动因为收益无法准确衡量，就不要求满足成本效益原则。提供会计信息的成本主要包括信息的收集和处理成本、审计、递送信息的成本，及对已披露信息的质询进行处理和答复的成本等，提供会计信息的收益则主要有保护公众、债权人、帮助管理层进行决策的利益，宏观上使得社会资源得以有效配置、社会经济能有序运转等。但由于政府会计信息的提供成本和收益有许多项目是难以用货币等单位进行准确计量，而且由于政府会计信息使用者的广泛及对会计信息利用程度不同，成本也不能按照配比原则分配到享受效益的信息使用者身上。这就导致了成本效益原则至今为止只能作为一种主观判断，在实际操作中却具有一种计算上的不确定，基本上依赖于政府会计工作人员的专业知识和经验，它的真正落实也许只有等到实现有偿使用会计信息的未来时代。但是我们仍认为政府会计信息的提供者和使用者，尤其是准则制定机构，还是应该把这一原则作为普遍的约束条件放在信息质量特征的体系中。

政府信息披露的成本既包括政治成本，也包括经济成本（于国旺，2004）。财务透明度实际上是对政府权力的限制，即发布信息意味着政府出让其权力，这就是所谓的政治成本。所以从理论上讲政府不会向其财务信息需求者提供更多的财务信息，尽管政府也希望通过财务信息披露来引导债权人、捐赠人等向其提供资源。财务信息的充分披露而产生的对政府权力的制约可理解为政府要付出的代价。从政治成本的角度看，我国更需要制定政府会计准则或在其他会计规范中规定政府信息披露的强制性条款。经济成本是不言而喻的，政府提供的财务信息越充分、相关性越强、透明度越高，则提供成本就越大。而这些经济成本大部分都需要由社会公众负担。从经济成本角度出发，我们必须在信息披露使财务报告使用者受益的程度与经济成本的高低之间进行权衡，所以政府财务信息披露的透明度、充分性和相关性只能是适度的，必须考虑到成本效益原则。

（五）重要性

重要性一直是会计中的一个重要概念。美国 AAA 也就重要性作了如下阐释："当有理由相信，有关特定事项的知识将对已知道该信息的投资者产生影响时，该事项被认为是重要。" Bernstein（1967）认为重要性概念可以说是生活智慧的一部分，其基本含义是，如果不重要或无关紧要的话，就没有必要对此表示关注。从会计的角度看，重要性有其特殊意义，具体表现在：（1）绝大多数的会计信息使用者无法很好地理解重大性。因此信息质量（过于丰富）只能导致对信息的吸收与分析更加困难。一些值得注意的信息与一些不值得注意的信息混杂在一起进行呈报还可能形成误导。为了不使信息误导，那些无关紧要的事项不需要披露；（2）审计过程的目的无非是大致保证某时点财务报表呈报公允的满意水平，而不是绝对保证。所以在一个有限的时间里，审计师必须将其精力花费在一些主要和具有实质意义的事情上，因而需要避免将时间花在一些细小的事情上。比如着重审计报告质量中的可靠性与相关性，尤其是如实反映和透明度。Bernstein 提出，应为重大性提供一个类似于净利润 10% ~15% 的边界区域这样的指南。原因在于：（1）这种边界区域打破了单一边界比例所存在的一些问题，为职业判断提供了足够的空间；(2) 它加重了重大性偏离者的证据责任；(3) 它为职业界和使用者提供了一个已知的简洁标准。此外 Bernstein 还指出，会计师在评估重大性时，他需要对历史联系进行分析，而且也需要对其未来概率和累计影响进行展望。Patterson (1967) 则不同意 Bernstein 的建议，他认为，重大性水平应与行业属性与经济环境结合起来进行考虑。因此，除了百分比规则外，重大性还应充分考虑企业所面临的经济环境。这显然为职业判断增加了一个简明的新的思考维度。尽管重大性概念很容易被理解，但在它成为一个会计原则应用中的一个中心概念时，特定定义的却是使其成为会计中的一个首要问题。CICA 审计技术研究小组写道，"如果一个会计差错或总计差错所导致的扭曲影响了一个聪明的财务报表使用者的决策，那上述会计差错就是重大的……因此，重大性应从其总体的可知或不可知的会计差错对净利润数据的扭曲来加以理解。"①

综上所述，我们认为如果某项政府会计信息的省略或误报会影响到使用者据此来评价政府受托责任履行情况或者做出的决策，它就具有重要性，而且重要性还需要判断项目的大小或在出现省略或发生误报的特定情况下，所导致差错的大小。可见，重要性就像一道"确认"的门槛，对众多的会计信息施加了一种限制，提供了一个分界线或取舍点，因为数据太多可能和数据太少一样会使人产生误解。至于重要性大小的判断，方法有许多，如采用定性标准、定量标准或混合标准，不过应特别注意的是在没有权威标准时，或在特定情况下决定了的最小定量标准并不适用时，就要由个人来估量重要性，此时会计人员的个人经验和素质将直接决定会计信息的重要与否②。

三、政府会计信息质量特征之间的协调

综合上面大篇幅引用杨翼飞的论述和本课组的分析，以透明度统领的质量特征体系中关键质量特征包括真实性和相关性。要保证信息的真实，信息必须如实反映、可验证和中立的。要实现相关，信息必须有助于使用者形成对过去、现在及未来事项结果的预期，或有助于确定或修正之前的预期，从而在决策中导致差别。可比性，包括一致性，是次要的质量特征，可比性与相关性、真实性相互作用共同实现信息的透明。透明度虽然现在尚不为 FASB 所承认，但这一质量特征确实有它的特殊有用性。尤其是安然、世通等财务欺诈案件曝光后，人们发现其

---

① 杨翼飞："会计信息质量特征研究"，博士学位论文，厦门大学，2006 年。

② 会计信息质量特征研究课题组："对建立我国会计信息质量特征体系的认识"，《会计研究》，2006 年第 1 期。

实许多会计信息都是见不得阳光，与透明度背道而驰的。与财务会计信息透明度低下问题一样，政府会计信息在透明度方面也存在较多问题，财政透明度问题的适时提出，也为各国政府会计的发展改革提供了一个借鉴。

真实性和相关性不仅对信息的效用是至关重要的，而且对其他质量特征也有制约意义。会计是基于受托责任而发展起来的，因此对会计信息的真实可靠的要求是与生俱来的，虽然随着资本市场的发展，企业会计信息的特性转向了决策有用性。但由于政府会计的特征性，解除公共受托责任仍是政府会计基本职能之一，有用主要指的是政府会计信息对政府部门进行管理决策提供支持。虽然信息在正常情况下可以达到相关性和可靠性的统一，两者有时也可能出现矛盾。比如说，历史成本信息依据可验证的实际数据，具有高度的真实性，然而在价格变动情况下却不能反映正确的财务状况与经营成果，或者无法提供有关的现行价值，而可能与使用者的具体决策需要不相关。而现行成本信息虽可以满足特定用户的信息需要，但它在现阶段的计量和计算上或多或少地存在许多不够准确的估算与人为假定，难以实际地验证。这时，相关性和可靠性就存在着矛盾。而可比性有可能存在着与相关性和可靠性的冲突：如果为了取得两个数值之间的可比性，其中一个数值只能通过产生相关性较弱或可靠性较弱的方法取得，则加强了可比性，可能会破坏或削弱相关性或可靠性。FASB 在 1980 年发表的另一份概念框架讨论备忘录指出，这三者必须适当权衡，同时兼顾，并由此决定其他的质量特征①。

① 杨翼飞："会计信息质量特征研究"，博士学位论文，厦门大学，2006 年。

第八章

政府会计要素

在整个政府会计概念框架中，政府会计的目标是指引方向的，是整个框架的逻辑起点。概念框架的其他组成部分都要遵循目标的要求，并且所有其他部分的应用也是为目标服务的。政府会计一个很重要的目标就是向信息使用者报告政府的绩效和履行受托责任的情况。为了达到这一目标，就要对政府掌握的经济资源、履行受托责任所耗费的经济资源等信息在政府财务报告中进行披露。为了在财务报表中有效地反映有关交易和其他事项对报告主体财务业绩和财务状况的影响，必须对这些影响的重要方面作出分类和汇总。无论是出于会计信息质量特征的要求，还是报表项目所展现出来的共性特征，都需要对其进行概括性的分类，或是定义分类基础，这就是政府会计要素所要解决的问题。所谓划分要素，就是对能够反映这些影响的重要方面的有关项目作出系统的分类，以便通过这些要素概括地反映它们对财务业绩和财务状况的影响（汪祥耀，2002）。

换一个角度，政府会计要素是政府财务报表借以构成的“积木”。其实，要素可以理解为会计处理对象的具体化，即把会计对象用会计特有的语言加以表达。“总的来说，会计要素的设置，是在会计目标的指引下，根据信息使用者的需要，考虑到基本假设作为制约因素所起的影响，把会计对象划分为若干个虽互有联系，但在性质上又相异而可据以确认和计量的大类的举措”（葛家澍，2005）[①]。

首先，准确的定义会计要素是进一步进行确认、计量、记录和报告的前提。正如 FASB 在其发布的财务会计概念公告第 3 辑中提到的“对财务报表要素的定

① 葛家澍，《会计理论》，复旦大学出版社 2005 年版。

义是确定财务报表内容的具有重大意义的第一幕”（FASB，SFAC NO.3，par.17）。政府机构从事着大量的、纷繁复杂的政治、经济等活动，但是并不是所有这些活动都需要进入会计系统对其进行确认、计量、记录和报告。这主要由于，会计部门是政府众多职能机构中的一员，与其他部门协同合作共同对外披露信息，主要负责提供政府会计信息，对于除政府会计信息之外的其他信息，由其他部门提供。如果过于广泛的定义政府会计要素，将一些本可以由政府其他信息系统提供的信息包含在政府会计中，就产生了信息披露的交叉重复，造成资源的浪费。对会计要素进行划分和定义，就是决定何种事项需要并且可以计入会计系统的标准。一项事项只有首先符合要素的定义，才能够进入会计系统，进而才涉及到确认、计量、记录和报告的问题；如果，其不符合会计要素的定义，那也就无所谓确认、计量、记录和报告等后续工作。简言之，对基本要素进行恰当的分类和定义，可据以判断具体事项是否符合某一要素的主要特性，从而成为财务会计对经济事项进行正确确认、计量和报告的前提条件。其次，准确地定义会计要素也是科学制订和有效应用相应会计准则的一个重要依据。会计准则对具体事项的会计处理方法和程序作出具体规定，其作用的对象为会计要素。也就是说，要素是准则实施的对象。

因此，准确的定义会计要素是确认、计量、记录和报告政府的各类活动从而达到政府会计目标的重要基础。

第一节　文献回顾

詹雷、王成（2004）研究了政府及政府会计的特征，即政府会计区别于企业会计之处。政府活动的特征（指不同于企业活动的特征）将决定政府会计的特征（尤其是不同于企业会计的特征），进而决定政府会计的一些特殊问题和原则。(1) 资产要素在性质界定上是能带来未来服务潜能，履行未来的政府责任，而非带来未来经济利益流入。计量上，那些通过历史形成由政府继承的国有资产，如自然资源、文化遗产等，由于无交易的发生而无历史成本，由于无流通市场而缺乏市场价格，且往往难以评估出公允价值，难以可靠计量，从而暂时被排除在资产的确认范围之外；(2) 负债要素的界定需要以政府承担的责任和义务为基础，在范围上不但应涵盖普遍承担的法定义务所对应的直接显性负债，还应包括不确定事项触发的间接负债，如国家担保项目、自然灾害的赈救等；基于政府责任确立的隐形负债，如退休金等社会保障支付义务。随着负债范围的扩大，不确定性增加，界定为政府义务的肯定程度减弱，计量难度增强。因此负债要素的确认范围将会随着政府职责范围的延伸和政府计量能力的增强而逐步、渐进扩大；（3）净资产要素是政府主体总资产扣除总负债之后的剩余，而且由于政府资产及负债要素在确认计量方面的模糊性，导致净资产要素的含义并不明确，不像在企业里是所有者权益要求最大化的对象，而只是一个结余项、调整项。①

全国预算会计研究会《预算会计课题组》（2006）对于建立政府会计准则概念框架的一系列问题进行了研究，并且总结了国内学者对于政府会计要素的主要观点：（1）只包括收入、支出、结余三个会计要素。持这种观点的学者认为，政府会计的本质是分配会计，不通过资产的运营获取收益。因此只需要设置收入、支出、结余会计要素；（2）除了资产、负债、收入、支出会计要素以外，设置基金余额或净资产要素，不设置结余要素。持这种观点的学者认为，政府组织不以营利为目的，不需要设置类似于利润的结余要素。而应表现为基金余额或净资产的变动。由于没有明确的所有者权益，所以没有所有者权益要素。资产减去负债后的差额称为基金余额或净资产；（3）设置资产、负债、基金、收入、支出、结余六个会计要素。持这种观点的学者认为，结余是收入、支出配比而求得的结果，在一定程度上表明单位运用资金的结果（各行政事业单位的领导人和管理者很关心单位的结余）。基金一词在会计上一般指资金来源且不包括负债，并表示对资源使用的限制，其含义符合这一会计要素所包含的内容。

有研究认为应该设置结余要素。首先，设置结余要素，可以满足提供以后预算期间预算资金来源信息的需要。如果不设置结余要素，在预算会计中就没有专门反映当期结余的会计科目，给不同情况下形成的当期结余的核算带来困难。因此，在政府会计核算中，不仅需要设置结余要素，还要设置反映不同情况结余的会计科目，以便对各种结余进行核算，酌情安排预算支出。其次，设置结余要素，可以为收入支出表的结余项目提供数字依据。会计报表的数字来自于会计账簿。如果不设置结余要素，没有专门反映当期结余的会计科目，收入支出报表中结余数字就不能从会计账簿中反映出来。设置结余要素，就能为收入支出表中的结余项目提供账簿数字。最后，设置结余要素，能够更好地反映会计报表的结构。在收入支出表中，收入、支出、结余三个部分是报表的基本构成。设置了结余要素，收入支出表的构成才算完整。②

① 詹雷、王成：“政府特征与政府会计概念框架”，《中南财经政法大学学报》，2004 年第 6 期。

② 全国预算会计研究会《预算会计课题组》：“关于建立政府会计准则概念框架若干问题的研究报告”，《预算管理与会计》，2006 年第 2 期。

陈小悦等（2005）对政府会计概念框架进行了系统且详细的研究。他认为不论是企业还是政府，经济资源及其增减变动是任何主体生存和发展所必不可少的，在会计要素上都体现为资产，尽管资产在不同的组织有不同的涵义和特征。经济资源的来源对企业而言，有相当部分来自于所有者的投入并由此形成的所有者权益，而对于政府，并没有所有者投入，因而无所有者权益要素，取而代之的可以是称之为“净资产”的要素，即资产扣除负债后的余额。负债代表未来的偿付或支出义务，净资产则代表尚无偿付或支出义务与之对应的净资源，简单表述就是可自由使用的净资源。导致资产和负债增减的是每期经济主体的经营管理活动，导致资产增加或负债减少，即导致净资产增加的是收入；导致资产减少或负债增加，即导致净资产减少的费用。因而，我们有反映政府主体经营活动的收入、费用要素，以及反映经营活动结果的资产、负债和净资产要素的必要。①

第二节　会计要素的现状

一、企业会计要素现状

（一）FASB

FASB 在 1985 年 12 月发表的第 6 号财务会计概念公告中（SFAC 6），将会计核算划分为 10 个要素：资产、负债、权益、业主投资、业主派得、营业收入、费用、利得、损失和综合收益。各项要素定义如下：

资产：是可能的未来经济利益，它是特定个体从已经发生的交易或事项所取得或加以控制的。SFAC NO. 6 中论述了资产的三个重要特征：它蕴含着可能的未来利益，也就是它单独或和其他资产结合起来具有一种能力，将来能直接或间接地产生净流入现金；特定个体能借助它获得利益，并对其他方面的取得它加以控制；使个体有权取得或控制利益的交易或其他事项业已发生。②

负债：将来可能要放弃的经济利益，它是特定个体由于已经发生的交易或事项，将来要向其他个体转交资产或提供劳务的现时义务。

① 财政部会计准则委员会：《政府绩效评价与政府会计》，大连出版社 2005 年版。

② 美国财务会计准则委员会，娄尔行译：《论财务会计概念》，中国财政经济出版社 1992 年版。

所有者权益是企业资产扣除企业全部负债以后的剩余，故可说是“未来经济利益的净流入”。

业主投资：由于其他主体为取得或增加在某一特定企业中的权益即业主权益，而把某些有价值的东西交付给企业，从而形成某一特定企业的资产增加（企业收到资产是业主投资的最常见的方式），但企业所得到的也可能包括劳务，或是企业债务的偿还或转让。

派给业主款：由于企业对业主拨付资产，提供劳务或承担债务而形成的某一特定企业净资产的减少。派给业主款减少了企业中的权益即业主权益。

全面收益：某一主体在某一会计期间，除所有者权益本身变化以外的归所有者支配的未来经济利益要求权的变化。它包括这一期间内除业主投资和派给业主款以外的权益的所有变动。

收入：某一主体因销售或生产商品、提供劳务或从事构成其持续的主要或中心经营活动的其他业务而形成的现金流入、或其他资产增加、或负债清偿（或兼而有之）。

费用：某一主体在某一期间由于交售或生产货物，或从事构成该主体不断进行的主要经营活动的其他业务而发生的现金流出或其他资产的耗用或债务的承担（或兼而有之）。

利得：某一主体由于主要经营活动以外或偶发性交易以及在某一期间除了由于收入或由于业主投资所引起的，影响该主体的所有其他交易或事项导致的权益（净资产）的增加。

损失：某一主体由于主要经营活动以外的或偶发性交易以及在某一期除了由于费用或由于派给业主款所引起的，影响该主体的所有其他交易或事项导致的权益（净资产）的减少。

上述会计要素之间的关系可描述为：

资产 = 负债 + 权益；

全面收益 = （收入 - 费用） + 利得 - 损失；

某一期间的全面收益 + 该期间内的业主投资 - 该期间内的派给业主款 = 期末净资产 - 期初净资产 = 某一期间内权益的全部变动。

（二）IASB

IASB 在《编报财务报表的框架》第 49 段中指出，直接关系到财务状况的要素是资产、负债和权益。他们的定义如下：

资产是指由于过去事项而由企业控制的、预期会导致未来经济利益流入企业的资源。资产中包含的未来经济利益，是指直接或间接地导致现金和现金等价物流入企业的潜力。

负债是由企业过去事项而承担的现时义务，该义务的履行预期会导致含有经济利益的资源流出企业。

权益是指企业资产扣除企业全部负债以后的余剩利益。

利润常常用来作为经营业绩的指标，或是作为其他指标如投资回报率或每股收益等的基础。与利润的计量直接联系的要素是收益和费用。

收益是指会计期间内经济利益的增加，其形式表现为因资产增加、资产增值或是负债减少而引起的权益增加，但不包括权益参与者出资有关的权益增加。

费用是指会计期间内经济利益的减少，其形式表现为因资产流出、资产消耗或是发生负债而引起的权益减少，但不包括对权益参与者分配有关的权益减少。

（三）英国

英国 ASB 在其发布的《财务会计原则公告》中定义了七个会计要素：资产、负债、所有者权益、利得、损失、业主投资和向业主分派。

资产是由过去的交易或事项形成，并由一个报告主体控制的对未来经济利益的权利或其他使用权。资产具有以下几个特征：（1）对未来经济利益的权利或其他使用权，其实质是获取未来经济利益的一种能力。至于资产的其他特征，如它们可能是按成本取得的，可能是有形的，可以用来交换的，或者是法律授权的等等，虽然有助于了解资产的性质，但是它们均不是资产的实质；（2）由报告主体控制。对资产的控制实际上是对未来经济利益的权利和其他使用权的控制。如果报告主体本身具有获得未来经济利益的权利，并且有能力限制他人取得这些利益，该报告主体就控制了对未来经济利益的权利和其他使用权；（3）报告主体所控制的对未来经济利益的权利和其他使用权，必须是过去的交易或事项的结果，是由过去的交易或事项形成的。

负债是由过去的交易或事项形成，是一个报告主体转移经济利益的义务。负债的特征：（1）负债的实质是一项义务或经济责任，这种义务在许多情况下是一种法定义务；（2）报告主体不能自主地避免经济资源的外流，履行该义务将导致经济利益的转移，虽然这种转移可能是潜在的并且其金额可能是不确定的；（3）是由过去的交易或事项所形成的。

所有者权益是报告主体所有的资产扣除其所有的负债后的剩余金额是所有者的一种剩余权益。

利得是业主投资以外的所有者权益的增加。ASB 认为，报告主体所有者权益的增加无外乎是由两种情况产生的：（1）所有者投资额的增加；（2）报告主体产生了利得。因此，利得被定义为除了所有者投资增加这种情况以外所有的所有者权益增加，包括通常被称为“收入”的项目以及由诸如对固定资产进行处置、对资产和负债进行重新计量等产生的其他利得等。“利得”是一个相当广义的概念，它包括了我们通常所理解的“收入”和“利得”，相当于美国有关“全面收益”的概念。

损失是向业主分派以外的所有者权益的减少。与上面的“利得”概念相类似，这里的“损失”也是一个广义的概念。ASB 认为，报告主体所有者权益的减少除了向所有者（或业主）分派外，就是由损失产生的。因此，这里的“损失”包括了我们通常所理解的“费用”和“损失”。

业主投资是所有者以所有者身份向报告主体提供资金而导致的所有者权益的增加，强调了“所有者身份”。

向业主分派是所有者以所有者的身份从报告主体转移资金而导致的所有者权益的减少。与“业主投资”的概念相类似，同样强调“所有者身份”的问题：即只有向作为所有者身份的所有者转移资金，例如支付股利或分配利润等，才能属于向业主分派。

在以上七项要素中，“业主投资”和“向业主分派”本可以像 IASB 那样处理，即将他们作为所有者权益的变动列入“所有者权益”的要素中。但是，ASB 持有不同观点。他们认为：业主投资和向业主分派不同于并且应该区别于所有者权益的其他增加或减少（即利得和损失），因此，ASB 没有将它们与特定的财务报表联系在一起，而是作为单独的要素加以处理。

（四）澳大利亚

澳大利亚在实施会计准则的国际趋同战略之后，采用国际会计准则理事会的《编报财务报表的框架》，也就是会计要素也于 IASC 趋同。

（五）我国

《企业会计准则——基本准则》中定义了六个会计要素：资产、负债、所有者权益、收入、费用和利润。

资产是指企业过去的交易或者事项形成的、由企业拥有或控制的、预期会给企业带来经济利益的资源。企业过去的交易或者事项包括购买、生产、建造行为或其他交易或者事项。预期在未来发生的交易或者事项不形成资产。由企业拥有或控制，是指企业享有某项资源的所有权，或者虽然不享有某项资源的所有权，但该资源能被企业所控制。预期会给企业带来经济利益，是指直接或者间接导致现金和现金等价物流入企业的潜力。

负债是指企业过去的交易或者事项形成的，预期会导致经济利益流出企业的现时义务。现时义务是指企业在现行条件下，已承担的义务。未来发生的交易或者事项形成的义务，不属于现时义务，不应当确认为负债。

所有者权益是指企业资产扣除负债后由所有者享有的剩余权益。公司的所有者权益又称为股东权益。

收入是指企业在日常活动中形成的、会导致所有者权益增加的、与所有者投入资本无关的经济利益的流入。

费用是指企业在日常活动中发生的、会导致所有者权益减少的、与向所有者分配利润无关的经济利益的流出。

利润是指企业在一定会计期间的经营成果。利润包括收入减去费用后的净额、直接计入当期利润的利得和损失等。

（六）总结与比较

总结来看，各国定义的企业会计要素情况如表8－1所示。

表8－1　　　　各国企业会计要素

国家或机构（概念框架或准则）	会计要素
FASB（SFAC）	资产、负债、权益、业主投资、业主派得、营业收入、费用、利得、损失和综合收益
IASB	资产、负债、权益、收益和费用
ASB	资产、负债、所有者权益、利得、损失、业主投资和向业主分派
AASB	资产、负债、权益、收益、费用
我国（基本准则）	资产、负债、所有者权益、收入、费用和利润

会计要素是会计对象的具体化，显而易见，会计要素的设置受会计对象的影响。除此之外，主要是会计目标和会计假设两个因素导致了会计要素设置的不同。一个方面，会计作为一个人造的经济信息系统，必须存在一个明确的目标，即会计目标。会计目标主要涉及“谁是会计信息的使用者”和“会计信息使用者需要什么样的会计信息”两项主要内容。那么会计信息使用者的需求必然影响会计要素，乃至影响账户的设置和财务报表的编制。按照决策有用观，会计目标主要是提供决策相关的信息。会计信息系统运行将围绕着会计目标而进行，那么

理所当然地，会计要素的设置，包括如何设置、数目的多少都必须将会计目标作为一个重要的因素进行考虑。不同国家的资本市场的成熟程度各异，不同国家的会计信息使用者对会计信息的要求也不同，所以导致具体会计目标的差异，进而导致在会计目标影响下的会计要素的设置各不相同。美国的股票市场十分发达，所以其会计要素数目最多也最为完备。国际会计准则委员会是一个以国际会计协调化和推行“可比性计划”为主要目的的民间组织，其对会计要素的设置必须考虑到诸多均衡因素，因此对会计要素的设置体现为各个国家间的共性。另一方面，会计假设也影响会计要素。例如，在定义资产和负债时强调的“过去的交易或事项”“未来的经济利益”等概念，体现着会计分期和持续经营两项会计基本假设（杜兴强，2007）。

二、政府会计要素现状

（一）美国

1. FASAB①

FASAB 发布的联邦财务会计概念公告（SFFAC）第 5 号《应计制财务报表要素的定义和确认》定义了 5 个会计要素，分别为：资产、负债、净资产、收入和费用②。

（1）资产是指联邦政府能够控制、体现经济利益或服务的某项资源。资产的定义源于资产的本质——对所有资产而言的基本特性。联邦政府需要财务、经济、人力和其他资源，以帮助其完成任务。在这一背景下，资源是指一个国家、组织或个人的有用或有价值的财产或禀赋，或者是满足需求的某种方法。政府拥有众多资源，但除非其具有资产的基本特性从而满足资产的定义，否则就不是资产。某项资源是否成为联邦政府的资产必须具有两个特性：即体现了能供未来使用的经济利益或服务；政府能够获得或控制该经济利益或服务，并否决或管制其他主体的可获得性。如外太空不是联邦政府的资产，因为政府不能够否决或管制其他主体进入太空；相反，联邦土地上的自然资源是联邦政府的资产，因为政府能够获得其中的经济利益并根据联邦法律管制其他主体对土地的运用。尽管这类自然资源因不可计量而不能在财务报表中确认，但仍然属于联邦政府的资产。

① 张国清：“政府财务报表要素：FASAB 征求意见稿述评”，《财会通讯综合版》，2007 年第 8 期。

② FASAB：Statement of Federal Financial Accounting Concepts 5 Definitions of Elements and Basic Recognition Criteria for Accrual - Basis Financial Statements，2007。

所有资产都具有的一个特性是其提供经济利益或服务的能力。在该公告中，经济利益可能导致现金、现金等价物、物品或者服务流入联邦政府，而体现在某资产中的服务可能以其他方式让政府受益。如博物馆、艺术展览馆等资产，经常免费或象征性地收费，向大众提供休闲、教育和研究机会，据以帮助联邦政府完成提供公共服务的任务并实现其目标。一项财产无论是有形的还是无形的，所能够提供的经济利益或服务，与其所体现的经济利益或服务之间是有差别的。并非所有的财产都体现经济利益或服务，如人们预期设备会提供经济利益或服务，但有时它会陈旧过时或不能使用且没有残值，就不再体现经济利益或服务，也不再满足资产的定义。通过特定的安排，来自资源的经济利益或服务可由政府和另外一个主体共享。资产的第二个基本特性是控制，即联邦政府能够获得体现在资源中的经济利益或服务，并且能够否决或管制其他主体的可获得性。在施加控制时，政府能够根据资源的性质持有资源，用于交易并获得现金及其等价物、物品或服务，让其他主体使用，从而获得收入，或者用于偿还负债。联邦政府控制体现在某项资源的经济利益或服务的可获得性能力，一般源于法定权利，并且可以为法律条款、合同协议、所有权、或者保护政府利益的其他机制所佐证。然而，法定权利不是确立控制经济利益或服务可获得性的一个先决条件，因为政府还能够以其他的方式施加控制。联邦政府有时不能够控制其从一项资源中所获得的经济利益或服务，因为它不能够否决或管制其他主体的可获得性。在这种情形下，该资源就没有满足联邦政府资产的定义。政府可以通过交换交易获得资源，换出的是其他资源、未来转移资源或提供服务的义务；资源也可能源于政府权力的行使，如征税、罚款；其他事项，如增值也可能产生政府资源。隐含在资产定义和其基本特性中的一个假定是：导致政府能够控制并体现在一项资源中经济利益或服务的可获得性的事件必须已经发生。为了让资源符合资产的条件，政府必须已经获得该资源，或者已经能够否决或管制其他主体或其所导致的利益或服务，如政府的征税权力不是一项资产。

（2）负债是在特定的事件发生或被要求时，联邦政府在可确定的日期向其他主体提供资产或服务的现时义务。联邦政府负债有两个基本特性：向其他主体提供资产或服务的现时义务；何时清算该义务，联邦政府和其他主体之间达成协议或谅解。现时义务是指过去的某项交易或其他事项导致该义务的产生，但还未被清偿。因此，现时义务应当区别于只是未来意图的一种表达，如政府宣布将购置设备。当政府采取具体的行动，作出承诺并影响其他的主体，现时义务就产生了。为了满足负债的第一个基本特性，现时义务必须包括未来向其他主体提供资产（现金及其等价物或物品）或服务。如政府已经同意在某些条件下向其他主体提供资产或服务，但这些条件还没有满足，在该情形下，政府有履行其承诺的现时义务，即使资产或服务的实际提供在未来才发生。

如前所述，某个现时义务要成为联邦政府的负债，必然牵涉到两个单独的主体，因为同一主体不可能同为债务人和债权人。为了满足负债的定义，联邦政府向其他主体提供资产或服务的合同或其他协议必须基于当前的状况，因为负债的一个基本特性是政府有现时的义务，即使在清算负债之前状况可能会发生变动。但是负债以及应计制财务报表的所有其他要素都是基于已经发生的交易或事项，政府改变现时状况的权力，不会阻止现时义务确认为一项负债。负债的第二个基本特性是关于义务的清偿所牵涉到的政府和其他主体之间达成协议或谅解。清偿的时间安排通常在合同或其他协议中规定。但在某些情形下，相关方同意，某特定时间或者经过资产或服务接受方的请求，将引发义务的清偿，此时清偿的时间安排就具有不确定性。如果政府和其他主体没有就义务的清偿达成协议或谅解，并且政府可以自由决定是否以及何时清偿义务，那么该政府义务就没有满足负债的定义。除了清偿的时间具有不确定性，许多现时的义务在清偿金额方面也具有不确定性。如清偿某义务所要求的金额可能取决于未来某事件（市场价格下跌的发生与否）。一旦影响清偿时间和金额的或有事件发生，政府有履行义务的责任。清偿时间或金额的不确定性要通过负债的计量予以解决。

资产和负债两要素的定义来源于这些项目的本质，而净资产、收入和费用要素的定义源于资产和负债的定义

（3）净资产是在联邦政府或某个组成主体的资产负债表中所确认总资产和总负债之间的数字差异。净资产可以为正，也可以为负。主体经常将财务报告中的净资产进行细分，以提供关于其组成部分的信息。但是，所报告的组成部分以及对净资产的特定解释，取决于特定的财务报告模式及其相应的披露要求。

（4）收入是报告期间提供物品或服务、征税或行使其他权力、接受捐赠或者执行其他活动（不包括借款）而导致资产的增加或负债的减少或兼而有之。

（5）费用是报告期间提供现金或现金等价物、提供物品或服务或者执行其他活动（不包括借款的偿还）而导致资产的减少或负债的增加或兼而有之

2. GASB①

GASB 于 2007 年 6 月发布的第 4 号概念公告《财务报表要素》中定义了资产、负债、资源流出、资源流入、递延资源流出、递延资源流入、净资产 7 个要素。

① 张国清：“政府财务报表要素：GASB 征求意见稿述评”，《财会通讯综合版》，2007 年第 9 期。

(1) 资产是指主体当前控制的资源。对资源的控制是指主体获得该资源的服务潜力，并决定体现其中的现时服务潜能的利用方式和性质的能力。一般而言，控制资源的主体能够决定是否将其服务能力用于向公众提供服务，是否用于交换其他的资产，或者是否用于能够增进福利的其他方面。对于供市民和一般大众使用的资源，其控制由可以获得体现在该资源中的服务能力的主体持有。如这种控制可能体现为决定某种资源所提供服务的水平。许多资产受制于法律或其他外部限定，如信托投资或利用补助款购置的资本资产。这些资产的使用模式只能分别遵循信托协议或补助项目的有关规定。然而这些对资产用途方面限定，并不会否定一个主体对这些资产服务能力的控制。

对体现在某项资源中服务能力的控制，一般源于契约权利或法定所有权。某些资源如房地产，可能被看作与该资源相关联的权利集，如出售、出租、赠与、受益的权利。不同的主体可能控制与单一房地产相关联的不同权利。假如不同的权利具有资产的其他内在特征并满足确认和计量标准，那么与该房地产相关联的不同权利将被不同的主体报告为资产。

尽管一个主体的某项资产可能与另外一个主体的某项资产相关联，但同样的特定资产不可能同时成为多个主体的资产。如某市政府可能享有某联营企业的部分所有权，从而可能间接控制该联营企业的资产如银行存款，但联营企业的银行存款并非该市政府的一项资产，该市政府可能以所有者权益的形式拥有相应的一项资产如长期投资。间接控制也适用于信托资产，信托受益人可能拥有该信托的受偿权或受益权，可以当作其资产，但是受益人的资产并非严格等同于信托资产。在某些情形下，一个主体受益于某项资源的服务能力，但是并没有控制该资源。此外，对资源的控制导致资产的产生，这发生于过去的交易或其他事项。

政府的一个显著特征是有权力征税。尽管征税权是许多政府功能的依托，但是这种权力并不构成相应政府的一项资产。政府的征税权可能具有资产的内在特性，也即处于主体的控制之下，但不具有资源的内在特性。征税权是一种未来资源，只有当导致资源产生的交易发生时才会产生一种资源。如当需要缴税的销售行为或所得行为发生时，便产生了一项资源。在有些情形下未来资源已经被出售，就更难以区分未来资源与现时资源项目。就会计和财务报告目的而言，某个项目要成为资产就应当是现时的资源，并且报告主体应当能够控制体现在该资源中服务能力的享用。征税权导致会计和财务报告意义上的资产，只有当执行征税权利并且可税交易已经发生时。

(2) 负债是主体必定要付出资源或未来资源的现时义务，义务是一种责任、职责或强制任务。必定要付出资源这是主体控制范围以外的，许多负债不可避免是因为具有法律强制性。一般而言，法定负债源于政府立法或契约关系，可以是书面的或口头的。产生于契约关系的法定负债，如应付工资、应付债券；产生于立法的法定负债，如某些污染整治义务。对于交换交易当基础交易发生时，相应的义务就变成法定负债。对于某些类型的非交换交易，法律责任存在时，相应的义务就变成债务。如对于政府作为补助方的情形，当受助方达到资格要求时，就产生了一项负债。

政府作出许多不是负债的承诺，在这些情形下，主体任务的存在及其变化都不会产生负债。同样，针对所提供服务水平有更具体阐述的政治承诺，也不构成负债。预算审批和补助项目的建立都表达了政府提供特定服务的意图，但是都不构成负债。政府一方或者受补助方进一步的行动是负债产生的必要条件。如政府需要通过启动交换交易来参与提供预算所批准的服务，受补助方需要满足资格要求。源于交换交易的负债一般在标的已经被交换的时候产生，如物品或服务已经被接收，换来的是偿付供应商或服务提供者的承诺，源于非交换交易的负债一般在付出资源或未来资源的承诺达到类似于“到期”阶段时产生。

对于一项负债的存在，不需要识别具体的债权人。然而债权人应当是在主体之外。如政府可能存在与特定场所污染整治相关联的负债，但是不知道具体的债权人是谁，政府要保养自身拥有的资产，这不是一项负债，不可能出现对自身的负债。一项义务要成为负债应当是现时的义务，导致负债的事项或交易已经发生。这区别于未来的义务或承诺，即主体承诺在未来有所为。主体现时没有义务，并且在未来有关的事项发生之前可以收回承诺。

（3）资源流出是主体在报告期对净资源（是资产减去负债后的净额）的消耗。对净资源的消耗是用光净资源，无论是特定期间为主体所控制的资源，还是从外部主体获得时直接被用光的资源。对净资源的消耗导致资产减少额超过有关负债的减少额，或者负债增加额超过有关资产的增加额。消耗资源如支付补助款、让雇员提供政府服务。

确定资源流出的本质及其适用的报告期间时，资源流动表的计量侧重点是关键。对于经济资源流动计量侧重点下编制的资源流动表，资源流出（或流入）所适用的报告期间是由跨期权益（Interperiod Equity）概念决定的。跨期权益也即当期资源流入等于当期服务成本。如支付服务成本的负担是由当年的纳税人和收入提供者承担的，这种负担不会转嫁给未来年度的纳税人或收入提供者，并且累积净资源不被用于提供当期服务。跨期权益是被用于评价受托责任的有关标准，而不是特定期间预期要实现的目标；对于当期财务资源流动计量侧重点下编制的资源流动表，资源流出（或流入）所适用的报告期间是当期财务资源应用

(或获得) 的期间；对于现金资源流动计量侧重点下编制的资源流动表，资源流出(或流入) 所适用的报告期间是支付(或收到) 现金的期间。

在许多情形下，与资源消耗相关联的资产净减少或者负债净增加所发生的报告期间，与资源流出的期间是一致的。然而在某些情形下，资产的净减少或负债的净增加发生在前一个期间，而资源流出在当期。在这样的情形下就应当在前一个期间报告递延资源流出，而在当期(也即资源流出的期间) 所报告的资源流出将伴随着前期所报告递延资源流出的减少，而不是进一步减少净资源。

(4) 资源流入是主体在报告期间净资源的购置。净资源的购置，是成为主体控制下的净资源，或者主体新近获得的净资源，即使这些资源在购置时直接被消耗。净资源的购置导致资产增加额超过有关负债的增加额，或者负债减少额超过有关资产的减少额，如征税、在提前收到补助款的情形下做有关的事情等。

在许多情形下，与资源购置相关联的资产净增加或者负债净减少所发生的报告期间，与资源流入的期间是一致的。然而在某些情形下，资产的净增加或负债的净减少发生在前一个期间，而资源流入在当期。在这样的情形下就应当在前一个期间报告递延资源流入，而在当期(也即资源流入的期间) 所报告的资源流入将伴随着前期所报告递延资源流入的减少，而不是进一步增加净资源。

(5) 递延资源流出是主体适用于未来报告期间的净资源消耗，在财务状况表中报告。主体消耗净资源的内在特征与前述“资源流出”的特征相同。适用于未来报告期间的内在特征，平行于“资源流出”的适用于报告期的特征，例外是对于递延资源流出，流出适用于某个未来的报告期间而非报告当期。

(6) 递延资源流入是主体适用于未来报告期间的净资源购置，在财务状况表中报告。主体购置净资源的内在特征与前述“资源流入”的特征相同。适用于未来报告期间内在特征，平行于“资源流出”和“资源流入”的适用于报告期的特征，例外是对于递延资源流入，流入适用于某个未来的报告期间而非报告当期。

(7) 净资产是在财务状况表中所列报所有其他要素的剩余。净资产是财务状况表的要素，并按以下两方面金额的差异来计量：资产和递延资源流出，负债和递延资源流入。净资产的金额与资源流动表中的“活动净额(Net Activity)”保持着特定关系。两个期间净资产的增加或减少等于那个期间在资源流动表中所报告的所有活动净额，并且任何时点的净资产余额，等于期初余额加上资源流动表所有活动的总额。

（二）IPSASB①

根据《国际公共部门会计准则第1号》等现行国际公共部门会计准则的规定，国际公共部门会计准则将权责发生制下公共部门报表中的会计要素分为6类——资产、负债、净资产/权益、收入、费用和所有者投入保全调整。

（1）资产。《国际公共部门会计准则第1号》将资产定义为“由于过去事项而由主体控制的、预计将导致未来经济利益或服务潜能流入主体的资源”。与IASB在《框架》中对资产的定义相比，国际公共部门会计准则定义的资产在强调能够带来经济利益的同时，还将能够提供服务潜能的资源也作为资产。这主要是因为包括政府在内的各类公共部门主体，其主要目标不是创造经济利益，而是为包括社会公众在内的利益相关方提供各项公共服务，比如国家安全、医疗卫生、社会保障等是其主要职能，为了这些社会政策目的而持有的资产并不能带来经济利益，但是能够帮助主体实现这些目标，也即这些资源包含“服务潜能”。为了将大多数公共部门主体拥有的资产主要承担服务功能，以及从事商业活动的公共部门主体拥有的资产也产生现金流量的特征共同反映在资产的定义中，国际公共部门会计准则的资产定义使用了“未来经济利益或服务潜能”来描述公共部门资产的双重内涵。

（2）负债。国际公共部门会计准则将负债定义为“主体因过去事项而承担的现时义务，该义务的履行预计将导致含有经济利益或服务潜能的资源流出主体”。与IASB在《框架》中对负债的定义相比，两者的区别也同样在于，考虑到公共部门主体的目标，国际公共部门会计准则将负债的本质特征总结为含有“经济利益或服务潜能”的资源流出主体，因为对于公共部门主体而言，许多义务是通过提供具有服务潜能的资源来履行或清偿的。

（3）净资产/权益。国际公共部门会计准则将净资产/权益定义为“主体的资产扣除所有负债后的剩余权益”。与IASB在《框架》中将该要素称为“权益”有所不同的是，国际公共部门会计准则将该要素称为“净资产/权益”，这主要是因为有些公共部门主体权益的归属很难界定，比如国家政府的权益，称为“净资产”既反映了其内在涵义，也回避了难以界定这类公共部门主体权益归属的问题。

（4）收入。国际公共部门会计准则将收入定义为“导致报告期净资产/权益增加的、经济利益或服务潜能的总流入，但不包括与所有者投入相关的净资产/

① 李红霞：“国际公共部门会计准则的回顾、基本框架及其启示”，《会计研究》，2005年第4期。

权益增加”。IASB在《框架》中将收益而不是收入作为一个单独的会计要素进行了界定，收益包括收入和利得；相比较而言，国际公共部门会计准则的“收入”要素虽然被冠之以“收入”的名称，但其实质内容却等同于IASB的“收益”要素，这一点可以从国际公共部门会计准则的具体规定中得到验证。比如，《国际公共部门会计准则第17号——不动产、房舍和设备》（以下简称“国际公共部门会计准则第17号”）规定，由重估引起的某类资产账面价值的增加应当直接贷记“重估盈余”，但是，如果同类资产的重估减值以前确认为费用，则该增加中相当于转回以前重估减值的部分，应当确认为收入。与这种情况完全类似的、转回以前因重估减值而确认为费用的重估增加额，《国际会计准则第16号——不动产、厂场和设备》规定作为收益处理。

（5）费用。国际公共部门会计准则将费用定义为“在报告期间经济利益或服务潜能的减少，表现为导致净资产/权益减少的资产的流出或耗费或负债的增加，但不包括与分配给所有者相关的权益减少”。与IASB在《框架》中对费用的规定相同，国际公共部门会计准则中的“费用”要素同样既包括主体在正常经营活动中发生的费用，如销售货物或提供服务的成本、工资和折旧费等，也包括在正常经营活动中或正常经营活动之外发生的损失，比如由自然灾害导致的损失、处置非流动资产产生的损失等。由于在减少经济利益或服务潜能方面，正常经营活动中发生的费用和损失是相同的，国际公共部门会计准则没有再将费用要素作进一步的区分。

（6）所有者投入保全调整。国际公共部门会计准则未对“所有者投入保全调整”要素的概念进行界定，但是根据国际公共部门会计准则的具体规定可以看出，与IASB《框架》中“资本保全调整”要素相类似，实际上也作为一项会计要素在公共部门主体的财务报表中予以确认。比如《国际公共部门会计准则第4号——汇率变动的影响》规定，公共部门主体用于对其国外主体的投资净额进行套期的外币负债所产生的汇兑差额，在处置该投资净额之前，应在主体的财务报表中作为净资产/权益项目反映，直至处置该投资时，才将其确认为收入或费用。再比如，《国际公共部门会计准则第17号》规定，价值重估产生的某类资产账面价值的增加应直接贷记“重估盈余”。这些规定都表明，公共部门资产和负债的重估或重述将导致主体净资产/权益的增加或减少，虽然这些增加或减少符合收入和费用的定义，但是未被列入财务业绩表，而是作为重估盈余或折算差额计入了净资产/权益中。

（三）英国[1]

尽管英国在政府会计领域中推行资源会计与预算制度，但是并没有对政府会计要素提出特殊的要求。而在《财务报告原则公告》中强调，“从更广泛的意义上来说，公告中的一些会计原则在经过重新表述后，还可以适用于不是以营利为目的的报告主体。这意味着，虽然会计准则有营利性报告主体会计准则与非营利性报告主体会计准则之分，但是指导这些会计准则制定的会计原则，却具有更大的通用性”。

也就是说，政府会计采用了与企业会计同样的会计要素，即资产、负债、所有者权益、利得、损失、业主投资和向业主分派。

（四）澳大利亚[2]

澳大利亚采用与国际会计准则趋同的会计体系。并且其应用国际趋同会计准则的报告主体范围十分广泛，包括上市公司、非上市公司、公共部门和私人部门。其遵循国际会计准则的总体策略是采纳国际会计准则的内容和措辞，只有在需要适应澳大利亚的法律环境、需要对非盈利性主体提出额外要求、需要对会计准则中的备选方案进行限制等时才会对有关文字加以修改。针对非营利主体，保留了 AAS27“地方政府的财务报告”、AAS29“政府部门的财务报告”、AAS31“政府的财务报告”三个准则。这三个准则中没有对会计要素提出要求。因此，可以说澳大利亚政府会计采用与国际会计准则相同的会计要素——资产、负债和权益、收益和费用。

（五）我国

《财政总预算会计制度》规范了我国财政总预算会计中的要素。

资产是一级财政掌管或控制的能以货币计量的经济资源。包括财政性存款、有价证券、暂付及应收款项、预拨款项、财政周转金放款、借出财政周转金以及待处理周转金等。

负债是一级财政所承担的能以货币计量、需以资产偿付的债务，包括应付及暂收款项、按法定程序及核定的预算举借的债务、借入财政周转金等。

净资产是指资产减去负债的差额。包括各项结余、预算周转金及财政周转基

① 汪祥耀：《英国会计准则研究与比较》，立信会计出版社 2002 年版。

② 汪祥耀、邓川等：《澳大利亚会计准则及其国际趋同战略研究》，立信会计出版社 2002 年版。

金等。

财政收入是国家为实现其职能，根据法令和法规所取得的非偿还性资金，是一级财政的资金来源。收入包括一般预算收入、基金预算收入、专用基金收入、资金调拨收入和财政周转金收入等。

财政支出是一级政府为实现其职能，对财政资金的再分配。包括一般预算支出、基金预算支出、专用基金支出、资金调拨支出和财政周转金支出等。

《行政单位会计制度》规范了行政单位的会计要素。

资产是行政单位占有或者使用的，能以货币计量的经济资源。包括流动资产和固定资产。

负债是行政单位承担的能以货币什量，需要以资产偿付的债务，包括应缴预算款、应缴财政专户款、暂存款等。

净资产是指行政单位资产减负债和收入减支出的差额，包括固定基金、结余等。

收入是指行政单位为开展业务活动，依法取得的非偿还性资金。包括拨入经费、预算外资金收入、其他收入等。

支出是指行政单位为开展业务活动所发生的各项资金耗费及损失。行政单位的支出根据资金管理要求分为经常性支出和专项支出。

第三节 我国政府会计要素研究

一、对我国预算会计要素的分析[①]

我国现行预算会计制度普遍存在的问题是，要素的定义与确认没有分开。通过上面各预算会计制度中要素的定义可以看出，预算会计资产要素的定义包括两部分：前一部分是定义，后一部分是该要素包括的具体内容，实际就是应该确认的内容。发生这种情况的原因是要素定义含糊，不能指导要素的确认。预算会计为什么不能适应新环境下出现的新业务，这也是其中的原因之一。除此之外，各会计要素还存在着下列问题：

① 王邦顺："政府会计研究"，《安徽大学》，2004 年。

（一）资产和负债要素

资产和负债要素的定义没有体现其本质特征。

首先，对于资产要素。无论是在企业会计领域，还是政府会计领域，某项资源要成为资产，要具备两个特性：为主体拥有或者控制；能够为主体带来未来经济利益（或服务潜能）。很显然，《财政总预算会计制度》中资产的定义没有满足第二个特性。虽然政府及其单位不以经济利益为主要目标，但也并不是所有资源都可以作为资产，因为经济资源的范围过于广泛。资产要素的定义最基本应从会计学的角度对经济资源做出某种限定，以此来缩小会计领域的经济资源的范围，避免因反映的经济资源过于宽泛，而弱化了“会计”的特征。

其次，对于负债要素。作为一项负债有两个特征：导致未来经济资源（或服务潜能）的流出；义务的强制性。《财政总预算会计制度》中负债要素的定义不满足第一个特征，也没有突显第二点。

如前所述，会计要素是会计对象的具体化，也是后续进行确认、计量和报告的基础。因此，在此对于会计要素的定义必须要反映所要反映的对象的本质特征。否则，就无法很好的反映会计对象。在进行确认等一系列工作时，也比较容易出现遗漏、重复、甚至多余地反映某些会计事项的情况。此外，对于某一事项在哪一会计要素中进行反映存在着模糊性，有界定不清的情况。总的来说，可能影响完整性、明晰性（质量特征）等会计信息质量特征。

（二）净资产要素

净资产要素，我国也是根据资产和负债的差额进行定义的。这一点不存在问题。但是，如上所述，资产和负债要素的定义本身有着诸多不足之处，那么使得根据资产和负债定义的净资产要素也有不当之处。诸如包含的范围，本身的会计学意义等。只要资产和负债要素进行了准确的定义，根据上述方法定义的净资产要素自然能够满足要求。

（三）收入和支出要素

首先，《财政总预算会计制度》中对于收入和费用要素的定义没有体现出收入和费用的会计表现。事实上，无论是发生收入，还是产生费用，都会产生一定的会计表现。在 FASAB 的定义中，收入的会计表现为“资产的增加或负债的减少或兼而有之”，费用的会计表现为“资产的减少或负债的增加或兼而有之”；在 IPSASB 的定义中，收入的会计表现为“导致报告期净资产/权益增加的、经济利益或服务潜能的总流入”，费用的会计表现为“经济利益或服务潜能的减少，表现为导致净资产/权益减少的资产的流出或耗费或负债的增加”。这种会计表现将收入、费用要素和资产、负债要素相联系，进一步反应出该项收入或费用使得政府所掌握的资源以及政府为公众提供服务的能力发生了哪些变化。

二、建立政府会计要素的思考

会计的整个发展过程，都离不开环境的作用。但是，会计环境作为会计系统存在的基础，它的影响是十分广泛的，对于会计概念框架各个组成部分都存在着影响。并且这种影响并不都是间接的，存在着一种间接影响的传递作用。大多数学者认为，会计环境首先影响会计基本假设、会计对象和会计目标，通过这三者进一步影响会计要素。[①] 过程如图 8－1 所示。

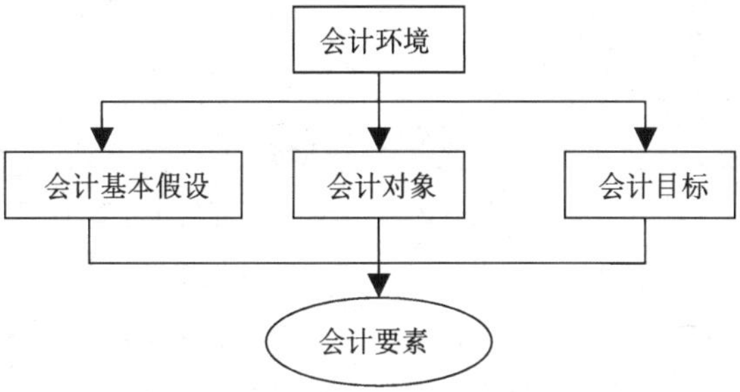

图 8－1　会计理论框架图

但是大多数的准则制订机构在建立会计概念框架时并没有平均考察会计基本假设、会计对象和会计目标，而是将会计目标作为概念框架的逻辑起点，主要考虑会计目标的影响，如 FASB、IASB 等。首先，会计作为“一个经济信息系统”（美国会计学会，《论基本会计理论》研究报告）是目标导向的，必须存在一个明确的目标。会计信息系统运行将围绕着会计目标而进行。其次，会计目标来源于会计环境。也就是说，会计目标是会计所存在的客观环境对会计提出的要求，所以它同时也是会计系统满足会计环境的标准。第三，会计目标是具体的。虽然不同的客观环境决定了不同的会计目标，但这种目标是人们主观需要的反映，它能为人们所认识。综上，理所当然地，会计要素的设置，包括如何设置、数目的

① 杜兴强：“关于会计要素几个问题的思考”，《上海立信会计学院学报》，2007 年第 7 期。

多少都必须将会计目标作为一个重要的因素进行考虑。①

基于以上情况，我们以会计目标对会计要素的引导作用为主要内容进行研究，同时考虑会计假设和会计对象的影响。如图 8－2 所示。

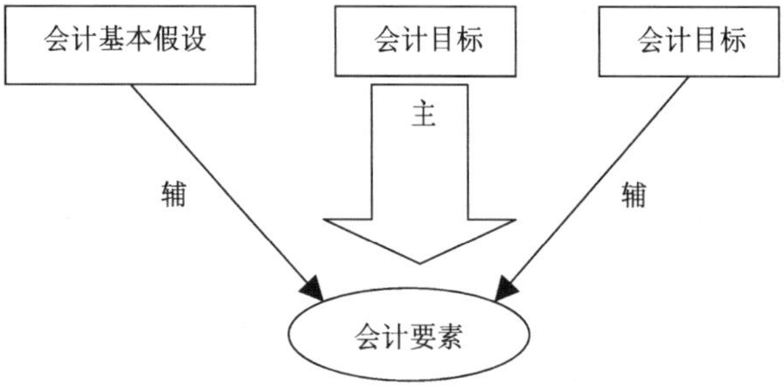

图 8－2　会计理论框架

（一）资产

1. 定义

政府会计中的资产要素可以定义为“由政府主体拥有或控制的、预期带来未来服务潜能的经济资源”。由上述定义可以看出，资产要素有两个主要的特征：

第一，由政府主体拥有或控制的。这点确定政府资产的空间边界，即政府资产只包括政府所有或控制的，具体而言，就是归属于国家主权范围内而在私有产权范围外的资产。这一点与企业会计的资产定义是相同的，即归属于某一特定主体拥有或控制的。

这一特性对于企业会计和政府会计都有一定的意义。著名会计学家葛家澍认为，对于主体的限定体现了会计主体假设对于会计要素的影响。会计信息系统所处理的数据、所提供的信息，不是漫无边际的，而是要严格限定在每一个经营上或经济上具有独立性或相对独立地位的单位或主体之内，会计信息系统所接受和所处理的数据以及所输出的信息，都不应该超出这些单位或主体的界限。这是会计信息系统的基础，也是至关重要的一点。否则，会使得系统因信息过于宽泛而不能运行。

对于政府会计，这一特性还有其特殊的意义。强调政府对其资源的拥有或控制，既保护了国有财产，又体现了对于私有财产的尊重。这有两层涵义，其一，只要是政府主体拥有或控制的资源在满足一定条件的情况下就应完整、明确的定

① 杜兴强：“关于会计要素几个问题的思考”，《上海立信会计学院学报》，2007 年第 7 期。

义为政府资产，不应有任何遗漏，否则就造成了国有资产流失；其二，不属于政府主体拥有或控制的，而是由企业或私人拥有、控制的资源，绝不能列为政府资产，否则就侵害了企业或私人财产的所有权。正如 2007 年 3 月 16 日通过审议的《物权法》中强调的，国有财产和私有财产同样收到法律平等的保护。

第二，预期带来未来服务潜能。这界定了资产的性质边界，即资产必须满足带来未来服务潜能的属性要求，这是划分资产和费用的重要标志。那些发生了资源流出，但在当期消耗掉，未能使未来政府服务潜能提高的活动对应的就是费用，而非资产。

资产的这一特性是由政府会计目标所决定的。政府会计的目标主要为解除政府对公众承担的公共受托责任，帮助信息使用者评价政府的受托责任履行。公共受托责任是指纳税人、政府收入与负债以及捐赠人等委托人将经济资源委托给政府，政府利用这些经济资源行使包括纠正市场失灵、收入再分配、宏观经济调控和社会道义责任等在内的政府职能，以此来为委托人服务。委托人必然关心所提供的资源的用途和使用效果，关心社会利益和公众利益的实现。因此，政府提供的资产信息要有助于评价政府的受托责任履行，其中重要的一点就是要有助于政府履行受托责任。如果，一项资产不能带来未来的服务潜能，不能服务委托人，那么就无助于政府履行受托责任，就不应定义为政府资产。

这里没有特别强调经济利益，是因为政府与企业不同，不以营利为目的。政府的主要职能是为公众提供服务，关注的是资产的为公众服务的能力——服务潜能。资产中包含的经济利益，是服务于服务潜能的，是服务潜能的表现形式。因此，不必再特殊强调经济利益。

2. 资产的范围①

我国公有制的所有制形式引伸出了与政府资产相似的概念——国有资产。在界定政府资产的范围时，首先要明细国有资产的概念②。

国有资产有广义和狭义之分。广义的国有资产，是指《中华人民共和国国有资产法》中所定义的国有资产，即“本法所称国有资产，是指国家以各种形式投资以及其收益、拨款、接受馈赠、凭借国家权力取得或者依据法律认定的各种类型的财产和财产权利”③。其范围包括：国家以各种形式对企业投资及其收益等形成的经营性资产，国家向行政事业单位拨款形成的非经营性资产，国家依法拥有的各种资源性资产，接受馈赠、无主财产等依法认定形成的财产，具体如图

① 张媛：《政府资产计价问题研究》，硕士学位论文，湖南大学，2006 年。

② 周自强、黄新春、薛献华：《国有资产管理》，南开大学出版社 2005 年版。

③ 国有资产管理局：《全国国有资产管理工作会议文件汇编》，经济科学出版社 1995 年版。

8－3所示。

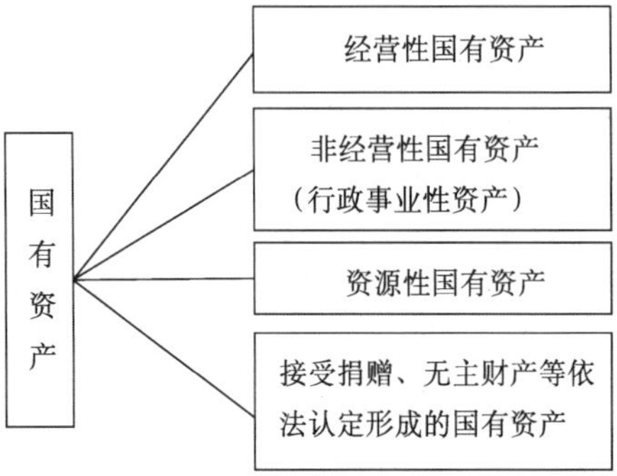

图8－3　国有资产范围

狭义的国有资产一般仅指经营性国有资产，即国家作为投资者在企业依法拥有的资本及其权益。其范围包括企业国有资产；行政事业单位占有、使用的非经营性资产，通过各种形式而转作经营的资产；国有资源性资产中投入生产过程的资产。

下面，以广义的国有资产为基础来探讨政府资产的范围。[①]

虽然，国有资产和政府资产从不同的角度定义资产的范围，政府资产是会计学上的概念，而国有资产则倾向于财政（务）学上的概念，但是我国是人民当家作主的国家，政府事实上是接受人民委托管理国家资产，因此国有资产的概念可以等同于政府资产的概念，从而也可以推出两者的范围应该是相同的。

首先，经营性国有资产是指国家作为出资者在企业中依法拥有的资本及其权益，即国有资本金部分。关于这部分资产是否列为政府资产，主要有三种观点：(1）将国有企业全部纳入政府会计的适用范围；（2）不纳入政府会计的适用范围；（3）只将国有资本金纳入到政府会计的适用范围。事实上，采用第三种观点比较科学。原因在于，我国国有企业使用的国有资产，尽管从其性质上讲是政府的财政资源，但改革后的国有企业已成为独立经营、自负盈亏的法人主体，政府不应再直接干预企业的经营活动，也不再负有直接财务责任。并且，政府已设有专门管理国有资产的机构，财政部门可以利用他们提供的信息。国有资本金属于政府资产，应当纳入财政管理范围。

其次，行政事业单位国有资产是指由行政事业单位占有、使用的，在法律上确认为国家所有、能以货币计量的各种经济资源的总和。行政事业性国有资产主

① 国有资产管理局：《全国国有资产管理工作会议文件汇编》，经济科学出版社1995年版。

要来源于以下渠道：第一，国家拨补给行政事业单位的资产；第二，行政事业单位按国家政策规定接受馈赠形成的资产；第三，行政事业单位根据有关政策，运用国有资产组织收入形成的资产；第四，依照法律确认为国家所有的其他资产。从中我们可以看出，行政事业性国有资产无疑也是属于政府资产的范围的。

最后，资源性国有资产是指在人们现有的知识、科技水平条件下，对某种资源的开发，能带来一定经济价值的国有资源。从定义中可以看出，资源性国有资产与科技水平的发展紧密相连。一项资源，当科技不发达、发展水平较低时，人们没有认识到这项资源的价值，或没有掌握开发这项资源的技术，它的就存在不能带来经济价值，不能称其为资产。但是，随着科学技术的进步，人们逐渐认识其价值，并且掌握了开发技术，在这种情况下，这项资源的存在就能带来经济价值，它就是一项国有资产。具体地，必须存在于确定的空间。只有某些自然资源被人们查明了确定的位置并不会再发生变化，能被人类利用和控制时，才能成为资源性资产。①

自然资源资产的独占性、效益性和流动性。自然资源的独占性是指资源的所有权、使用权和收益权等全部或某个权益的独占性必须能为实体所控制。效益性是指该自然资源必须能为其使用者带来一定的经济效益。流动性是指这种资源的各项权益能以一定的价格进行流转，这不仅能形成公平价格，提高资源配置的效率，也能够转化资产的各种风险。

资源性国有资产的范围不是固定不变的，而是随着社会的发展而发展的，有逐步扩大的趋势。资源性国有资产关系到可持续发展战略的实施和国民经济核算体系的进一步完善，因此将其纳入政府资产的范围也是必要的。

对于接受馈赠、无主财产等依法认定形成的国有资产，我们认为它们也是属于政府资产。

综上所述，政府资产的范围与国有资产的范围是基本相同的，即主要包括经营性国有资产、非经营性国有资产、资源性国有资产和接受馈赠、无主财产等依法认定形成的国有资产等四项内容。

3. 资产的分类

资产的分类方法有很多种，如按流动性、法律环境、资产的性质、功能等。企业会计中的资产按照流动性进行分类。我国现有的行政事业单位也是采用这种方法。在政府会计中，仍然可以沿用流动性的分类标准。因为流动性与服务潜能密切相关。资产的流动性越强，其为公众服务的能力越强，服务的范围也越广。

① 周自强、黄新春、薛献华：《国有资产管理》，南开大学出版社2005年版。

实际上，按照流动性分类就是按照服务潜能分类。

政府资产按照流动性可以分为货币资产、非货币性流动资产、其他流动资产、长期财务资产、固定资产和其他资本性资产。货币资产包括现金、国库存款、其他财政存款（银行存款）等，流动性极强，变现速度极快。非货币流动性财务资产包括短期应收款、预拨款项、财政周转金、有价证券等短期投资，特点是流动性强。其他流动资产是除流动性财务资产以外的在一个会计期间或一年以内变现、流动性次强的资产，主要包括存货、预付款等。以上资产是由于资源流入的权利与实际现金资产流入时间有短期差异而形成的，将在较短时间内通过变现形成未来的服务能力。另外还有长期财务资产，包括长期应收款、长期投资，未来服务能力也是通过转化为现金实现，但变现时间通常超过一年。长期的非财务资产有固定资产和其他资本性资产。固定资产包括政府购置的经营性固定资产及建设的基础设施，特点是流动性差，其服务能力将在未来较长时间内以服务而非变现来实现，服务潜能实现的不确定性较大。其他资本性资产是符合政府资产要素定义、但不属于上述任何一种分类的长期资产，通常具有计量困难的特点，主要包括自然资源和文化资源[①]。具体如表 8 – 2 所示。

表 8 – 2　　　　政府资产的分类

分类	具体内容
货币资产	现金、国库存款、其他财政存款（银行存款）等
非货币性流动资产	短期应收款、预拨款项、财政周转金放款、有价证券等短期投资
其他流动资产	存货、预付款等
长期财务资产	长期应收款、长期投资
固定资产	政府购置的经营性固定资产及建设的基础设施
其他资本性资产	自然资源和文化资源

（二）负债

1. 定义

政府会计中的负债要素可以定义为：“是政府主体承担的现时义务，履行该义务预期会导致含有服务潜能的政府资产的流出。”由上述定义可以看出，负债要素有两个主要的特征。

---

① 财政部会计准则委员会：《政府绩效评价与政府会计》，大连出版社 2005 年版。

第一，是政府主体承担的一种现时义务。现时义务是政府在现行条件下已承担的义务。在时间上，对政府负债进行限定。政府未来可能的承诺或未来事项可能导致承担的责任，不属于现时义务，不应当确认为负债。如退休金计划参与者尚未履行服务义务时，退休金的支付义务也不构成政府负债。

第二，预期导致政府资产的流出。这与资产要素的第二个特征相对应，限定了负债的性质。负债要素的这个特征实际上是根据资产要素定义的。这主要是基于资产要素可用于偿还债务的性质。因为资产要素预期会带来未来服务潜能的流入。政府主体拥有或控制资产时，同时也拥有对于未来服务潜能的要求权。当资产要素用于偿债被转移给债权人时，这种要求权也同时转移，也就是未来服务潜能流出政府。

2. 分类

政府负债同样可以按照流动性分为流动负债、长期负债和或有负债等。由短期向长期再向或有过渡，对当前的影响渐弱，对未来的影响渐强。

除了按照流动性分类以外，国内外学者还倾向于按照一种交叉的方法进行分类。即按照政府义务是否由法律规定分为显性负债和隐形负债。显性负债是指由法律或合同的约定的、政府必须履行的特殊义务；隐形负债是指法律或合同并未规定，但是由于公众预期或政治压力，可能由政府承担的道德责任和义务。再按照义务是否在任何时候都产生分为直接负债和或有负债。直接负债是指其履行与否是可以预测的；间接负债是是否履行该负债取决于另一特殊事件的发生与否。

将上述两种分类方法综合就形成了政府负债的交叉分类，具体如表8－3所示①。

表8－3 政府负债交叉分类

	显性	隐形
直接	是由特定法律或合约规定的，在任何情况下都确定地产生的政府义务。例如政府举债，在任何情况下，它都由合约规定了政府有偿还义务。	是法律或合约并未规定，而基于公众的预期、政治压力或社会对政府责任的理解确立的，在任何情况下都确定地会产生的政府义务。例如，政府对社会保障基金的支付义务等，并没有法律或合约制约政府的行动，但社会、公众对政府应尽责任的期望会迫使政府必须承担。

① 财政部会计准则委员会：《政府绩效评价与政府会计》，大连出版社2005年版。

续表

	显性	隐形
间接	是有特定法律或合约规定的，由可能发生的某一具体事件而触发的政府义务。例如政府提供担保的债务，它由法律规定在被担保债务人到期无法清偿债务时，政府有义务清偿。这种义务以被担保人到期无法清偿为前提，如果被担保人到期足额偿还，政府就没有清偿义务。	是法律或合约并未规定，而基于公众的期望、政治压力或社会对政府责任的理解而确立的，由可能发生的某一具体事件而触发的政府义务。例如，政府对自然灾害的赈灾义务、政府在国有银行倒闭清算时承担的清偿义务等。这些义务的发生以特定事件的发生为前提，如自然灾害的发生、国有银行的倒闭，并由社会、公众对政府应尽责任的期望迫使政府承担。

这四项负债具体包括的内容如表 8 -4 所示①。

表 8 -4　　　　政府负债分类

负债	直接 （任何情况下都要承担的义务）	或有 （特定情况发生时承担的义务）。
显性（由法律或合同规定的政府负债）	国内外公债； 当年的预算支出； 由法律规定的长期的预算支出（如公务员工资、法定退休金支付义务等）。	国家为地方政府、公共和私人部门（发展银行）的债务提供的担保； 国家为按揭贷款、学生贷款、农业贷款和中小企业贷款等提供的保护性担保； 国家为贸易和汇率提供的担保； 国家为私人投资提供的担保； 国家保险计划（存款保险、私人养老基金的收入、农作物保险、自然灾害保险和战争保险等）。
隐性（政府由于来自公众和利益相关者的压力而承担的道德义务）	法律没有明确规定的未来公共养老金（相对于公务员长俸）、社会保障、医疗等； 公共投资的维护成本。	地方政府、公共和私人部门在偿还没有担保的债务和其他义务上的失责； 对国企甚至大型企业破产、未清偿债务的责任； 银行的失败（超出保险的部分）； 没有担保的养老金、就业基金或者社保基金（保障小投资者）发生的失败； 中央银行的失责（如在外汇合约、货币防御、国际收支稳定方面）； 私人资本逆流后的补救； 对环境破坏、自然灾害的责任，军费。

① Hana Polackova：Contingent government liabilities：A hidden fiscal risk，*Finance & Development*，Mar 1999，36，(1)。

（三）净资产

政府会计中的净资产要素可以定义为："政府主体资产扣除负债后的差额（剩余权益）"。

由于，净资产要素是根据资产和负债要素来定义的，上述已经对资产和负债进行了详细的说明和阐述，这里不再赘述。净资产要素放映政府储备的整体情况。

（四）收入[①]

1. 定义

政府会计中的收入要素可以定义为："收入是报告期间主体提供物品或服务、通过其强制力、接受捐赠或者执行其他活动（不包括借款）而导致资产的增加或负债的减少或兼而有之。"由上述定义可以看出，收入要素有二个主要的特征：

第一，具有强制性。这是与企业会计相区别的地方。企业提供的产品和服务是私人物品，具有竞争性和排他性。因此，消费该产品会或服务的主体必须支付费用，这就构成了企业的收入。而政府不同，政府提供的物品或服务是公共物品，具非竞争性和非排他性的特点，即一个使用者对该物品的消费并不减少它对其他使用者的供应，任何使用者都不能被排斥在对该物品的消费之外。使得没有特定主体会主动为公共物品支付费用，只有通过强制性来获得补偿，以便政府能够持续经营，继续为公众提供公共物品。

第二，经济后果是导致资产要素的增加或负债要素的减少或兼而有之。

2. 分类

首先，根据基础交易的性质可将政府收入分为交换收入和非交换收入。

交换收入也称"赚得收入"，是指交换性交易产生的收入。交换性交易是指交易双方分别以牺牲某种代价来换取等值回报的交易。当某一政府主体按某一价格向公众或向另一政府主体提供有价之物时，便赚得了交换收入。因此，确认交换收入时强调收入与费用的配比。与营利单位非常相似，政府交换收入包括销售货品、提供服务、利息、特许权使用费、股利、佣金、长期合约以及租赁合约等业务带来的收入。通常，政府部门不对收入与利得进行区分，即政府收入包括没有发生交易的利得，例如金融资产和和金融负债账面价值的变动、森林和矿藏资源等资产价值的变动以及外币汇率变动等产生的利得。

① 张国生："政府收入的确认与计量研究"，《财会通讯》，2004 年第 11 期。

非交换收入是指非交换性交易产生的收入。在非交换性交易中，某一主体从另外一个主体收到价值物（收益），但却没有直接付给对方近似的等价物；或者付给另外一个主体价值物（收益），但却没有直接从对方收取近似的等价物。价值物可表现为资产或服务以及负债的清偿。非交换收入主要包括两种：（1）使用政府的统治权利获得的收入，即各种税收和其他强制性转移收入等。税收是政府以强制力量来课征从而满足公共需要的款项，是政府筹集财务资源的主要渠道。其他强制性转移收入包括罚款、财产没收、扣押等；（2）其他非强制收入，包括拨款、补助、捐赠和其他杂项收入。

其次，按收入的来源性质可分为税收收入、国有资产收益、行政收费收入、专项收入和其他收入①。

税收收入是政府按照税收法律、条例规定所筹集的收入，既有强制性、固定性、无偿性的特点，在我国预算收入中占有绝大部分比重。

国有资产收益是各部门和各单位占有、使用和依法处置境内外国有资产所产生的收益，按照国家有关规定应上缴各级政府的部分。主要包括国有企业上缴的税后利润、国有资本投资的股息及红利、国有资产租赁收益、国有资产有偿转让产生的收益等。

行政收费收入是国家机关、具有行政管理职能的企业主管部门和政府委托的其他机构在履行政府职能的过程中为特定目的，依照法律、法规并经有关部门批准，向有关单位和个人收取的费用。主要包括各种管理性收费、资源性收费、证照性收费和检验检疫收费等。这些收入主要用于相关管理或服务中的有关开支。

专项收入是根据特定需要由国务院批准或经国务院授权由财政部批准设置、征集的有专项用途的收入。包括排污费收入、城市水资源费收入、教育费附加收入、矿产资源补偿费收入等。这些收入有专门用途，对政府职责的履行，对社会稳定和经济发展有不可替代的作用。

其他收入是除了上述收入形式外，各级政府取得的一些名目繁多的杂项收入，如罚没收入、捐赠收入、利息收入以及自然资源价值变动的利得等，对于政府职责的履行起着重要的补充作用。

（五）费用

1. 定义

费用是报告期间主体提供物品或服务或者执行其他活动（不包括借款的偿

---

① 财政部会计准则委员会：《政府绩效评价与政府会计》，大连出版社 2005 年版。

还）而导致资产的减少或负债的增加或兼而有之。

费用要素与收入相对应。收入导致服务潜能的增加，而费用是政府在运转过程中产生的耗费，导致服务潜能的减少。

2. 分类

费用有多种分类方法，并且适用于不同的政府会计主体。中央、地方总财政及各政府部门应按照相应的政府职责对支出进行有助于支出管理的分类。如按经济性质，按是否与商品劳务相交换为标准分为购买性支出和转移支出。

第四节　政府会计概念框架要素选择与改革取向研究
——基于中国政府会计改革的调查数据分析

关于政府会计的改革问题一直是人们关注的焦点，有效的政府会计信息可以衡量政府的工作绩效，检查其受托责任履行情况，加强政府公共管理。目前，我国政府部门采用的会计制度是包括财政总预算会计制度、行政单位会计制度和事业单位会计制度在内的预算会计制度体系，这是一种用于确认、计量、记录预算批准和预算执行全过程中所发生的经济活动或事项，报告预算拨款和拨款使用情况的信息系统。从一定程度上来说，这种预算会计制度适应了一定时期下的宏观经济管理和预算管理的需要，加强了我国公共财政的资金管理，确保了资金管理的安全性。

然而，我国的这种预算会计制度其核算和监督范围过于狭窄，主要集中在预算执行情况上，提供的会计信息过分单一，不够完整和全面。随着我国社会主义市场经济体制的日趋完善和公共财政框架体系的初步建立，这种预算会计制度已无法满足政府公共财务管理和外部相关利益主体的信息需求。不论是从我国政府改革的目标还是从新公共管理运动的发展情况看，都迫切需要对现行预算会计体系进行改革，建立一套符合我国国情的、具有中国特色的、符合国际惯例的政府会计体系，打造出崭新的、能够为我国的财政体制改革提供强大信息支持、满足社会主义国家进一步发展需要的政府会计系统。而在政府会计体系的建立过程中，概念框架的建立是第一位的，它是政府会计理论的核心，它可以用来指导各项准则的制定，并反过来检验准则的合理性。因此，一个健全而有效的政府会计概念框架，对政府会计体系的良性循环起着至关重要的作用，只有构建了与之相适应的政府会计概念框架，确定了概念框架各要素的选择，才能更好地推动政府会计的改革。本书利用问卷调查资料，研究政府会计概念框架要素选择的有关问题。

一、政府会计概念框架理论分析

政府会计概念框架，是可以用来指导和评价政府会计准则和政府会计实务的基本理论框架，是一个相互联系的目标与基本概念协调一致的体系。

关于政府会计的概念框架，国际上有两种做法，分别以美国和澳大利亚为代表，两者在要素选择上有着较大的不同（Chan，James L. 2001）。美国联邦政府财务会计概念框架表现出许多有效的特征：包括多元组合的政府会计与财务报告目标、广义的绩效计量、弹性的会计基础与计量焦点等，而澳大利亚发布的联邦政府会计准则要求联邦政府部门同样遵守适用于盈利主体的所有会计准则，其前提都是建立在完全应计制的企业会计模式在政府部门领域同样有效这一非现实的隐含假设之上的（李元、杨薇钰，2005）。我国要对目前的预算会计进行改革，建立政府会计的概念框架，必须借鉴这些做法，建立与我国政府会计体系相匹配的政府会计概念框架。

财务会计概念框架的主要内容包括：会计目标、会计基本假设、会计信息质量特征、会计要素及其确认与计量、财务报告，政府会计是财务会计在政府活动领域的应用，因此，我们认为，政府会计的概念框架是财务会计概念框架的特殊化，可以类比企业财务会计概念框架。为了便于分析，我们把政府会计概念框架细分为七大要素：会计主体、会计目标、会计要素、确认基础、计量属性、信息质量特征和财务报告内容，它们的相互关系如图 8－4 所示。

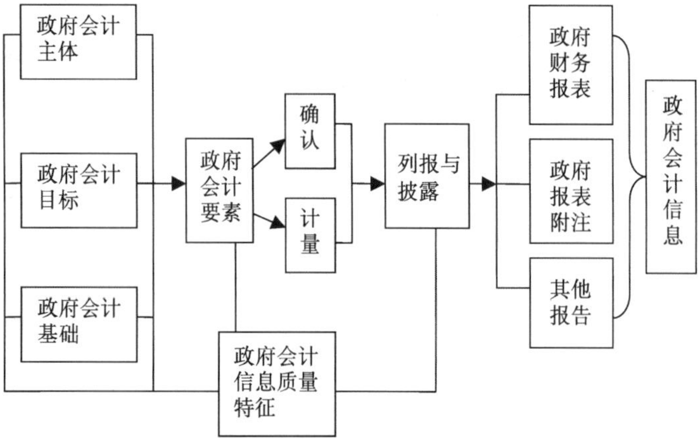

图 8－4　政府会计概念框架结构

关于政府会计概念框架的构建，我们要对政府会计目标，政府会计主体作科学界定，对会计要素进行重新分类，对会计基础进行重新确认，并对政府财务报告制度的完善提出构想，以逐步使政府会计规范形式从制度形式转变为准则形式，保证会计准则的高质量、权威性和独立性（黄晋，2007）。如图 8-4 所示，政府会计主体、政府会计目标和政府会计基础是政府会计概念框架中的基础，只有在确定了这三项以后，才能进入到政府会计程序，对各会计要素进行确认和计量，继而编织政府财务报告。提供会计信息时，首先要明确这些会计信息是来自于哪个会计主体，以便于对该会计主体进行各种评价。政府会计目标指引着政府会计体系的运转，政府会计的一切活动都要围绕这些目标展开。政府会计采用收付实现制还是权责发生制是政府会计基础要解决的问题，也是政府会计改革中的重点。明确了政府会计主体、政府会计目标和政府会计基础后，就进入了政府会计的实质程序——确认、计量和报告。

从图 8-4 中我们可以看到，政府会计信息包括三个方面，分别是政府财务报表、政府报表附注和其他报告，这三种信息的有机统一才能提供对决策有用的信息，这与财务会计是一样的。在这个报告过程中，我们还要考虑政府会计信息质量特征，不是所有的信息都是有用的，什么样的信息才是利益相关者所关注的，他们对政府会计信息质量的要求有哪些，这都是这个政府会计概念框架中必不可少的，因而，政府会计信息质量特征是贯穿政府会计概念框架结构始终的。

三、研究设计与样本描述

针对政府会计概念框架的基础性和重要性特征，我们依据相关理论初步设计了调查问卷，并通过与江苏省财政系统的相关实务工作者的充分沟通对问卷进行了必要的修改和完善。同时问卷设计完成后，在南京大学 EMBA 班进行了多次试测，根据试测结果和调研目的对问卷进行了进一步的修订并定稿。

本调研问卷发放采用纸质问卷和电子问卷相结合的方式，通过网络随机抽取政府部门发放电子问卷，通过财政部全国会计领军后备人才发放调查问卷，被访者分布范围广且具有随机性，保证了样本的可靠性。本次调研首批问卷的发放时间是 2009 年 3 月，最后一批问卷的回收截日期是 2010 年 12 月 31 日。此次调研共发放问卷 900 份，回收 103 份，剔除不符合条件的如存在选项缺失的问卷后，有效问卷共计 77 份。

问卷调查的受访者涉及政府人员和非政府人员，会计背景人员和非会计背景人员。在77份有效回收问卷中，政府相关部门受访者共有32人，占样本的41.6%（其中政府机关人员占14.3%，财政部门人员占10.4%，事业单位（除高校与研究所）人员占16.9%）；高校中的受访者为10人，占样本的13.0%；企业的受访者为35人，占样本的45.4%；样本中不涉及研究所人员和自由职业者。样本的受访者年龄主要集中在25～45周岁，占了样本总人数的94.8%；25周岁以下和45周岁以上分别占2.6%。调查受访者中具有会计及相关专业技术职称的受访者共有63人，占样本的81.8%（其中28.6%的受访者有高级会计师、副教授、高级经济师等高级职称以上（含）的技术职务）；不具备相关职称的受访者共有14人，占样本的18.2%。从比例上看，本次调查兼顾了内部相关者和外部相关者，从不同角度对政府会计概念框架影响因素分析进行了调查和解析，且受访者大多具有会计职称，从而保证了调查的针对性、可靠性以及全面性。

四、政府会计概念框架各项要素具体内容选择

政府会计概念框架一直是学者们研究政府会计改革的重要切入点，政府会计概念框架的构建是政府会计改革的着力点，弄清概念框架各要素的具体内容选择是政府会计改革的出发点，可以为政府会计改革的完善提供思路。本问卷涉及的七个概念框架要素相互关联，协调一致，构成了政府会计概念框架的总体结构，下面我们分七个部分具体阐述。

（一）政府会计主体选择

政府会计主体是指政府会计工作为其服务的特定政府单位，从公共受托责任的角度出发，政府会计主体是一个可以延展的概念，它既可以是政府整体，也可以是政府部门和其他有关单位。叶龙、冯兆大（2006）从我国政府的三种经济角色：公共物品的提供者、公平分配的保障者和公有制度的维护者出发，确定应该纳入到政府会计体系中的政府主体为全部机关单位和部分事业单位。结合我国政府及其部门和单位的实际情况，我们认为，政府会计主体有三种类型，即核算主体、报告主体和合并会计报表应包含的主体，针对范围包括一级政府、各行政单位、各行政单位的下属单位和包含一级政府、各行政单位及其下属单位的所有单位。

针对以上分类，我们对调查问卷的结果进行了统计分析，得出以下数据（表8－5中数据表示的是选择该项人数占总受访者人数的百分比）。

表 8－5 政府会计主体选择的调查结果

项目	核算主体	报告主体	合并会计报表应包含的主体
一级政府	33.80%	76.60%	31.20%
各行政单位	46.80%	41.60%	36.40%
各行政单位的下属单位	50.60%	28.60%	24.70%
包含一级政府、各行政单位及其下属单位的所有单位	70.10%	31.20%	59.70%

从表 8－5 的统计结果可以看出，首先，大部分受访者认为核算单位应该把各级行政单位都包括在内，其所占比例为 70.10%，即每个行政单位都是独立核算的个体，都应该确认为核算主体，编制会计报告。其次，这里还涉及编制合并报告的问题，合并报告的编制过程主要包括以下几个方面：部门报表的汇总、财政部门报表的合并、政府整体报表的合并和各级政府报表的汇总（北京市预算会计研究会课题组，2009），这是一种层层递进的汇总关系，因此，最后的报告主体应由一级政府担当，由一级政府将下属各单位的核算报告都统计完以后，再统一编制对外的会计报告。这与我们的调查问卷结果是一致的，在有效问卷中，76.6% 的受访者认为报告主体应由一级政府担任。最后，关于合并会计报表应包含的主体，超过半数的受访者认为这应该包含一级政府、各行政单位及其下属单位的所有单位，应该按照合并范围确定所有应纳入合并报表的政府核算主体。

（二）政府会计目标选择

中国的政府会计改革应当在一个以政府会计目标为逻辑起点的政府会计概念框架的指导下进行，政府会计的目标在于实现政府履行职责的高经济透明度，这对实现良好的公共治理和有效评估政府行为是至关重要的（陈小悦、陈璇，2005）。关于政府会计的主要目标，陈立齐、李建发（2003）提出了政府会计的三层次目标，其基本目标是检查、防范舞弊和贪污，以保护公共财政资金的安全，中级目标是促进健全的财务管理，最高层次的目标是帮助政府履行公共受托责任。在借鉴学者们已有研究的基础上，本书根据政府会计目标定位的理论基础，结合中国现实背景，把政府会计目标给予进一步细化，把中国政府会计的目标分为两个层次：基本目标和具体目标。

1. 基本目标选择

政府会计的基本目标包括受托责任观、决策有用观和管控决策观三个。政府接受人民的委托，管理公共社会资源，履行公共事务管理职能角色，政府会计能够帮助公众确定政府履行的受托责任，帮助公众评价政府提供服务水平及其绩效，帮助公众评估政府履行到期职责的能力，这体现了“受托责任观”。政府需要从外部筹集资金，募集公共资源角度，政府会计应该能够提供外部资源提供人或潜在的资源提供人正确决策的信息，这体现了“决策有用观”。政府仅是整个庞大政府体系中部分的角度，政府会计能够为上级政府部门评价其绩效，为经济、社会和政治决策服务，这体现了“管控决策观”。这三个基本目标相互联系、相互依存、不可或缺。

我们把问卷问题中涉及政府职能的相关选项进行了一个分类，把明确政府责任和履行情况的依据、解除政府的受托责任以及作为政府绩效考核的依据归为政府会计的受托责任观目标，把为债权人提供决策依据作为政府会计的决策有用观目标，把作为政府资源配置的依据、作为检查监督政府官员违规的手段和依据归为政府会计的管控决策观目标。并把受访者认为政府会计应该具备的基本目标（即已经∪希望，表示已经和希望两者选其一）那列单列出来，在此基础上，我们可以得出以下统计分析结果，如表 8－6 所示。

表 8－6　　政府会计基本目标调查结果

基本目标	具体职能	已经∪希望
受托责任观	作为政府绩效考核的依据	82.0%
	明确政府责任和履行情况的依据	64.5%
	解除政府的受托责任	43.1%
决策有用观	为债权人提供决策依据	79.6%
管控决策观	作为政府资源配置的依据	88.2%
	作为检查监督政府官员违规的手段和依据	79.0%

上表中，政府会计作为政府资源配置的依据的职能所占比例最高，为 88.2%，其次是作为政府绩效考核的依据，占 82.0%，三类基本目标的数据结果总体来说比较接近，由此可见，这三个目标都是我们在政府会计概念框架中必须考虑的，缺一不可，而且，传统的履行受托责任目标的作用相对于另外两个目标有所减小，这体现了决策有用观和管控决策观重要性的增强。

2. 具体目标选择

基本目标需要通过具体目标来实现，基本目标是核心，统领具体目标；具体目标又是基本目标的体现；两者相辅相成，共同构建了一个完整的政府会计目标体系。政府会计的具体目标可以分为三大类，即反映政府财务状况、反映政府财务业绩和反映政府预算执行情况。

该问卷包括政府会计的 12 个具体目标，把它们按统计结果的比例高低进行排序依次为：反映政府收入的情况、反映政府现金状况、反映政府成本费用状况、反映政府资产（政府构建的实物资产）状况、反映政府预算执行的情况、反映净资产的情况、反映政府负债的情况、反映政府资源状况、反映政府资产（含自然资源）状况、反映政府资产（含文物古迹）状况、反映政府人力资源的情况、反映政府资产（含文物古迹和自然资源）状况。其中，人们认为政府会计应该反映政府收入情况的在受访者中占了100%，可见人们对于政府模式向企业模式转变的诉求，政府虽然是非营利组织，但也应该反映收入情况，以便体现其受托责任履行情况。反映政府现金状况、反映政府成本费用状况、反映政府资产（政府构建的实物资产）状况和反映政府预算执行的情况所占的比例都超过了90%，它们也是预算会计体系所要反映的信息，可见，预算会计体系仍有其可取之处。从问卷的调查结果来看，所有项目的比例都超过了50%，其中数值较小的为反映政府资产（含自然资源）状况、反映政府资产（含文物古迹）状况、反映政府人力资源的情况和反映政府资产（含文物古迹和自然资源）状况。我们可以分析其原因，在传统概念中，资产应该只包含实物资产，而政府由于其特殊性，其资产范围还应包括文物古迹和自然资源，这一概念也在渐渐为人们所接受。再者，关于政府人力资源的情况反映，虽然在外部信息使用者看来，这是一项重要的资源，但是由于其确认和计量还存在很多困难，所以它的反映与否也是一直存在着争议。

综合地说，人们认为政府会计应该反映的信息主要是传统意义上的会计信息，而人力资源、含文物古迹和自然资源的政府资产占的比例则较小，但是，它们的比重较之以往却是增加的，随着政府会计目标的变化与深入，政府会计所要包含的信息也要随之变化。

（三）政府会计要素选择

企业会计要素包括资产、负债、所有者权益、收入、费用和利润，与企业会计要素有所不同，由于政府的特殊性，我们把政府会计要素分为：资源、资产、负债、收入、成本费用、现金以及预算执行情况。与企业会计要素相比，没有所有者权益，多了现金及预算执行情况，这与政府会计的特殊性分不开，作为国家行政管理机关，政府显然不存在所有者权益，而且由于政府层级之间的预算关系、资金拨付关系的存在，有必要增加现金和预算执行情况这两个会计要素。此外，仅用资产这一要素不能概括政府拥有的全部资源，所以在政府会计要素中增加了资源这一项。

对于此问卷中涉及的12个会计要素，我们可以进行如下分类：资源类包括政府资源、政府人力资源，资产类包括政府资产（政府投资购建的实物资产）、政府资产（含文物古迹）、政府资产（含自然资源）、政府资产（含文物古迹和自然资源），净资产，另外还有负债类，收入类，成本费用类，现金和预算执行情况。

其中，资产类中，由最初的包括政府投资购建的实物资产的政府资产，拓展到包含文物古迹的政府资产，再到包含自然资源的政府资产，最后到含文物古迹和自然资源两者在内的政府资产，关系层层递进。收入类和成本费用类要素是能最终反映政府绩效、作为评价政府绩效的依据的。现金和预算执行（即预算收入和预算支出）这两个要素之间可能有重合，因为我们现在的预算会计制度就是现金制的，因此，改革初期，我们可以通过预算执行情况反映我们政府的现金流转情况。

由调查结果得知，目前的政府会计要素基本属于传统范围，主要是实物资产类、负债类、收入类、成本费用类、预算执行和现金类，这与目前的预算会计体系是一致的。它与企业会计相差不大，只是多了预算执行情况。在政府会计“尚未”反映的信息中，人力资源状况所占比例最高，为 80%，其次是包含文物古迹和自然资源的政府资产，改革后的政府会计要素还应当包括扩展意义上的政府资产，即含文物古迹的政府资产、含自然资源的政府资产、含文物古迹和自然资源的政府资产，这些都是政府会计改革中需要注意的方面。

政府会计要素应该包含的内容，也是我们需要考察的重点。经调查发现，收入这一要素的比例达到了 100%，政府是非营利组织，所以在传统理念中，它是不需要确认收入的，100% 正反映了人们对于政府经营管理模式向企业发展的诉求。平均地看上表列出的每一类会计要素，比例相差不大，这也验证了我们提出的会计要素内容的合理性。

（四）政府会计确认基础选择

政府会计确认基础的改革对于我国政府转型、财政体制改革以及提高政府预算会计信息质量有着巨大的重要性和必要性（刘谊、廖莹毅，2004），政府会计应采用权责发生制还是收付实现制，或者是其中的过渡形式，这一直是人们关注的焦点。与企业会计不同，政府会计侧重于收支核算及预算执行情况，不存在核算当期利润的问题，所以政府会计在很长的时期内都采用现金制的核算基础。一方面，收付实现制容易被理解，操作简单，另一方面，它有利于提供现金余额的信息，符合政府这种特殊的组织形式，也符合传统政府管理的特点。在当今经济全球化的大背景下，政府受托责任的具体内容与形式发生了根本性的变化，是关注现金流以做到切实遵守预算，还是注重资源及其使用以提高效率和效果，这种由不同的公共管理理念决定的会计目标差异，必然导致不同的会计技术选择，更直接地说，它决定了政府会计方法基础的选择（陈胜群等，2002）。随着政府所承担的公共受托责任的不断拓展，政府收支规模不断扩大，政府也面临着财务危机，而收付实现制所提供的信息滞后，覆盖面窄，不能反映长期债务以及规划的管理效率，所以单纯采用现金制的核算基础已经不能满足要求，政府会计确认基础改革的呼声越来越高。

支持改革的人认为，权责发生制能更全面反映政府的财务状况和运营结果，提供的信息也更完整，更具相关性，有利于防范财政风险，能使政府业绩计量和财务控制效果更佳，便于评价政府绩效，符合新公共管理的理念。而且，大多数西方国家的政府会计都不同程度地采取了权责发生制，推动了政府资源的有效管理，可以说，权责发生制已成为各国政府预算和会计改革的基本方向。

然而，政府与企业所追求的运营目标存在根本性的差异，政府也有其作为国家管理者的特殊身份和特殊的组织形式，因此政府会计不能完全照搬企业模式。我们可以先来看一下调查问卷的统计结果，见表 8－7。

表 8－7　　政府会计确认基础选择的调查结果

确认基础	权责发生制	修正的权责发生制	修正的收付实现制	收付实现制
比例	8%	31%	39.00%	22.10%

统计结果表明，在政府会计确认基础上，比较多的人偏向于使用修正的权责发生制和修正的收付实现制。基于目前的预算制会计体系，22.10%的受访者认为应采用收付实现制，只有8%的受访者选择权责发生制，这与我们目前的状况是一致的。

在预算会计体系下，会计的确认基础是收付实现制，要把预算会计向企业会计靠拢，变为政府会计，则有必要改变确认基础。但是从收付实现制向权责发生制的直接跨越，可能会带来很多体制转换上的问题，适合企业会计的权责发生制不一定适合政府会计，政府会计采用权责发生制的时机也不够成熟，生硬的转变只会带来一系列的问题。因此，我国采取折中的办法，即收付实现制和权责发生制中间的过渡形式，目前我国仍处于向权责发生制转变的过渡时期。事实上，国际上美国和大多数欧洲大陆国家，诸如意大利、葡萄牙、法国和西班牙等也都实行这种过渡型的确认基础，即修正的权责发生制。

（五）政府会计计量属性选择

政府会计计量属性是指资产、负债等可用财务形式定量方面，即能用货币单位计量的方面，主要包括历史成本、公允价值、可变现净值、未来现金流量现值和重置成本五种。在企业财务会计中，我们主要运用的是历史成本计量属性，采用其他计量属性的，应当保证所确定的会计要素金额能够取得并可靠计量，其中，公允价值的运用日趋广泛。关于政府会计计量属性选择，长期以来，我国采用的是历史成本计量属性，并以会计核算原则的形式加以规范，但是，实践表明，这种单一的计量属性不能很好地实现政府会计的目标，因此，我们考虑采用多种计量属性并存的政府会计模式。我们的统计结果如表 8 - 8 所示。

表 8 - 8　　政府会计计量属性选择的调查结果

计量属性	历史成本	公允价值	可变现净值	未来现金流量现值	重置成本
比例	53.20%	18.20%	11.70%	6.50%	74.00%

经统计调查，比例最高的为重置成本，有 74% 的受访者认为政府会计应以重置成本为计量属性，历史成本则占了 53.20%。一半以上的调查对象认为政府会计仍应以历史成本为主要计量属性，公允价值、可变现净值和现值占的比例较小，辅助历史成本进行政府会计计量。此外，在受访者中，认为政府会计应该使用公允价值的只占了 18.20%，这与公允价值在企业会计中日益广泛的运用不同。

（六）政府会计信息质量特征选择

政府会计信息质量是为政府会计目标服务的，它是联系政府会计目标与实现目标之间的桥梁，对财务报表所提供的信息起约束的作用，是提供信息符合政府会计目标的要求。政府会计信息质量包括很多方面，最基本的是可靠性和相关性，这两个又分别对应着计量属性中的历史成本和公允价值。此外，还引申出了诸如重要性、可理解性、可比性和实质重于形式等一系列质量特征，这与企业财务会计是一样的。

下面给出此调查问卷关于政府会计信息质量特征选择的结果，如表 8 - 9 所示。

表 8 - 9　　政府会计信息质量特征选择的调查结果

信息质量特征	有用性	可靠性	重要性	相关性	可理解性
比例	84.40%	94.80%	72.70%	72.70%	92.20%
信息质量特征	稳健性	可比性	及时性	实质重于形式	一贯性
比例	44.20%	79.20%	77.90%	75.30%	68.80%

从表 8 - 9 中可以看出，在我们的统计结果中，可靠性和可理解性占的比重最大，分别为 94.80% 和 92.20%，作为会计信息最重要的质量特征，可靠性仍

然是最重要的，只有可靠的信息才是有用的，它位于政府会计信息质量特征的最顶端，与解除受托责任的政府会计目标一脉相承。此外，报告的语言应当简明易懂，政府会计的信息更不同于企业会计信息，政府的组织形式特别，般不对外公开它的运营结果，这就使得人们对于政府会计信息的理解存在一定的困难，一政府会计信息要有利于人大代表、政府领导等非会计专业人士对政府会计报告的解读。在此次调查结果中，人们对于稳健性的要求并没有很高是唯一一个不到50%的政府会计信息质量特征。对于其他会计信息质量特征，比例都超过了60%，可见信息使用者对于政府会计信息的质量要求很高，要兼顾各个不同的方面。

（七）政府财务报告内容选择

政府财务报告是政府会计信息的最终表现形式，是向相关利益者传递信息的媒介。政府会计作为反映政府财务活动的信息系统，应当根据我国政府的职能及政府财务活动的内容，全面、完整地反映政府财务活动情况及结果（李建发，2001）。政府会计报告至少应当包括会计报表、报表附注和文字说明三大部分，在我国，尽管目前尚未形成政府会计报告的称谓，但多年以来，已形成以报表、报表附注和决算（财务）情况说明为会计报告内容构成的模式。然而，这样的模式仍然存在一些问题，赵西卜等人（2010）认为，当前政府会计报告系统急需改进的地方主要有两个方面：一是完善预决算报告；二是建设完整的政府资产负债表，适度引入有关政府绩效的相关信息。我们认为，政府财务报告包括了资产负债表、收入支出表、现金流量表这三个与企业财务报告具有可比性的财务报表，只是名称上略有不同，由于政府这个部门的特殊性，政府财务报告还包括净资产表、预算执行情况表、特种报表等。随着财政预算管理制度的改革，部门预算制度、国库单一账户制度、政府采购制度的陆续推行，各级政府内部各部门分别负责政府财政管理的不同方面，如税收部门负责税务的征管、财政部门负责财政预算的编制、国库部门负责各单位执行情况的监控、政府采购中心负责商品的集中采购、国资委负责部分国有资产的管理等。因此具体的特种报表可以包括：来自财政部门的预算执行情况对照表、来自国资委的国有资产明细表和国有资产保值增值情况表、来自税收部门的税收征管情况表、来自政府采购中心的政府采购业务专设报表（即附表或明细表）等。

表8-10是我们从问卷中得出的政府财务报告内容选择的调查结果。

从表8-10可以看出，各种政府会计报表的需求差别不大，人们对于政府会计报告信息的完整度要求很高，几乎涵盖了所有的报表及附注。其中，资产负债表的比例达到了100%，体现了资产负债表在人们意识中的根深蒂固，其他的政府会计的传统报表如预算执行情况表、收入支出表、现金流量表、会计报表附注和非财务的补充信息的比例也都超过了 80%，可见，人们对于这些财务报表的需求都很大。人们对于特种报表的认识还不够深入，它的比例只有 58.40%。

表 8-10　　政府财务报告内容选择的调查结果

报表名称	资产负债表	收入支出表	净资产表	预算执行情况表
比例	100.00%	93.50%	76.60%	94.80%
报表名称	会计报表附注	非财务的补充信息	现金流量表	特种报表
比例	84.40%	87.00%	80.50%	58.40%

五、小结

本书主要研究了政府会计改革过程中的政府会计概念框架要素选择问题，并通过调查问卷的统计结果给予进一步证明。政府会计概念框架各要素之间是相互关联、相互制约的，它们共同构成了概念框架这个不可分割的有机整体。随着政府会计改革的不断推进，政府会计概念框架也要相应变化，符合政府会计体系的整体思路。

权变理论认为，每个组织的内在要素和外在环境条件都各不相同，因而在管理活动中不存在适用于所有情景的原则和方法，即在管理实践中要根据组织所处的环境和内部条件的发展变化随机应变，没有什么一成不变的、普适的管理模式。上面我们讨论了政府会计改革中的政府会计概念框架各要素的选择问题，这种选择是伴随整个政府会计的演变过程的，有其自身特点，没有一成不变的、固定的概念框架，我们应该不断调整概念框架，使之随着政府会计改革的推进而不断变化，从而保持对环境的最佳适应，并最终与政府会计体系的发展方向相适应。

上面说到，政府会计概念框架是一个不断调整的过程，政府会计变迁从根本上讲是一个自组织过程，也就是说，它不是通过事先的缜密设计、事中的严格控制而实现的，它是由政府会计的众多内在不确定性因素导致的自组织的演化过程，但这并不否定外界环境变化在政府会计变迁过程中的作用。在我国的政府会计改革过程中，外界环境的力量固然不可忽视，这是引发政府会计改革的导火线，与此同时，我们更要遵从政府会计变迁内在的自组织规律，这才是政府会计改革的主导力量。政府会计变迁根本上是由其自组织过程所决定，外部环境的力量只有顺应自组织过程才能真正起到作用。从这种意义上来讲，我国政府会计体系的形成应该是一个不断演进的过程，既不能墨守陈规，也不能一蹴而就。

第九章

政府会计的确认与计量

尽管政府会计与企业会计存在着诸多差异，但是进行会计核算都是一项不可或缺的职能。在会计核素的四个基本环节中，确认和计量两个环节处于首要地位，是记录和报告的基础。也就是说，最终要披露政府会计报告，完成政府会计目标，满足政府会计信息需求者的要求，首先要做好政府会计的确认和计量两个环节。可见，确认和计量在政府会计中的地位是何等的重要。

根据 FASB 在 1984 年发布第 5 号概念公告《企业财务报表的确认和计量》中对会计确认下的一个较为权威性的定义："所谓确认，是将某一项目，作为一项资产、负债、收入、费用等，正式计入或列入某一主体财务报表的过程，它包括同时用数字和文字表述某一项目，并将其金额计入财务报表的总计之内"，可以看出会计确认主要解决以下问题：（1）哪些经济业务或项目应该进入会计系统；（2）进入会计系统的项目，应记录为什么会计要素；（3）何时确认经济业务对会计要素的影响。简言之，确认包括应否、何时以及如何加以计量、记录和报告的问题。对于确认为何种会计要素，在政府会计要素一章中已经进行了阐述，这里不再赘述。所以本章主要谈论是否与何时进行确认的问题，也就是政府会计的确认标准和确认基础问题。所谓会计确认标准就是会计系统应予以确认的会计事项所应具有的特征。依据什么样的标准对经济业务和经济信息进行确认，直接关系到会计记录、计量和报告，并影响到会计目标能否得以顺利的实现。而会计确认基础是指应予以确认的会计事项在何时、确认为哪一或哪些会计要素的问题（马曙光、吴联生，2002）。

会计计量是指"通过对会计对象的内在数量关系加以确定，运用某种手段、规则和尺度，转化为能用货币表现的会计信息，全面反映特定实体的财务状况及其变动和经营业绩”（夏博辉，1996 年）。从以上定义中可以看出会计计量主要包括三个方面的内容：计量属性、计量单位和计量模式。所谓计量属性是指在会计核算中必须计量的会计要素的特性或外在表现形式。计量单位是指采用名义货币单位或一般购买力单位。计量模式实际上就是计量属性和计量单位的有机结合。

会计的确认和计量在四项基本职能中处于核心地位。其中会计确认是会计计量的前提，会计计量是会计确认的结果，如果没有会计计量，会计确认也就没有意义，这两个环节始终贯穿整个会计系统。同时，会计计量又是会计记录和会计报告的前提，如果没有会计计量，已经确认的经济事项就不可能以定量的金额转为会计信息并向外报告。因此，会计计量处于会计系统运行的中心，是会计系统的核心职能（刘耀华，2003）。所以可以说无论是研究企业会计还是政府会计问题，确认和计量都是不可或缺的，具有十分重要的地位。

在政府会计中，研究确认和计量问题又具有特殊的意义。基于委托代理理论，政府与社会公众之间形成一种委托与受托的关系，其中政府承担着公共受托责任。政府会计就是对公共受托责任完成过程及其结果的认定、计量和报告。由于存在着信息不对称，及时披露政府会计信息的载体——政府财务报告自然就成为了政府与公众沟通和交流的重要工具。而政府财务报告这一“产品”是经过了一系列确认和计量等“工序”才产生出来的，正如前文所说，没有确认和计量，政府财务报告是不能对外披露的。确认和计量是对外披露信息的基础。也就是说，政府会计的确认和计量是解除政府受托责任的重要基础。另一方面，国际货币基金组织提出在全球范围内提高财政透明度，具体提出了 4 点要求：（1）政府应当首先明确其作用和责任；（2）政府应当向公众提供全面的财政信息；（3）政府应当适当公开其预算编制和执行过程，并向公众提供预算报告；（4）政府应当保证政府报告中财政数据的真实性（程晓佳，2004）。这四点要求与政府会计的确认和计量直接相关。比如，政府向公众提供全面的财政信息，其前提是政府会计要能够跟踪核算整个财政资金的流动过程，财政资金的来源，形成了哪些资产，甚至还要体现财政运用的效率性和效果性。再如，政府应当保证政府报告中财政数据的真实性，显而易见，这必须建立在正确确认和计量政府会计要素的基础之上。因此，政府会计的确认和计量是提高财政透明度的基础。再一点，自 20 世纪 70 年代以来，为摆脱财政困境、提高政府效率，西方发达国家相继掀起了政府会计改革的热潮，开展以强调绩效导向与提高服务质量为特征的“新公共管理”变革运动，它往往被人们描述成以“三 E”（Economy、Efficiency、Effectiveness，即经济、效率和效益）为目标的政府管理改革运动。它要求政府财政预算更加透明、会计信息更加完整。新公共管理运动也与政府会计的确认和计量密不可分。最简单的，要考察政府行为的效率性，必须要掌握其拥有了多少资源，在此基础上来衡量其产出是否合理，是否存在浪费或不合理的现象。这就要求对其拥有的资源的进行合理的确认和计量。因此，政府会计的确认和计量是满足“新公共管理”运动的基础。

综上，研究政府会计的确认和计量问题是政府会计研究中必不可少的部分，为解除政府的受托责任、提高财政透明度以及满足“新公共管理”运动的要求打下了坚实的基础。

第一节　文献回顾

相对于其他国家而言，我国政府会计确认和计量问题研究起步较晚，但是发展十分迅速，已经取得了一定的成果。但是在研究范围上多集中于政府会计确认基础的研究，对于确认标准、计量属性等问题，涉及的还较少，研究成果也十分有限。

一、确认标准

张琦（2006）认为政府财务报告应保持确认程序的严格标准。尽管严格的确认程序可能将一些重要事项排除在政府财务报告范围之外，但政府财务报告仍应保持严格的确认程序。政府受托管理的许多资源（如自然资源、历史遗迹等）难以计量，或计量成本过高且收效甚微，或者特定事项（如政治承诺等）因其不确定性难以满足所有确认条件。对于这类资源或事项，如果强行放宽确认标准将其纳入政府财务报告，将导致信息披露中主管因素的影响增加，从而削弱政府会计信息的可靠性①。

二、确认基础

陈胜群、陈工孟、高宁（2002）比较了传统的收付实现制和崛起的权责发生

① 张琦：“公共受托责任、政府会计边界与政府财务报告的理论定位”，《会计研究》，2007 年第 12 期。

制。传统上，政府受托责任会计的核心是反映政府部门预算执行情况以及支出是否符合有关法律法规要求，这一定位并不完全适应剧变的经济环境的内在要求。在当今经济全球化的大背景下，政府受托责任的具体内容与形式发生了根本性的变化。是关注现金流以做到切实遵守预算，还是注重资源及其使用以提高效率和效果，这种由不同的公共管理理念决定的会计目标差异，必然导致不同的会计技术选择，更直接地说，它决定了政府会计基础的选择。他们认为在政府会计领域采用传统的单一会计基础有一定局限性，应该借鉴国际经验有选择地进行权衡取舍，循序渐进地实施相关改革①。

陈友莲（2003）提出政府会计与预算改革不仅是经济问题，而且是政治问题。我国应借鉴国际改革经验，走具有“中国特色”的权责发生制改革道路——从完善现有制度的条件创造到收支确认基础的核心改革的“阶梯式递进”改革。建立科学合理的收支分类体系是改革的前提，构筑我国以财务为主导的政府会计体系是改革的基础，最后分阶段逐步扩展式推进权责发生制政府会计和预算改革，直至建立我国权责发生制政府会计、权责发生制政府财务报告和权责发生制政府预算②。

刘谊、廖莹毅（2004）研究了 OECD 国家在进行权责发生制预算会计改革情况。他们认为这些国家在权责发生制改革的步骤、权责发生制下政府资产的确认和计量、权责发生制下政府债务的确认和计量等方面的经验，以及权责发生制改革实施中的困难都是值得借鉴和参考的。提出我国应将重点改革放在政府财务报告的权责发生制应用上，在一定范围内，有选择地、有步骤地采用修正的收付实现制和修正的权责发生制相结合的形式，逐步建立起有中国特色的、具有较强操作性的预算会计核算基础和财务报告体系，使改革后的预算会计信息能更客观、准确地反映国家预算的执行结果，全面反映政府整体的财务状况和公共管理能力③。

贝洪俊（2005）比较了激进式（实行与国际接轨的基金会计模式）和渐进式（循序渐进地、有步骤地引入权责发生制）两种政府会计改革方案。他认为后一种方案比较稳健，可操作性强，改革后的预算会计信息既能客观、准确地反映国家预算的执行情况及结果，也能全面反映政府整体的财务状况和公共管理能

---

① 陈胜群、陈工孟、高宁：“政府会计基础比较研究——传统的收付实现制与崛起的权责发生制，孰优孰劣？”，《会计研究》，2002 年第 5 期。

② 陈友莲：“我国权责发生制政府会计与预算改革研究”，硕士学位论文，湖南大学，2003 年。

③ 刘谊、廖莹毅：“权责发生制预算会计改革：OECD 国家的经验及启示”，《会计研究》，2004 年第 7 期。

力。而且改革成本低、风险小。但从长期来看，改革的总体成本大于激进式的改革方案，因为最终仍要回归到基金会计模式上来[1]。

徐镇绥（2006）在探讨政府会计改革中会计基础选择问题时，按照政府会计改革的目标要求，立足于财政预算与企业和行政事业财会管理实践，简要分析在现今预算管理模式下权责发生制与收付实现制的长处和不足以及现行预算会计核算体系存在的问题。提出在会计基础选择上，做到与预算管理体制改革以及政府会计准则的制定和发展步伐相适应，在现阶段确立以收付实现制为主体、以权责发生制为适当补充的原则，逐步实现收付实现制向权责发生制的过渡，最终建立一套适应社会主义市场经济体制要求、适合我国国情且与国际接轨的政府会计体系[2]。

于国旺（2007）从正反两方面剖析了影响我国进行应计制会计基础改革的政府会计环境因素，并提出了关于实施这一改革的构想。其中，有利因素有：截至目前已有超过半数的经济合作与发展组织（OECD）成员国在其政府会计中不同程度地引入了应计制会计核算基础；转变政府职能的客观要求；深化财政管理体制改革的客观要求；建设政府绩效评价系统的客观要求。不利因素有：收支符合性控制合规问题仍然是政府受托责任的关注重点；我国还不完全具备实施应计制会计核算基础所需要的条件；国外的应计制政府会计核算基础改革成效还有待进一步考察。进一步提出近期目标——向修正的现金制过渡、中期目标——正的现金制向修正的应计制过渡和远期目标——正的应计制向完全的应计制过渡[3]。

三、计量属性

陆建桥（2004）指出，政府部门或公共部门许多资产的取得，通常没有发生实际成本，比如接受捐赠的资产、无偿拨入的资产等。对于这些资产如果严格按照实际成本原则，将无法在资产负债表中得到反映。因此，如果要完整反映政府部门或者公共部门的资产状况，毫无疑问需要研究引入除实际成本之外的其他会计计量属性[4]。

---

① 贝洪俊："我国政府会计引入权责发生制的探析"，《财会研究》，2005 年第 4 期。

② 徐镇绥："试论政府会计改革中会计基础选择问题"，《会计研究》，2006 年第 12 期。

③ 于国旺："我国政府会计环境与政府会计核算基础改革"，《财会月刊》，2007 年第 3 期。

④ 陆建桥："关于加强我国政府会计理论研究的几个问题"，《会计研究》，2004 年第 7 期。

第二节　会计要素确认与计量的现状

一、企业会计要素确认与计量

（一）确认标准

一般认为，会计确认标准有两个层次：一是基本确认标准；二是具体确认标准。在这里我们讨论的是第一个层次的确认标准，即基本确认标准。不同国家或不同的会计组织对会计确认标准的认定有所不同。下面先列举一些较为权威的论述。

FASB 在其发布的财务会计概念公告第 5 号《企业财务报表项目的确认和计量》中指出，确认一个项目及有关的信息，应符合四个基本的确认标准，而且应在符合效益大于成本原则和重要性原则这两个前提之下予以确认。FASB 制定的四个会计确认标准为：

（1）符合定义。即所要确认的项目，必须符合某一财务报表要素的定义；

（2）可计量性。资产、负债或权益变动必须具有相关的计量属性，可以用货币单位予以计量；

（3）相关性。相关性是一个根本的质量特征。有关某一项目的信息，必须具有影响投资者、信贷者或其他信息使用者做出决策的力量，才是相关的，只有相关的信息才予以确认；

（4）可靠性。可靠性是另一个根本的质量特征。有关某一项目的信息，必须是反映真实的、可核实的、无偏向的。

IASC 在其发布的《编制和呈报财务报表的框架》中提出：满足要素的定义的项目，如果满足了以下标准，就应当加以确认：

（1）与该项目有关的任何经济利益很可能流入或流出企业；

（2）对该项目的成本或价值能够可靠加以计量。

加拿大特许会计师协会（CICA）在 1988 年公布一项报告中认为，会计确认标准包括：

（1）该项目具有恰当的记录基础，其金额能合理地予以估计；

（2）对那些涉及获取或放弃未来经济利益的项目而言，这些利益的获取或放弃将极有可能发生。

我国于2006年2月发布的《企业会计准则》中，在与国际会计准则趋同的大背景下，采用了与国际会计准则相同的确认标准，即在满足要素定义的前提下，如果满足了以下标准，就确认为该要素：

（1）与该资源或义务有关的经济利益很可能流入或流出企业；

（2）该资源的成本或价值、未来流出的经济利益的金额能够可靠计量。

对比来看，各国在确认标准上的表述尽管存在着不同，但其本质是基本相同的。除了FASB在进行界定时十分审慎，将成本效益原则和重要性原则作为前提，并且把相关性和可靠性两个对于质量特征的要求也列为确认标准。CICA与IASB的界定基本相同。我国在会计准则国际趋同的背景下，更是完全采用了IASB对于确认标准的界定。因此，概括来看，会计要素要进行确认，必须在符合要素定义的前提下，满足以下规定：

（1）与该项目有关的任何经济利益很可能流入或流出企业；

（2）可计量性。

（二）确认基础

在企业会计中，无论是FASB发布的概念公告，还是IASB发布的《编制和呈报财务报表的框架》都明确规定使用权责发生制作为会计确认的基础。

FASB在财务会计概念公告第4号中提出“交易的其他事项对企业资产和负债的影响，在其直接相关的时间内确认与报告，而非在现金收、付发生时确认与记录”“每期收益和财务状况的确定，取决于在变动发生时的经济资源和义务及变动的计量，而非货币收支的简单记录。”（马曙光、吴联生，2002）

IASB在《在编制和呈报财务报表的框架》的第22段中，对会计确认基础做了如下的规定“为了达到目的，财务报表根据会计上的权责发生制。按照权责发生制，要在交易和其他事项发生时（而不是在收到或支付现金等价物时）确认其影响，而且要将它们记入与其相联系的期间的会计记录并在该期间的财务报表内予以报告。根据权责发生制编制的财务报表，不仅告诉使用者过去发生的、关系到现金收付的交易，而且告诉他们未来支付现金的义务和代表未来将要收到现金的资源。因此，这些财务报表提供在经济决策中对使用者最为有用的关于过去发生的交易和其他事项的信息”。

我国在《企业会计准则——基本准则》的总则中的第8条作出规定如下：企业应当以权责发生制为基础进行会计确认、计量和报告。

（三）计量属性

FASB在财务会计概念公告第5号《企业财务报表项目的确认与计量》中列举了现行会计实务中采用的五种计量属性，并分别定义如下：

（1）历史成本/历史收入。历史成本为取得一项资产所付出的现金或现金等价物，通常在取得后按摊销额或其他分配额加以调整。历史收入指义务发生时所收到的现金或现金等价物，可于取得收入后按摊销额或其他分配额调整；

（2）现行成本。现行成本是如果现时取得相同的资产或与其相当的资产将会支付的现金或现金等价物；

（3）现行市价。在正常的清算过程中，出售一项资产所能获得的现金或现金等价物；

（4）可变现净值/清偿净值。可变现净值在正规的业务中，一项资产可望获得的、未经折现的现金或现金等价物，扣除转换时可能发生的直接成本。清偿净值是在正规的业务中，为清偿一笔债务预期付出的、未折现的现金或现金等价物，包括偿付时可能发生的直接成本；

（5）未来现金流量的现值/折现值。长期应收款按其现值报告。现值是在正规的业务中，一项资产可望换得的未来现金流入量的现值或折现值，减去为取得流入量所需的现金流出量现值。长期应付款同样地按其现值报告。此时的现值是在正规的业务中，为清偿一笔负债预期需要发生的未来现金流出量的现值或折现值。

IASC发布的《编报财务报表的框架》第100段特别提到，财务报表在不同程度上并且以不同的结合方式采用若干不同的计量属性。包括：

（1）历史成本。资产的记录，按照其购置时支付的现金或现金等价物的金额，或者是按照为了购置资产而付出的对价的公允价值。负债的记录，按照承担义务而收到的实得款项的金额，或是在某些情况下，按照在正常经营中为偿还负债预期支付的现金或现金等价物的金额；

（2）现行成本。资产的列报，按照现在购买同一或类似资产所需支付现金或现金等价物的金额。负债的列报，按照现在偿付该项债务所需支付现金或现金等价物的不予折现的金额；

（3）可变现价值/清偿价值。资产的列报，按照现在正常变卖资产所能得到现金或现金等价物的金额。负债的列报，按照其清偿价值，即在正常经营中为偿还负债将会支付的现金或现金等价物的不予折现的金额；

（4）现值。资产的列报，按照其在正常经营中所能产生的、未来现金流入净额的折现价值。负债的列报，按照其在正常经营中予以偿还所需的、未来现金流出净额的折现价值。

我国在《企业会计准则——基本准则》中确定了以下5种会计计量属性：

（1）历史成本。在历史成本计量下，资产按照支付的现金或者现金等价物的金额，或者按照购置资产时所付出的对价的公允价值计量。负债按照因承担现时义务而实际收到的款项或者资产的金额，或者承担现实义务的合同金额，或者按照日常活动中为偿还负债预期需要支付的现金或者现金等价物的金额计量；

（2）重置成本。在重置成本剂量下，资产按照现在购买相同或者相似资产所需支付的现金或者现金等价物的金额计量。负债按照现在偿付该项债务所需支付的现金或者现金等价物的金额计量；

（3）可变现净值。在可变现净值计量下，资产按照其正常对外销售所能收到现金或现金等价物的金额扣减该资产至完工时估计将要发生的成本、估计的销售费用以及相关税费后的金额计量；

（4）现值。在现值计量下，资产按照预计从其持续使用和最终处置中所产生的未来净现金流入量的折现金额计量。负债按照预计期限内需要偿还的未来净现金流出量的折现金额计量；

（5）公允价值。在公允价值计量下，资产和负债按照在公平交易中，熟悉情况的交易双方资源进行资产交换或者债务清偿的金额。

二、政府会计要素确认与计量

（一）确认标准

1. IPSASB

国际会计师联合会（IFAC）下述的国际公共部门会计准则委员会（IPSASB）发布了共21项国际公共部门会计准则。有关各会计要素的确认标准体现在现行21项国际公共部门会计准则的具体规定中。比如，对于资产的确认标准，《国际公共部门会计准则第17号》规定，当不动产、房舍和设备项目满足以下两个条件时，应当确认为一项资产：

（1）与该资产相关的未来经济利益或服务潜能很可能流入主体；

（2）主体能够可靠地计量该资产的成本或公允价值。

再比如，《国际公共部门会计准则第19号——准备、或有负债和或有资产》规定，对于时间或金额不确定的因过去事项产生的现时义务，如果“履行该义务很可能要求含有经济利益或服务潜能的资源流出主体”，并且“该义务的金额能够可靠地估计”，则应当将该项义务作为准备予以确认①。

上述两项标准与IASB发布的《编制和呈报财务报表的框架》中对财务报表要素确认标准的界定比较接近，但也有不同之处。第一项标准在将经济利益流入作为一个判断标准的同时，也将服务潜能的流入置于同等地位，这与国际公共部门会计准则对资产的界定有关。第二项标准强调能够可靠地计量资产的成本或公允价值。通常，适用于营利性主体的资产确认标准只要求能够可靠地计量资产的成本，国际公共部门会计准则之所以在成本的可靠计量之外，又提出以公允价值的可靠计量作为可供选择的判断标准，是因为在某些情况下，国际公共部门会计准则规定资产的初始计量金额可以参照公允价值予以确定。这是因为公共部门接受赠与和捐助的情况较为普遍，国际公共部门会计准则规定，对于以无成本或以名义成本方式取得的不动产、房舍、设备和投资性房地产等，参照取得时的公允价值确定的成本进行初始计量。

2. 美国

FASAB发布的联邦财务会计概念公告（SFFAC）第5号《应计制财务报表要素的定义和确认》中定义了两个政府会计要素的确认标准：（1）符合财务报表要素的定义；（2）可计量性。可计量性意味着货币金额能够以合理的确定性决定或能被合理地估计。

除此之外，在确认会计要素时，还要考虑重要性和成本效益原则。

许多资产、负债或其他要素的存在或其金额也许具有不确定性，但是该公告中的定义和确认标准不要求确定性。

不确定性的影响：对于由于不确定性而没有满足要素定义的项目，在附注中进行披露，不确定性会增加财务报告的成本，尤其是确认和计量的成本②。

3. 英国

英国在进行资源会计与预算的改革时，特别是当进行权责发生制的改革时，英国政府希望权责发生制的核算原则尽可能与其他经济实体所采用的原则反映相同的经济事实，《财政稳健法》和《政府资源与账户法》中都明确要求资源账户的核算要遵循英国公认会计原则，在特殊情况下，为了反映政府业务的非营利性质或政府核算的特殊要求，才会对公认会计原则进行调整③。因此，资源会计与

① 李红霞：“国际公共部门会计准则的回顾、基本框架及其启示”，《会计研究》，2005年第4期。

② FASAB: Statement of Federal Financial Accounting Concepts 5 Definitions of Elements and Basic Recognition Criteria for Accrual-Basis Financial Statements, 2007。

③ 楼继伟等：《政府预算与会计的未来：权责发生制改革纵览与探索》，中国财政经济出版社2001年版。

预算在原则上采用公认会计原则。那么，英国会计准则委员会（ASB）在其发布的《财务报告原则公告》中提到“如果一项交易或其他事项可以产生一项新的资产或负债，或者可以为现存的资产或负债增加价值，那么，在同时满足一下条件的情况下，应将这一影响加以确认：

（1）有足够的证据存在并表明，新的资产或负债已经产生，或者已为现有的资产或负债增添了价值；

（2）新产生的资产或负债，或者为现存资产或负债增加的价值，可以按足够的可靠性用货币金额加以计量。

4. 澳大利亚

《澳大利亚会计准则第27号——地方政府财务报告》中规定应在财务状况表中确认一项资产，当且仅当：

（1）资产所包含的未来经济利益可能流入；

（2）有取得成本或其他价值，因此能够被可靠地计量。

应在财务状况表中确认一项负债，当且仅当：

（1）有关的未来经济利益可能流出地方政府；

（2）负债的金额能够被可靠地计量。

地方政府应在其运营报表中确认收入以确定当期的运营成果，当且仅当：

（1）可能发生未来经济利益的流入或增加，或者可能减少未来经济利益的流出；

（2）未来经济利益的流入或增加，或者未来经济利益流出的减少能够被可靠地计量。

地方政府应在其运营报表中确认费用以确定当期的运营成果，当且仅当：

（1）可能发生未来经济利益的耗用或损失，反应为资产的减少或负债的增加或者两者同时发生；

（2）未来经济利益的耗用或损失能够被可靠地计量。

在《澳大利亚会计准则第29号——政府部门财务报告》和《澳大利亚会计准则第31号——政府财务报告》沿用了以上确认标准。

尽管国际公共部门会计准则和英国公认会计准则中对确认标准问题的表述不同，但是，从其内涵上看，基本是一致的。在符合各要素定义的基础上，其所包含的经济利益（或服务潜能）很可能发生，并且其金额是可靠计量的。要说明的是，英国公认会计原则在叙述确认标准时没有提到“服务潜能”，这是因为公认会计原则的主要适用对象为营利主体，当非营利主体采用时要根据其非营利的特点进行相应的调整。

（二）确认基础

在20世纪70年代以前，收付实现制在各国的财政管理中占据着主导地位，是各国普遍采用的一种核算基础。这主要是因为收付实现制所提供的信息已经满足了当时信息使用者的信息需求，适应了当时侧重于“合规性”的传统公共管理体制。但是，到了20世纪70年代，特别是80年代以来，西方社会乃至整个世界发生了根本性的变化。公众的价值观念多元化、需求多样化，民众民主意识、参与意识增强，时代的变化对政府包括政府会计提出了新的要求。而传统的公共管理体制僵化、迟钝，具有使行政机构规模和公共预算总额产生最大化的倾向，导致高成本、低效率的问题越来越突出。西方各国在20世纪七八十年代普遍面临的政府开支过大、经济停滞、财政危机严重、福利制度走入困境、政府部门工作效率低下、公众对政府的不满越来越强烈等问题，促使人们开始变革传统的公共管理体制①。于是“新公共管理”运动营运而生。

“新公共管理”运动主要思想为：（1）政府的管理职能是“掌舵”而不是“划桨”；（2）强调政府的企业化管理，强调管理的高效率；（3）把一些科学的企业管理方法，如目标管理、绩效评估、成本核算等引入公共行政领域，对提高政府工作效率是有促进作用的；（4）将竞争机制引入政府公共服务领域，打破了政府独家提供公共服务的垄断；（5）从注重遵守既定的法律和规章制度，向注重实际工作绩效，注重提供优质服务的方向发展；（6）重视政治对行政、对公务员的影响。然而收付实现制基础完全不能满足以上要求。收付实现制基础既不披露非现金资产存量的价值、负债，也不提供服务的成本，难以提供符合“新公共管理”要求的显示财务状况及财务绩效全貌的信息，同时低质量的财务信息又导致低水平的财务管理和预算管理，所以收付实现制基础受到了“新公共管理”的批评与挑战②。在这样的背景下，西方各国纷纷引入权责发生制来应对“新公共管理”运动。“新公共管理”运动起源于英国、美国、新西兰和澳大利亚，之后迅速扩展到加拿大、荷兰、瑞典、法国等国家③。

（1）英国。英国在政府会计改革中采用了一套称为“资源会计与预算（RAB）”的系统。1994年7月，一份题为《为优化纳税人资金而进行的会计核算：在政府中实施资源会计与预算》的文件发表，其中对资源会计和资源预算定义如下：“资源会计的概念包括用于报告英国中央政府支出的一整套权责发生制

① 贝洪俊：《新公共管理与政府会计改革》，浙江大学出版社2004年版。

② 同上。

③ 财政部会计准则委员会：《政府绩效评价与政府会计》，大连出版社2005年版。

会计技术，一整套针对各个部的目标，并且在可能的情况下将其与各个部的产出相挂钩的支出分析框架。资源预算是以资源会计为基础的公共支出的规划和控制职能。”英国政府建议由这一定义出发，各个部门所实施的预算会计所应遵循的会计准则与会计惯例都应以英国公认会计准则为基础确定，并且要符合经过调整适用于中央政府与议会控制企业的1985年《公司法》中关于核算与披露的要求（这些要求原本适用于私人部门）和各项会计原则。其目的在于确保在会计实务方面实现公共部门与私人部门的广泛一致性。政府还建议各个部都要编制一套合并的资源报表，其公共的财务报告应该附有“真实而公允”的审计意见。而根据收付实现制编制的报告应附有“表述合理”的审计意见。

1996年，财务报告咨询委员会（FRAB）成立，其宗旨是确保资源报表最大限度的符合英国公认会计准则所提出的尽可能完善的财务报告标准，其首要任务是就应用《资源会计手册》中财务报告准则与标准的问题向财政部提供咨询建议。这些规范被用作部门资源报表编制的基础。资源会计与预算系统将分别为政府各部以及政府整体提供财务报告。部门财务报告根据标准的商业性的资产负债表和损益表的模式编制，但在许多方面又有所不同，以反映中央政府的构成与性质。同时按照广义的政府的概念，覆盖整个公共部门，编制政府整体报表。在英国政府公布的时间表中，1997年4月1日，政府大多数部开始实行资源会计，到1998年4月1日，推广到所有的部。1999年~2000年度，首次公布资源报表，并报送议会。2005年~2006年度，政府整体报表开发完成，并开始编报。

资源会计的引进在英国是一个动态过程，由于英国公认会计准则在动态变化中，影响它的国际会计准则也在变化，资源会计的实践与政府新的工作都要求资源会计产生相应的变更和改进。英国每年公布新版的《资源会计手册》确保对于变革的研讨程序以文件的形式公布，并使有关各方都能理解和掌握。2002年~2003年公布的《资源会计手册》提出的会计原则规定在资源会计中使用英国公认会计准则，会计政策的选择主要基于两个概念——持续经营与权责发生制，会计政策的适当性根据其相关性、可靠性和可理解性来判断。

（2）美国。20世纪末，美国联邦赤字不断增加以及一系列的舞弊和浪费事件，人们把这些事件归结为财务管理不善。于是，在20世纪最后10年中，更好的联邦会计称为了联邦财务管理的一部分。为了使会计和财务报告在控制预算执行、保证遵从预算和防止舞弊、浪费上发挥着重要作用，并且更好的帮助使用者评估政府部门的运作绩效，由财政部长、管理与预算局长和审计署长发起建立的联邦会计准则顾问委员会（FASAB）提议在财务会计和报告准则的基础上增加成本会计准则，总体来说是以权责发生制为基础。FASAB提出的权责发生制会计是完全的权责发生制而不是修正的权责发生制，它将适用整个联邦财务报告模型，而不是选择性的应用于一些项目或者财务报表的某些科目。1999 年，美国注册会计师协会决定把联邦会计准则委员会的准则确认为通用会计准则。

（3）法国。2003 年法国政府总结了政府会计的改革过程并提出了一个改革的时间表，如表 9－1 所示。

表 9－1　　法国政府会计改革时间表

重要日期	重要事件
1982 年	私人部门执行新的账户表
1999 年	题为《权责发生制会计专门小组》的报告送交财政部，政府会计现代化的第一阶段开始
2001 年 6 月 28 日	议会两院通过了宪法草案
2001 年 8 月 1 日	宪法草案确定了新的预算规则
2002 年	公共会计准则委员会（CPAS）成立
2003 年 1 月 1 日	预算导向讨论执行新的预算规则
2004 年 1 月 1 日	除了要求地方政府将现金存入国库，其他规定都开始执行新的预算规则
2005 年 1 月 1 日	引入修正现金制的新预算法
2006 年 1 月 1 日	一般性账户采用权责发生制

根据上述改革时间表中，1999 年和 2000 年的 CGAF（财政管理总报表）第一次具有了资产负债表和收益表的原型，年末通过例外会计基础对以收付实现制分录编制的报表进行特定调整，加入了权责发生制的要素。2001 年关于预算法的新宪法草案确定了由收付实现制向权责发生制会计转变的法律基础。新宪法草案发布后，法国财政部开始在组织、准则制定和建立信息系统三个领域推进权责发生制会计工程。新宪法草案同时确认了在政府会计中保留双重系统：预算的执行采用修正的收付实现制，而政府会计报表采用权责发生制。双重系统适应于对预算执行进行及时报告，最小化了权责发生制预算可能带来的复杂性和操纵机会，同时在权责发生制下估计政府的固定资产和成本更为可靠，可以更好的反映政府的财政状况。立即采用权责发生制预算需要巨大的资源和努力，在尚未充分准备的情况下，保存现有的双重系统成为法国政府改革的过渡措施。

法国政府认为，根据国内和国际经验，政府会计制度向权责发生制转变是一个长期过程，大概需要 8～10 年时间。

（4）加拿大。从 80 年代开始，加拿大各省政府开始采用权责发生制会计和编制合并财务报表。为了编制联邦政府的合并财务报表，月报表仍按修订的权责发生制编制，2001 年～2002 年度审计后的财务报表使用完全的权责发生制。加拿大议会考虑采用权责发生制的拨款。

有学者对 OECD 国家采用权责发生制的情况进行了研究。大多数的 OECD 国家在不同领域、不同程度地采用采用了权责发生制，更主要的是应用在政府预算和财务报告上。（1）以产出为基础的预算编制代表了当今国际上政府改革的潮流，而权责发生制是实现产出预算的重要基础；（2）收付实现制下的政府财务报告不能全面反映政府资金运动，会计报告信息不够完整，而权责发生制可以提供收入支出方面更全面、准确的信息，能够对政府的资产、负债进行全面的反映，还可以使管理者清楚地了解财政成本以及其在时空上的变化；（3）根据权责发生制程度的不同可分为 4 种情况：完全采用权责发生制，即所有发生的会计事项都依照权责发生制进行确认；局部采用权责发生制，即除不进行资产资本化和折旧外其余都实行权责发生制；特定权责发生制，即总体上实行收付实现制，但对如雇员养老金收益、公债利息以及第三国家的贷款或担保等特定会计事项采用权责发生制；补充性权责发生制就是在实行收付实现制基础上对公债、养老金及其他不动产等事项按权责发生制做出了补充性规定[①]。主要情况如表 9－2 所示。

表 9－2 OECD 国家权责发生制应用情况一览表

	完全采用	局部采用	特别规定	补充规定
政府预算	新西兰、澳大利亚、英国、意大利	加拿大、芬兰、冰岛	丹麦、美国	德国、葡萄牙

（5）我国。我国现行的中央总预算会计已经对部分会计事项采用了权责发生制，成效显著。财政部在 2001 年 12 月 19 日引发的《财政总预算会计制度暂行补充规定》中明确规定：“财政总预算会计核算以收付实现制为主，但中央财政总预算会计的个别事项可以采用权责发生制。”主要包括下列事项：预算已经安排，由于政策性因素，当年未能实现的支出；预算已经安排，由于用款进度等原因，当年未能实现的支出；动用中央预备费安排，因国务院审批较晚，当年未能及时拨付的支出；为平衡预算需要，当年未能实现的支出；其他根据国务院批示需作结转处理的事项。这一补充规定的颁布和实施标志着中国已经开始关注政府财务信息的真实性，并且运用权责发生制正确反映年终“结余”。2016 年发布

① 刘谊、廖莹毅：“权责发生制预算会计改革：OECD 国家的经验及启示”，《会计研究》，2004 年第 7 期。

的《政府会计准则——基本准则》明确采用权责发生制和收付实现制双基础。

（三）计量属性

目前，世界上主要研究政府会计的组织都没有对政府会计计量属性这一问题做明确界定，没有像 SFAC 第 5 号或 IASB 发布的《编报财务报表的框架》规定的 5 种或 4 种计量属性。但是在其发布的各项准则、公告中，隐含着对计量属性的说明。

美国政府会计准则委员会（GASB）在其第 34 号公告《州和地方政府基本财务报告和管理层讨论与分析》中规定“资本资产应当按历史成本呈报。资本资产的成本应当包括资本化利息和使资产运达使用地点达到使用状态的有关安装费用。受赠的资本资产应当按照收取时估计的公允价值加上有关费用呈报。”GASB 已经进行一个有关政府无形资产的范围、计量、报告等的研究项目，该项目的目标旨在为财务报告的使用者提供用于提供政府服务的无形资产的更多详细可比的信息①。政府资产是以经济资源来定义的，经济资源又包括货币资产、财务资源等。其中的财务资源可分类为流动或长期的应收款和金融投资，它们可以较容易地被转换为现金，并以公平市场价值或净现值进行计量。存货和预付款不易兑现。政府通常是为使用而不是出售而持有存货。预付款是为了将来利益的先期付款。因此，存货和预付款被标明为服务索要权。资本资源通常是通过购买或建设而获得的，其估算有历史成本和当前重置成本法。而自然资源（例如，公共土地）和文化资源（例如，纪念馆）作为公共财产被保存和保护，并认为以非财务单位衡量公共财产（例如，地产）是可行的，而找到其历史成本和经济价值（市场价格或重置成本）是没有意义并代价昂贵的②。总结来看，GASB 主要的计量属性有：历史成本、重置成本、现值和非货币性属性等。

联邦会计准则咨询委员会（FASAB）在其第 3 号准则公告《存货及关联财产会计》规定存货的计价或者用历史成本，或者用最后取得成本。

国际会计师联合会下设的公共部门委员会（IPSASB）自 20 世纪 90 年代至今共发布 14 份研究报告、21 份国际公共部门会计准则和 7 份临时文告等。从现行 21 项国际公共部门会计准则的规定来看，其对会计要素计量在不同程度上采用了历史成本、现行成本、可变现净值和现值 4 种计量基础，但是以历史成本为主，在某些情况下，也允许采用现行成本、可变现净值和现值计量基础。如《国际公共部门会计准则第 17 号——不动产、厂场和设备》规定在固定资产后续计

① GASB. Project update - Intangible Assets. http：//www. gasb. org/。

② 张媛：《政府资产计价问题研究》，硕士学位论文，湖南大学，2006 年。

量的重估模式下，对于不存在活跃市场的、具有特殊性质的固定资产，其公允价值的确定可以参照现行重置成本确定①。

IPSASB 于 2006 年 2 月发布了《基于应计制会计下的遗产资产会计》咨询意见稿，对公共部门遗产资产的定义、范围及其计价方法、计量属性的选择、披露要求等做了相应的规定，其中对资本化方法下 3 种计量属性历史成本（history cost）、现行价值（current value）、观念价值（notional value）的优缺点做了比较分析，指出为满足所提供有用和相关会计信息的要求，以历史成本和观念价值对资产进行计价是不允许的，应采用基于市场价值的现行价值计价基础，还根据遗产资产自身的特殊性考虑了资本化方法和非资本化方法各自的实际应用问题②。

综上所述，各大国际组织对政府会计计量属性的规定主要还是沿用了企业会计的计量属性，主要有：历史成本、现行成本、可变现净值和现值 4 大计量属性。对于政府会计中的特殊问题，如自然资源和遗产资产等，可以采用非财务单位衡量（GASB），而 IPSASB 又提出了一个新的计量属性——观念价值。

第三节　我国政府会计要素确认与计量研究

一、确认标准

根据企业会计确认标准和其他国家政府会计确认标准的情况，可以看出对于确认标准的界定已经超出了主体的限制，无论是企业还是政府，无论是营利性的还是非营利性的，都采用相同的确认标准。主要原因为，会计确认标准解决的是会计要素中有多少可以确认为财务报表中的会计要素。一般来说，纳入财务报表的会计要素的内容要小于会计要素定义包括的范围，因为符合要素的定义只是要素确认的一个条件。简单的说，就是将会计要素经过“过滤”在财务报表中进行呈现。事实上，主体的特殊性在将经济资源等确认为会计要素时已经得以体现，在决定会计要素中有多少需要在财务报表中列报这一过程，已经不需要也不会体现出特殊性。例如，政府会计的确认标准与企业会计的确认标准基本相同，只是在企业关注的经济利益基础之上加入了“服务潜能”。但是，这点区别不在

① IFAC. IPSAS 17 - Property, Plant and Equipment. http://www. ifac. org, 2005 - 04。

② IFAC, IPSASB. Consultation Paper-Accounting for Heritage Assets under the Accrual Basis of Accounting. http://www. ifac. org, 2006 - 02。

于会计确认标准，而在于政府会计与企业会计对要素的定义不同。更本质的，企业是以营利为目的的，而政府是非营利组织。政府部门不以营利为目的，它的存在是为公众提供服务，它提供服务的能力使用服务潜能来衡量。所以，在进行会计确认的时候要特别强调服务潜能。服务潜能在 IPSASs 中的定义为：资产为主体提供了一个达到目标的手段，那些依据主体目标用于提供商品和服务，但并不直接产生现金流量的资产通常被形象化地表达为“服务潜能”。事实上，在很多国家一套会计准则体系同时适用于政府和企业两个主体。针对某些具体规定，政府的非营利性表现的十分突出时，稍作调整即可使其又能够规范政府主体。即使某些国家针对政府和企业有不用的会计准则进行规范，但是在制订政府会计准则时基本都参考了企业会计中的规定，这就使得在本质上两者没有区别。

因此，我国政府会计的确认标准完全可以参照企业会计和其他国家政府会计的规定（两者本质上相同），具体表述为：（与会计要素相对应）在满足要素定义的前提下，当且仅当：

（1）很可能发生；

（2）可计量。

二、确认基础

1. 政府会计确认基础的类型

会计确认基础是指应予以确认的会计事项在何时确认、确认为哪一或哪些会计要素的问题。会计事项的记账基准，也就是确认一个会计期间的收入与费用从而确定其损益的标准，称之为会计基础或记账基础。会计事项在何种情况下应该记账，何种情况下不应该记账，收入和费用应该属于本期，还是应该属于下期，都是由会计基础决定的。从各国现行会计理论和实务来看，政府会计确认基础除了收付实现制和权责发生制外，还有处于中间的确认基础，通常为修正的收付实现制或权责发生制[①]：

（一）收付实现制

收付实现制是一种较为原始的会计基础。根据这个基础，交易或事项只是在收到现金或付出现金时才确认，并计量某一会计期间收入现金和付出现金差额的财务成果，向使用者提供关于报告期间取得现金的来源、运用和报告期末现金结

① 李建发：《政府会计论》，厦门大学出版社 1999 年版。

余的信息，而不报告非现金资产存量的价值、负债（可能会在未来期间涉及现金的流动）或提供服务成本（评价效率时是必需的）信息。根据这种会计基础编制的财务报表所反映的受托责任比较狭窄，而且其所反映的财务成果容易被管理当局操纵（因为管理当局可以根据其需要将收款或付款的时间从本期推迟到下期），使编制出来的财务报表可能缺乏可靠性及前后期的一贯而不能向使用者提供决策所需要的财务信息。

（二）权责发生制

权责发生制是在生产力发展到一定阶段后发展起来的会计确认基础。我们知道，产业革命以后，随着机器的发明和应用，生产过程需要投入大量的厂房及机器设备，生产大量不同的产品。这不仅产生厂房及机器设备价值的分摊问题，而且机械化生产过程发生大量的共同费用也必须在不同产品分摊，为了正确计算产品的生产成本，进而准确地确定损益，不仅产生了折旧的概念，而且也形成了直接费用、间接费用以及间接费用分摊等成本会计的思想，也形成了按权责关系或按收益情况确认、计算成本费用的原则，进而形成诸如划分资本性支出与收益性支出、销售实现以及收入与费用相配比等体现权责发生制基础的公认会计原则。[①]

从本质上说，权责发生制是在交易或事项发生时确认收入和费用，而不考虑什么时候收到现金或付出现金。据此，收入反映在会计期间内已实现的数额，不管款项是否在本期已经收到；对于尚未实现、已经收款的收入应同时确认负债，已经实现、在未来期间收款的收入应同时确认债权。费用反映在会计期间内已经消耗的货物或服务的数额，不管款项是否在本期内已经支付；对于已经消耗、在未来期间付款的费用应予以预计，已经付款、尚未消耗的与提供未来服务（消耗）相关的数额，应先确认为资产的成本，并递延到这些资产用于提供服务（消耗）时再确认为费用。

可见，权责发生制计量的是在会计分期的前提下各个期间收入与费用配比的财务成果，向使用者提供主体控制的资源、资源的来源、经营收支等评价主体财务状况及其变动情况和主体是否经济有效运行等全面的财务信息。这种会计基础编制的财务报表所反应的业绩和受托责任比较综合、完整，而且其所反映的财务成果不易被管理当局操纵，它所提供的财务信息具有较高的可靠性，并使前后期一致。但这种会计基础必须采用应收、应付、预收、预付、应计、递延等跨期确

① 文硕：《西方会计史》，中国商业出版社 1987 年版。

认的会计程序，使整个会计程序变得复杂化。

（三）修正的收付实现制或修正的权责发生制

关于修正的收付实现制或修正的权责发生制，国际会计师联合会于 1993 年 7 月发布的第 2 号研究报告《中央政府财务报告的要素》中是这样表述的：

“对会计基础区间权责发生制这一端修正的内容通常是从财务报表中去掉实物资产。这些报表由此将通过报告负债和金融资产来阐明主体未来对基金的需求。这样，财务报表的要素就有负债、收入、可以用于偿还到期负债的那些资产（金融资产）以及为取得用于提供货物和劳务的资产而发生的支出。另外，财务报表可以这样来构筑，即在财务报表中区分花费在取得的在本期报告期间已经耗用了的货物和劳务上的价值，以及花费在取得的将在未来报告期间耗用的资产上的价值。（第 34 段）

在会计基础区间现金制这一端修正的内容通常是在财务报表中包括关于在年末后短时期内将会导致现金收入或现金付出的交易或事项的信息，同时也包括本期关于现金流动和现金结余的信息。这样，财务报告的要素将包括报告期内现金的流动以及有些应收款项和应付款项，财务报表将说明在报告期内流动的或短期的财务资源及其变动情况。（第 35 段）

（四）收付实现制和权责发生制的比较①

从世界上各主要国家的情况来看，政府会计确认基础主要分为收付实现制和权责发生制两大类，修正的现金制和修正的应计制是过渡性质的，因此主要分析收付实现制和权责发生制两个确认基础。

比较收付实现制和权责发生制，两者的根本差异是会计确认的时间不同，前者以现金的流动为标志，后者以事项和交易的发生为标志。

在收付实现制下，实际只产生现金流量表信息，按现金收到确认的收入并不完全符合收入要素定义，当收入实现和收款不同时期时不代表当期营业活动的真实情况，而是反映现金流入；按现金支付确认的是支出而非费用要素，当费用发生和付款不同期时不代表当期营业活动所付出的真实代价，或者反映的是现金流出。这样，收入与支出的差额亦不反映结余或净资产变化，而是现金净流量。换言之，收付实现制下并不反映政府主体经营活动结果的信息。此外，由于收付实现制下的计量对象只是现金，即仅把现金作为资产，因此不确认任何非现金资产和负

① 财政部会计准则委员会：《政府绩效评价与政府会计》大连出版社，2005 年版。

债，也就不产生资产负债表信息。收付实现制的相对有点主要包括会计记录简单客观，现金制下赤字与政府借款需求接近，易于核查政府开支是否符合相关规定。

权责发生制的确认基础下，收入和费用的确认均满足收入、费用要素定义，当收入费用的发生与现金收付不同期时，将确认相应的非现金资产和负债。也即权责发生制下能生成反映当期经营活动结果和业绩的收入费用表信息以及反映政府主体财务状况的资产负债表信息。

国内学者陈小悦从经济合作与发展组织（OECD）、亚洲开发银行（ADB）、国际货币基金组织（IMF）等机构的研究报告中总结出收付实现制和权责发生制的优劣如表9－3所示。

表9－3　　收付实现制和权责发生制的优劣比较

标准	收付实现制	权责发生制
理解容易度	简单，但公众不熟悉	复杂，但许多人更熟悉
易被操纵的程度	相对容易被操纵	易被操纵的程度取决于会计审计准则
全面性	仅仅是现金信息	包括现金信息和其他信息
对流动性管理的有用性	仅提供基本信息	提供现金信息和承诺信息（如延迟支付）
非财务资产管理	未提供信息	提供有关资产使用的信息
可比性	与政府财政统计数据及国民账户体系不一致	与政府财政统计数据及国民账户体系一致
对财政政策课持续性及代际公平的考虑和计量	有用性极有限	有用，但需要结合额外信息
信用度	有限	信用评价机构和债权人、媒体对权责发生制更为熟悉，因此可能导致较低的借款成本
决定财政战略的基础	有限	与现金信息相结合可提供良好基础
受托责任	有限	提供资源（如固定资产）受托责任的信息
产品和服务的定价基础	有限	良好
对舞弊及腐败的扼制	有限	较现金制好，但还取决于控制环境等
执行成本	较低	较高

资料来源：财政部会计准则委员会：《政府绩效评价与政府会计》，大连出版社2005年版。

1. 现行预算会计制度存在的问题及对策

（1）采用收付实现制，不能反映政府持有资产的总体情况，不利于评价政府为公众提供服务的能力。由于收付实现制以收到现金作为确认资产的基础，因此任何非现金资产在这种基础下都不能确认，那么政府会计就不能提供这部分资产的信息。由于政府的特殊性，存在着大量的非现金资产，如接受捐赠形成的资产、固定资产和自然资源、遗产资产等，这些资产蕴含着很大的为公众服务的能力，在国民经济中发挥着很大的作用。在收付实现制下，这部分资产不能作为政府资产得以确认，游离于政府财务报告之外，是当前预算会计制度的重大缺陷。这样，就不能反映政府持有资产的总体情况，也就不能正确评价政府为公众服务的能力，会产生一系列问题。最典型的，不利于政府资产的控制和使用。由于没有关于政府资产存量的信息，相关部门不知道在现在这一时点，政府到底持有多少资产，就不能有力的形成控制。这样就给不法分子提供了可乘之机，为其盗用、转移国有资产大开方便之门，使得大量国有资产流失。

（2）采用收付实现制，不能反映政府承担负债的总体情况，不利于防范负债风险①。由于收付实现制是一现金的实际收付作为确认当期收入和支出的依据，在这种基础下，财政支出只包括以现金实际支付的部分，并不能反映那些当期虽已发生，但尚未用现金支付的政府债务，使政府的这部分债务成为“隐性债务”。最常见的是，对贷款、养老金、社会保险计划等，政府按原定利率或精算方法确定的承诺，可能导致若干年后的巨额现金流出。这类预算资源的重大问题，在收付实现制下往往被忽视了。政府的财务状况不能得到真实的反映，其产生的不良结果是：第一，不自觉地夸大了政府可支配的财政资源和造成虚假平衡现象，对宏观经济决策和市场运行产生错误导向，不利于政府防范和化解财政风险，对财政经济的持续、健康运行带来隐患；第二，在一定程度上造成相同会计期间政府权利和责任不相匹配，有可能出现政府代际的债务转嫁，导致各届政府间权责不清，不能客观、全面地评价和考核政府绩效；第三，对社会保险基金当年结余产生错觉，持盲目乐观态度，成为挤占和挪用社会保险资金现象屡禁不止的重要原因。

（3）采用收付实现制，不能提供完整、可靠的政府会计信息，容易产生误导，引起决策扭曲和失误。

由于收付实现制是以现金的实际收付作为确认当期收入和支出的依据，在此基础上，财政支出只包括以现金实际支付的部分，不能反映那些当期虽已发生，但尚未用现金支付的以及发生与否存在不确定性的政府负债。最常见的是，政府按原定利率或计算方法确定的养老金、社会保险计划等，在若干年后可能产生很大的变化，导致巨额资金流出。这个问题，在收付实现制下往往被忽视了，使得政府的财务状况不能得到完整、真实的反映。其产生的不良结果是：第一，政府

① 楼继伟、张弘力、李萍：《政府预算与会计的未来》，中国财政经济出版社 2002 年版。

会计披露的政府负债规模远远低于实际存在的政府负债规模，可以预计到的财政负债风险也远远低于实际存在的财政负债风险。政府承担的负债风险被低估，偿付债务的能力被高估，造成虚假平衡现象。对宏观经济决策和市场运行产生错误导向，不利于政府防范和化解财政风险，对财政经济的持续、健康运行带来隐患；第二，在一定程度上造成相同会计期间政府权利和责任不相匹配，有可能出现债务转嫁，导致各届政府间权责不清，不能客观、全面地评价和考核政府绩效。

（4）不能进行准确的成本和费用核算，不利于提供效率和绩效考核①。

收付实现制以会计期间款项收付为标准入账，当收益实现和收到款项的时间不在同一期间时，收付实现制会计记录的收益使不能代表当期业务活动的真实结果；同样，当费用发生与支付不在同一期间时，收付实现制会计记录的费用也不能正确反映当期业务活动所支付的代价。另一方面，收付实现制不顾长期资产的损耗，不能充分反映政府公共服务的相关成本。因而，收付实现制下的成本信息用于评价政府工作效率和服务质量将产生偏差。因此，收付实现制基础并不能公正客观地核算成本和反映运营结果。

（5）不适应新的预算管理的要求②。

对财政官员等政府财政预算信息的使用者而言，因无法全方位地把握固定资产、无形资产等影响政府行政能力的各种资源信息，不利于正确地对政府部门使用公共资源的效率、效果和经济型进行决策和管理，不利于政府采购、部门预算和国库集中支付等预算管理活动的落实。

鉴于我国现行预算会计制度采用收付实现制确认基础存在很多问题，因此，有必要对其进行改革，引进权责发生制。

2. 我国引进权责发生制的可行性

首先，在理论上是成立的。前面的论述已经表明，权责发生制在很多方面有着收付实现制不可比拟的优势，这里不再赘述。因此，引入权责发生制在理论上是可行的。

其次，与现行法律法规没有抵触。预算法及实施条例只是对预决算编制的有关问题作了原则规定，对预算编制和财政总预算会计核算基础，即财政总预算会计核算实行收付实现制或权责发生制，并未作出具体规定，而是由财政部自行制订的有关预算会计制度中加以明确。因此，为解决当前预算和国库制度改革中出现的实际问题，将总预算会计核算基础，由现行的“收付实现制”改为“权责

① 楼继伟、张弘力、李萍：《政府预算与会计的未来》，中国财政经济出版社 2002 年版。

② “政府会计基础比较研究——传统的收付实现制与崛起的权责发生制，孰优孰劣？”，《会计研究》，2002 年第 5 期。

发生制与收付实现制”相结合或完全改为“权责发生制”，与预算法及其实施条例规定的精神并无冲突，是可行的。

第三，西方国家政府会计权责发生制改革提供了经验和借鉴。政府会计引进权责发生制的改革，始于20世纪80年代。新西兰是世界上第一个也是唯一在全国范围以及各个政府层次中全面实施权责发生制并取得良好成效的国家。澳大利亚从1998年开始在一些部门中进行试点，1999年~2000年度已经在预算和政府财务报告中采用了权责发生制基础。英国通过构建一个独特的资源会计与预算体系，实现政府会计和预算向权责发生制的转型，从2001年起转向采用完全的权责发生制。还有更多的国家、地区开始尝试。一些学者（刘谊、廖莹毅）对OECD国家做的研究表明了这一点，如表9-4所示①。

表9-4　　　　OECD国家权责发生制应用情况一览表

范围 程度	完全采用	局部采用	特别规定	补充规定
政府预算	新西兰、澳大利亚、英国、意大利	加拿大、芬兰、冰岛	丹麦、美国	德国、葡萄牙
政府财务报告	澳大利亚、芬兰、希腊、意大利、新西兰、瑞典和美国	加拿大、冰岛、芬兰	丹麦、法国、波兰、美国	比利时、德国、匈牙利、爱尔兰

他们在改革的过程中积累了丰富的经验，例如：法律保障是改革顺利进行的前提；信息处理方法的改进和高素质专业会计人员是改革成功的技术保障和人力资源保障；制定适当的政府会计准则体系是指导政府会计改革成功的指南；改革要循序渐进、分步推进；权责发生制要和收付实现制结合使用。中国可以充分借鉴其经验。

第四，我国已经有一定的引入采用权责发生制的实际经验。中国现行的中央总预算会计已经对部分会计事项采用了权责发生制，成效显著。财政部在2001年12月19日引发的《财政总预算会计制度暂行补充规定》中明确规定：“财政总预算会计核算以收付实现制为主，但中央财政总预算会计的个别事项可以采用权责发生制。”主要包括下列事项：预算已经安排，由于政策性因素，当年未能实现的支出；预算已经安排，由于用款进度等原因，当年未能实现的支出；动用中央预备费安排，因国务院审批较晚，当年未能及时拨付的支出；为平衡预算需

① 刘谊、廖莹毅：“权责发生制预算会计改革：OECD国家的经验及启示”，《会计研究》，2004年第7期。

要，当年未能实现的支出；其他根据国务院批示需作结转处理的事项。这一补充规定的颁布和实施标志着中国已经开始关注政府财务信息的真实性，并且运用权责发生制正确反映年终“结余”。而且实践证明，对部分会计事项采用权责发生制基础是可行的。

3. 引进权责发生制的程度

在考虑引进权责发生制的程度时，会计要素的可计量性产生重要的影响。与企业会计不同，政府会计存在很大的特殊性。首先，对于政府，没有广泛存在并且活跃交易的市场，那么对于很多政府会计要素就没有可供参考的市场价格；其次，政府资产中很多是无偿得到的，比如接受捐赠或是法律强制规定属于政府所有的。也就是说，政府资产不具有交易基础，不是由平等的互换交易得到的。因此，就缺少与之对应的、衡量其价值的“取得该资产耗费的经济资源”。这都给政府会计要素的计量带来一定的困难。我们在引进权责发生制的时候要考虑成本效益原则，不能为了满足权责发生制的要求而忽视了要素的可计量性，强行要求确认一些难以计量的要素。这样，不但增加了确认和计量的成本，同时提供的信息很可能因为存在着太大的不确定性而没有太大的实际意义。

国内一些学者总结了不同程度权责发生制下应确认的资产和负债，再结合第八章中对资产和负债的分类，可以总结出各种程度的权责发生制的具体情况，如表 9 – 5 所示。

表 9 – 5　　权责发生制不同情况

程度	确认的资产	确认的负债
轻度	货币资产	直接显性负债
中度	货币资产 + 非货币性流动资产 + 其他流动资产 + 长期财务资产	直接显性负债 + 直接隐形负债
强度	货币资产 + 非货币性流动资产 + 其他流动资产 + 长期财务资产 + 固定资产	直接显性负债 + 直接隐形负债 + 或有显性负债
激进	货币资产 + 非货币性流动资产 + 其他流动资产 + 长期财务资产 + 固定资产 + 其他资本性资产	直接显性负债 + 直接隐形负债 + 或有显性负债 + 或有隐性负债

上述对各种程度权责发生制的界定是一种粗线条的，实际上还存在着很多“中间情况”。如资产按照中度权责发生制确认，负债按照轻度权责发生制确认等。这主要是根据各国的实际情况以及计量技术的发展来决定的。

三、计量属性

总体来讲，从国外政府会计计量属性来看，政府会计在确认和计量中采用的计量属性大多是借鉴了企业会计的计量属性。主要是因为，尽管政府和企业在本质上是否有着追求营利的区别，但是具体到计量会计要素问题上，目的都是相同的，即计量是要反映经济资源的真实价值（对于政府来说要加入服务潜能）。从哲学的角度来看，要找到经济资源的真实价值是不可能做到的，或者其花费的成本远远超过了其所能带来的经济利益，不符合成本效益原则。事实上，完全真实的、丝毫没有偏差地刻画出经济资源（服务潜能）的价值，并不是计量会计要素所追求的，在多数情况下并不需要如此精确的信息。只要能够满足信息需求并可靠的反映出经济资源的价值就达到了“计量”的目的。所以说，企业会计中的计量属性，是基于一方面不可能完全准确的刻画出经济资源的价值，或是成本太高；另一方面不是很精确但能可靠地描述经济资源的价值就已经满足要求，这两方面原因而产生的。事实上，无论是 FASB 的 5 种计量属性，还是 IASB 的 4 种计量属性，都是对经济资源价值的无限逼近的刻画，没有任何一种能够完全真实的再现经济资源的价值。但是这几种计量属性根据具体情况的选用，同时严格遵循准则，已经可以满足信息使用者的信息需求，达到“计量”的目的。

在政府会计中，这两方面原因仍然存在，甚至表现的更加突出。在政府会计中，完全精确的刻画经济资源（或服务潜能）是很困难的，同时也不是必须的。那么，在企业会计中用来可靠的再现经济资源价值的计量属性，也就可以移植到政府会计中。此外，尽管政府会计与企业会计持有经济资源的目的不同，但是经济资源本身是基本相同的。那么，用来描述它们的方法——计量属性就可以通用。当然，对于政府会计特有的经济资源，如历史文化遗产等，要另当别论。

第四节　资产和负债的确认与计量

事实上，对收入和费用的计量很大程度上取决于计量重点，也即资产和负债的确认范围。从收入和费用要素的定义上看，收入对应资产的增加和负债的减少，费用对应资产的减少和负债的增加，收入和费用的确认自然取决于如何确认资产和负债，因此决定收入和费用如何确认的权责发生制就与决定对资产和负债如何确认的计量重点紧密相连。所以，在这里只讨论资产和负债的确认、计量。

基于上述对计量属性的论述，在这里仍然采用我国企业会计中5种计量属性——历史成本、重置成本、可变现净值、现值和公允价值。

一、资产的确认和计量

（一）确认标准

符合政府会计资产定义的资源，在同时满足以下条件时，确认为资产：

（1）与该资源有关的服务潜能很可能流入政府；

（2）该资源的成本或价值能够可靠计量。

（二）确认基础

从国内实际情况和国外经验来看，我国资产确认宜采用中度的权责发生制，即确认货币资产、非货币性流动资产、其他流动资产和长期财务资产。主要包括现金、国库存款、其他财政存款（银行存款）、短期应收款、预拨款项、财政周转金放款、有价证券等短期投资、存货、预付款和长期应收款、长期投资等项目。固定资产和资本性资产没有包含在确认范围内。

首先，在预算会计制度下，一项固定资产进入会计系统直接作为财政支出，对于该项固定资产不计提折旧。也就是说，固定资产科目下反映的是固定资产原值，而固定资产的耗用情况以及现有价值是很难测算的。

其次，对于其他资本性资产，主要是自然资源和遗产资产，如何准确的进行计量是个难题。有些西方国家，在引入权责发生制方面比较激进，完全采用了权责发生制，但是仍然不能准确的计量这部分资产，只好在资产负债表中以1元反映其价值。在我国，自然资源的计量技术还不足够发达，不能准确地预测它们带来的经济价值。

（三）资产的计量

对于货币资产、非货币性流动资产和长期财务资产都按其实际发生额进行计量。

存货，一般来讲，应以成本与可变现净值孰低来计量，但在以下两种情况下应以成本与现行重置成本孰低来计量，即：（1）持有的存货是可免费或以名义价格分配的；（2）持有的存货是以免费或以名义价格分配用于生产公共物品的消费中。

值得注意的是大部分政府的存货不是以盈利为目的，而是以提供服务为目的的，因此存货成本还应包括相应的服务成本。用于服务目的存货其成本主要由劳动成本和提供服务（包括管理员工和相应的开支）的其他人工成本所组成。政府公共部门可能持有的某些存货，它们的未来经济利益或服务潜能与它们产生净现金流的能力不是直接相连的。当政府决定免费或以名义金额分配某些物品时就会产生这些存货类型。在这种情况下，存货的未来经济利益或服务潜能就以实体所支付的取得经济利益或服务潜能的金额来反映。如果经济利益或服务潜能的金额不能在市场取得，就应采用重置成本估计来确定其金额。如果持有存货的目的改变了，则应采用成本与现行重置成本孰低来计量。

存货成本的估价技术有标准成本法或零售法，如果采用这些方法估计的结果接近于成本则采用这些方法是很方便的。标准成本法应考虑材料、供应、劳动及使用的效率和能力的正常水平，如果有必要的话应根据现行条件对其进行调整①。

二、负债的确认和计量

（一）确认标准

符合政府会计负债定义的资源，在同时满足以下条件时，确认为负债：

（1）与该义务相关的服务潜能很可能流出政府；

（2）未来流出的服务潜能的金额能够可靠的计量。

（二）确认基础

从国内实际情况和国外经验来看，我国政府负债采用的权责发生制应介于轻度和中度之间。即包括直接显性负债和直接隐性负债的一部分，具体包含②：

（1）政府借款和政府债券，包含国内和国外两部分。该项负债是为了缓解财政收入不足而发生的；

（2）政府借款和政府债券等引起的利息。利息的偿还在借款合同、债券协议中有明确的规定，其金额可以可靠地计量。应按照权责发生制的原则，采用预提方法在各会计期间进行分摊当年应分担的债务利息；

（3）政府欠发工资，该负债是政府取得劳务而引起的债务；

---

① 张媛：《政府资产计价问题研究》，硕士学位论文，湖南大学，2006 年。

② 邢俊英：“改革政府会计制度 防范财政负债风险”，《会计研究》，2004 年第 4 期。

（4）政府采购引起的应付未付货款，该负债是政府为取得货物或服务而引起的债务；

（5）社会保障支出。我国在计划经济时期没有社会保障制度，没有为职工计提养老金，因此形成的隐性债务据不完全统计已经达到30000亿元，仅“十五”时期我国各项社会保险基金缺口就达1000亿元（陆建桥，2004）。政府为弥补这一缺口需要提供财政上的支持，这就形成了未来一定时期内的财政支出。虽然这项财政支出会导致未来经济利益或服务潜能流出政府，但在现在这一时点政府已经承担了支付义务。因此，应按照权责发生制的原则采用预提方法，合理预计在各会计期间应负担的未来社会保障支出；

（6）国有商业银行不良资产的坏账，性质上属于或有负债，但就我国目前实际资产处置情况看，银行不良资产产生的大量坏账已经不是可能发生的或有负债，而是现时存在的债务。因此，应纳入财政负债的核算范围，同时政府应尽快制订出科学办法，合理确定各会计期间应承担的坏账损失。

第十章

政府财务报告

政府财务报告既是国家决策机关和政府主管部门做出宏观决策、制定公共政策、进行公共管理的重要信息来源，也是政府外部利益相关者了解政府财政/财务状况、衡量政府绩效、评价政府受托责任履行情况、做出相关决策的重要信息来源[①]。我国正处在经济转轨时期，政府内部和外部环境都发生了巨大的变化，为了适应经济市场化和全球化，政府职能转换、行政管理和财政管理改革、民主程度的不断提高，政府内部和外部信息使用者都对政府财务报告所提供的财务信息提出了更高的要求。再加上国际组织对政府透明度的要求以及其他国家对政府财务报告的研究和改革，给我国政府会计财务报告的改革起到了一定的促进和示范作用。

政府财务报告是关系到政府能否向国家权力机关、决策机构、资源提供者、社会公众及其他利益相关者提供真实、可靠的财务信息的问题。如果政府财务报告内容残缺不全，财务信息没有足够的透明度，披露的信息不能充分揭示政府的财务状况、财务绩效及受托责任履行情况，势必失信于民，也必将给国家权力机关、决策机构及依赖政府财务信息做出相关决策的人士造成误导。自 20 世纪起，政府财务报告改革一直是政府会计改革的核心，政府财务报告的改革聚集了所有人的目光。所以建立一个完善的政府会计财务报告是中国政府会计改革的核心内容，也是我们在研究政府会计财务概念框架必须研究的内容。

目前我国尚未建立起真正意义上的政府财务报告，我国现行的是 1997 年确立的预算会计报告模式，但由于预算会计在核算内容、基础、方法上的局限，预

① 李建发：《政府财务报告研究》，厦门大学出版社 2006 年版。

算会计报告所提供的信息无法全面完整反映政府公共部门财务活动情况、财务状况、公共资金使用情况及政府履行财务受托责任情况的综合财务报告，而不只是反映预算收支情况及结果的预算会计报表或财政收支决算报告。并且我国政府财务报告存在着目标定位不明确、内在体系不完善以及审计鉴证不严等问题，这样导致难以正确客观的评价政府绩效、各级政府隐性负债被忽略等许多问题，直接影响国家宏观决策和公共政策的制定，最终会影响我国的政治、经济的发展。

从系统论观点出发，财务报告是会计信息系统的最终输出，是会计信息的载体，会计目标必须借助财务报告才能得以实现，会计信息质量特征、会计要素、确认与计量等会计信息系统的重要组成部分都在财务报告中得到体现。从制度分析的角度出发，财务报告既是调节经济活动中不同契约方之间利益分配关系的依据，也是各契约方之间相互博弈和协调的结果。政府财务报告也是政府信息的最终输出成果，政府会计的目标和职能通过财务报告得以体现。中国政府会计（财务）报告的基本内容应该包括哪些？财务报表的项目、格式等诸如此类的问题在本章中进行讨论。如图 10－1 所示本章的研究框架，参考国际和国内通用的有关财务会计报告研究的结果，根据企业和政府区别和联系，通过整体分析框架来进行分析政府财务报告的模式和相关具体内容。

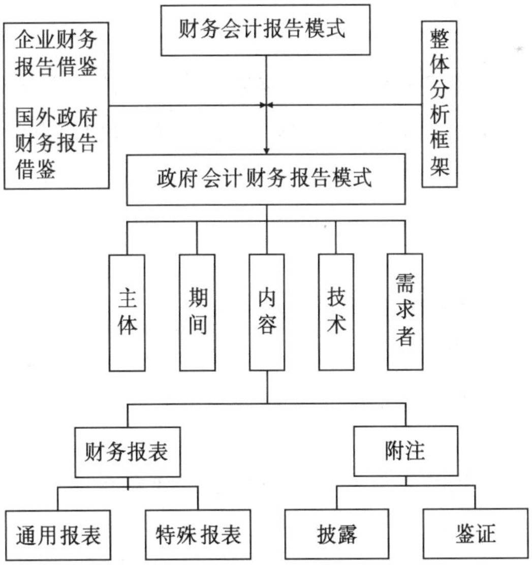

图 10－1　研究框架

第一节　文献回顾

从20世纪初开始，学者针对政府财务报告问题进行了一系列相关的研究，无论是相关论文还是书籍都已屡见不鲜，大多数学者都是在分析我国预算会计缺陷和分析国外研究、准则的基础上，结合我国的实际情况推导出我国政府财务报告模式。但是至今为止，仍未得到一个大家一致认同的观点。随着我国政治体制、财政体制、行政体制的改革，以及政府职能的转换，预算报告不仅不能满足内部管理的需要，而且外部信息使用者的要求越来越高，所以学者们的观点也从内部导向的财务报告观逐渐转变为双重导向的财务报告观。但还有的研究并不是从信息使用者的角度出发，而是从财政透明度、新公共管理的思想去研究政府财务报告，透明度高、全面完整的政府财务信息。

一、内部管理导向财务报告观

李建发（2001）认为从我国的政治经济制度及政府的性质方面看，我国政府财务报告使用者除了包括国际会计师联合会提出的所有各类使用者外，还应当突出政府宏观经济管理部门和上级政府对财务信息的需求。作者认为，除了提供预算执行情况的信息外，还应当着重提供以下几个反映政府受托责任方面的信息：一是依从预算情况的信息，即政府是否按照《预算法》规定和建立公共财政的要求，将财政资金用于预算限定的用途或目的，这是公共财政资金管理的起码要求；二是国有资产方面的财务信息，特别是国有资产产权构成及收益权情况、国有资产保值增值情况的信息；三是政府采购基金的财务信息，随着财政管理体制改革的深入，政府采购、国库集中支付制度的进一步实施，政府采购基金将成为政府财务活动的一个重要内容；四是以政府或政府部门作为受托人受托管理的社会保障基金方面的财务信息。政府会计一般应以独立承担受托责任的主体作为报告主体，这就需要对财务报告主体按照承担受托责任的范围划分为不同层次。一般地说，立法预算限定用途和目的的每一个基金都是独立承担受托责任的会计与财务报告主体，它应当根据法律或设立基金的限定，单独编制财务报告。任何一个政府单位都应当根据不同的规定设立各种基金，分别编制财务报告，但同时，政府单位也是一个独立承担受托责任的会计与财务报告主体，应根据法律规定编制财务报告，将各种基金财务报告汇总、合并成政府单位主体的财务报告。然而，不论是基金主体还是政府单位主体，都是各级政府的组成单位，它们承担有限的受托责任，所以，最终还必须将政府单位主体的财务报告进一步汇总、合并为政府主体的财务报告。

北京市预算会计研究会政府会计课题组（2006）和全国预算会计研究会预算会计课题组（2006）认为我国政府会计现阶段的会计目标以提供国家宏观管理所需要的信息为主、会计核算基础主要采用收付实现制，相应的会计报表应包括资产负债表、预算（部门预算）收支表、单项基金报表，并以净资产变动表、项目（经营活动）损益表（按权责发生制核算）等辅助报表作为补充。目前。我国的政府会计还不适宜编报现金流量表。提出各个主管部门，除了编报本部门各不同资金来源的财务报告外，还应当编报本部门的汇总财务报告。各级政府，除了编报本级政府的财务报告，还应当编报涵盖本级政府下属的各级政府的汇总（或合并）财务报告。

天津市财政局（2006）在研究了由于现金制基础造成的政府财务报告的重大不足之后提出我国政府财务报告的重构建议。保留并进一步完善有关报表。继续保留资产负债表、预算执行情况说明书、收入支出总表、事业支出明细表、经费支出明细表、基本数字表。增加编制政府合并财务报告。增加编制政府年度综合财务报告。增加财务报告附注。编制政府层面财务报告。上海市预算会计研究会课题组（2007）借鉴国际经验，结合我国具体情况，初步设想我国的政府会计报表体系可由财务报表、文字说明构成。财务报告主要包括通用报表（资产负债表、财务收支表、现金流量表），专用报表（各级财政部门编制的预算执行情况表、各级政府及准政府部门或单位编制的经费支出明细表、政府举办的公益性事业单位的事业支出明细表、各种基金资本支出表）和合并报表（合并资产负债表、合并收入支出表、合并现金流量表以及需要予以合并的其他报表）。文字说明是政府财务报告的重要组成部分，初步设想我国政府财务报告的文字说明部分主要包括以下几个方面：概述，会计报表附注，审计鉴证报告。

二、双重导向的财务报告观

陈晓、宋衍衡（2002）通过西方国家政府会计的比较认为应该完善我国政府会计信息体系，增加政府会计信息的透明度。要真正发挥政府会计的监督作用，会计报告就不应只提供给政府有关部门，更应该提供给与政府服务和政府收入息息相关的广大社会公众。完整的政府会计信息体系包括：及时提供有关政府支出和成本的可靠信息，以帮助政府部门进行决策和控制支出；及时进行内部审计和独立的外部审计，并编制审计报告；将会计系统与计划、预算、现金和债务管理及审计系统相结合；报告有关非现金资源的信息（资产、负债、人力资本）；报告有关政府产出或政府政策后果的信息，促使政府提高工作效率、加强成本管理；编制政府各部和政府整体的会计报告等。

贝洪俊（2005）提出新公共管理下我国的政府财务会计应揭示的基本内容包括：全面、充分揭示政府的全部资产和全部负债；反映政府的绩效和受托责任；提供对国有企业的资产管理和控制方面的信息；提供财政收支执行情况与批准的预算之间的信息比较。

求知（2006）指出鉴于国际经验，我国的政府财务报告应该有财务报表和文字说明两部分构成。在政府财务报表上，鉴于目前各国最通用的政府财务报表包括三张（资产负债表，政府营运表和现金流量表）。考虑到目前我国需要考察政府预算的执行情况，因此我国的政府财务报表还应包括政府的预算执行情况表。由此可以得出我国的政府财务报表需要四张：资产负债表、政府营运表、现金流量表和预算执行情况表。其中资产负债表反映报告主体的资产、负债及其组成和差额情况；政府营运表主要反映政府在某个财政年度的政府收入，政府支出及其组成和差额情况；现金流量表主要反映报告主体在某个报告年度的现金流入，现金流出及其构成和差额情况；预算执行情况表主要反映财务报告主题在某个财务报告年度的实际收支数与预算数之间的对比情况。文字说明部分包含三个部分：一是宏观经济指标统计体系反映宏观经济状况；二是政府财政经济状况分析报告，反映宏观经济状况对政府财政的影响；三是政府财政管理报告，是对政府财政管理的成果和问题的分析报告。政府财务报告是以政府财务报表为主，辅以必要的分析说明。

刘笑霞（2007）认为政府向公众提供政府财务报告，是提高财政透明度、强化政府公共受托责任的内在要求。目前，我国尚未建立真正意义上的政府财务报告制度，财政透明度与国际货币基金组织的基本要求相比尚存在较大差距。为了提高财政透明度，必须要建立和完善政府财务报告制度。具体而言，应当从报告目标、报告主体、会计基础、核算范围等方面对现有的预算会计制度进行全方位的改革，以逐步建立我国的政府会计和政府财务报告制度。但是，政府会计改革和政府财务报告制度的构建是一项综合性的改革工程，应当采用分阶段、逐步推进的方法来进行。首先，明确政府财务报告的目标。其次，以控制或所有权标准来重新界定政府财务报告主体。政府财务报告的目标是用于报告和解除政府的广泛的受托责任及满足使用者制定政治、经济和社会等多种决策的信息需要，同时考虑到 IMF《财政透明度良好行为守则》要求对预算外活动数据采用与预算数据相同的报告基础，因此，以控制或所有权标准来界定政府财务报告主体显然更为恰当。再次，借鉴 GASB 第 34 号的做法，对我国政府财务报告的构成进行改革。笔者认为，在政府财务报告的构成方面，我国可充分借鉴美国的做法，即由一级政府分别从政府层面和基金层面进行报告，以满足政府财务报告的目标和 IMF 的财政透明的要求。此外，目前的预算执行情况报告可作为附注的一部分，随同政府财务报告一同提供给公众。最后，建立健全我国政府财务报告的审计鉴证制度。可靠性是财政透明度的一个重要要求。对政府财务报告进行审计，是保证政府财务报告的可靠性进而保证财政透明度的重要手段。

常丽（2007）认为政府财务报告改革进程需要内外部信息使用者的共同参与，建立“双赢”的导向和机制。实践证明，实行统一会计制度的国家更易于实现会计模式的双重导向，这是因为实行统一会计制度的国家政府可以在必要的范围内自觉运用行政手段和市场手段管理会计事务，因此能够在保证政府利益的同时兼顾其他方面的利益。

三、全面信息观

詹雷、王成（2004）认为政府财务报告体系与企业有一定的兼容性，都由财务报表、报表附注和补充信息构成。政府财务报告体系的特殊性一是政府财务报告面临一些竞争性的信息来源，如国民经济核算体系、政府财政统计核算体系等，需要研究政府财务报告的相对信息优势。二是报表构成中除与企业类似的资产负债表、现金流量表外，还包括特殊的收入费用表（而非损益表）、预算与实际对照表以及业绩指标表。三是政府的业绩衡量比较特殊，并非以净资产价值和利润为中心，其专门设计的业绩指标表中可能含有相当比例的非财务信息，与财务信息相结合反映政府主体活动的有效性、效率和经济性。

程晓佳（2004）认为我们有必要研究和借鉴国际货币基金组织关于“财政透明度”的要求，从各方面着手，提高我国的财政透明度。国际货币基金组织《财政透明度手册》的核心要求是政府应当定期向公众提供全面并且真实的财政信息，并对公开财政信息的内容、程序以及如何确保这些信息的质量进行了具体规范。而编制和公布政府财务报告是向公众提供这些财政信息、实现财政透明的重要途径，关于政府财务报告的内容，即在政府财务报告中应当披露哪些信息，与政府会计规范的范围密切相关。应该讲，凡是纳入政府会计范围的机构和活动，均应在财务报告中提供相关信息。

李建发、肖华（2004）认为公共财务管理要求政府财务报告应是一个能够全面完整反映政府公共部门财务活动情况、财务状况、公共资金使用情况及政府履行财务受托责任情况的综合财务报告，而不只是反映预算收支情况及结果的预算会计报表或财政收支决算报告。所以，应当对预算会计报表或财政收支决算报告进行改革，按照公共财务管理的需要建立政府财务报告体系，提供以下财务信息：全面、完整、系统地反映政府公共部门的财务状况和财务活动结果，而不只是反映年度的预算收支执行情况及结果；全面、客观、真实地反映政府公共部门的成本费用，而不只是简单报告预算支出或经费支出情况；全面、客观地反映政府公共部门的受托业绩。

第二节　财务报告模式

财务报告模式虽然是一个常用的概念，但没有什么学者对其有一个准确的定义，在李建发所著的《政府财务报告研究》中为了研究我国政府财务报告模式，对其进行了一些分析和界定。通过研究他们认为可以将政府财务报告模式定义为：一个解决由哪个层次的报告主体在何时向何种使用者，以何种方式报告什么内容的财务报告问题。也就是说财务报告模式，如图 10－2 所示，是对主体、内容、时间、技术和需求者进行综合选择的结果（李建发，2006）。下面就分别分析各个国家的企业财务报告模式和各国政府会计财务报告模式，通过比较研究试图寻找我国可以借鉴的地方，结合整体分析框架建立一个我国的政府财务报告模式。

一、企业财务会计报告的主要模式

1. 美国

葛家澍在对财务会计基本概念进行研究中详细的介绍了美国会计准则委员会对财务报告的一些规定，在研究政府财务报告模式之前也必须来看一看企业财务报告有哪些模式，可以为我们研究提供一些帮助。关于报告主体这是 FASB 的概念公告未涉及的内容。它讨论了两个有关报告主体的问题：确认报告主体和确定一个报告主体的范围。原则公告提出的原则是“如果法律要求的信息财务报表可以提供，而且该主体是一个有凝聚力的经济单位，则该主体必须编制并公布财务报表”。关于第二个问题，原则公告提出的原则是：“报告主体的边界决定于报告主体所控制的范围，为此目的，可以考虑的首先是直接控制，其次是直接加间接控制①。”关于报告内容 FASB 发表的第 1 号财务会计报告中指出：“常见的财务报告，其中包括财务报表、财务报表附注、再有其他财务信息和非财务信息的辅助报表、其他报告（如公司的年度报告、招标计划书以及呈报 SEC 的年报等）”“财务报表只是那些对企业进行经济决策的人们所需要信息的一种来源。企业以及那些在企业有经济权益的人们受到许多以复杂方式交互作用的因素影响。那些把财务信息应用于经营和决策的人们需要把财务报告提供的信息与其他来源的有关信息结合起来”“财务报表是财务报告的中心部分，而某些信息则通过财务报告传递更好。”虽然 FASB 对财务报告和财务报表的概念没有明确区分，但明显可见，财务报告比财务报表的内容更宽更广。关于报告期间因为财务会计报告一般面向外部信息使用者（如债权人、投资者、政府等），所以一般编制年度报告和中期报告，并且全部采用权责发生制来作为会计核算基础，进行编报和传递的技术也多种多样，这里不详细阐述，具体的政府财务报告如图 10－2 所示。②

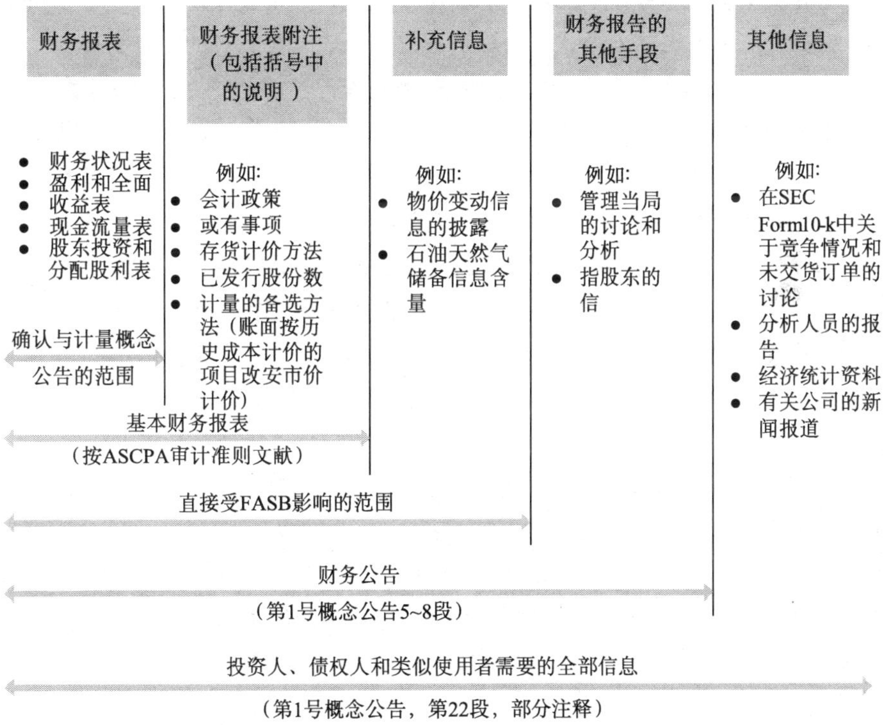

图 10－2 SFAC 财务报告图示

① 葛家澍：“财务会计概念框架研究的比较与综评”，《会计研究》，2004 年第 6 期。

② 葛家澍、杜兴强：“财务会计的基本概念、基本特征与基本程序（七）”，《财会通讯》，2004 年第 2 期。

2. 英国[1]

英国会计准则委员会于 1999 年 12 月正式发布的《财务报告原则公告》中 ASB 从财务报告和报告主体两个方面讨论了该公告的适用性。首先 ASB 将财务信息划分为特殊目的的财务报告和通用目的的财务报告两大类。其中通用目的财务报告又由通用目的财务报表（如年度财务报表、中期财务报表、初步公告和综合财务报表等）、其他形式的通用财务报告（如董事报告、董事长报告、经营与财务情况评价、历史总结和趋势信息、致股东信件和类似项目等）以及其他财务信息三个部分组成。其次，ASB 指出该公告中的各项原则是唯一盈利为目的的报告主体制定的，不管这些报告主体的规模有多大，也不管他们是私营还是公营。

在公告中他分别指出“将投资者作为特定类别的使用者看待”“虽然财务报表的使用者众多，包括当前和潜在的投资者、贷款人、供应商和贸易商的其他债权人、雇员、顾客、政府及区代理机构、公众等；但是 ASB 认为，投资者作为一种特定类别的使用者，是财务报表最主要使用者之一，并且其他使用者所需要的财务信息与投资者基本上相同。因此，通用财务报表仍应以投资者的需要为导向。”

在谈到财务报表列报时 ASB 认为对财务业绩信息的呈报时应将注意力集中在报告主体财务业绩的组成要素以及这些要素的特征两个方面；对财务状况信息的呈报时应将注意力集中在报告主体持有的资产或负债的类型、作用以及它们之间的相互关系等方面；对现金流量信息的呈报应着重反映报告主体的各种活动产生现金情况，还应特别区别由经营活动产生的现金流量与其他活动产生的现金流量。并在第七章中概括的描述了承包财务信息的以下几个原则：清楚、有效和简单明了地传递信息；严密组织和高度汇总、适当的分类。关于报告期间没有特备作出说明，如图 10 - 3 也是按照年度和类似期间来编制报告。

3. 澳大利亚[2]

澳大利亚在 2001 年统一了公私部门的会计准则制定机构，合并公共部门会计准则委员会（PSASB）与会计准则委员会（ACSB）为澳大利亚会计准则委员会（AASB），并在这之后的会计准则国际趋同过程中采用了一个比较激进的做法：公私部门都需要采用国际财务报告准则 IFRS 作为其报告准则。2002 年，由澳大利亚财政部颁布的公司法经济改革方案要求从 2005 年开始，所有受公司法约束的报告主体都要采用国际财务报告准则 IFRS 作为其报告准则，包括上市的、非上市的、公共部门和私人部门。在澳大利亚第 1 号会计概念公告《报告主体的

① 汪祥耀：《英国会计准则研究与比较》，立信会计出版社 2002 年版。

② 汪祥耀、邓川等：《澳大利亚会计准则及其国际趋同战略研究》，立信会计出版社 2002 年版。

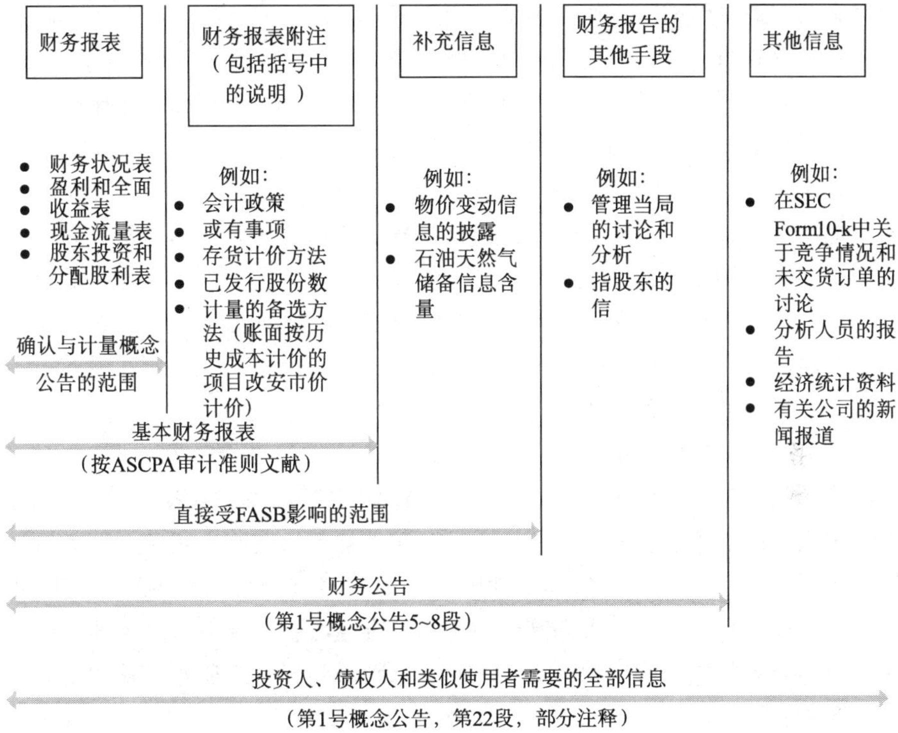

图 10－3　ASB 财务报告图示

定义》中，报告主体被认为是“任何为达到目标利用稀缺资源的法律、行政或受托人安排下的组织和其他团体（包括个人）”。但是澳大利亚能够统一公私部门会计的一个重要前提就是统一概念框架的建立，可是这套概念框架却在后来的运用中不完全成功。究其深层原因，根本在于公共部门防御性质、基础建设性质、文化性质和环境性质的资产和私人部门的资产，公共部门与私人部门的市场交易原则以及公私部门在披露、计量与报告方面并不完全一样。由于澳大利亚有关准则与国际会计准则一致，这里就不做详细介绍。

4. 国际①

IASC 指出其概念框架适用于所有的商业、工业和经营性的报告企业，无论其属于公共部门还是私人部门。IASC 将财务报表的主要使用者分为以下 7 类：投资者、雇员、贷款人、供应商和其他商业债权人、顾客、政府及其机构、公众，并分别描述了他们对财务信息的需求，并主张以“通用财务报表”考虑各

① 汪祥耀：《国际会计准则与财务报告准则——研究与比较》，立信会计出版社 2004 年版。

种使用者共同需要的同时，优先考虑投资者财务信息的需要。并在基础假设中规定了财务报表应根据会计上的权责发生制编制。

IAS1“财务报表的列报”对企业所有财务报表的编制以及应选择和运用的会计政策作出的规范，包括资产负债表、收益表、权益变动表、已确认利得和损失表、现金流量表以及财务报表附注而做出的规范。IAS1认为，一套完整的财务报表应有资产负债表、收益表、一份反映权益变动的所有变动或不是由与业主资本交易和对业主分配所引起的权益变动、现金流量表、会计政策和说明性解释。另外，他还鼓励企业在财务报表之外披露管理层提供的财务评述，以及在环境因素影响重大和雇员被视作重要的使用者团体的行业中鼓励其所在财务报表外提供诸如环境报告和增值表等附表。

IAS1第25段指出，除现金流量表外，企业应按权责发生制编制财务报表。财务报表的报告期间至少按年度提供。在IAS27中对有关合并报表的适用范围、定义、编报等问题作了规定，它适用于母公司控制下的企业集团合并财务报表的编制和列报，也适用于在母公司单独财务报表中对资公司投资的核算。除此之外，为了帮助投资者、债权人和其他人士了解企业的获利能力和产生现金流量的能力以及其财务状况和流动性，在IAS34中鼓励那些有公开证券交易的企业编制中期财务报告①。

5. 中国

由于我国现行的会计准则在财务报告方面的规定基本上与国际会计准则相趋同，通过企业与政府的相同和不同来研究政府财务报告的相关问题。

在《企业会计准则——基本准则》对财务报告主体、会计基础、需求者等问题做出了规定。第2条指出本准则适用于在中华人民共和国境内设立的企业（包括公司，下同）。第4条“企业应当编制财务会计报告（又称财务报告，下同）。财务会计报告的目标是向财务会计报告使用者提供与企业财务状况、经营成果和现金流量等有关的会计信息，反映企业管理层受托责任履行情况，有助于财务会计报告使用者做出经济决策，财务会计报告使用者包括投资者、债权人、政府及其有关部门和社会公众等。”由此可见，企业财务报告的主体为我国境内的企业或公司，需求者主要是与主体相关的各种外部使用者。

关于财务报告的内容，基本准则第四十四条“财务会计报告是指企业对外提供的反映企业某一特定日期的财务状况和某一会计期间的经营成果、现金流量等会计信息的文件。”《企业会计准则第30号——财务报表列报》（2006）第2条

① 汪祥耀：《国际会计准则与财务报告准则——研究与比较》，立信会计出版社2004年版。

也指出“财务报表是对企业财务状况、经营成果和现金流量的结构性表述。财务报表至少应当包括下列组成部分：资产负债表，利润表，现金流量表，所有者权益（或股东权益，下同）变动表，附注。”第 9 条指出“企业应当在财务报表的显著位置至少披露下列各项：编报企业的名称，资产负债表日或财务报表涵盖的会计期间，人民币金额单位，财务报表是合并财务报表的，应当予以标明。”

对于报告期间基本准则第 7 条规定“企业应当划分会计期间，分期结算账目和编制财务会计报告。会计期间分为年度和中期。中期是指短于一个完整的会计年度的报告期间。”同时第 30 号第 10 条写明“企业至少应当按年编制财务报表。年度财务报表涵盖的期间短于 1 年的，应当披露年度财务报表的涵盖期间，以及短于 1 年的原因。对外提供中期财务报告的，还应遵循《企业会计准则第 32 号——中期财务报告》的规定。”

二、国外政府财务报告的主要模式

根据第三章的分析，在不同的结构变量的影响下，每个国家的政府财务报告体系是具体国情选择的结果，虽然不同的政治、经济、社会和技术导致政府财务报告体系不可能相同，但是外国的研究成果和经验仍值得我们借鉴。Chan（2001）按照政府会计与传统的公共预算之间的关系不同将政府会计分为德法模式、美国模式和英国模式 3 大类。他指出，德法模式的政府会计以德国和法国为代表，大部分欧洲大陆国家都采用了这一模式，该模式的政府会计实际上只是预算体系的附属物，其主要功能是以收付实现制为基础，记录预算拨款的用途，政府会计的主要目标是行政控制，其次才是向议会报告自己受托责任的履行情况。美国模式的政府会计以美国为代表，虽然其政府会计仍与传统的预算密不可分，但它又试图摆脱预算。政府会计体系仍然以基金的形式监督预算的执行，但会计又在很多方面独立于预算，如政府要遵守外部的会计准则，而这些准则并没有采用预算会计所经常采用的收付实现制基础。会计报告倾向于满足实际或潜在的外部使用者的需求，如贷款人、政府证券投资者、纳税人和选举人。英国模式的政府会计则已经基本上摆脱了传统的预算。政府的所有活动不仅仅是企业活动都采用了权责发生制会计基础，即使是预算本身也接受了权责发生制。即权责发生制会计原则和准则影响了预算观念和数据。新西兰、澳大利亚、加拿大和英国都在不同程度上应用了这一模式。但是实际上，从政府会计的目标来看，美国模式的政府会计与英国模式基本相似，从政府会计的发展方向上看，美国模式的政府会计也有向英国模式靠拢的趋势，所以可以将美国模式和英国模式合并称为英美模式。

下面主要从发达国家的代表美国、德法、澳大利亚、英国的财务报告模式和推动国际政府会计改革的国际会计师联合会下的公共部门委员会这方面的研究成果来进行考察，试图找出值得我国借鉴之处，以期能够对我国政府会计的改革有所启示。

（一）美国的财务报告模式①

政府财务报告是政府会计信息的最终体现，是会计准则制定方、财务报告编制方及财务报告审计方共同努力的焦点，更是财务报告的使用方对政府履行受托责任评价的依据。由于美国政府财务报告以反映政府受托责任为基本指导，因此联邦政府财务报告目标与州和地方政府财务报告目标基本相似，包括反映政府的受托活动，帮助报告使用者评估政府运营绩效（主要从财务状况方面反映），帮助报告使用者评估政府提供公共服务的能力和成果（主要从非财务的角度反映）。同时，由于联邦政府财务报告以及州和地方政府财务报告在编制主体、报告内容、报告使用者等方面有很大区别，以下分别介绍：

1. 财务报告主体和报告内容

美国是一个联邦制国家，联邦政府、州和地方政府的会计体系和财务报告模式都是相互独立。而且联邦政府、州和地方政府都设立了大量不同类型的基金，每个基金也都是单独的会计和报告主体。

联邦政府财务报告分为本级财务报告和合并财务报告。被确定为联邦政府报告主体的每一个联邦机构、项目和预算账户都编制本级财务报告，具体包括预算报表、4 张基本权益报表（资产负债表、业务运营表、现金流量表、预算与权益金额调节表）以及管理当局讨论和分析、项目业绩计量报告、财务报表附注等必要的补充信息。在联邦会计中，整个联邦政府是唯一的经济实体，因此合并财务报表的主体包括美国联邦政府行政、立法、司法几个联邦机构。在本级财务报告的基础上编制整个政府合并财务报告，以使报告的使用者了解整个联邦政府的受托责任履行情况。联邦合并财务报告中的报表主要包括美国政府合并资产负债表、美国政府净成本报表、美国政府经营和净额变动表、财政年度联邦收入汇总表和税收返还支付表、营业净收入（或成本）与预算盈余（或亏损）的调整表等。

美国联邦政府从 1997 年开始正式编制 1996 财年年度综合财务报告，虽然此前已试编了十几年的财务报告，但美国会计总署仍对此出具了保留意见的审计报

① 美国政府会计准则委员会：《美国州和地方政府会计与财务报告准则汇编》，人民出版社 2004 年版。

告。财政部十多年一直在不断地改进其财务报告，但很长时间仍未能获得美国会计总署出具无保留意见的审计报告。这种状况是由多方面原因造成的，一是由于联邦部门财务报告的质量问题，由于部门财务报告是合并年度综合财务报告的基础，如果部门的财务报告无法获得审计认可，整个联邦政府的财务报告也受影响。虽然近几年来，部门财务报告的质量有很大提高，但国防部由于其业务的特殊性，在资产和负债的计量方面无法令审计部门满意，所以长期以来审计部门一直对国防部的财务报告发表意见；另一个主要原因是因为联邦政府部门由于业务复杂、资金量大、而且部门之间交易较多，而联邦政府部门虽有一套统一的会计科目表却缺乏具体明细的科目，因此在合并部门财务报告时经常出现问题。联邦政府各部门仍在不断的努力提高财务信息质量，但由于一些会计事项的特殊性，如国防资产的计价、自然资源的计价以及社会保障负债的确认和计量等问题，联邦政府财务报告的完善仍然需要一个过程①。

从 20 世纪 60 年代到现在，美国州和地方政府经历了 3 种财务报告模式——以基金为报告主体的基金财务报告模式，以基本政府为主体的“金字塔”财务报告模式，以基金和政府为主体的“双重”财务报告模式。在 GASB 第 34 号颁布实施以前，美国州和地方政府采用“金字塔”型的政府财务报告模式，它在综合所有基金和账户组报表的基础上，提供了各层次繁简程度不同的政府财务信息，在一定程度满足了不同使用者的信息需求，但这种报告模式只是对基金和账户组报表的进一步加工整理而已，合并的基金财务报表不能完全反映报告主体真实的财务状况和运营业绩。为此，GASB 经过长时间的研究和准备后最终于 1999 年 1 月发布了 GASB 第 34 号《州和地方政府的基本财务报告以及管理讨论与分析》，并最终确立了美国州和地方政府的双重财务报告模式，它规定州和地方政府的年度财务报告应由管理层讨论与分析、基本财务报表和规定的补充信息组成②。在美国州和地方政府会计准则总则部分指出财务报告的主体包括：基本政府，基本政府负有财务责任的组织，以及其他组织（就它们与基本政府的关系来看，如果不将它们包括进去，会导致报告主体的财务报表发生误导或者信息不完善）。

（1）管理层讨论与分析（MD&A）。从实质上看，MD&A 是规定的补充信息，但报告主体应将其在基本财务报表之前呈报。它应当对基本财务报表进行解释，对政府财务活动提供分析性说明，其主要内容包括：对以当前已知事实、决策或状况为基础的政府财务活动进行客观的、易于理解的分析；提供本年政府层

① 政府会计最新发展国际研讨会：《研讨会参阅材料之三——美国》。

② 美国政府会计准则委员会：《美国州和地方政府会计与财务报告准则汇编》，人民出版社 2004 年版。

面财务信息，与前年度的比较；对政府整体的财务状况和运营业绩进行分析，以帮助使用者评价政府的财务状况变动情况；对基金的重要变化和重大预算差异进行分析；描述本年度的资本资产和长期负债活动；说明预期将对政府财务状况和运转业绩产生重大影响的当前已知事实、决策和状况。

（2）基本财务报表。基本财务报表主要包括政府层面财务报表和基金财务报表，这是GASB第34号较以往的政府财务报告准则的最具特色之处，也是将年度财务报表称为双重财务报告模式的原因。

政府层面财务报表。政府层面财务报表由净资产表和业务活动情况表组成。这两张报表采用经济资源计量观和应计制会计基础编制，应报告政府所有的资产、负债、收入、费用、利得和损失。每张报表都应该以单设一栏的方式对政府主体的政务性活动和商业性活动以及对报告主体与单独呈报组成单位进行区分。信托活动的经济资源因不能为政府项目提供资金，不应在政府层面财务报表中进行报告。

基金财务报表。基金财务报表由一系列提供有关政府基金和企业基金信息的报表组成，也应报告有关政府信托基金和信托性质的单独呈报组成单位的信息。每张基金报表都应当报告普通基金和其他主要政府基金和企业基金的数额。主要基金（major funds）是指，它的收入、支出/费用、资产或负债至少占其基金类型总额的10%以上，或占所有政府基金和企业基金合计额的5%以上。如果政府官员认为其他基金对财务报表使用者来说是特别重要的，也可以作为主要基金报告。非主要基金在单独一栏中合计报告，内部服务基金也应在权益基金报表的一栏中合计报告。

财务报表附注。财务报表附注是基本财务报表不可分割的组成部分，它提供了一些必要信息以帮助使用者更好地理解基本财务报表。附注涉及的内容非常广泛，并且包含了大量的重要信息，对基本财务报表的公允表达具有非常重要的意义。

（3）规定的补充信息（RSI），RSI应呈报普通基金和每种具有法定年度预算的特种收入基金的预算比较报表（这主要是为了说明资源的获得、使用是否与政府法定预算相一致。预算比较报表应提供本报告期间的最初预算额、最终预算额和实际发生额，且应当以政府的预算基础报告）；提供以前年度发布的GASB公告所要求的其他类型数据；提供有关使用修正模式报告基础设施资产的政府的信息，政府应在RSI中披露基础设施资产状况、用以评估和报告基础设施资产状况的标准等相关信息。

2. 财务报告技术、期间和使用者

由于美国是联邦制的管理体制，联邦政府主要负责外交、国防和社会保障等，而更多与公众密切相关的公共服务是由州和地方政府提供的，因此相比社会公众更关注与其自身利益密切相关的州和地方政府的财务状况。而且由于联邦政府具有至高的国家信誉，具有发行货币的权利，因此其债券并不需要证券评级机构的评级。由于各方面原因，联邦政府的政府会计改革可以说是顺应政府增强其受托责任而自发进行的，外界的驱动力较小（国会和 GAO 也是广义范围的政府）。因此，目前联邦政府财务报告的使用者主要是国会议院、联邦政府部门内部以及对联邦政府财务状况感兴趣的有关机构和个人。

州和地方政府财务报告的使用者主要有以下几方面：一是公众。州和地方政府承担的政府职能与公众的利益密切相关，如州政府主要负责道路建设与养护、大专院校等，地方政府更侧重于公众的日常生活，如防火、初中级教育、警察等，因此公众对州和地方政府的财务状况更为关注。而由于一般公众缺乏专业的财务分析能力，对年度综合财务报告 CAFR 的理解较难，因此有些政府部门已经开始编制专门面向一般公众的更易读、更简洁的财务报告。第二类使用者主要是议会和其他监督机构，来据此掌握政府的财务状况，进一步加强管理。第三主要使用者是债券发行机构及评级机构，这类使用者是最专业的使用者。由于州和地方政府可以发行债务以弥补资金的短缺，而政府财务状况的好坏直接关系着债券利息等发行成本，因此可以说这是报告编制者不断完善报告信息质量、加强信息披露特别是债务风险披露的重要动力。在美国州和地方政府会计准则中规定："每个政府主体都应编制适当的中期财务报表和其他相应信息的报告，都应当编制和公布一份年度综合财务报告。"

（二）德法财务报告模式①

德法模式政府会计标准的制定机构主要是政府，如德国没有单独的准则制定机构，德国政府会计依据的准则是公共财政和预算法。其目标是与预算和法律保持一致，监督预算的执行，向议会报告财政收支的合法性，以保证实际收支项目与预算收支相一致。如德国政府会计的主要目的是满足立法机关的信息需求，而并没有考虑社会公众和政府部门执行机构的信息需求。因此，德国的政府会计是"立法导向的"，用于"财政"目的而非"管理"目的。其政府会计报告的主要特征是"法律形式重于经济实质"。

德法模式政府会计信息的使用者主要是立法机关。德国核心政府部门报表的编制基础是修正的收付实现制，由两部分组成：一部分记录收入和支出，另一部

① 陈晓、宋衍衡："西方国家政府会计的比较及其借鉴"，《会计研究》，2002 年第 9 期。

分记录资产和负债。德国的政府会计报告是由财政部向议会报告上一财政年度的收支情况和资产负债情况。其主要内容是逐项列示的实际收入和支出，资产负债表只包括货币资产和资本市场负债，它仅仅是年度报告的一项不完整的附注。会计报告详细地描述了预算和实际之间的差异，但是并没有提供反映政府财务状况的整体情况。会计报告包括：按预算项目报告的收入和支出，含预计数、实际数和差异；收入支出汇总表，列示现金结余或赤字；现金结余和赤字及结转到下一个财政年度的未收到和未支付的预算数汇总表；金融资产和负债汇总表[①]。

（三）公共部门委员会的政府财务报告模式[②]

国际会计师联合会（IFAC）下属的公共部门委员会（PSC）分别在第 1 号国际公共部门会计准则《财务报表的呈报》和第 11 号研究报告《政府财务报告——会计问题与实务》、《政府财务报告指南》等文件中对政府财务报告问题进行了专门的研究。其中第 11 号文件主要是基于会计基础来研究财务报告的模式，主要研究的内容是有关财务报表的结构和呈报，特别是何种报表应该包括在内、这些报表有哪些联系以及关键的计量该如何列示。PSC 在 1991 年 3 月公布的研究报告第 1 号中将财务报告定义为："只为满足主体外部使用者共同信息需求而编制的通用财务报告。这些外部使用者依靠这些财务报告，将它们作为财务信息的重要来源，因为他们获得另外信息的权利、能力或财力是有限的。虽然财务报表是财务报告的核心，但是，其他财务信息，如业绩计量和预算的信息，也可包括在财务报告中。"

1. 财务报告主体和内容

PSC 认为"报告主体是能够合理预期到有使用者存在的主体，这些使用者依赖财务报告获取对其履行受托责任和制定决策有用的信息。该术语可以指政府各部门、政府组成部分和其他主体以及整个政府。选择政府报告主体决定了政府财务报告包括那些主体、交易和活动"。并在其 2000 年发布的研究报告第 1 号文件中提出了 7 种政府财务报告的使用者：立法机关和其他权力机关；公众（包括纳税人，选举人，投票人，特殊利益团体，由政府提供和制造的货品、服务和转账划款的受惠人）；投资者和信贷者；信用等级评估机构；其他政府、国际组织和资源提供者；经济和财务分析师；高级管理人员等。

为了向使用者提供决策有用的信息，反映主体对受托资源的经管责任，《国

---

① 陈晓、宋衍衡："西方国家政府会计的比较及其借鉴"，《会计研究》，2002 年第 9 期。

② 李红霞："国际公共部门会计准则的回顾、基本框架及其启示"，《会计研究》，2005 年第 4 期。

际公共部门会计准则第1号》规定财务报表应当提供有关主体资产、负债、净资产/权益、收入、费用和现金流量的信息。与私营部门不同的是，公共部门通常受到预算的制约，因而，其财务报表还需要反映资源的获得和使用是否与法定认可的预算相一致的信息，如果财务报表和预算是根据同一会计基础编制的，国际公共部门会计准则还鼓励在财务报表中提供与报告期预算金额的比较信息。比如，《国际公共部门会计准则第1号》鼓励主体使用分栏式财务报表，将预算金额、实际金额和与预算或拨款的差异分栏列报，如果主体发生的费用没有相应的拨款或其他形式的授权款项予以支持，应当在附注中进行说明。国际公共部门会计准则规定，一套完整的公共部门主体财务报表应当包括以下组成部分：（1）财务状况表。财务状况表反映主体在报告日拥有的资源和承担的义务，类似于营利性主体的资产负债表。公共部门主体应当按照经营的性质，在财务状况表中将资产和负债归类为流动和非流动资产、流动和非流动负债进行列报；（2）财务业绩表。财务业绩表反映主体在报告期间的经营成果，类似于营利性主体的收益表。公共部门主体在财务业绩表中可以根据费用的性质或功能对费用进行合理的分析；（3）净资产/权益变动表。净资产/权益变动表反映主体在两个报告日之间净资产/权益的变动情况，类似于营利性主体的所有者权益变动表或股东权益变动表。需要注意的是，国际公共部门会计准则要求提供的权益变动表，是反映报告期权益所有变动的报表，而不是反映除与权益持有者发生的交易以外的事项所导致的权益变动的报表；（4）现金流量表。现金流量表反映报告期内公共部门主体现金流入的来源、现金支出的项目以及报告日的现金余额。公共部门主体应当按经营活动、投资活动和筹资活动类别报告当期的现金流量，其中经营活动的现金流量可以使用直接法或间接法编制，鼓励使用直接法；（5）财务报表附注。财务报表附注是对财务状况表、财务业绩表、现金流量表和净资产/权益变动表内反映的项目，以文字描述或表格分析的方式进行更详细的说明，也包括对未在上述各报表中披露项目的附加说明，比如有关或有负债的信息①。

PSC第11号研究报告侧重于政府财务报告提供的财务报告提供的财务信息，并认为对于不能量化的项目不能纳入财务报表汇总，尽管他们可能作为附加信息在附注中披露；提供财务主体的信息，通常不会是各级政府部门的信息或政府信息和其他经济信息混合，整个政府部门和国民经济的财务信息通常是由政府财政统计体系和国民账户体系各自产生的；提供的财务业绩信息，而不是服务业绩信息；是对外报告而非对内报告；报告中采用的会计基础可能与编制预算文件采用

---

① 李红霞：“国际公共部门会计准则的回顾基本框架及其启示”，《会计研究》，2005年第4期。

的会计基础不一样，相应地，两者之间使用的某些会计原则也可能不同；财务报告通常描绘的是过去事件的影响，对财务报告中未来的事项和交易的预测，但这些信息通常只列示在预算报告中，符合性报告可能被纳入政府财务报告。也就是说，政府财务报告并不是包罗万象的，而是单独的财务报告。

2. 财务报告技术、期间和使用者

PSC 第 11 号研究报告认为政府财务报告是外部信息使用者的唯一信息来源，内部信息使用者可能使用除政府财务报告之外的其他途径得到更详细、具体的信息，所以政府财务报告的目标使用者应定位在外部使用者。所以在报告期间方面，主要研究了年度财务报告。在会计基础上虽然对各种会计基础的财务报表均作了研究，认为在新公共管理的背景下，应计制较现金制有更多的优越性。

（四）澳大利亚①

澳大利亚政府财务报告是权责发生制基础的政府会计报告体系，包含以下 3 种用于披露相关信息的报表：（1）财务业绩表，反映按权责发生制基础确认、计量的收入和成本费用，揭示政府财政执行情况；（2）资产负债表，反映政府的财务状况，包括各种资产和负债的具体项目；（3）现金流量表，反映政府现金流入、流出情况。上述报表构成政府会计报告体系，充分披露了政府机构提供的所有商品和劳务的成本，以及这些机构代表政府管理的资源。这些财务报告所包含的信息对履行经营管理责任和制定决策十分有用，为确定现时负债和潜在或有负债提供了一致的框架。报告不仅能够显示政府如何为其活动融资及如何满足其现金需要，能够使使用者评价政府当前的融资能力以及偿还负债和承担义务的能力，而且能够显示政府的财务状况和财务状况的变化，并能够给政府提供证明其成功管理资源的机会，对根据成本、效率和成就评价政府业绩十分有用。

1. 财务报告主体和内容

报告主体由 3 部分组成：一般政府部门、公共非金融公司以及公共金融公司，而一般政府部门和公共非金融公司共同组成非金融公共实体。一般政府部门是最主要的报告主体。不包括地方政府、大学（大学的资金来源于联邦政府拨款和自己的学费收入，学费收入无需上缴财政，供自身经营使用）和宗教医院。值得一提的是，为了与国际接轨，增加财务报告的可比性，澳大利亚财务报告委员会（Financial Reporting Council，简称 FRC）指示 AASB 按照国际财务报告要求重新修订会计准则。

---

① 政府会计最新发展国际研讨会：《研讨会参阅材料之三——澳大利亚》。

以下分析年度财务报告的内容，年度财务报告共有五章，以下为各章的主要内容：

（1）第一章对政府实现财政政策目标和战略的情况进行概述，分别就财政结余、基础设施、提供服务、税收以及净财政债务这5个目标的实现情况进行分析。

（2）第二章对一般政府部门的结果进行分析，编制财务业绩表（即收入费用表）、资产负债表以及现金流量表，将其实际发生数与预算数进行比较分析。

（3）第三章对整个公共部门的结果进行分析，只编制财务业绩表，逐项将其本年实际发生数与上年实际发生数进行比较分析，同时，还就一般政府部门、公共非金融公司以及公共金融公司三个不同组成部分的财务状况（包括资产负债和现金流量情况）进行分析，比较本年度与上年度的实际发生数，并分析原因。另外，还就财务状况进行指标分析，分财政的可持续性（Financial Sustainability）、财政灵活度（Financial Flexibility）以及资产的流动性进行指标分析。

（4）第四章是年度财务报告分析。首先是总审计署发布的审计报告。然后是财务业绩表、资产负债表以及现金流量表，包括整个公共部门、一般政府部门本年实际发生数与上年实际发生数，共4栏。最后，在报表附注里分项对财务情况进行全面分析。

（5）第五章是根据政府财政统计数据（Government Finance Statistics，简称GFS）体系统一报告框架（Uniform Presentation Framework，简称UPF）的要求编制的财务报告，完成后须提交给澳大利亚国家统计局（Australian Bureau of Statistics，简称ABS）。这是由国际货币基金组织（IMF）制定的报告标准，以便将各国不同的经济数据进行比较分析，以权责发生制为基础。值得注意的是，GFS财务报告是从经济角度出发编制的，和前面以GAAP为基础编制的财务报告有很多不同之处，比如根据市场价值重新估价产生的持有利得（或损失），处置固定资产的收益（或损失）并不包括在GFS财务业绩表中，但是包括在GAAP财务业绩表中。

（6）报表附注——主要科目的具体解释分析。对所有资产进行计量和确认，计算折旧，所有资产都要估价，包括土地、建筑物、公路、基础设施、国家公园、文化资产（包括文化遗产）、森林、厂房等资产，按照净现值、市场价值或重置价值计价。负债也要记账。对未来养老金负债按照精算师测算的未来市场价值的现值记账。收入按应收到的税收和应拨款入账。对应收款要估价并扣除呆坏账损失。支出按应付的支出如公务员工资、保险、养老金等列入费用。折旧按分类折旧率计算，应收应付款按发生时计算，存货按现值计算（采用先进先出法）。

2. 财务报告技术、期间和使用者

没有实行各部门统一会计核算平台。各部门使用自己的会计科目表，会计核算系统进行账务处理。各部门在向财政部提供数据时，要根据财政部制订的会计科目提供数据（虽然各部门使用自己的会计科目进行账务处理，但都在系统科目定义时设计了一个对应关系，这样各部门可使用系统自动生成财政部要求的数据信息）。各部门同样也编制月报、年报，但不编制季报、年中报告。在各部门编制年报时，财政部提供一个年报样式，供其参考。澳大利亚的会计年度始于7月1日，终于次年6月30日，并规定通用目的的财务报告至少按年编制。

（五）英国①

目前，《政府财务报告手册》（FReM）是英国规范中央政府会计核算与报告的主要规定。英国财政部每年都会对《政府财务报告手册》进行更新，不断提高政府财务报告质量。新版《政府财报告手册》通常会在新的财政年度开始之前发布。

1. 英国中央政府部门财务报告

（1）部门财务报告的范围。在英国，除了政府部门外，还有许多执行机构和非政府部门的公共单位。其中执行机构实际上是政府部门的法定组成部分，非政府部门的公共单位虽然不受政府部门严格控制，但是与政府部门关系也十分密切。因此明确界定英国政府部门财务报告范围是规范部门财务报告的重要方面。英国主要是依据政府部门对某一主体是否具有日常预算控制权（这种控制不同于战略控制，是一种详细预算控制，能影响主体的日常活动支出）来确定部门财务报告的范围。如果政府部门对某一主体具有日常预算控制权，则应将该主体纳入其合并财务报告的范围，向议会提交合并报表。目前英国政府部门合并财务报表包括部门本身和执行机构，一般不包括非政府部门的公共单位。非政府部门的公共单位单独向议会提交自身的年度财务报告。

（2）部门财务报告的主要内容。英国政府部门年度财务报告通常被称为资源报告。资源报告主要由年度工作报告、会计主管职责公告、内部控制声明、主要财务报表及附注，以及审计报告5部分组成。主要财务报表及附注是资源报告的核心部分。

年度工作报告一般包括部门负责人报告、管理层评论和高层管理人员薪酬报告3个部分，主要描述该部门一年内所做的工作，资金运用及业绩情况等。会计主管职责公告主要说明会计主管在编制财务报告方面的职责，一般列在年度工作

① 政府会计最新发展国际研讨会：《研讨会参阅材料之二——英国》。

报告之后，内部控制声明之前。内部控制声明主要阐述主体运行的环境状况。

政府部门的年度财务报表主要包括6种：议会批准资源表、经营成本表、确认的利得与损失表、资产负债表、现金流量表、按部门活动目标分析的经营成本表。会计报表附注是资源报告中篇幅最长、份量最重的一部分，主要是对财务报表反映的信息做进一步的解释说明，以帮助信息使用者更好地理解财务报表。

2. 英国地方政府会计

与中央政府会计改革不同的是，地方政府会计改革是渐进式的，逐步从现金制基础过渡到修正的权责发生制基础，再到完全的权责发生制基础。而中央政府会计改革是从现金制直接到完全的权责发生制。英国地方政府会计采用权责发生制的历史远远早于中央政府会计。由于英国地方政府会计变化主要是靠会计职业团体力量推动向前发展的，是一种自下而上的缓慢变革，权责发生制的应用范围也是逐步扩展的，很难明确地划分改革阶段。时至今日，英国地方政府会计和预算已采用了完全的权责发生制。

3. 英国政府整体财务报告

英国政府整体财务报告是一套以权责发生制为基础包括所有公共部门（约1300个）的合并财务报告，也就是将所有公共部门当作一个主体编制的财务报告。英国政府整体财务报告需要对所包括的公共部门进行多次逐层编制合并财务报告后，才能最终生成。由于英国所有公共部门归属为4类，即中央政府、地方政府、国民健康服务部门和公共公司。因此，在编制过程中，首先要对4类公共部门内部之间的交易进行抵销，分别编制相应的合并财务报表并提交给财政部；其次再由财政部对这些分类的合并财务报表数据进行再次合并，抵销4类公共部门之间的交易，最终才能生成政府整体财务报告。英国财政部则负责将所有次合并财务报表进行再合并，编制出政府整体财务报告。

目前，英国财政部在编制政府整体财务报告方面主要面临以下问题：（1）不同公共部门遵循的会计政策不尽一致。编制政府整体财务报告需要将所有公共部门遵循的会计政策协调一致，制定一套充分一致的会计政策和惯例；（2）政府整体财务报告的质量难以保证。由于政府整体财务报告涉及所有公共部门，不只是财政部自身的工作，需要其他公共部门的支持与配合。而目前政府整体财务报告的编制仍处于试点阶段，尚未有法定程序明确各公共部门的义务，所以财政部只能劝说各部门予以配合。如果某些部门的财务报告质量不过关，必然会影响政府整体财务报告的质量；（3）政府整体财务报告依赖的信息系统还不够完善，不能很快收集信息，尤其是对地方政府财务信息的收集存在一定难度；（4）政治环境一定程度上也影响着政府整体财务报告的编制。

三、我国预算报告模式

有官员在2007年底的政府会计最新发展国际研讨会发言指出“现行预算会计体系存在的问题主要为：一是缺乏统一规范的会计准则体系和会计制度体系；二是核算范围偏窄；三是以现金制为核算基础存在一定局限性；四是缺乏政府财务报告制度。”由此可见，我国现行的预算会计报告制度存在许多的不足，研究制定适应我国政治经济发展政府年度财务报告制度是推进我国政府会计改革的必要举措，首先我们需要了解现行的报告制度。

1. 报告主体

我国目前的政府财务报告分别由财政总预算会计提供的财务报告、行政单位所提供的财务报告和事业单位所提供的财务报告构成。其中一般认为，财政总预算会计以一级政府作为财务报告的主体，主要提供政府的预算执行情况以及财政资金状况的信息。行政和事业单位会计以行政和事业单位作为财务报告的主体，全面提供行政和事业单位的财务状况和收支情况或预算执行情况的信息。由政府向人大提供的财务报告主要围绕政府预算执行情况或以财政总预算会计提供的预算执行情况报告为基础展开，同时配以行政事业单位收支汇总情况的信息，由此可见，我国财务报告主体较为分散。依据财政总预算会计制度，我国县以上各级财政总预算的会计报表是通过将本级报表和所属各级（包括了同级行政和国有事业单位）上报的会计报表进行汇总编制而成的。因此，若以政府向人大提交的预算执行情况报告作为考察依据的话，我国政府财务报告的主体实际上主要包括了各一级政府和同级的行政、事业单位。由此可见，我国的政府财务报告主体并没有涵盖“广义政府”的全部组成部分，尤其是没有包括各级政府所有的社会保障基金。实际上，各级政府所有的社会保障基金的运行状况是评价政府公共受托责任履行情况好坏的一个重要标准，如果不将其纳入政府财务报告的范围，显然不利于公众全面了解政府的行为及其结果。

2. 报告内容

《财政总预算会计制度》规定要编制资产负债表、预算执行情况表、财政周转金收支情况表、财政周转金投放情况表、财政周转金变动情况表、预算执行说明书及其他附表。《行政单位会计准则》要求编制资产负债表、收入支出总表、支出明细表、基本数字表、专项基金支出明细表、报表说明书等。《事业单位会计制度》要求编制资产负债表、收入明细表、支出明细表、基本数字表和财务情况说明书等。这些报表主要反映的预算情况和一些非财务信息，但是政府的资产负债表仅仅反映了财政资金的状况，政府部门大量的预算外资金和国有资产、政府债权、政府债务均没有纳入其中，所以现有的财务报告仍以反映预算执行信息为主，并不能全面反映政府的财务状况和运营成果。

3. 报告期间

一般有年度财务报告和中期财务报告，其中财政总预算会计的财务报告包括旬报、月报、年报等，行政和事业单位会计的财务报告包括月报、季报和年报。当然编报的周期不同，所提供的信息以及发挥的作用也是不一样的，但是中期报告更多的是向内部使用者提供的，以更好地进行内部管理工作。

4. 报告技术

在会计处理上，我国《财政总预算会计制度》中规定：总预算会计核算以收付实现制为基础。我国《行政单位会计制度》规定：会计核算以收付实现制为基础。《事业单位会计准则》规定：事业单位会计核算一般采用收付实现制。所谓“一般采用收付实现制”是指事业单位的一般收支业务核算采用收付实现制，经营性收支业务可采用权责发生制。由此可见，我国的预算会计基本上采用的是收付实现制，但在实践中仍不同程度地采用了其他的会计核算基础。编制报告也主要以汇总为主，财务报告所包含的信息也并不完整，许多财务和非财务信息由各种年鉴提供，对于公民或一些信息使用者，无法得到完整的政府财务信息。

5. 报告的需求者

我国的政府财务报告主要提供给内部使用者和准外部使用者，用于内部、上级政府部门或主管部门的管理需要以及审计监督部门的监管需要。《财政总预算会计制度》规定：总预算会计信息，应当符合预算法的要求，适应国家宏观经济管理和上级财政部及本级政府对财政管理的需要。《行政单位会计制度》和《事业单位会计准则》也都规定会计信息应当符合国家宏观经济管理的需要，适应预算管理和有关方面了解行政和事业单位财务状况及收支情况的需要，并有利于事业单位加强内部经营管理。由此可见，我国的政府财务报告主要面向的是政府或政府单位的管理者。虽然有提到有关方面，明显可以看出对于这些使用者的不重视。

第三节 我国政府财务报告模式

下面就要对各国企业等现有的报告模式进行分析，试图回答哪些我们可以借鉴？哪些不可以？引入和不引入的原因等问题。

通过对各个国家财务会计模式与政府会计模式的比较分析，我们看到，从财务报告的基本概念到财务报告模式之中的基本内容，至今为止还未有一个统一的说法。但是我们也可以看到一些相似的地方，如财务报告基本上由财务报表、报表附注、其他信息组成；财务报表的核心即通用财务报表主要包括资产负债表、收益表、现金流量表等，虽然可能这些表中的项目有所区别；财务报告不仅仅包括财务信息，还应对非财务信息进行分析等等。

1. 政府财务报告主体①

国际公共部门会计准则委员会发布的《研究报告第 8 号——政府财务报告主体》指出，所谓报告主体是指可以合理地预期其财务报告存在使用者的主体，这些使用者依赖于其财务报告提供的信息评价受托责任和进行决策。公共部门财务报告的主体可以是政府部门，可以是作为政府一部分的主体，也可以是政府整体。从世界范围各国公共部门会计和财务报告的实务来看，确定公共部门财务报告主体的方法主要有以下 4 种：

（1）基金授权分配法。这种方法是按照完全或主要依靠政府基金授权分配获取资金来确定报告主体的范围，因此，会计报告主体与预算报告主体一般会保持一致；

（2）法律主体法。这种方法是按照法律或法规的相关规定来确定报告主体的范围；

（3）政治受托责任法。这种方法是按照主体受托经管的所有活动和主体来确定报告主体的范围，而不论这些活动是以何种法律或组织结构来实施的；

（4）控制法。这种方法是按照由主体控制的所有主体和交易来确定报告主体的范围。

确定报告主体范围的上述 4 种方法并不是相互排斥的，有时虽然采用的是不同的方法，但确定的报告主体却是相同的。《国际公共部门会计准则》前言明确指出，国际公共部门会计准则适用于包括国家政府、地区性（例如，州、省、管区）政府、地方（例如，市、镇）政府以及构成其组成部分的主体（例如，政府部门、政府机构、理事会、委员会和政府企业）在内的所有公共部门主体。显然，国际公共部门会计准则不是采用“基金授权分配法”确定会计处理和财务报告主体的范围，尽管结果可能与按照这种方法确定的范围一致，其对报告主体范围的确定是法律主体法、政治受托责任法和控制法的综合运用。比如政府企业

① 李红霞：“国际公共部门会计准则的回顾基本框架及其启示”，《会计研究》，2005 年第 4 期。

一般都是单独的法律主体，某一级别的政府一般也对所辖地区的资源负有政治受托责任，而如果提供政府整体的财务报告，则应当根据《国际公共部门会计准则第6号——合并财务报表和受控主体会计》，按照该项准则所规范的控制关系合并所有受控主体的财务报表，这又是典型的按照“控制法”确定政府整体财务报告范围的主体。在我国确定报告主体，也可以综合运用上面4种确定方法，以受托责任为主来进行划分。

从财务角度来看，有“政府”层面的财务，也有“政府部门、机构、单位”层面的财务，其下面还可能有根据特定目的设置的各种基金。由此可见，政府财务报告应该根据不同的情况，按照不同的报告主体来编制财务报告。政府会计一般应以独立承担受托责任的主体作为报告主体，谁向信息使用者承担了受托责任决定了谁应该编制相应的财务报告。由于政府承担着社会各方面的受托责任，但不同层级的政府其承担的受托责任不同，这就需要对财务报告主体按照承担受托责任的范围划分为不同层次。一般地说，立法预算限定用途和目的的每一个基金都是独立承担受托责任的财务报告主体，它应当根据法律或设立基金的限定，单独编制财务报告。任何一个政府单位都应当根据不同的规定设立各种基金，分别编制财务报告，但同时，政府单位也是一个独立承担受托责任的会计与财务报告主体，应根据法律规定编制财务报告，将各种基金财务报告汇总、合并成政府单位主体的财务报告。然而，不论是基金主体还是政府单位主体，都是各级政府的组成单位，它们承担有限的受托责任，所以，最终还必须将政府单位主体的财务报告进一步汇总、合并为政府主体的财务报告。由此可见，政府财务报告存在3个层次的报告主体：基金报告主体、政府部门报告主体、政府报告主体，它们分别反映不同层次的财务情况及受托责任的履行情况。[①]

从我国政府财务报告的主要目标出发，以受托责任为划分报告主体的主要依据，结合上述几种确定主体的方法，考虑到我国应该综合考虑外部信息使用者和内部信息使用者的需求，笔者认为我国的政府财务报告主体应分为以下3个方面：基本政府层面，政府部门层面，基金层面。

在我国，根据《中华人民共和国预算法》的规定，国家实行一级政权一级预算，设立中央、省、市、县、乡5级预算。这5级政府不仅仅拥有独立的预算权和财政权，而且承担着广泛的在其行政范围内的受托责任，因此这5级政府都可以是一个一级政府，他们也应当是报告主体的主体，并且是财务报告主体的核心。基本政府的确定标准从原则上讲必要条件是法律上独立和财政或预算上独

① 李建发：《政府财务报告研究》，厦门大学出版社2006年版。

立，现实中这5级政府都满足这个条件，所以便构成了基本政府层面的报告主体，即中央政府和地方政府作为报告主体的第一个层面。

基本政府的广泛受托责任主要通过其所设部门、组成单位或相关单位来履行，因此每一个政府的所属部门就成为基本政府在某一方面受托责任的承担者，主要通过财务受托责任来体现。美国政府会计准则委员会在《政府会计准则委员会公告第14号——财务报告主体》中定义基本政府的组成单位中提到：组成单位法律上独立、基本政府对其负有财务责任的组织。美国政府会计全国理事会在第3号政府会计准则公告《政府报告主体的界定》中，对一个政府单位是否应作为政府财务报告主体的组成单位提出了5条标准，即财务依存性、管理监督权、管理指派、运营活动的重大影响力和财政事项的受托责任。尽管具体规定不同，但都与各国的政治经济制度密切相关。根据我国的政治经济制度，我国现行的行政体制和政府财政体制，每一级基本政府都有相应的主管部门及其所属的行政事业单位，这些主管部门及所属的行政事业单位与各级基本政府之间有明确的受托责任关系，包括行政隶属关系和财政缴拨款关系。由此可见识别组成单位的基本要点是法律上的独立和财务上与基本政府有受托责任，我国各级政府的组成单位一般以预算缴拨款关系和行政隶属关系作为确认标准。对于基本政府组成单位的财务报告应该在单独编报的基础上，编制基本政府的合并财务报告。

在政府会计中，为反映预算限定，防止政府财务资源被滥用，更好地贯彻专款专用原则，西方国家政府会计普遍采用的基金会计。基金通常是指按照特定的法规、限制条件或期限，为从事某种活动或完成某种目的而设置的一组财务资源，它具有目的性、限制性和受托责任广泛性3个特征。政府及政府单位应当以基金作为财务资源管理的基本单位。比如，美国政府准则委员向美国州和地方政府推荐采用的基金主要有3类，即政府基金，包括普通基金、特别收入基金、资本项目基金和偿债基金；权益基金，包括企业基金和内部服务基金；受托基金，包括信托基金和代理基金。政府各基金之间有明显的界限，任何基金都是一个与其他基金分开并相互独立的会计与财务报告主体，它们各自都有相应的资产、负债、收入、支出或费用、以及基金余额或其他权益，并通过一套自求平衡的账户与报告体系记录和报告政府特定活动及其财务资源来源、运用情况和结果。

由于财务资源使用目的或用途的限定，这就要求政府行政当局应当按预算限定组织财务活动，即每一项预算限定用途或目的的财务资源都必须专款专用，不得挪作他用。这就需要以预算的为基础确定的基金作为报告主体，并通过财务报告向财务信息使用者提供政府依从预算限定情况的财务信息，以提高政府财务活动的透明度。笔者认为，各级政府按照预算规定安排具有各种专门用途的基金，代表着基本政府、政府组成单位、部门所承担的专门的受托责任，所以各种不同类型的基金就构成了第3个层次的财务报告的主体，我国从加强财务资源管理和规范政府财务行为的需要发出，建立具有中国特色的政府基金财务报告。我国早在1986年就对基础性研究设立了国家自然科学基金，随后又设立了社会科学基金，并将基金拨款和基金管理模式推广到其他领域。我国总预算会计制度中也有《专项资金会计制度》，具体内容有《农业综合开发资金会计制度》《三峡工程库区移民资金会计制度》等，除此之外当今社会比较关注的社会保障问题，也有《社会保障基金财政专户会计核算执行办法》来对各财政部门社会保障基金专户以及纳入财政管理的工伤保险基金、生育基金等其他基金性质的保障基金的核算管理工作。由此可见，我国也在逐渐推行基金会计。但这些基金分类、会计制度、核算等还不够细化，也不够规范，还需要按照公共财政和复式预算要求设立相应的基金。

2. 政府财务报告主要内容[①]

由于我国现行的政府财务报告在实际上主要还是以预算执行信息为主，不能全面完整的涵盖政府所应承担的广泛受托责任，特别是相关的财务信息。财务信息的披露，应该在对财务报告主体3个层次上，将除了预算执行情况之外的所有有关政府财务活动的内容，并且国有企业的国有资产产权及收益权、代表在国际组织拥有的债券、政府负有偿债责任和义务的各种债务等，都包含在政府财务报告中。一般政府财务报告体系中主要应包括3个部分：财务部分，预算部分和非财务部分（绩效报告）。这3个部分是否处于并列的关系，我们认为在政府会计改革初期，由于政府管理层、人民代表大会仍然为主要的信息使用者，财务报告的目的更多的是为满足政府本身管理决策，立法机构对预算执行情况进行监管、考核，所以预算部分的报告的编制仍是政府会计的工作重心。随着改革的推进，权责发生制逐步替代收付实现制作为会计核算的基础，通过资产负债表来反映政府的财务状况成为现实，财务部分的报告因为其更能反映政府的相关信息，使得财务报告体系的重心转向与企业财务报告趋同的方向。对于非财务部分，它的基本作用是为了帮助信息使用者更好的理解政府运营状况，通过其他方面的信息来反映，就像企业财务报告中的管理层讨论和分析。随着政府会计信息透明度的不断提高，信息使用者对政府相关的非财务信息要求不断地提高，非财务部分也会变成政府财务报告体系中不可缺少的一部分。

（1）财务部分。政府有关财务部分的报告应该主要反映的是政府的资产负

① 李建发：《政府财务报告研究》，厦门大学出版社2006年版。

债状况，所以政府必须提供3个层面上的资产负债表。政府是通过国家财政部门拨付财政款项进行一系列的行政和财政管理活动，但基本政府、政府部门、组成单位等相关机构并没有完全把当期全部财政经费消耗完，其中含有大量的资本性支出和预算经费余额。这实际上就构成了相关机构的固定资产等长期资产，这些资产属于国有资产，应该予以资本化，并专门反映在资产负债表中。各级基本政府、基本政府的组成单位等机构所拥有的资产和承担的负债都必须纳入核算和记录的范围。政府财务报告不仅仅包含上述的资产和负债，政府的受托责任更重要的表现在对这些国有资产权益的管理和控制上。因此，政府财务报告中必须还需要向政府财务报告的使用者提供它是否在管理国有资产上体现成本效益原则，所以就应该在财务报告中包括国家在国有企业中所拥有资产权益的变动情况、收益情况等。这就需要提供财务业绩表，权益变动表，现金流量表等。政府的财务信息还可以通过报表附注和特种报表来反映，财务报表附注是对财务状况表、财务业绩表、现金流量表和权益变动表内反映的项目，以文字描述或表格分析的方式进行更详细的说明，也包括对未在上述各报表中披露项目的附加说明，比如有关或有负债的信息进行必要的补充。

（2）预算部分。政府预算是政府的法定年度财务收支计划，是考核政府守法情况、业绩情况的重要依据。在我国对政府财务报告的法律和实务操作中，政府预算报告在政府财务报告中占据重要位置。每年的中央和地方预算执行情况的报告以及中央决算的报告都可以在《中国财政年鉴》及其有关公开出版物中找到。主要报告预算执行情况的报表包括预算执行情况表、财政周转金收支情况表、财政周转金投放情况表、预算执行说明书以及其他附表。现行的预算会计报告体系可以继续适用，并不断加强部门预算的理论和实践的深入，所以针对这个部分在本书中就不再多加说明。

（3）非财务部分。政府预盈利组织不同，不能像企业那样利用各种财务数据从定量的角度来分析，它的受托责任不仅仅是财务上的受托责任，还包括政治、社会等方面的受托责任，所以必须还要依靠非财务信息和一些定性的分析来考核政府。可以像企业财务报告包含的管理报告一样，将政府组织结构、主要职能、主要领导人、受托责任的明晰和履行情况、以及政府管理部门认为重要的非财务内容等，这里主要就是指像企业会计编制的管理层讨论与分析一样，编制政府非财务情况说明书，对财务数据无法反映的信息加以总结、分析和评价。非财务状况说明书还可以包括政府领导或财政财务主管官员对公民及财务报告使用者的公开声明、及管理当局认为有必要提供的其他信息（包括政府的组织章程或职责范围、组织结构图等对报告主体一般情况的说明等信息）。由于这一部分主要内容不是非财务信息，所以对其形式要求也不统一，文字说明或图表形式均可。按照重要性和成本效益原则尽量以简洁明了的方式传递给财务报告的信息使用者，能够帮助使用者更好的了解政府受托责任的履行情况。

3. 政府财务报告技术

在编报技术方面，编制财务报表的会计基础在上一章中已经有了详细阐述，在这里不再重复。从单个基金/项目为报告主体到政府部门、再到基本政府的财务报告的编制，主要涉及的编报技术是一般财务报告的编报技术、财务报告的汇总与合并技术以及编报基础的调整技术，计算机、网络等电子技术的不断发展，也使得政府会计也应该建立如同企业的会计信息系统，而且还可以与电子政务联系在一起，能大大提高工作效率，信息之间的传递、整合，并能减少一些人为因素所导致的错误。会计信息系统的好处是不言而喻的，虽然在其运作过程中也存在着一些问题，但是这并不会在根本上影响政府会计电算化的趋势。

在传递技术方面，政府财务报告的使用者虽然较为广泛，但是使用者的在理解财务报告内容的能力相对较弱，所以专业的财务报告形式可能不能帮助使用者真正了解财务报告的信息，因此除了较为专业的财务报表和附注，还应该采用更易于理解的形式传达给使用者，比如各种形式的表格，图表等等。另外，财务报告信息是使用价值和及时性相关，因此还应该采用效率较高的传递手段，在当今社会信息传递手段比较多，互联网的强大功能可以在这里使用。

4. 政府财务报告的期间

在政府财务报告期间方面没有什么特别之处，基本政府和政府组成单位或相关单位层面的财务报告还是遵循以年度财务报告为基础，并编制中期财务报告（如月报、季报）来及时、完整地反映政府财务信息。我国政府为了全面了解和管理政府预算执行情况，在现行的预算管理制度中已经要求政府的中期财务报告要反映预算的收支执行情况、各所属行政事业单位的用款进度等。年度财务报告就必须全面反映政府各个报告主体在这一报告期间的除了政府财务收支情况以外的，包括与政府职能有关的、反映政府受托责任履行情况的所有活动信息。这里比较特别的是基金层面财务报告的期间，笔者认为，由于一个项目或基金的期限有长短之分，有可能一项政府活动的财务运作在一个财政年度就完成了，也有可能跨越几个报告年度，这就不仅仅需要按照年度、季度、月份来编制财务报告，还应该以各项基金的运作周期为一个报告期间来反映该基金的完整的信息，能够帮助信息使用者了解该基金的完成情况。

虽然在报告期间上，无论是企业会计或其他国家政府会计基本上没有什么不同，但这里要指出的是是否3个层面的政府报告都要披露？还是逐步推进？我们认为由于现阶段会计人员的素质以及公众对政府财务报告的信息需求，可以先披露基金/项目层面的财务报告，随着会计人员素质的提高、各项改革措施的进一步落实，可以逐步的披露地方政府的财务报告，政府部门的财务报告，到了条件成熟、各方面允许的情况下披露中央政府财务报告。

5. 政府财务报告的需求者

与国外对政府财务报告使用者的范围相比而言，我国政府财务报告服务的主体范围狭窄，与政府承担广泛的受托责任的要求不相适应。长期以来，我们只强调政府会计为预算管理服务，政府会计是预算管理的工具，因而造成政府会计仅侧重预算资金的收入、支出及结存的核算。对于政府财务报告的使用者，我国仅侧重于面向政府的内部使用者，而对政府的外部使用者有所忽视，并未考虑到公众、审计机构、相关利益人及潜在使用人的信息需求，从而使财务报告脱离外部监督。

随着政府职能的转变，政府采购制度的逐步完善，社会保障制度的建立，国家预算的内涵和外延不断拓展变化，政府财务报告信息的需求者范围应不断扩大。根据我国的实际需要，我国应该拓宽政府报告信息使用者的范围。借鉴国际经验，从我国实际出发，我国政府会计信息使用者应该包括：立法机关，主要指全国人民代表大会及其常务委员会；人民，包括纳税人和接受服务的对象；债权人，包括国内外提供贷款的各级金融机构（比如国际货币基金组织、世界银行）；购买国债的单位或个人；各级财政部门；上级主管部门；税务部门；审计机关；计划统计部门等。这些不同的信息使用者在不同程度上需要关于政府的财务状况、收支状况和现金流量的信息、关于政府管理及是否遵守法规的信息、关于政府效率和效益的信息。

第四节　政府财务报表主要内容

财务报表是政府财务收支活动及其结果的全面、系统概括，它按照公认的会计原理反映政府财务活动及财务状况变化的来龙去脉。财务报告是在以财务报表为核心的基础上，对财务报表的深化和补充。没有财务报表的财务报告不可能是真正意义上的财务报告，也不可能实现政府财务报告的任何目标。财务报表附表是为财务报表主表服务的，因此，财务报告必须以财务报表主表为核心。美国州和地方的公认会计准则中提到，公允揭示财务状况和业务活动的成果所必须的财务报表，称之为“基本报表”。年度综合财务报告还包括某些合并和单个的基金与账群报表，由于这些报表中的数据是对主要分类的汇总，通常由附表加以补充。必要的补充信息包括附表、统计数据、以及政府会计准则委员会认定的其他信息，虽然其他信息是财务报告的组成部分，但不能视为通用财务报表的组成部分①。政府会计财务报表和企业会计一样都是财务报告中最重要的部分，一般把财务报表分为报表部分和报表附注部分，在上一节我们已经把政府财务报告的内容分成了 3 个大部分，统计数据应在预算报告中予以披露，重要的非财务信息也不包括在财务报表的讨论范围内，这一节我们主要就政府财务报表的主要内容进行分析。一般财务报表分 2 大部分：报表和附注，其中报表又分为通用财务报表（即基本报表）和特种报表。通用财务报表，顾名思义基本上其反映的主要内容应在盈利组织、非赢利组织和政府大体相同，这里我们也大体上采用与企业会计相同的报表名称，能够让信息使用者能针对需要尽快从报表中获取所需信息。而特种报表就会考虑到政府本身的特点来根据需要编制各种必要的反映政府受托责任状况的报表。政府财务报告可选的会计基础有 4 种，即收付实现制基础、修正的收付实现制基础、修正的权责发生制基础、权责发生制基础，各种不同的会计基础满足不同的财务报告目标。根据之前章节的分析，首先收付实现制无法反映管理当局所必需履行的广泛的受托责任，财务成果易于被操纵，财务信息缺乏完整性、一致性；而且随着经济全球化和全球市场的发展，更好地与国际接轨，逐步改革我国政府会计的确认基础，引入权责发生制。我们认为权责发生制基础的政府财务报告能最大限度的满足政府财务报告帮助使用者解除受托责任并且制定决策的目标。最终的趋势是以财务报告权责发生制为主要确认核算基础。预算报告依然以收付实现制为基础，主要由于预算的目的主要侧重于预算执行情况的反映，采用收付实现制便于安排预算拨款和预算支出进度，便于落实预算余缺，如实反映预算收支情况。

所以我们将在下文中首先简要比较收付实现制基础、修正的收付实现制基础、修正的权责发生制基础下和权责发生制基础下财务报告的种类和主要内容。国际会计师联合会公立单位委员会和美国政府财务报告准则委员会分别在其《国际公立单位会计准则第 1 号——财务报表的呈报》和《政府会计准则委员会公告第 34 号——州和地方政府基本财务报表以及管理讨论与分析》中构建的政府财务报表体系已经相对完善，并且在实践中得到了一定的检验，借鉴他国的经验，取长补短、并结合整体分析框架中的各种因素的影响，以期能够构

① 美国政府会计准则委员会：《美国州和地方政府会计业财务报告准则汇编》，人民出版社 2004 年版。

建一个更为适应我国各种环境要求，能够更好的完成政府财务报告目标的政府财务报表体系。

一、会计基础与财务报表①

不同的政府会计核算基础所对应的政府会计要素和报表类型均有不同，（PSC，1992，2000；赵建勇，2002；李建发，2006），我们这里就 PSC 在这方面的研究成果简要解释一下，为的是能够清楚地了解现阶段我国特殊的情况，能够适应不同的需要基础上选择不同的报表来满足信息需求者的需要。从表 10－1 可以看出不同的会计基础所对应的会计要素的不同，就会导致财务报表的形式和内容出现很大的差别。②

表 10－1　　会计基础所对应的会计要素

会计基础	计量重点	会计要素
现金制基础	现金结余（及其变动）	现金收入 现金支出 现金结余
修正的现金制基础	当期财务资源（及其变动）	现金收入加应收款项 现金支出加应付款项 现金及约当现金结余
修正的应计制基础	总财务资源（及其变动）	收入 支出 金融资产 负债 净财务资源
应计制基础	经济资源（及其变动）	收入 费用（包括折旧） 资产（财务的和实务的） 负债 净资产（权益）

① 赵建勇：《政府财务报告问题研究》，上海财经大学出版社 2002 年版。

② PSC 在 1993 年公布的《研究报告第二号——中央政府财务报表的要素》。

1. 现金制

PSC《国际公立单位会计准则征求意见稿第 9 号——现金制会计基础的财务报告》中详细介绍了在现金制基础下财务报表应该包括：现金流量表（收入支出表），会计政策和解释性说明和注释。并且现金流量表应该按照整个政府、地方政府、政府机构按功能支出和性质支出分别编制和披露。收入支出表反映的是政府在报告期间收入超过或不抵支出的情况，该表反映政府在报告期内花费的现金是多于还是少于它所筹集到的资金[①]。财务报表注释主要说明的是会计政策如报告主体的定义、确认收入和支出的时点、以及在非现金制基础下产生的附加信息。

2. 修正的现金制

PSC 在 1998 年发布的《政府财务报告指南》（征求意见稿）中提到：在修正的现金制基础下编制的财务报表及其附加揭示实际上与现金制基础下编制的财务报表及其附加揭示一样，也是现金流量表（收入支出表），会计政策和解释性说明和注释，只是加了一些科目的披露。

3. 应计制

PSC 在 2000 年发布的《国际公立单位会计准则第 1 号——财务报表的呈报》中详细说明了在应计制基础下报表的种类、格式、内容等。政府财务报表的种类与企业财务报表的种类基本一致，包括：财务状况表、财务业绩表、现金流量表、财务报表注释和其他补充解释。这些财务报表向使用者提供关于由主体控制的资源以及主体业务活动运行结果或主体提供服务成本的信息。在某些行政区域，还会要求编制权益变动表。

4. 修正的应计制

PSC 在其《研究报告——政府财务报告——会计问题与实务》中认为：一般来说在修正的应计制基础下编报的财务报表的种类与在应计制基础下编报的财务报表的种类相同，区别在于修正的应计制基础下将某些在应计制基础下作为资产处理的项目当作了费用支出，因此在应计制基础下的财务业绩表也可被称为收入支出表[②]。

二、我国的财务报表体系[③]

在第三节我们已经详细的介绍了国际会计师联合会公立单位委员会和美国政

① 赵建勇：《政府财务报告问题研究》，上海财经大学出版社 2002 年版。

② 同上。

③ 同上。

府财务报告准则委员会所构建的政府财务报表体系，我们认为，我国的政府财务报表体系应该在结合整体分析框架中的各种因素，在 IFAC 和 GASB 所列示的报表模型基础上各取所长。

首先 GASB 所制定的塔型结构双重观点报告模式能够更好的满足财务报告信息使用者的信息需求，解除政府的公共受托责任，所以政府财务报告模型可以以此为基础并在此基础上加以改进而形成更为广泛适用的政府财务报告模型。根据我们上面对政府财务报告主体的界定，我国可以构建塔型结构 3 种报告主体的财务报告模式。政府层面的财务报表重点是政府作为一个经济实体的财务状况和业务活动成果，基金层面财务报表的重点是区分主要基金和次要基金分别单个和按类别报告当期财务资源的流入流出以及余额的信息。而针对我国行政体系中，政府部门的重要性，以及他们的独立性，分别对公民有着不同方面的受托责任，为了更清晰的反映这些信息，我们另外需要报告政府部门层面的财务信息。综上所述，我国的财务报告采用塔型三重观点的报告模式。

其次，在上文提及的 GASB 的报表体系中，政府层面的财务报告中并没有涉及现金流量表。因为它所提供的净资产表和业务活动情况表都是以权责发生制的会计基础编报的，考虑到会计基础得不同，所以并未能反映政府现金流量的信息。我国现行的政府会计的报表也只包括分别反映财务收支情况和反映财务状况的 2 个基本报表。但随着财政体制改革的进行，政府管理当局以及外部的信息使用者需要针对政府预算的执行情况对财政年度资金的流动情况进行分析评价，做出各种决策，而现金流量的信息在使用者评价受托责任时是有重要作用的，它可以帮助使用者了解政府有关筹资、投资、经营方面现金的信息，能够帮助其作出和评价关于政府资源分配的决策和政府开展业务活动的业绩进行评价，所以，我们认为在政府财务报表体系的政府层面和政府部门层面都需要编制现金流量表，以收付实现制为基础反映政府现金的流入、流出及其结存情况，能准确地反映各项业务活动的现金来源及运用的具体情况，提供准确有用的信息。具体形式可以参照国际会计师联合会公立单位委员会发布的有关现金流量表的会计准则所确定的模式来编报。

第三，政府财务报告中还应该包括与政府预算的比较信息。政府预算是政府的法定年度财务收支计划，它是考核政府守法情况、业绩情况等的重要依据。政府财务报告在一定程度上反映了政府预算的执行情况，通过政府财务报告与预算数的比较，使用者可以对政府的财务活动是否遵守法定的预算作出判断。政府预算执行情况既是使用者关注的重点信息，同时也是政府业绩的重要评价标准之一。所以我们认为预算比较表应当纳入政府基本财务报表中，在具体操作中，我们可以将预算/实际比较表放入特种报表中予以反映。

在综合考虑我国政治体制、经济水平、技术手段的基础上首先要构建一个对内的政府财务报表体系①，从长远看来，随着我国经济水平的提高和治理能力的不断推进，建立对外的政府财务报表体系可以作为主要目标。综上所述，我们构建的我国政府财务报表体系包括通用财务报表、特种报表、报表附注和鉴证。

（一）通用财务报表

《2001年政府财政统计手册》的核心要求市政府需要提供包括资产负债表、政府运营表、其他经济流量表和现金流量表，同时建立起一个权责发生制为基础的分析框架。《国际公共部门会计准则》IPSAS强调在权责发生制下，政府要提供财务状况表、财务业绩报表、净资产/权益变动表、现金流量表。德国在改革后政府报告主要包括3种财务报告，财务状况报告、财务绩效报告和活动报告。英国的部门资源会计报表主要包括资源产出概要表、运营成本表、资产负债表、现金流量表、基于部门宗旨和目标的资源表，英国地方政府会计报告主要包括说明性介绍、地方政府独立记账的各基金收入支出概要表、资本支出概要表、会计政策说明表、合并经营活动表、合并资产负债表、合并现金流量表。美国州和地方要求基本财务报表由政府层面财务报表和基金财务报表组成。政府层面的财务报表有净资产报表和业务活动表，政府基金的财务报表包括资产负债表、收入支出和基金变动表等。在整体分析框架的基础上，结合国外和企业的经验，我们认为通用财务报表包括：资产负债表、收入支出表、现金流量表。

1. 资产负债表

在IPSAS中，把资产负债表称为财务状况表，提供关于主体财务状况及变化的信息，包含所有已确认的资产和负债的详细内容。并要求财务状况表按流动和非流动性单列以下项目：不动产、厂场和设备、无形资产、金融资产、用权益法核算的投资、存货、非外汇交易的可回收金额（包括税款和转移支付款）、外汇交易中的应收和应付项目、现金和现金等价物、准备、非流动负债、少数股权、净资产/权益。这些项目中有一些明显是公共部门所持的。

我们在这里仍把该表称为资产负债表，是反映主体在报告日拥有的资源和承担的义务，类似于营利性主体的资产负债表。政府报告主体应当按照经营的性质，在财务状况表中将资产和负债归类为流动和非流动资产、流动和非流动负债

① 李建发：《政府财务报告研究》，厦门大学出版社2006年版。

进行列报。我国政府控制了国家绝大部分经济资源，它是全体人民共同拥有的，由政府代表人民来控制和管理的资源。政府控制的经济资源有两种情况，一种是由政府财务收支转化的实物资产存量，如固定资产、公共设施、长期投资等；一种是国家拥有的可以变现的自然资源、历史遗产等。这部分经济资源可以作为政府提供公共服务的基础，也可以转化为政府的收入。因此，报告经济资源信息的目的一方面可以使政府财务报告使用者了解和评价政府资源状况，另一方面也可以评价政府提供公共服务的能力和潜力，有助于投资者和债权人评价政府长期的偿债能力。政府对外对内的各种权益资产，也必须纳入政府对外财务报告。具体包括：我国政府在世界银行、亚洲开发银行及其他国际组织中拥有的股权、对外投资或借给外国政府的款项，以及上下级政府之间应补助、应上解的款项和应返还的税收等。根据第八章我们对于资产要素的界定和分类，我们在资产负债表中资产部分主要包括货币资产、非货币性流动资产、其他流动资产、固定资产、其他资本性资产。

我国政府承担的负债具体包括：政府向世界银行、亚洲开发银行及其他国际组织和外国政府的借款和欠款，以及在国内发行的各种政府债券、上下级政府之间的应付补助款、应返还款项等债务。各级政府所属的行政及事业单位若无力偿还债务，政府将负有偿还的连带责任。因此上述负债，都必须纳入各该级政府财务报告的视野。如果不把国家债务纳入政府财务报告体系，就无法真实反映我国政府的财务状况和经济实力。根据改进的政府财务报告理论，我们应逐步引进权责发生制。对所有已可确认并可计量的负债项目应实行权责发生制核算。对尚未确认或虽可确认但尚不能充分计量的或有负债，应在分析最终可能性的基础上，在财务报表附注中予以详细披露。

另外应该特别指出的是，在我国现行的财政总预算会计和行政单位预算会计在资产负债表中均按照“资产 + 支出 = 负债 + 净资产 + 收入”平衡公式编制，表中都列示了收入、支出项目。在资产负债表是“某一时点的财务状况表”，这决定了它只能反映会计期末的信息而不能反映会计期间的信息，这是财务报告结构的基本原理，静态报表中反映以发生额表示的收支情况，不仅与收入支出表内容重复，而且使资产总额和负债基金总额虚增了一大块，年度过程中表上既列有会计科目的余额又列有会计科目发生额，十分费解。所以资产负债表作为静态报表，要按“资产 = 负债 + 净资产”会计等式编制，仅列示资产、负债，净资产三类项目，不列示收入、支出项目。这样可以使资产负债表与收入支出表独立表达、自成体系。

综上所述，我们采用“资产 = 负债 + 净资产”为资产负债表结构的基本原理，来构建如表 10 - 2 形式的资产负债表。

表 10－2　　资产负债表

编报单位：　　年　月　日　　金额单位：

资产	负债
流动资产： 货币资产 非货币性流动资产 其他流动资产	流动负债：
固定资产：	非流动负债：
其他资本性资产：	负债合计
	净资产
资产合计	负债和净资产

行政单位编报的资产负债表可以全面反映各行政单位的财务状况，如果不把基础设施资产和文化遗产等特殊资产包含在内的话，直接把一级政府各行政单位的资产负债表汇总，已经能够比较全面地反映政府的财务状况①。各级政府部门都是根据政府承担的相应的政府职能需要而设置的，履行相应的受托责任。由于其有责任报告其使用公共资金、进行管理和服务的情况。由于其活动范围、资产、负债比较容易确认和计量，我们可以先编制政府部门从低级到高级的资产负债表，再在政府部门的基础上汇总合并编制地方政府、中央政府资产负债表，随着科学技术水平的不断发展，自然资源、文化遗产等特殊资产的计量问题得到解决，再把其放入地方、中央政府资产负债表中。基本政府层面的资产负债表可以分别按照地区、部门来汇总。如表 10－3 和表 10－4 所示。

表 10－3　　资产、负债、净资产汇总表（地区）

	资产	负债	净资产
中央政府合计			
北京市			
天津市			
河北省			
山西省			
浙江省			
江苏省			
……各地方政府			

① 赵建勇：《政府财务报告问题研究》，上海财经大学出版社 2002 年版。

表 10－4　　资产、负债、净资产汇总表（部门）

	资产	负债	净资产
中央政府合计			
外交部			
教育部			
公安部			
财政部			
建设部			
铁道部			
……各政府部门			

我国财政体制改革后，实施部门预算，部门预算可以说是一个综合预算，既包括行政单位预算，又包括下属的事业单位预算；既包括一般预算收支计划，又包括政府基金预算收支计划；既包括财政预算内拨款收支计划，又包括财政预算外核拨资金收支计划和部门其他收支计划①，从而改变了过去预算资金割裂的状况。基金预算收支计划要严格按照人大批准的用途来进行执行，因此应该采用基金管理并且采用基金会计模式，编制基金/项目层面的财务报告。我们这里就政府基金来为讨论的重点，基金层面的资产负债表应当报告每个主要基金的当期财务资源以及非主要基金当期财务资源的合计数，其中当期财务资源以资产、负债和基金余额来反映②。

2. 收入支出表

在 IPSAS 中，并没有收入支出表这个概念，它要求编报财务业绩表。财务业绩表列示收入超过费用的盈余（或赤字），包括所有已确认的收入和费用的详细内容。并要求财务业绩表至少应单列以下项目：经营活动的收入，经营活动盈余与赤字，融资成本，用权益法核算的在联营、合营企业净盈余/赤字中的份额，日常活动的盈余或赤字、非常项目、少数股权享有的净盈余或赤字的份额，当期净盈余/赤字。财务业绩表反映主体在报告期间的经营成果，类似于营利性主体的收益表。但公共部门主体在财务业绩表中可以根据费用的性质或功能对费用进行合理的分析。政府部门的收入许多是非交换交易形成的，比如税收收入、捐赠收入等。在这种情况下，收入的获得不一定直接发生相应的耗费或者付出相应的代价；许多费用的发生是为了提供公共产品，也并不一定是为了获取相应的收

① 吕宏繁、李安东："浅析中央部门预算改革"，《中央财经大学学报》，2000 年第 9 期。

② 赵建勇：《政府财务报告问题研究》，上海财经大学出版社 2002 年版。

入。所以，在政府会计体系下，许多收入与费用之间并不配比，企业会计中的收入与费用相配比的原则在政府会计体系中不一定适用。我国作为报告主体的基本政府、政府部门以及基金/项目和营利性主体存在很大差别，所以还是应该根据现行的预算会计制度，继续编制类似我国财政总预算会计和行政单位编制的收入支出表，同样也分别按照基本政府层面和政府部门层面来编制收入支出表。但值得一提的是政府的收入支出表应从报告政府预算资金收支活动扩展为报告所有政府财务资金收支活动。

此外，现行收入支出表中收入支出项目划分过粗，收支、结余未按资金类别对比计列，不便于了解情况，分析问题。我们认为，政府收入支出表要按各类财政资金收支各自对比计列的原则编制。对一般预算资金、基金预算资金、专用基金，预算外资金等各类财政资金按收入、支出、结余分设 3 栏，各类财政资金有关栏目的数量关系是：收入 - 支出 = 结余。而且目前我国财政总预算会计的收入支出科目划分得过于粗略，所提供的会计信息过于概括。如收入类科目只有一般预算收入、基金预算收入、专用基金收入、补助收入、上解收入、调入资金、财政周转金收入；支出类科目是相应的 7 个[①]。按照这些会计科目编制的收入支出表，透明度低，不便于信息使用者对政府资金收支的情况和绩效进行评价、判断和监督。所以，在政府财务报告中，至少可以向报告使用者提供二级明细科目内容。如预算收入类科目可报告以下二级科目：政府税收收入、国有资产经营收益、行政性收费收入、专项收入、海域矿区使用费收入、其他收入、预算调拨收入、国内债务收入、国外债务收入等。预算支出类科目可报告以下二级科目：经济建设支出、事业费支出、行政管理支出、国家安全支出、对外援助支出、债务利息支出、专项支出、其他支出、内债还本支出、外债还本支出等。这样，更加明细的报告内容，可以不断满足报告使用者日益增加的信息需求。行政事业单位收支表也要按各类资金收支对比计列的原则编制。如事业单位按事业性收支、经营收支、专款收支、基建收支、专用基金收支等类别编制。各类资金有关栏目的数量关系与政府收支表相同。行政事业单位的事业支出、经费支出等科目，也应设置必要的二级科目和三级科目，在会计报表附表中其明细数据。如表 10 - 5 所示。

① 尹玲燕：《政府与非营利组织会计》，高等教育出版社 2002 年版。

表 10－5　　收入支出表

收入			支出			
项目	本月数	本年累计	项目	本月数	本年累计	结余
一般预算收入			一般预算支出			
其中：政府税收收入			其中：经济建设支出			
行政性收费收入			行政管理支出			
专项收入			专项支出			
……			……			
基金预算收入			基金预算支出			
专用基金收入			专用基金支出			
补助收入			补助支出			
上解收入			上解支出			
调入资金			调出资金			
收入合计			支出合计			累计结余

针对政府基金层面的财务业绩表应当报告每个主要政府基金以及非主要政府基金合并后的当期财务资源流入、流出以及余额的信息。在收入、支出和基金余额变动表中，应当设置一个政府基金合计栏，用于反映整个政府基金当期财务资源流入、流出以及余额的合计信息①。收入主要按照来源分类，如税收收入、罚款收入、服务费收入等；也可按照组织单位分类，如按部、厅、其他行政机构分类，这种分类的主要目的是为了明确单位受托责任和便于审计。支出主要可以按照只能分类，如普通政府职能、公共安全职能、健康和卫生职能等，目的是为了可以提供支出总体目的或目标的信息。如表 10－6 所示。

表 10－6　　基金收支表

	基金 A	基金 B	基金 C	……	其他政府基金	政府基金合计
收入						
支出						
基金余额变动						
年初基金余额						
年末基金余额						

3. 现金流量表

① 赵建勇：《政府财务报告问题研究》，上海财经大学出版社 2002 年版。

现金流量表反映报告期内公共部门主体现金流入的来源、现金支出的项目以及报告日的现金余额。这一信息与财务报告中的其他信息可能有助于评价政府的未来现金需求、政府在未来创造现金流的能力，以及为政府业务活动范围或性质发生变动时提供资金的能力。现金流量表也可能帮助政府解除在当期现金流入和现金流出上的受托责任。我国学者对于是否应该编制现金流量表还存在争议，比如全国预算会计研究会《预算会计课题组》（2006）认为，目前我国的政府会计还不适宜编报现金流量表。其理由是：（1）我国采用收付实现制编制了预算执行情况表（收入支出表），与现金流量表的信息重复较多；（2）现金流量表的主要作用是在权责发生制的前提下，通过现金流量表反映政府运营活动导致的现金增减变化，而我国政府会计主要以收付实现制为核算基础，政府决策者对现金流量表反映的信息需求不大；（3）现金流量表编制的技术要求较高，我国政府会计人员业务水平参差不齐。难以保证报表的质量。虽然在现阶段，正如课题组提到的，即使编制了现金流量表，意义也不是很大。但是随着我国权责发生制的运用，现金流量表是必须编制的财务报表，这样才能为信息使用者提供更完整的信息。

（二）特种报表

除以上报表外，不同国家还要求编制提供其他类型的报表，如新西兰编制政府借款表、承诺事项表等反映政府债务和或有债务情况的报表，超出预算支出项目表等反映政府是否遵循预算情况的报表；澳大利亚则要求编制资本报表，以反映政府开支形成资本的情况；美国联邦政府在年度财务报告中提交按功能分类的净成本报表，这个报表分部门反映了政府各个职能部门履行行政权力的成本。各个国家根据自身情况，对这些报表的编制和披露分别有不同的要求。

为了满足国家宏观经济管理的需要、适应预算管理和有关方面了解行政单位财务状况及收支结果的需要、以及内部财务管理和评价政府的受托责任。政府财务报告会计还应该根据我国会计信息需求者的具体要求，为帮助使用者深入了解会计主表的有关内容和项目而以表格的形式对主要会计报表所作的补充说明和详细解释。随着财政预算管理制度的改革，部门预算制度、国库单一账户制度、政府采购制度的陆续推行，各级政府内部各部门分别负责政府财政管理的不同方面，如税收部门负责税务的征管、财政部门负责财政预算的编制、国库部门负责各单位执行情况的监控、政府采购中心负责商品的集中采购、国资委负责部分国有资产的管理等。因此可以就这些部门的一些具体情况提供更为详细和具体信息。具体可以包括：来自财政部门的预算执行情况对照表、来自国资委的国有资产明细表和国有资产保值增值情况表、来自税收部门的税收征管情况表、来自政府采购中心的政府采购业务专设报表（即附表或明细表）等。预算执行情况对照表反映预算年度各政府部门实际收支与预算收支的对比情况；国有资产保值增值情况表反映政府对国有资产保值增值的受托责任；政府采购专设附表反映政府采购等工作的效果以及由此对经费支出的影响情况。这些附表提供的财务信息，可以充分反映各级政府广泛履行受托责任的情况，全面完整地反映整个政府的财务状况和收支情况，从而实现政府财务报表系统的完整性。同时，借鉴企业财务报告，我国政府财务报告的附表根据具体情况，还可适当增加借款明细表、对外投资明细表、固定资产明细表、无形资产明细表、拨入款支出明细表、接受捐赠明细表、业务（项目）成本表等。这些附表可以帮助使用者更充分的深入理解会计主表的相关内容和项目。

（三）附注和鉴证

1. 附注和其他披露问题

在美国政府会计中，无论是 GASB 还是 FASAB 在制定准则时都不但重视财务信息的披露，而且十分重视政府管理业绩的阐述、分析与报告等这些非财务信息的披露。如 GASB 颁布的第 34 号准则《州和地方政府财务报告及管理层阐述与分析》，FASAB 颁布的第 8 号准则《运营责任的补充报告》以及第 3 号概念框架《管理层阐述与分析》等都对非财务信息的报告做出了规范。美国政府会计准则委员会主席汤姆·艾伦在 2003 年我国财政部主办的政府及非营利组织会计讲座上提到："如果没有一套好的报表附注，那么你们的政府财务报表无论如何都是不完整的①。"

美国政府会计准则委员会第 34 号公告中对于基本财务报表——财务报表附注中对信息披露的总体要求、资本资产和长期负债的附注披露要求、附加限制条件的捐助的披露、分部信息等通过对一些典型的披露进行的说明，并在修订后的全国会计委员会第 6 号公告中提供了完整的注释要求②。附注及其他披露的主要内容③：(1) 关于会计政策概述。要求披露：对政府层面财务报表的描述；政府层面财务报告所采用的计量重点和会计基础；业务活动情况表中用于内部活动抵消的政策；资本资产和用于计算这些资产折旧的预计使用寿命的政策；政府选择

① 财政部会计司：《美国政府及非营利组织会计讲座》，中国财政经济出版社 2002 年版。

② 美国政府会计准则委员会：《美国州和地方政府会计业财务报告准则汇编》，人民出版社 2004 年版。

③ 张雪芬：《政府会计发展与对策》，中国时代经济出版社 2006 年版。

用于报告合格的基础设施资产的修正方法；业务活动情况表中项目收入所包括的交易类型和间接分配的政策；政府对权益基金运营和非运营收入定义的政策；在一项费用发生涉及到限定性和非限定性净资产时，政府决定首先动用限定性和非限定性资源的政策；（2）关于资本资产和长期负债额外信息的披露；（3）关于浓缩财务报表与附注披露的关系问题。GASB 第 34 号准则特别规定，政府报告主体可以通过提供浓缩的财务报表满足一般使用者的需要；（4）关于政府财务报告组成单位的信息披露问题。

财务报表附注主要以文字形式出现，对财务报表尤其是对基本报表项目的确认、计量、列示等所作的说明和解释，其目的是让信息使用者更好的理解财务报表所提供的信息。在政府会计环境日益变化发展的今天、会计理论和技术也在日益丰富，报表所提供的信息已经不能满足使用者的要求，附注已经成为财务报告体系中不可或缺的重要组成部分。附注中应该包括哪些方面的信息，即使现有的一些具体准则有些规范，但都缺乏完整性和系统性，这可能导致附注信息缺乏客观性、完整性、相关性等信息质量特征。美国政府会计准则委员会认为附注应包括：重要会计政策摘要，在金融机构的存款，投资，重大或有事项，影响重大的后续事件，养老金义务，严重违反有关金融法律和合同规定的行为，建筑工程，固定资产的变动，长期负债的变动等。我国《事业单位会计准则》借鉴了企业会计准则认为附注主要应包括：会计处理方法变更的情况、原因以及对财务状况和业务运营成果的影响，非经常性项目的说明，会计报表中有关重要项目的明细表资料，其他有助于理解和分析会计报表而说明的事项。GASB 认为，由于政府内部的财务管理人员具有信息优势，由它们对政府财务活动进行分析性说明，可以帮助使用者更好地理解和应用政府财务报告，从而能够更有效地实现政府会计目标。MD&A、RSI 以及财务报表附注所包含的信息内容非常广泛，几乎涵盖了政府财务活动的所有方面。尽管我国预算会计制度也有编写会计报表说明书的规定，但这主要是针对会计方法使用情况的说明，重点不在于描述政府的财务活动情况，信息含量较少。借鉴国外的经验，根据我国的实际情况，笔者认为可以把我国原来的政府财政收支决算报告中决算说明书或财务情况说明书改进为政府财务报告附注。同时，借鉴 GASB 第 34 号准则的做法，要求政府财务报告提供 MD&A 等规定的补充信息，用特定的议题 、图形 、图表和表格等形式，对涉及财务、非财务的事项及相关的公共受托业绩加以描述。

具体来说我国政府会计报告中的附注部分解释的信息应当适应信息需求者的要求，并且满足信息质量要求；信息应该是与报表直接相关的，能帮助使用者理解报表的，虽然需要披露非财务信息，但是还应把重心放在财务信息上；揭示的信息应突出重点、简洁明了，详略有别；由于附注的揭示存在一定的主观性，应防止可能的随意性，通过准则来规范行为。附注的主要作用就是可以提供对公允地揭示政府财务状况和运营成果必要的信息，通过相关内容的解释以增强政府财务报告的可阅读性。我国政府财务报告的报表附注的具体项目，可总结以往经验并参考国外公立单位和企业会计准则加以制定。会计报表附注应该包括以下相关信息：对会计政策、会计方法使用情况的说明。会计政策、会计方法的说明是了解财务报表项目含义的重要阐述，具体应说明财务报表的主体范围、编报财务报表所依据的法律规定、会计基础、对会计报表要素确认和及计量的方法等。没有会计政策、会计方法使用情况的说明，财务报告使用者就无法准确理解财务报表的确切含义。此外还可以包括对政府管理业绩的讨论和分析。如存放金融机构的款项、对外投资、重大的或有负债未结清的保留数、重大的期后事项、近期到期的债务金额、资本工程承诺、固定资产明细、长期负债明细、累计余额赤字的基金和年度支出超过核定经费的基金等。这些对政府管理业绩的讨论与分析，有利于政府强化管理业绩的概念，也有利于人民代表大会等有关方面对政府的管理业绩进行考评。此外，如果需要及政府当局认为必要，还可以在会计报表附注中增加其他政府会计报表未能披露的信息。

2. 鉴证问题

政府编制财务报告的一个基本作用就是为了让立法部门、公众等信息使用者了解政府受托责任的履行情况，是否遵循了法律、法规，是否实现了目标、取得了所要求的成果，政府所提供的服务是否讲究了效率性、效果性和经济性。由于提供财务报告的政府部门的立场与使用财务报告的立法机构和社会公众的立场往往不一致，必须考虑政府财务报告的质量问题，即如何才能保证政府财务报告信息的相关性和可靠性，客观公允地反映政府的业绩和受托责任。因此，在政府履行各项职责的过程中，政府审计就是一个关键的因素，对政府财务报告的审计和鉴证工作就成为政府会计一项必要的工作，政府审计报告应作为政府财务报告的组成部分。审计机关或其他鉴证机构以其公正、中立的身份，通过对政府财务报告进行不偏不倚的审计，提供客观、公允的鉴证报告，使政府财务报告取信于使用者，以解除其受托责任。只有经过审计鉴证，才能保证其真实性和可靠性。

在西方国家，政府财务报告都必须经过政府审计师鉴证后才能向社会各方面的使用者提供和公布，否则没有经过审计师鉴证的财务报告不具有法律效力。美国政府会计准则委员会主席汤姆·艾伦在 2002 年我国财政部主办的政府及非营利组织会计讲座上提到：“审计增强了财务报表的可信度，没有人愿意相信其财务报表未经审计的政府机构，金融市场也不会向这样的政府机构提供财务资源。

而且审计也使政府会计准则成为真正的准则，而不仅仅是政府遵守或不遵守皆可的指导性原则。”另外对政府财务报告的审计鉴证也有利于提高公共财政资金使用效率和效果，督促政府官员及政府行政管理当局高效、廉政地开展工作，防止和杜绝政府官员贪污腐化和玩忽职守的现象，保证政府履行受托责任，并通过提高政绩来取得社会公众、立法机构和上级政府的信任。汤姆·艾伦也提到：“对政府财务报表的审计的另一个原因是为了检查预算执行情况和对其他财政管理规定的遵循情况。但也许最重要的一点，审计具有威慑作用。官员们和其他政府工作人员清楚的知道要进行审计，因此在履行其职责时会更加诚实。”所以，对政府财务报告的审计也是检查政府管理公共财政的业绩和社会的、政治的和经济的受托责任是否得以全面履行，政府是否按照法律规定有效地执行和控制公共政收支预算，以及政府是否有效地开展工作等的检查手段。

国际货币基金组织的“财政透明度”也要求通过达到数量质量标准以及公开和独立的检查来确保财政数据的真实性。达到数量质量标准主要包括对预算收支的准确预测、采用公认的会计标准、财政数据内部的交叉核对和其他数据的协调，强调通过有效的内部控制（包括内部审计）来实现。公开和独立的检查则包括国家审计机关的独立审计、外部专家对财政和宏观经济预测的评估以及国家统计机关通过独立百年之财政统计数据对财政数据的质量进行核对。其中独立行政机构的国家审计机构或相应机构应及时向立法机关和公众披露关于账户财务真实性的报告。

虽然我国政府审计机关也对政府所属的行政事业单位的经费收支情况及财政机关的财政收支执行情况及结果实施审计监督，也形成审计报告，但我国审计报告和政府财务报告往往是分离的，审计鉴证报告并没有包括在政府财务报告中。由此可见，我国基本上还没有做到和西方国家一样将审计报告作为政府财务报告不可或缺的一个部分，笔者认为，建立健全我国政府财务报告的审计鉴证制度，将审计及鉴证报告作为财务报告的一个部分向社会公众和立法机构报告，这也是保证政府财务报告的可靠性进而保证财政透明度的重要手段。

一般政府财务报告鉴证的主要内容包括财务鉴证和管理鉴证：财务鉴证通常也称为财务报表鉴证，它主要针对政府业务经营活动和公共财政收支的合法性、合规性提供鉴证，即通过验证政府财政活动是否符合预算、法律规章、行政法规和其他合同协议，是否把财政资金用于限定的目的或活动，提出客观公允的意见。管理鉴证主要是对财务报告反映的政府公共受托责任和业绩进行鉴证，即主要是对政府公共财政资金使用的经济性、效率性和效果性进行鉴证。[①]

① 张雪芬：《政府会计发展与对策》，中国时代经济出版社2006年版。

外向型管理审计是由独立的外部注册会计师，为维护股东、投资人、债权人及其他利害关系人的利益，通过对组织的资金状况、盈利能力及组织结构等的分项研究，就组织管理业绩和管理活动的恰当性发表建设性（也包括鉴证）意见，并对外报告。外向型管理审计旨在从本质上建立和加强委托人和受托人之间的互信，优化资源的利用。外向型管理审计在20世纪60年代就开始受到西方学界和CPA们的关注，而且近二、三十年来，在西方发达国家经济管理、工商管理和行政管理中发挥着越来越重要的作用。我国作为社会主义大国，拥有巨额的共有财产（随着经济实力的迅速增强，这一财产数目还在迅速增加），由大量的各类的机构、组织在使用这些财产，承担着重要的不同的社会职能；随着社会主义市场经济的逐步完善，我国涌现出大批的股份制企业和大型集团企业，这就使原本不明确的各种委托代理关系变得日益复杂化。在社会转型时期，特别是在市场经济体制和观念日益深入的今天，受托代理责任也在日益明确而且复杂化。因此，我国发展以鉴证受托人受托管理责任的经济、效率和效果等目的为己任的外向型管理审计已经成为现实的迫切要求。但是，我国理论界和管理当局对于外向型管理审计的认识还刚刚开始，而在实务界，其相关的操作还处于极不规范的状态。

与财务会计审计要求一样政府财务报告的审计也应从财务审计转向管理审计，发展政府部门的外向型管理审计。综观各国政府改革的实践，最终都选择了服务职能，实现了由过去重管理控制轻服务及“以政府为中心”到开始注重公共服务、“以满足人民的需求为中心”的转变，服务行政作为一种新兴的政府行政理念已经成为世界性的大趋势。顺应服务行政的全球趋势，从管理型行政向服务型行政转变，成为我国政府改革的基本目标，也是现代市场经济条件下政府改革的新路。中央曾明确提出“切实把政府经济管理职能转到主要为市场主体服务和创造良好发展环境上来”，这是一个重大的理论创新，标志着我国政治体制改革的重心开始向转变政府职能、创新管理体制方面转变，显示着我国政府改革以有限政府和有效政府作为目标模式。政府审计与政府职能转变相适应，最重要的就是要适应政府职能从无限型向有限型转变的要求。有限政府的实质性内容就是市场的政府，即以市场为基础的政府，市场先于政府是有限政府的基础。按照这种内在要求，加入WTO之后，政府职能的转变包括三个层次，即需要退出的领域，需要强化的领域，需要转变的领域。

在新环境下必须进行针对性变革，转变传统的思维方式和工作模式，树立服务意识，实现由传统审计向现代审计转变。“入世”之后，我国政府的执政理念发生了彻底的转变，法治政府、高效政府、责任政府、透明政府等理念已被普遍认知和确立，从而为政府审计的变革提供了理论指南。应该强化对政府公共财政的审计监督，加快向绩效审计为中心的转变。总体来说我国政府审计现在还停留在财务审计阶段，这已明显不适应我国市场经济条件下的政府运作机制。积极推进绩效审计，是实现我国政府审计工作现代化的必然要求和迫切需要。由此可见，政府审计机构不仅仅要对财务报告的合法性、合规性进行鉴证，必须加强对政府公共财政资金使用的经济性、效果性、效率性、环保性、公平性进行鉴证。从而能客观公允的反应政府业绩，解除政府的公共受托责任。

第五节 政府会计信息披露与政府财务报告体系重构研究——基于信息使用者需求的视角

20 世纪 70 年代末以来，在新古典经济理论的崛起、经济全球化大趋势、信息技术革命推进，尤其是西方各国政府财政赤字猛增、福利国家不堪重负等一系列新的社会与政治问题出现的背景下，西方发达国家掀起了一场声势浩大的公共行政改革运动，称之为“新公共管理”（NPM）运动。具体来讲就是时代的变化对政府提出了新的要求，政府会计变革也在这个背景之下加速推进。同时 OECD、IMF、IFAC 等国际组织都在积极推进财政透明度进程，全球性的政府会计改革为中国政府会计改革提供了良好契机以及可资借鉴的经验和吸取的教训。

从政府会计改革的趋势看，由于我国预算会计仍采用收付实现制，与国际通行做法存在较大差异，在执行中也暴露中一些深层次的问题。现行预算会计，不能为编制部门预算提供相关的会计信息，不能全面、完整地揭示政府债务的真实信息，不能提供完整、透明的政府会计信息，不能适应政府投融资体制改革的要求，也不能适应 WTO 及国际竞争的要求①。而且现在政府会计信息使用者不仅仅局限于政府内部管理者，除了立法机关、各级政府、审计部门等之外，包括社会公众、投资者和债权人在内的外部信息需求者也对政府会计所能提供的信息提出了更高的要求，希望籍此可以评价政府绩效。

一、政府会计信息披露的理论依据

（一）政府会计信息使用者需求分析

政府会计的信息披露应以政府会计信息使用者的需求为切入点进行分析和界

---

① 陈晓、宋衍蘅：“西方国家政府会计的比较及其借鉴”，《会计研究》，2002 年第 9 期。

定，从政府会计存在哪些信息使用者，信息使用者有哪些信息需求，信息使用者将如何使用政府会计信息等方面进行理论剖析，为政府会计信息的生成和披露提供思路。

1. 政府会计存在哪些信息使用者

根据我国社会政治经济的特点，政府会计最主要的信息使用者是立法机关和有关行政管理部门，包括各级人大、各级政府及所属财政、税务、审计、宏观规划部门、主管部门等，这主要是政府会计信息的内部使用者。但随着公共管理运动以及政府职能的改变，投资者和信贷者、社会公众（包括纳税人、选举人、投票人、具体利益集团、政府供应或制造商、服务和转移支付的接受者等）、其他政府及其他资源的提供者、经济和财务分析师等等外部信息使用者也对政府会计信息提出了各自的诉求。

2. 信息使用者有哪些信息需求

政府会计的内外部信息使用者对政府会计信息的需求体现在以下方面：守法和管理方面的信息；财务状况方面的信息；业绩方面的信息；政府服务的努力程度、成本和成就的信息等等，而且随着信息使用者范围的扩大和需求的提升，对政府会计提供的信息必将提出更多更高的要求。

3. 信息使用者将如何使用政府会计信息

充分考虑到我国的经济特色和各方面信息使用者的需要，建立一个政府财务会计体系，以综合反映政府财务信息，而不仅仅反映预算方面的财务信息。这样信息使用者可以同时依据预算会计信息和政府财务会计信息，判断政府是否履约从而进行相应决策。

（二）公共财务管理对政府会计信息披露的具体要求

对财务活动过程及结果进行反映的政府会计必须把相关的信息以财务报告的形式披露出来，为加强公共财务管理提供必要的信息资料。公共财务管理要求政府财务报告应是一个能够全面完整反映政府公共部门财务活动情况、财务状况、公共资金使用情况及政府履行财务受托责任情况的综合财务报告，而不只是反映预算收支情况及结果的预算会计报表或财政收支决算报告。所以，应当对预算会计报表或财政收支决算报告进行改革，按照公共财务管理的需要建立政府财务报告体系，提供以下财务信息：

1. 全面、完整、系统地反映政府公共部门的财务状况和财务活动结果

预算会计报表或财政收支决算报告只反映预算收支本身，且具有年度性，而与预算收支相关的情况，如预算支出形成的公共财产、为平衡预算举借的公共债

务等却得不到反映。公共财务管理需要政府财务报告连续地反映公共资金的来龙去脉、预算收支的前因后果以及前后会计期间财务状况的变动情况，全方位披露政府公共部门各个方面、各种类型的财务活动信息。包括：政府及公共部门全面、完整的财务状况。即包括政府层面、公共部门层面的财务状况；也包括期间的和连续的财务状况；还包括政府受托管理的公共财产权益、公共债务情况；政府公共部门的财务状况变动情况。从总财务状况变动或现金流量和净资产变动两个侧面加以反映等。

2. 全面、客观、真实地反映政府公共部门的成本费用

政府公共部门的成本费用与预算支出或经费支出不同。后者只是按批准预算或经费拨款和有关规定所发生的货币支出，而不是与受托责任相对应的财务支出。前者则从财务支出角度，综合了货币支出和物化支出，较客观、真实地反映了政府公共部门的耗费水平。为反映政府公共部门的成本费用情况，美国政府会计准则委员会（GASB）第34号准则公告推荐的公共部门净成本表值得借鉴。这张报表反映了各政府公共部门财政年度的总支出、提供公共服务依法取得的总收入、需要由公共预算拨款的数额等情况。

3. 全面、客观地反映政府公共部门的受托业绩

由于非营利性和追求公共利益目标，政府公共部门不可能象私人部门（企业）那样，可以以股东财富增长、财务状况改善、经营实力增强等财务指标反映其受托业绩。但现行的预算会计报表或财政收支决算报告并不能反映这种受托业绩，所以需要改进现有的政府会计报告模式。

（三）政府财务报告使用者范围的理论分析

政府财务报告使用者的范围以往主要包括公众、立法机构、政府管理部门等，如今在政府会计目标兼顾受托责任观和决策有用观的前提下，投资者和债权人、审计机构等也需纳入政府财务报告使用者的范畴。

1. 公众。政府内部环境的特征决定了政府需要向纳税人履行资源取得和使用的受托责任。因此，公众与政府之间存在最根本的报告责任关系，公众是基本的政府财务信息的使用者，人民有权力知道政府是如何取得资源和如何管理这些资源的。虽然目前由于公民参与国家事务渠道不畅通，造成普通公民对政府财务状况和收支结果没有给予太多的关注。但是公民享有政府财务信息的知情权和监督权，因此，公民作为政府财务报告的使用者是政府履行责任的内生要求。

2. 立法机构。中国各级人民代表大会和常务委员会是代表人民利益的立法机构。如前所述，一方面《宪法》和《预算法》在法律上明确了政府应该向各

级人民代表大会及其常务委员会报告政府收支情况；另一方面，中国政府会计的外部环境决定了立法机构的需求占据主要地位。因此，各级人民代表大会和常务委员会是政府财务报告的主要使用者。

3. 政府管理部门。政府管理部门是中国政府财务报告的主要使用者。因为中国长期以来实行市场调节与国家宏观管理相结合的体制，各职能部门在经济中发挥很重要的地位，政府会计改革都与政府管理部门的需求密不可分。目前，财政改革的重心从体制方面转向管理领域，这一阶段改革的核心任务是建立与市场经济体制相适应的公共财政管理框架，其中最引人注目的几项改革是建立部门预算制度、集中性的政府采购制度和集中收付的国库体系。新形势下财政管理是政府会计改革的源动力，从而导致政府管理部门对政府会计信息提出了新的需求，因此，政府管理部门应成为政府会计报告的主要使用者。

4. 投资者和债权人。中国市场经济的逐步建立和完善，为投资者和债权人的发育提供了空间。随着中国国家实力的增强和资本市场的日益完善，中国政府筹集资金日益多元化。因此，与政府发生关系的投资者和债权人出于对资金安全的考虑，都希望了解政府的财务状况和收支状况，并根据这些信息做出相应的决策。因此，投资者和债权人都是财务报告的使用者。

5. 审计机构。在中国审计机构隶属于各级政府，其职责是审查政府财务报告。《中华人民共和国审计法》第二条规定："审计机关对国务院和地方各级人民政府及其各部门的财政收支的真实、合法和效益，依法进行审计。审计机构需要通过审查政府财务报告对预算执行情况和政府财务收支的合法性和效益性做出评价"。因此，审计机构也是政府财务报告的使用者。

当然，随着政治经济等外部环境的不断变化，政府财务报告的使用者范围也会发生相应的变化。

二、政府会计信息使用者及反映信息的调查分析

针对政府会计信息披露及政府财务报告的重要性特征，我们依据相关理论初步设计了调查问卷，并通过与江苏省财政系统的相关实务工作者的充分沟通对问卷进行了必要的修改和完善。同时问卷设计完成后，在南京大学 EMBA 班进行了多次试测，根据试测结果和调研目的对问卷进行了进一步的修订并定稿。

问卷发放采用纸质问卷和电子问卷相结合的方式，并采用两种发放途径，分别是：一是通过网络随机向全国政府部门工作人员发放；二是在财政部四类全国领军人才后备人才发放。问卷回收来自全国各地，分布范围广且具有随机性，保

证了样本的可靠性。本次调研首批问卷的发放时间是2009年3月，最后一批问卷的回收截日期是2010年12月31日。此次调研共发放问卷900份，回收103份，剔除不符合条件的如存在选项缺失的问卷后，有效问卷共计77份。

问卷调查的受访者涉及政府人员和非政府人员，会计背景人员和非会计背景人员。在77份有效回收问卷中，政府相关部门受访者共有32人，占样本的41.6%（其中政府机关人员占14.3%，财政部门人员占10.4%，事业单位（除高校与研究所）人员占16.9%）；高校中的受访者为10人，占样本的13.0%；企业的受访者为35人，占样本的45.4%；样本中不涉及研究所人员和自由职业者。样本的受访者年龄主要集中在25～45周岁，占了样本总人数的94.8%，25周岁以下和45周岁以上分别占2.6%。调查受访者中具有会计及相关专业技术职称的受访者共有63人，占样本的81.8%（其中28.6%的受访者有高级会计师、副教授、高级经济师等高级职称以上（含）的技术职务），不具备相关职称的受访者共有14人，占样本的18.2%。从比例上看，本次调查兼顾了内部相关者和外部相关者，从不同角度对政府会计概念框架影响因素分析进行了调查和解析，且受访者大多具有会计职称，从而保证了调查的针对性、可靠性以及全面性。

（一）政府会计信息使用者及其影响因素的调查分析

政府会计信息使用者的具体类别及比例如表10－7所示。

表10－7　政府会计信息使用者的情况

选项	直接	潜在	选项	直接	潜在	选项	直接	潜在
上级政府	96.10%	3.90%	新闻媒体	18.20%	72.70%	保险部门	14.30%	77.90%
人民代表大会	87%	11.70%	社会组织	6.50%	83.10%	外国政府	16.90%	74%
本级政府	98.70%	0%	企业	14.30%	77.90%	上级财政部门	96.10%	3.90%
审计部门	93.50%	6.50%	居民	5.20%	85.70%	本级财政部门	97.40%	2.60%
投资者	48.10%	46.80%	银行	37.70%	55.80%	本级人事组织部门	33.80%	51.90%
债权人	70.10%	27.30%	国际组织	20.80%	66.20%	上级人事组织部门	35.10%	51.90%

从上表可以看出，政府会计信息的直接使用者还是主要集中在政府部门，比如上级政府、本级政府、人民代表大会、上级财政部门和本级财政部门，而潜在

使用者主要包括投资者、保险部门、外国政府、本级人事组织和上级人事组织等外部使用者。

而对政府会计信息使用者影响因素的调查得出，对于信息使用者影响较大的因素主要集中在体制改革方面，包括政治体制改革、财政体制改革和行政体制改革，由此可见，人们对于宏观政策的变化反映较大。

（二）政府会计体系反映信息的现状分析

我们对调查问卷的结果进行了统计，得出各项信息的反映状况：认为政府会计已经反映了政府现金状况、政府资产（政府构建的实物资产）状况、政府负债的情况、净资产的情况、政府预算执行的情况、政府收入的情况以及政府成本费用状况；而对于政府资源状况、政府资产（含文物古迹和自然资源）状况、政府人力资源的情况等却较少反映。

通过把信息反映状况的情况进行拆分，并对各种情况下各项信息的需求进行排序，我们可以得到：从以上分析可以看出，目前我国政府会计反映的信息主要集中在现金状况、收入情况、预算执行情况、成本费用以及实物资产等方面，这种情况与目前我国采取的预算制会计体系密切相关。在预算会计下，政府会计采用的确认基础是收付实现制，以现金收支为基础，所以对经营状况、收入状况以及预算执行情况的反映比较突出，对于政府资产状况的反映，主要反映政府构建的实物资产，对文物资源和自然资源的反映还不是非常广泛。

随着政府会计目标的变化与深入，政府会计所要包含的信息也要随之变化。从问卷的调查结果来看，人们认为政府会计应该着重反映资源状况、包含文物古迹和自然资源的政府资产、净资产以及人力资源情况，这与政府会计改革的目标、与我国整个经济环境大背景也是相适应的。比如人力资源，它一直是外部投资者所关注的重点，但在会计信息中却不能准确反映，在我们的统计结果中，人们对于政府会计反映人力资源状况的诉求排在了第一位，占了36.5%，从中我们可以看到会计信息使用者对于人力资源状况的需求。在传统会计理念中，政府的资产一般是指政府构建的实物资产，而实际上人们更多地关注包含文物古迹和自然资源的政府资产，这是政府资产范围的扩大在政府财务报告信息中的反映。

总之，现阶段我国政府会计信息披露宜定位为兼顾反映预算收支的合规性和政府财务管理的有效性。具体包括三个方面：一是反映预算收支的合规性；二是反映政府财务状况和运营绩效；三是反映政府持续运营和服务的能力，防范财政风险。

三、政府财务报告体系及其影响因素的调查分析

1. 政府财务报告体系的调查分析

通过调查统计分析得出政府财务报告体系包含的具体内容。见表 10 - 8。

表 10 - 8　　政府财务报告体系状况分析

内容	资产负债表	收入支出表	净资产表	预算执行情况表	会计报表附注	非财务的补充信息	现金流量表	特种报表
比例	100%	93.50%	76.60%	94.80%	84.40%	87%	80.50%	58.40%

从表 10 - 8 可以看出，各种报表需求差别不大，其中对于资产负债表的需求是百分之百。人们对于政府会计报告信息的完整度要求很高，几乎涵盖了所有的报表及附注。

2. 政府财务报告影响因素的调查分析：整体分析模型视角

依据政府会计概念框架整体分析模型（陈志斌，2009），分别考查四个维度的具体因素对政府财务报告质量、内容和范围的影响程度，调查结果统计分析如表 10 - 9 所示。

表 10 - 9　　政府财务报告质量、内容与范围影响因素情况

维度	细分维度	报告质量	报告内容和范围
触发器维度	外在触发因素均值	1.49	1.64
	内在触发因素均值	1.87	2.07
触发器维度均值		1.68	1.85
结构变量维度	政治结构变量均值	2.05	1.99
	经济结构变量均值	1.73	1.90
	行政结构变量均值	1.89	1.98
	社会结构变量均值	1.63	1.61
	技术结构变量均值	1.70	1.66
结构变量维度均值		1.80	1.83
实施维度均值		2.07	1.76
实践维度均值		1.69	1.71

从表 10 - 9 统计结果可以看出，实施维度对政府财务报告的质量、内容与范围的影响更为强烈，证明编制政府财务报告已经到了政府会计改革的成果展现阶

段，因此更加重视具体实施以及反馈的作用。而触发器维度对政府财务报告质量、内容及范围的影响相对较小，说明触发器更多的在改革开始起到推动政府会计改革的作用。具体看来，外在触发器因素中，国际组织特别是国际公共部门组织相关准则，以及企业会计准则发展对政府财务报告质量及内容和范围的影响程度较大，表明国际趋同及企业借鉴在我国政府财务报告体系建设中的作用不可小视；内在触发器因素中，政治体制改革和财政体制改革是影响最大的因素，表明在我国特殊的政治体制下，政府会计改革必须首先考虑政治因素的影响；而政治结构变量和行政结构变量是结构变量维度中影响力最大的因素；实施维度里，政府会计人员素质又是必须得到重点关注的；实践维度里，政府绩效评价体系作为实施效果的评价标准得到了重视。

而从调查结果可以进一步看出，政府财务报告质量主要受到政府目标、政府会计人员素质、政府绩效评价体系、国家政府官员态度、政治体制改革、财政体制改革、行政体制改革等因素的影响，从中我们可以发现，对于政府财务报告这一政府会计体系运行中的一环，它的质量除了受到它本身因素的影响之外，更多的受到国家政治体制、经济体制等的影响，因而政府对政府会计改革的支持和推动将极大的影响到政府会计改革的进程，进而影响到政府财务报告的编制质量等。同时发现企业会计准则发展影响也会对政府财务报告的内容和范围有比较大的影响。

四、政府财务报告体系的构建与运行

1. 政府财务报告体系的内容界定

政府财务报告应当全面反映预算执行情况的信息、政府财务业绩和财务受托责任的相关、可靠的财务及非财务信息。政府财务报告是政府会计的最终产品，信息使用者主要是通过政府财务报告来了解政府受托责任履行情况。在政府财务报告中，政府财务报表是最为重要的组成部分。政府财务报表体系包含基本政府合并报表和部门报表、附表等，通常我们将之分类为通用报表和特殊报表。除此之外，政府财务报告还应包括报表附注、以及其他报告等。

（1）政府通用财务报表：预算收支表、财务状况表和财务业绩表。从政府会计改革长远发展看，我国政府财务报表主要应包括三张表：预算收支表、财务状况表和财务业绩表。我国编制政府财务报表在具体实施上可以考虑分步走，近期应在完善预算收支表的基础上，优先考虑编制政府财务状况表，充分反映政府资产负债方面的信息，待信息系统、人员培训等条件逐步具备时，再考虑编制财务业绩表。

（2）政府特种报表。为了满足国家宏观经济管理的需要、适应预算管理和有关方面了解行政单位财务状况及收支结果的需要、以及内部财务管理和评价政府的受托责任。政府财务报告会计还应该根据我国会计信息需求者的具体要求，为帮助使用者深入了解会计主表的有关内容和项目而以表格的形式对主要会计报表所作的补充说明和详细解释。

（3）政府财务报表附注。我国政府会计报告中的附注部分应揭示的内容：首先附注解释的信息应当适应信息需求者的要求，并且满足信息质量要求；其次信息应该是与报表直接相关的，能帮助使用者理解报表的，虽然需要披露非财务信息，但是还应把重心放在财务信息上；揭示的信息应突出重点、简洁明了，详略有别；由于附注的揭示存在一定的主观性，应防止可能的随意性，通过准则来规范行为。具体可以包括：对会计政策、会计方法使用情况的说明。会计政策、会计方法的说明是了解财务报表项目含义的重要阐述，具体应说明财务报表的主体范围、编报财务报表所依据的法律规定、会计基础、对会计报表要素确认和计量的方法等。

（4）其他报告。其他报告主要指与政府财务状况直接相关或不直接相关的以文字分析说明为主的各种报告。如果仅从实现绩效评价取向政府财务报告目标出发，主要需要提供与政府财务状况直接相关的报告，可以努力将我国目前已有的财务状况说明书拓展为综合讨论与分析。如果为了满足外部使用者的需要，则还需要提供其他与政府绩效相关的非财务报告，包括各类统计分析报告（如服务结果调查统计分析报告）以及宏观经济状况分析报告等，以使报告使用者对政府绩效有更深层次的了解。

总之，对于政府财务报告的规定，可以结合现有预算会计制度中的相应要求，在此基础上考虑修正的会计核算基础，从而制定更合理的财务报告形式，除了保留预算会计制度中的预算收支表之外，还进一步完善资产负债表的规范和编制，并逐步推进财务业绩表的实施，根据中国国情，依然以预算收支表为主，但更多的考虑资产负债和收入费用方面的政府财务状况的披露，同时规范政府财务报告体系的编制和呈报的程序和步骤。

2. 政府财务报告体系的运行保障机制构建

（1）政府会计信息披露的制度保障与披露机制。适应公共财务管理的需要，必须改革现行的预算会计报告，建立政府财务报告体系。但是，政府财务报告作为公共财务管理的一种技术方法，它不仅受政府会计发展的制约，更主要的是受公共管理思想和相关法规制度的影响。所以，政府财务报告改革必须有相应的制度基础，如健全的公共管理制度、一体化的公共财务制度、完整的政府会计体系、权责结合的政府会计基础和政府会计制度、公开透明的政府财务信息披露制度和充分有效的财务监督制度等。

目前的政府会计信息供求关系，既有供大于求的问题，即不适用的会计信息较多，导致人力、物力资源浪费；也有供不应求的问题，即真正需要的信息提供不了。这里还存在信息供给不力的问题，因此，政府会计改革应把解决政府会计信息供求矛盾问题当作着力点。作为政府会计信息披露载体的财务报告的编报基础、格式及内容的界定工作难度较大。政府财务报表的内容与政府会计核算采用的核算基础直接相关，由于核算基础的选择存在一定的难度，导致报告的格式及内容也较难完全确认。国外一般有综合财务报告、合并财务报告、基金报告、业绩报告等多种形式。而目前我国缺乏反映政府全面经济状况的财务报告。

我国财政体制发生了较大变化，部门预算、国库集中支付、收支两条线、预算外资金纳入预算管理、政府采购、绩效评价等重大改革措施相继出台，在公共财政体制下，要保证财政资金使用的有效性和财政管理的公开、公正、透明，考察部门预算的合理性及其执行效果，考察政府采购成本的公允性，对财政资金的使用实施有效的监控等，都需要相应的政府会计信息作支撑。因此，建立一套成熟的会计信息化标准和业务规范，逐步摆脱会计信息过于专业而不能流行的困境，同时加强政府会计的信息披露以及业绩评价系统的建设。

（2）政府财务报告的审计与监管问题。虽然我国政府审计机关也对政府所属的行政事业单位的经费收支情况及财政机关的财政收支执行情况及结果实施审计监督，也形成审计报告，但我国审计报告和政府财务报告往往是分离的，审计鉴证报告并没有包括在政府财务报告中。

一般政府财务报告鉴证的主要内容包括财务鉴证和管理鉴证：财务鉴证它主要针对政府业务经营活动和公共财政收支的合法性、合规性提供鉴证。管理鉴证主要是对财务报告反映的政府公共受托责任和业绩进行鉴证，即主要是对政府公共财政资金使用的经济性、效率性和效果性进行鉴证。

“入世”之后，我国政府的执政理念发生了彻底的转变，法治政府、高效政府、责任政府、透明政府等理念已被普遍认知和确立，从而为政府审计的变革提供了理论指南。应该强化对政府公共财政的审计监督，加快向绩效审计为中心的转变。政府审计机构不仅仅要对财务报告的合法性、合规性进行鉴证，必须加强对政府公共财政资金使用的经济性、效果性、效率性、环保性、公平性进行鉴证，并出具针对政府财务报告的鉴证报告，从而能客观公允的反应政府业绩，解除政府的公共受托责任。

参考文献

[1]［美］威尔逊等著，荆新等译 . 2004. 政府与非营利组织会计 . 北京：中国人民大学出版社.

[2]《非营利组织会计问题研究》课题组 . 2001. 美国的政府会计规范及其借鉴 . 会计研究 . 4：36—42.

[3] A. 普雷姆詹德 . 1996. 有效的政府会计 . 北京：中国金融出版社.

[4] Alex Matheson. 2001. 更好的公共部门治理：西方国家预算及会计改革的基本理论，政府预算与会计改革 . 北京：中信出版社.

[5] B. J. 理德、约翰·W. 斯韦恩著；朱萍、蒋洪等译 . 2001. 公共财政管理，北京：中国财政经济出版社.

[6] E. S. 亨德里克森 . 1987. 会计理论 . 上海：立信会计图书出版社.

[7] G. A. 阿尔蒙德，C. B. 鲍威尔；曹沛霖等译 . 1987. 比较政治学：体系、过程和政策 . 上海：上海译文出版社.

[8] Tom Allen. 2001. 公共受托责任和政府财政报告：政府预算与会计改革 . 北京：中信出版社.

[9] 阿尔蒙德·小鲍威尔主编 . 1993. 当代比较政治学——世界展望 . 北京：商务印书馆.

[10] 阿尔文·托夫勒；刘江等译 . 1991. 权力的转移 . 中共中央党校出版社.

[11] 北京市预算会计研究会《政府会计课题组》. 2006. 关于建立中国政府会计准则的研究报告 . 会计研究 . 3.

[12] 贝洪俊 . 2004. 新公共管理：基于绩效导向的政府会计系统 . 财会研究 . 5：26—28.

[13] 贝洪俊 . 2004. 新公共管理——基于绩效导向的政府会计体系 . 财会研

究 . 5.

［14］贝洪俊 . 2004. 新公共管理与政府会计改革 . 杭州：浙江大学出版社.

［15］贝洪俊 . 2004. 政府会计目标层级构建 . 财会月刊 . A7：15—16.

［16］贝洪俊 . 2005. 关于建立我国政府会计概念框架的设想 . 财会通讯 . 2：22—25.

［17］贝洪俊 . 2005. 提高政府会计信息效应的思考 . 预算管理与会计 . 7.

［18］贝洪俊 . 2005. 我国政府会计引入权责发生制的探析 . 财会研究 . 4.

［19］财政部会计司 . 2005. 政府会计研究报告 . 大连：东北财经大学出版社.

［20］财政部会计司 . 2007. 国际会计发展动态专栏 . 会计研究 . 6.

［21］财政部会计司 2002. 美国政府及非营利组织会计讲座 . 北京：中国财政经济出版社.

［22］财政部会计司公共部门会计准则考察团 . 2006. 瑞士意大利的政府会计改革及其借鉴 . 会计研究 . 9.

［23］财政部会计司考察团 . 2004. 英法非营利组织和政府会计准则考察报告 . 会计研究 . 11：81 －83.

［24］财政部会计准则委员会编 . 2005. 政府绩效评价与政府会计 . 大连：大连出版社.

［25］财政部政府会计会议材料 . 2008. 研讨会参阅材料之二——英国政府会计管理与改革情况介绍.

［26］曹伟 . 2004. 财务会计概念框架中的几个理论问题 . 厦门大学学报 . 6.

［27］柴中达 . 2006. 政府治理与公司治理相关性研究 . 天津：天津人民出版社.

［28］常丽 . 2007. 论我国政府财务报告的改进 . 大连 . 东北财经大学出版社.

［29］常丽 . 2007. 政府财务报告改革导向和路径选择探索 . 理论探讨 . 5.

［30］陈工孟、邓德强、周齐武 . 2005. 我国预算会计改革可行性的问卷调查研究 . 会计研究 . 5：59—65.

［31］陈辉 . 2005. FASB 和 IASB 概念框架联合项目动因探析 . 中南财经政法大学学报 . 6.

［32］陈纪瑜、陈友莲 . 2003. 我国政府预算与会计引入权责发生制的思考 . 财经理论与实践 . 5.

［33］陈立齐、李建发 . 2003. 国际政府会计准则及其发展评述 . 会计研

究 . 9 ;49—52.

[34] 陈立齐、李建发 . 2005. 政府会计目标及其相关问题的探讨 . 会计研究 . 11.

[35] 陈立齐 . 2004. 美国政府会计的原则和重大变化简介 . 会计研究 . 9: 28—30.

[36] 陈立齐 . 2004. 美国政府会计准则及对中国的借鉴价值 . 中国总会计师 . 11 ;24—31.

[37] 陈庆云等 . 2004. 现代公共政策概论 . 北京：经济科学出版社.

[38] 陈胜群、陈工孟、高宁 . 2002. 政府会计基础比较研究——传统的收付实现制与崛起的权责发生制，孰优孰劣？会计研究 . 5：34—39.

[39] 陈小悦、陈璇 . 2005. 政府会计目标及其相关问题的理论探讨 . 会计研究 . 11.

[40] 陈小悦 . 2002. 政府预算与会计改革——中国与西方国家模式 . 中信出版社.

[41] 陈晓、宋衍衡 . 2002. 西方国家政府会计的比较及其借鉴 . 会计研究 . 9 ;61—61.

[42] 陈友莲 . 2003. 我国权责发生制 . 政府会计与预算改革研究 . 4.

[43] 陈瑜、Ahmed A. Abedlhamid. 2002. 埃及经济转型期的会计改革及其借鉴 . 会计研究 . 7.

[44] 陈振明 . 1999. 从公共行政学、新公共行政学到公共管理学——西方政府管理研究领域的“范式”变化 . 政治学研究 . 1.

[45] 陈志斌 . 2003. 公共受托责任：政治效益、经济效益与有效的政府会计 . 会计研究 . 6：36 – 39.

[46] 陈志斌 . 2004. 问责机制与内部控制制度的有效实施 . 会计研究 . 7.

[47] 陈志斌 . 2005. 内控规范的嵌入与超越 . 会计研究 . 11：56—60.

[48] 程晓佳 . 2004. 财政透明度与政府会计改革 . 会计研究 . 9：22—27.

[49] 楚树龙、唐虹编 . 2006. 政治学概论 . 北京：清华大学出版社.

[50] 杜莉 . 2004. 财务会计概念框架的构建及其经济分析 . 会计研究 . 11.

[51] 杜兴强 . 2007. 关于会计要素几个问题的思考 . 上海立信会计学院学报 . 7.

[52] 恩格斯 . 1995. 马克思恩格斯选集（第三卷）——反杜林论 . 人民出版社.

[53] 恩斯特・卡西尔 . 1985. 人论 . 上海译文出版社.

[54] 盖地 . 2002. 论现代政府会计 . 税务与经济 . 5：72—76.

[55] 葛家澍、杜兴强 . 2003. 财务会计的基本概念、基本特征与基本程序（二）. 财会通讯 . 8.

[56] 葛家澍、杜兴强 . 2003. 财务会计的基本概念、基本特征与基本程序（三）. 财会通讯 . 9.

[57] 葛家澍、杜兴强 . 2003. 财务会计概念框架与会计准则问题研究 . 中国财政经济出版社.

[58] 葛家澍、杜兴强 . 2004. 财务会计的基本概念、基本特征与基本程序（七）. 财会通讯 . 2.

[59] 葛家澍、林志军 . 2001. 现代西方会计理论 . 厦门：厦门大学出版社.

[60] 葛家澍、刘峰 . 2002. 会计理论：关于财务会计概念结构的研究 . 北京：中国财政经济出版社.

[61] 葛家澍、王光远 . 1994. 纪念帕乔利复式簿记论建立我国财务会计概念结构 . 会计研究 . 3.

[62] 葛家澍、张金若 . 2007. FASB 与 IASB 联合趋同框架（初步意见）的评介 . 会计研究 . 2.

[63] 葛家澍 . 1997. 会计大典第 1 卷：会计理论 . 北京：中国财政经济出版社.

[64] 葛家澍 . 1998. 非企业单位会计——会计大典第六卷 . 北京：我国财政经济出版社.

[65] 葛家澍 . 2002. 财务会计理论方法准则探讨 . 中国财政经济出版社.

[66] 葛家澍 . 2004. 财务会计概念框架研究的比较与综评 . 会计研究 . 6.

[67] 葛家澍 . 2004. 建立中国财务会计概念框架的总体设想 . 会计研究 . 1.

[68] 葛家澍 . 2005. 会计理论 . 复旦大学出版社.

[69] 谷祺、邓德强 . 2006. 德法模式政府会计改革动因的比较与启示 . 上海立信会计学院学报 . 2.

[70] 国有资产管理局 . 1995. 全国国有资产管理工作会议文件汇编 . 经济科学出版社.

[71] 哈维·S. 罗森 . 2003. 财政学 . 人民大学出版社.

[72] 海南省财政厅课题组 . 2007. 关于我国政府会计改革的研究报告——政府会计的规范模式 . 预算管理与会计 . 5.

[73] 海南省财政厅课题组 . 2007. 关于我国政府会计改革的研究报告——政府会计的准则模式 . 预算管理与会计 . 6.

［74］海南省财政厅课题组．2007．关于我国政府会计改革的研究报告——政府会计结构和主体模式．预算管理与会计．4．

［75］胡乐亭．1995．国家税收理论和实务．山东大学出版社．

［76］黄世忠、李忠林、邵蓝兰．2002．国际会计准则改革：回顾与展望．会计研究．6．

［77］黄世忠、刘用铨，王平．2004．美国联邦政府会计难点热点问题及其启示——基于联邦政府审计报告的分析．会计研究．11：13—18．

［78］会计信息质量特征研究课题组．2006．对建立我国会计信息质量特征体系的认识．会计研究．1．

［79］贾必章．2002．行政学原理．西北大学出版社．

［80］金太军、赵晖等．2002．政府职能梳理与重构．广州：广州人民出版社．

［81］晋晓琴．2003．中国政府会计引进权责发生制的必要性和可行性．经济与管理．3．

［82］荆新．1997．非营利组织理论框架．北京：清华大学出版社．

［83］景翠莲．2007．财务会计概念框架的国际趋同问题研究．湖南大学攻读硕士学位论文．

［84］劳秦汉．2002．会计理论方法体系概论．中国财政经济出版社．

［85］李定清、刘东．2003．中美政府会计比较研究．经济师．8．

［86］李定清、张国康、章新蓉．2001．中西政府与非营利组织会计比较研究．重庆：重庆出版社．

［87］李定清．2002．论预算会计目标．渝州大学学报．

［88］李定清．2002．论政府会计准则理论结构．商业研究．12．

［89］李红霞．2005．国际公共部门会计准则的回顾基本框架及其启示．会计研究．（4）：89—93．

［90］李建发、路军伟．2006．对政府会计改革两个问题的看法．预算管理与会计．1．

［91］李建发、肖华．2004．公共财务管理与政府财务报告改革．会计研究．9：7—11．

［92］李建发．1999．政府会计论．厦门大学出版社．

［93］李建发．2001．论改进我国政府会计与财务报告．会计研究．6：26—27．

［94］李建发．2002．政府及非营利组织会计．大连：东北财经大学出版社．

［95］李建发．2006. 政府财务报告研究．厦门大学出版社．

［96］李强、王智宁、叶新凤．2005. 政府会计的中美差异比较．财会通讯．3.

［97］李雄飞．2003. OECD 国家权责发生制预算和政府会计改革探析．企业经济．2：31—33.

［98］李元、杨薇钰．2005. 从概念框架的制度属性看政府会计的模式变革．财经论丛．3.

［99］李元、杨薇钰．2005. 应计导向政府会计模式的概念框架比较研究——以美国、澳大利亚联邦政府会计为例．财经理论与实践．136．

［100］列宁．1972. 列宁全集（第二卷）．人民出版社．

［101］林华．2005. 我国政府财务报告的现状、问题和对策．上海经济研究．11.

［102］刘光忠．2002. 改进我国预算会计制度的思考．会计研究．1：25—28.

［103］刘惠君．1997. 会计环境与会计发展．东北大学出版社．

［104］刘尚希．2004. 财政风险及其防范问题研究．北京：经济科学出版社．

［105］刘晓丽．2006. 我国政府会计目标的构建．商场现代化．483.

［106］刘笑霞．2007. 论我国政府财务报告制度的构建——基于财政透明度的考察．当代财经．2.

［107］刘谊、廖莹毅．2004. 权责发生制预算会计改革：OECD 国家的经验及启示．会计研究．7.

［108］刘永泽、梁爽、崔顺姬．2006. 中韩财务会计概念框架比较研究．会计研究．4.

［109］刘玉廷．2004. 我国政府会计改革的若干问题．会计研究．9.

［110］楼继伟、张弘力、李萍．2002. 政府预算与会计的未来．北京：中国财政经济出版社．

［111］楼继伟．2001. 政府预算与会计的未来——权责发生制改革纵览与探索．中国财政经济出版社．

［112］陆建桥．2004. 关于加强我国政府会计理论研究的几个问题．会计研究．7：4—9.

［113］路军伟、陈希晖．2006. 政府绩效审计与政府会计改革的互动关系研究．审计与经济研究．11.

［114］路军伟、李建发．2006. 政府会计改革的公共受托责任视角解析．会

计研究 . 12.

[115] 路军伟 . 2006. 我国政府会计目标定位研究——基于会计职能和会计环境的双重视角 . 石家庄经济学院学报 . 2006 年第 29 期.

[116] 路军伟 . 2007. 新公共管理运动与政府管理会计的兴起 . 财会月刊 . 2.

[117] 吕宏繁、李安东 . 2000. 浅析中央部门预算改革 . 中央财经大学学报 . 9.

[118] 罗伯特 · J. 弗里曼 . 2004. 政府及非营利组织会计理论与实践（第七版）. 上海财经大学出版社.

[119] 马克思 . 1995. 马克思恩格斯选集（第二卷）——《政治经济学批判》序言 . 人民出版社.

[120] 马曙光、吴联生 . 2002. 会计确认若干基本问题探讨 . 财会通讯 . 8.

[121] 麦格斯等 . 1977. 会计——企业决策的基础 . 北京：人民出版社.

[122] 美国财务会计准则委员会，娄尔行译 . 1992. 论财务会计概念 . 北京：中国财政经济出版社.

[123] 美国联邦会计准则顾问委员会编，陈工孟，张琦，姜海译 . 2004. 美国联邦政府财务会计概念与准则公告 . 北京：人民出版社.

[124] 聂平平、王章华 . 2006. 公共治理的基本逻辑与有限性分析 . 江西社会科学 . 12 .

[125] 聂平平 . 2005. 公共治理：背景、理念及其理论边界 . 江西行政学院学报 . 10.

[126] 裴荣、郝东洋 . 2004. 论我国政府会计准则概念框架的构建 . 财会月刊 . 19.

[127] 彭海颖 . 2005. 新公共管理理念与政府财务报告的完善 . 财会通讯学术版 . 7.

[128] 浦再明 . 2007. 改革系统论 . 上海市经济管理干部学院学报 . 第 5 卷第 2 期.

[129] 戚艳霞、王鑫 . 2005. 增强财务透明度的政府会计视角分析 . 山东财政学院学报 . 5.

[130] 秦国民 . 2005. 政治学基本理论 . 郑州：郑州大学出版社.

[131] 求知 . 2005. 加拿大政府会计改革 . 预算管理与会计 . 5.

[132] 裘宗舜 . 2004. 公共受托责任、新公共管理与我国政府会计改革 . 财务与会计 . 4：50—53.

[133] 全国预算会计研究会《预算会计课题组》. 2006. 关于建立政府会计

准则概念框架若干问题的研究报告．预算管理与会计．2.

［134］萨缪尔森．1979. 经济学．商务印书馆出版.

［135］上海市预算会计研究会课题组．2007. 政府会计管理模式若干问题研究——政府会计主体的界定．预算管理与会计．4.

［136］石英华．2006. 政府财务信息披露研究．中国财政经济出版社.

［137］石英华．2007. 我国政府会计改革取向研究——比较分析的视角，中央财经大学学报．2.

［138］苏孔孝、谭豹、蔡竞．2001. 政府公共政策制定的模式和机制．四川行政学院学报．3.

［139］汤云为、钱逢胜．2003. 会计理论．上海：上海财经大学出版社.

［140］童星．1990. 社会改革控制论．南京：南京大学出版社.

［141］汪详耀．2004. 国际会计准则与财务报告准则——研究与比较．上海：立信会计出版社.

［142］汪祥耀、邓川等．2005. 澳大利亚会计准则及其国际趋同战略研究．上海：立信会计出版社．

［143］汪祥耀．2001. 会计准则的发展职能：透视、比较与展望．厦门大学出版社.

［144］汪祥耀等．2002. 英国会计准则研究与比较，上海：立信会计出版社.

［145］王晨明．2007. 政府会计环境与政府会计改革研究：回顾和展望，中央财经大学学报，5.

［146］王晨明．2006. 政府会计环境与政府会计改革模式论．经济科学出版社.

［147］王晨明．2007. 从政府会计环境看中国政府会计目标的定位．事业财会．4.

［148］王军．2006. 乘势前进　加快发展　再创会计工作新佳绩．会计研究．1.

［149］王庆成．2004. 论我国非企业会计组成体系的构建．会计研究．4：3—7.

［150］王庆东、常丽．2004. 新公共管理与政府财务信息披露思考．会计研究．4：73—76.

［151］王庆东、常丽．2007. 政府财务报告改革导向及其实现机制探索．会计研究．3.

［152］王涛、于李胜、韩永华．2003. 我国政府会计规范的构建．卫生经济

研究 . 4.

［153］王瑶 . 2006. 政府会计改革策略 . 财会月刊 . 3 .

［154］王雍君 . 2003. 全球视野中的财政透明度：中国的差距与努力方向 . 国际经济评论 . 7：34—39.

［155］王雍君 . 2004. 预算会计问题研究 . 北京：经济科学出版社.

［156］王雍君 . 2004. 政府会计预算问题研究 . 经济科学出版社.

［157］王湛 . 2006. 论我国政府会计制度改革模式的选择与优化 . 会计之友 . 12.

［158］王湛 . 2006. 我国政府会计目标定位研究 . 内蒙古财经学院学报 . 1.

［159］威尔逊等著；荆新等译 . 2004. 政府与非营利组织会计（第 12 版）. 北京：中国人民大学出版社.

［160］魏明海、刘峰、施鲲翔 . 2001. 论会计透明度 . 会计研究 . 9.

［161］文硕 . 1987. 西方会计史 . 北京：中国商业出版社.

［162］邢俊英 . 2004. 改革政府会计制度 防范财政负债风险 . 会计研究 . 4.

［163］邢俊英 . 2006. 政府负债风险控制：影响政府会计改革的重要因素 . 会计研究 9.

［164］邢俊英 . 2007. 论政府会计在政府财政风险管理中的重要作用 . 中央财经大学学报 . 2.

［165］徐镇绥 . 2006. 试论政府会计改革中会计基础选择问题 . 会计研究 . 12.

［166］许业荣 . 2003. 对财务跨级概念框架的尝试性定位 . 财会通讯 . 6.

［167］杨发勇、瞿曲 . 2005. 试论公共财政与政府会计的关系 . 武汉大学学报（哲学社会科学版）. 1 .

［168］杨薇钰、李元 . 2006. 美国联邦政府会计财务报告概念框架特征及其影响因素 . 现代财经 . 8.

［169］杨雄胜、陈志斌 . 2005. 政府绩效评价与政府会计 . 大连出版社.

［170］杨翼飞 . 2006. 会计信息质量特征研究 . 厦门大学博士论文.

［171］叶龙、冯兆大 . 2006. 我国政府会计模式构建过程中主体界定问题初探 . 会计研究 . 9.

［172］叶龙 . 2003. 新公共管理体制下政府会计理论体系研究.

［173］尹玲燕、杨常青 . 2002. 政府与非营种组织会计 . 北京：高等教育出版社.

［174］于国旺 . 2004. 试论公共受托责任与政府会计目标 . 事业财会 . 5 .

［175］于国旺．2006．美国政府财务报告准则概观及其启示．财会经纬．2．

［176］于国旺．2007．国际公共部门会计准则的发展及其启示．财会通讯．5．

［177］于国旺．2007．我国政府会计环境与政府会计核算基础改革．财会月刊．3．

［178］俞可平．2000．治理与善治．社会科学文学出版社．

［179］原红旗．1998．会计确认计量论．山西财经大学学报．4．

［180］袁庆明．2005．新制度经济学．北京：中国发展出版社．

［181］约瑟夫·R．拉扎克．2003．政府与非营利组织会计导论．机械工业出版社．

［182］詹雷、王成．2004．政府特征与政府会计概念框架．中南财经政法大学学报．6：98—102．

［183］张钢．2003．公共管理学引论．浙江大学出版社．

［184］张国清．2007．政府财务报表要素：FASAB 征求意见稿述评．财会通讯综合版．8．

［185］张国生．2004．公共受托责任与政府财务报告．财会月刊．B12．

［186］张国生．2004 政府收入的确认与计量研究．财会通讯．11．

［187］张海燕．2005．英国的中央政府会计．预算管理与会计．7．

［188］张琦．2006．论绩效评价导向政府会计体系的构建．会计研究．4．

［189］张琦．2007．公共受托责任、政府会计边界与政府财务报告的理论定位．会计研究．12．

［190］张为国．1991．会计目的与会计改革．北京：中国财政经济出版社．

［191］张雪芬．2001．预算会计改革思考．会计研究．4：43—45．

［192］张雪芬．2006．政府会计发展与对策．北京：中国时代经济出版社．

［193］张媛．2006．政府资产计价问题研究．湖南大学．

［194］张月玲．2005．非营利组织会计概念框架 NPOCF 构建．财会通讯（学术版）．9：72—76．

［195］张志宁．2004．四大基本假设对政府会计的适应性．经济论坛．6．

［196］赵建勇、戚燕霞．2005．政府与非营利组织会计．上海：复旦大学出版社．

［197］赵建勇．1998．政府会计目标的国际比较．财经研究．2．

［198］赵建勇．1999．中外政府会计规范比较研究．上海：上海财经大学出版社．

［199］赵建勇．2002．政府财务报告问题研究．上海：上海财经大学出版社．

[200] 赵建勇 . 2004. 政府会计的显著特征——兼谈政府会计教育 . 会计研究 . 9：11—14.

[201] 赵建勇 . 政府财务报告问题研究 . 厦门大学博士论文.

[202] 郑基英、崔顺姬 . 2006. 韩国财务报告概念框架及其改进方向 . 会计研究 . 3.

[203] 周红 . 2002. 法国公共会计体制评介 . 会计研究 . 3：50—53.

[204] 周自强、黄新春、薛献华 . 2005. 国有资产管理 . 南开大学出版社.

[205] 朱晓斌 . 2000. 从结构主义到后结构主义：学习理论的嬗变 . 外国教育研究 . 4.

[206] Arthur Andersen & Co. 1986. Sound Financial Reporting in the U. S. Government (Arthur Andersen & Co. , Chicago) .

[207] ASB. 1999. Statements of Principles for Financial Reporting.

[208] Chan. J. L. and Rubin, M. A. 1987. The Role of Accounting in a Democracy and Government Operations. Research in Governmental a Nonprofit Accounting.

[209] Downs. A. 1957. An Economic Theory of Democracy (Harperand Row, New York) .

[210] Evans J. L. 1987. Signalling and Monitoring in Public – Sector Accounting, Journal of Accounting Research. 25.

[211] FASAB. 1980. Statement of Federal Financial Accounting Concepts No. 4 of FASB: objectives of financial reporting by non – business organizations .

[212] FASAB. 1993. Statement of Federal Financial Accounting Concepts No. 1 of FASAB: objectives of federal financial reporting .

[213] FASAB. 1995. Statement of Federal Financial Accounting Concepts No. 2 of FASAB: entity and display .

[214] FASAB. 1999. Statement of Federal Financial Accounting Concepts No. 3 of FASAB: management's discussion and analysis .

[215] FASAB. 2003. Statement of Federal Financial Accounting Concepts No. 4 of FASAB: intended audience and qualitative characteristics for the consolidated financial report of the United States government .

[216] FASAB. 2007. Statement of Federal Financial Accounting Concepts 5 Definitions of Elements and Basic Recognition Criteria for Accrual – Basis Financial Statements.

[217] FASB. 1970. Concepts Statement No. 4, Objectives of accounting and fi-

nancial reporting for nonprofit organizations. 12.

[218] GASB. 1987. Concepts Statement No. 1 of GASB: objectives of financial reporting.

[219] GASB. 1994. Concepts Statement No. 2 of GASB: service efforts and accomplishments reporting .

[220] GASB. Project update – Intangible Assets. http://www. gasb. org/, 2006 – 07 – 17.

[221] Government Accounting Standards Board. 1997. Codification of Government Accounting and Financial Reporting Standards as of. Norwalk, Conn: Governmental Accounting Standards Board . 1997.

[222] Hana Polackova. 1999. Contingent government liabilities: A hidden fiscal risk, Finance & Development. Mar; 36, 1.

[223] IASC. 1989. Framework for Preparation and Presentation of Financial Statements.

[224] IMF. 2001. Manual on Fiscal Transparency, Washington: International Monetary Fund. .

[225] June Pallot. 1992. Elements of a Theoretical framework for Public Sector Accounting. Accounting, Auditing & Accountability Journal: p38.

[226] Kopits, George, and Jon Craig. 1998. Transparency in Government Operations. IMF Occasional Paper No. 158 (Washington: International Monetary Fund) .

[227] Lally, Martin T. , Smith, G. Stevenson. 1997. Capital charging and asset revaluations: New choices in governmental financial reporting? The International Journal of Accounting .

[228] Lapsley. 1988. Research in Public Sector Accounting: An Appraisal. Accounting, Auditing & Accountability Journal. Vol. 1 p21—33 .

[229] Lawrence, Carol M. ; Khurana, Inder K. 1997. Superfund Liabilities and Governmental Reporting Entities: An Empirical Analysis. Journal of Accounting and Public Policy. Summer .

[230] M. C. Jensen and W. H. Meckling. Theory of the Firm: Managerial Behavior Agency Costs and Ownership Structure. Journal of Financial Economics, Vol. 3, No. 4.

[231] Merry Herawaty and Zahirul Hoque. 2007. Disclosure in the annual reports of Australian government departments A research note. Journal of Accounting

&Organizational Change. Vol. 3 No. 2 .

[232] Moonitz. 1961. The Basic Postulates of Accounting. .

[233] Moss, David. 2002. When All Else Fails: Government as the Ultimate Risk Manager. Harvard University Press.

[234] NCGA. 1981. Concepts Statement No. 1 of NCGA: objective of accounting and financial reporting for governmental units .

[235] NCGA. Objectives of accounting and financial reporting for governmental units: a research study (NCGA research report) .

[236] NCGA. 1982. Concepts Statement No. 1, Objectives of accounting and financial reporting for governmental units.

[237] Norvald Monsen, Salme Ndsi. 1998. The Contingency Model of Governmental Accounting Innovations: a discussion. The European Accounting Review. 7: 2, 275—288.

[238] P. J. Stanton, P. A. Stanton. 1997. Governmental accounting for heritage assets: economic, social implications. International Journal of Social Economics. Jul.

[239] Pallot J. 1992. Elements of a Theoretical Framework for Public Sector. Accounting, Auditing & Accountability Journal. Volume 5, Number 1, January.

[240] Tyrone. M. Carlin. 2005. Debating the impact of accrual accounting and reporting in the public sector. Financial Accountability & Management. 21 (3), August http: //wiki. mbalib. com/wiki/PEST.

本课题研究期间发表的学术论文

［1］陈志斌《公共受托责任：政治效益、经济效益与有效的政府会计》载《会计研究》，2003 年第 6 期，P36—39。

［2］杨雄胜 陈志斌 政府绩效评价与政府会计大连出版社，2005 年 12 月。

［3］陈志斌《政府会计概念框架整体分析模型》载《会计研究》，2009 年第 6 期，P19—27 +93。

［4］陈志斌《政府会计概念框架结构研究》载《会计研究》，2011 年第 2 期，P17—23 +95。

［5］潘俊 陈志斌《政府财务信息披露理论框架构筑》载《上海立信会计学院学报》，2011 年第 5 期，P23—31。

［6］潘俊 陈志斌《政府会计概念框架要素选择研究——基于中国政府会计改革的调查分析》载《求索》，2011 年第 11 期，P63—64 +208。

［7］陈志斌《论中国政府会计概念框架的选择》载《会计研究》，2012 年第 2 期，P65—71 +97。

［8］章贵桥 陈志斌《构建我国政府会计概念框架的价值取向与目标定位——基于里格斯行政生态学视角》载《甘肃社会科学》，2013 年第 4 期，P193—196。

［9］潘俊 陈志斌《制度环境、地方政府行为与政府会计准则制定》载《会计与经济研究》，2013 年第 6 期，P17—23。

［10］陈志斌《基于衍生职能界定的政府会计角色定位研究》载《会计研究》，2014 年第 1 期，P28—34 +94。

［11］陈志斌《政府会计要素选择的分析框架研究》载《北京工商大学学报（社会科学版）》，2014 年第 5 期，P1—6。

［12］刘子怡 陈志斌《政府财务信息披露、绩效评价与地方政府投资行为》

载《人文杂志》，2014 年第 11 期，P37—43。

［13］陈志斌《国家治理视角的政府会计概念框架》载《财会学习》，2014 年第 11 期，P13—16。

［14］刘子怡 陈志斌《政府治理效率、财政透明度与政府会计治理工具：信息需求的视角》载《北京工商大学学报（社会科学版）》，2015 年第 6 期，P54—59。

［15］刘子怡 陈志斌《地方政府债务规模扩张的影响研究——基于省级地方政府城投债的经验证据》载《华东经济管理》，2015 年第 11 期，P96—101。

［16］李敬涛 陈志斌《公共品短缺、政府问责与政府负债信息披露》载《中南财经政法大学学报》，2015 年第 2 期，P64—71。

［17］陈志斌 潘俊《基于国家治理的政府会计概念框架演进及其引导效应》载《会计与经济研究》，2015 年第 1 期，P3—13。

［18］陈志斌 董瑶《政府会计信息对政府绩效评价的影响机理研究》载《商业会计》，2015 年第 3 期，P6—10。

［19］陈志斌《政府综合财务报告制度改革新亮点》载《财务与会计》，2015 年第 4 期，P59—61。

［20］陈志斌 李敬涛《政府善治目标的实现与政府会计治理效应》载《会计研究》，2015 年第 5 期，P13—19 + 94。

［21］李敬涛 陈志斌《财政透明、晋升激励与公共服务满意度——基于中国市级面板数据的经验证据》载《现代财经》，2015 年第 7 期，P91—1041。

［22］陈志斌 刘子怡《政府会计准则执行的驱动研究》载《会计研究》，2016 年第 6 期，P8—14 + 94。

［23］陈志斌 陈颖超《地方政府债务管理视角下的政府会计信息效应研究》载《商业会计》，2016 年第 3 期，P10—13。

［24］李敬涛 陈志斌《国家治理现代化视阈下的政府会计治理效应》载《西安交通大学学报（社会科学版）》，2016 年第 2 期，P40—46。

［25］刘子怡 陈志斌《市场环境、晋升激励与政府会计信息披露》载《财务研究》，2016 年第 1 期，P65—73。

后　记

本书是在我的博士后研究报告和国家自然科学基金项目研究报告的基础上整理而成。回忆本书的完成过程，曾经指导和帮助我的师长、朋友、同事历历在目。首先要感谢国家自然科学基金委支持的两个项目，《政府会计国家治理功能的实现机理、路径与策略研究》项目批准号 71672034、《建立中国政府会计概述框架若干基本理论的问题研究》项目批准号 70772033 的支持，让我对政府会计问题有了较为系统的研究。在政府会计领域学习和耕耘十多年，围绕这一主题主持国家自然科学基金等国家级项目四、五项，在权威期刊上发表该主题学术论文二十篇，为政府有关部门提供研究和咨询三十多项。从一个政府会计领域的初学者成长为中国会计学会政府与非营利组织专业委员会副主任委员、教育部政府会计咨询专家，见证了从很少有人研究政府会计到政府会计成为国家领导人、学者、官员都十分关心的领域，其中感慨良多。

在我成长过程中要感谢的人也非常多。首先要感谢我的博士后指导老师、会计学泰斗葛家澍教授。在厦门大学接受葛家澍教授教诲的那三年是我一生中最幸福的时光。光阴似箭，日月如梭！在厦门大学的三年光阴不知不觉就过去了。全国最美丽的校园之一，深厚的文化底蕴，认真踏实严谨的学风，融洽和团结的集体，催人奋发的氛围让我流连忘返，这里的确是一个学做人、学做事、学做学问的好地方。让我更恋念的是我的老师，著名会计学家厦门大学资深教授葛家澍先生。2015 年的早春，一个春光明媚的午后，我怀着敬畏的心情拜见学贯中西、蜚声海内外的会计学泰斗、台湾学者称之为大陆会计学翘楚的葛家澍教授，同时遇见了传说中和蔼可亲的葛师母。先生的大师风范给我以震撼，敏锐的思维、纵论海内外会计大变革的从容、教诲的诚挚与和蔼、思想的辉煌给我以震惊，八十多岁高龄的老人对当今学术前沿的把握及其思绪的缜密比年轻人都要强十倍。

入学后，先生对我的工作、学习、做人、做事、做学问，耳提面命，谆谆教诲，要求极为严格。老师从研究选题、研究设计、谋篇布局，到资料收集、调查访谈，修改成文每一个环节都给与了精心指导。他对学生指导极为认真，每次跟我谈论文，事先都准备了很详细的资料，甚至是把指导意见书写了下来。在论文的写作过程中，厦门大学党委副书记、副校长李建发教授在百忙中经常抽出时间与我交流政府会计的定位以及我国政府会计的基本理论问题，黄世忠教授、曲晓辉教授、刘峰教授、杜兴强教授等在论文的成文和修改过程中给予了很多有价值的意见。南京大学的施建军教授、沈坤荣教授、赵曙明教授、刘志彪教授、陈传明教授、茅宁教授、杨雄胜教授、朱元午教授、王跃堂教授、陈冬华教授等给予大力支持和有价值的指导。现在工作单位东南大学领导和同事们给予了很多关心和支持。

感谢财政部会计司高一斌司长、舒惠好副司长、王鹏副司长、张娟处长、高大平处长、常琦处长等给予的大力支持，感谢中国会计学会政府与非营利组织会计专业委员会的靳新教授、张琦教授、路军伟教授、刘用铨教授等各位专家的指导。

总之，本书的完成实在不是我一个人的力量功劳，感谢我指导的研究生帮助收集资料并草拟了第七、八、九、十章的部分初稿，在此，我要诚挚地感谢已经提及和没有一一提及的每一位热心人的帮助和支持。我将把大家的支持和帮助作为进一步前进的动力和源泉。

2017 年 11 月 20 日